编委会

全国高等院校旅游管理类应用型人才培养"十三五"规划教材

主 编

马 勇　教育部高等学校旅游管理类专业教学指导委员会副主任
　　　　中国旅游协会教育分会副会长
　　　　中组部国家"万人计划"教学名师
　　　　湖北大学旅游发展研究院院长，教授、博士生导师

编 委（排名不分先后）

田 里　教育部高等学校旅游管理类专业教学指导委员会主任
　　　　云南大学工商管理与旅游管理学院原院长，教授、博士生导师
高 峻　教育部高等学校旅游管理类专业教学指导委员会副主任
　　　　上海师范大学旅游学院副院长，教授、博士生导师
邓爱民　中南财经政法大学旅游管理系主任，教授、博士生导师
潘秋玲　西安外国语大学旅游学院院长，教授
薛兵旺　武汉商学院旅游与酒店管理学院院长，教授
田芙蓉　昆明学院旅游学院院长，教授
罗兹柏　中国旅游未来研究会副会长，重庆旅游发展研究中心主任，教授
朱承强　上海师范大学旅游学院/上海旅游高等专科学校酒店研究院院长，教授
王春雷　上海对外经贸大学会展经济与管理系主任，副教授
毕斗斗　华南理工大学经济与贸易学院旅游与酒店管理系主任，副教授
李会琴　中国地质大学（武汉）旅游系副系主任，副教授
程丛喜　武汉轻工大学经济与管理学院，教授
吴忠军　桂林理工大学旅游学院院长，教授
韩 军　贵州商学院旅游学院院长，教授
黄其新　江汉大学商学院副院长，教授
张 青　山东青年政治学院旅游学院院长，教授
钟志平　湖南商学院旅游管理学院院长，教授
李 玺　澳门城市大学国际旅游与管理学院客座教授、博士生导师
何 彪　海南大学旅游学院会展经济与管理系主任，副教授
陈建斌　广东财经大学地理与旅游学院副院长，副教授
孙洪波　辽东学院旅游学院院长，教授
李永文　海口经济学院旅游与民航管理学院院长，教授
李喜燕　重庆文理学院旅游学院副院长，教授
朱运海　湖北文理学院休闲与旅游服务管理研究所所长，副教授

全国高等院校旅游管理类应用型人才培养"十三五"规划教材

总主编 ◎ 马 勇

国际邮轮旅游地理

Tourism Geography On the International Cruise Ship

主　编 ◎ 程丛喜
副主编 ◎ 史常凯　向　兰　王晓巍　严　丽
参　编 ◎ 魏　日　吴丽慧　郑　静　陈彤敏
编　委 ◎ 陈桂林　厦门市旅游局
　　　　　崔　东　江汉大学文理学院
　　　　　薛兵旺　武汉商学院旅游与酒店管理学院
　　　　　邓爱民　中南财经政法大学旅游规划设计研究院
　　　　　胡　柳　湖北商贸学院
　　　　　李　军　武汉中部对外经济技术合作有限公司
　　　　　黄其新　江汉大学商学院
　　　　　毛　焱　湖北经济学院旅游与酒店管理学院
　　　　　王诗龙　湖北第二师范学院经济与管理学院
　　　　　鄢向荣　武汉交通职业学院旅游与商务学院
　　　　　吴　丽　武汉城市职业学院外语学院
　　　　　魏　宁　武汉凯文海乘酒店管理有限公司
　　　　　郑道成　武汉丽莎海乘酒店管理服务有限公司
　　　　　雷小梅　意大利歌诗达邮轮公司
　　　　　梁　建　广西演艺职业技术学院

华中科技大学出版社
http://www.hustp.com

中国·武汉

内 容 提 要

本书内容主要包括国际邮轮旅游地理概述、北美洲邮轮旅游区域概况及主要邮轮旅游目的地、欧洲邮轮旅游区域概况及主要邮轮旅游目的地、中南美洲邮轮旅游区域概况及主要邮轮旅游目的地、太平洋邮轮旅游区域概况及主要邮轮旅游目的地、亚洲邮轮旅游区域概况及主要邮轮旅游目的地、非洲邮轮旅游区域概况及主要邮轮旅游目的地、全球主要邮轮港口和邮轮航线等,是有志于从事国际邮轮业的广大学生、邮轮乘务人员及邮轮旅游爱好者的必备书。本书和国际邮轮旅游业实际工作紧密结合,既可作为高等院校旅游管理类专业、外语类专业、海乘专业的教学用书,又可作为职业培训人员或相关专业人员的参考书,对学生就业国际化具有重要的现实意义。

图书在版编目(CIP)数据

国际邮轮旅游地理/程丛喜主编. —武汉:华中科技大学出版社,2017.12(2024.7重印)
全国高等院校旅游管理类应用型人才培养"十三五"规划教材
ISBN 978-7-5680-3488-3

Ⅰ. ①国… Ⅱ. ①程… Ⅲ. ①旅游船-经济管理-高等学校-教材 ②旅游地理-世界-高等学校-教材 Ⅳ. ①F590.7 ②K919.1

中国版本图书馆 CIP 数据核字(2017)第 287360 号

国际邮轮旅游地理 程丛喜 主编
Guoji Youlun Lüyou Dili

策划编辑:	李 欢 周清涛
责任编辑:	封力煊
封面设计:	原色设计
责任校对:	张会军
责任监印:	周治超
出版发行:	华中科技大学出版社(中国·武汉) 电话:(027)81321913
	武汉市东湖新技术开发区华工科技园 邮编:430223
录 排:	华中科技大学惠友文印中心
印 刷:	广东虎彩云印刷有限公司
开 本:	787mm×1092mm 1/16
印 张:	16.25 插页:2
字 数:	394千字
版 次:	2024年7月第1版第7次印刷
定 价:	49.80元

本书若有印装质量问题,请向出版社营销中心调换
全国免费服务热线: 400-6679-118 竭诚为您服务
版权所有 侵权必究

总 序

伴随着旅游业上升为国民经济战略性支柱产业和人民群众满意的现代服务业，我国实现了从旅游短缺型国家到旅游大国的历史性跨越。2016年12月26日，国务院印发的《"十三五"旅游业发展规划》中提出要将旅游业培育成经济转型升级重要推动力、生态文明建设重要引领产业、展示国家综合国力的重要载体和打赢扶贫攻坚战的重要生力军，这标志着我国旅游业迎来了新一轮的黄金发展期。在推进旅游业提质增效与转型升级的过程中，应用型人才的培养、使用与储备已成为决定当今旅游业实现可持续发展的关键要素。

为了解决人才供需不平衡难题，优化高等教育结构，提高应用型人才素质、能力与技能，2015年10月21日教育部、国家发改委、财政部颁发了《关于引导部分地方普通高校向应用型转变的指导意见》，为应用型院校的转型指明了新方向。对于旅游管理类专业而言，培养旅游管理应用型人才是旅游高等教育由1.0时代向2.0时代转变的必由之路，是整合旅游教育资源、推进供给侧改革的历史机遇，是旅游管理应用型院校谋求话语权、扩大影响力的重要转折点。

为深入贯彻教育部引导部分地方普通高校向应用型转变的决策部署，推动全国旅游管理本科教育的转型发展与综合改革，在教育部高等学校旅游管理类专业教学指导委员会和全国高校旅游应用型本科院校联盟的大力支持和指导下，华中科技大学出版社率先组织编撰出版"全国高等院校旅游管理类应用型人才培养'十三五'规划教材"。该套教材特邀教育部高等学校旅游管理类专业教学指导委员会副主任、中国旅游协会教育分会副会长、中组部国家"万人计划"教学名师、湖北大学旅游发展研究院院长马勇教授担任总主编。

在立足旅游管理应用型人才培养特征、打破重理论轻实践的教学传统的基础上，该套教材在以下三方面做出了积极的尝试与探索。

一是紧扣旅游学科特色，创新教材编写理念。该套教材基于高等教育发展新形势，结合新版旅游管理专业人才培养方案，遵循应用型人才培养的内在逻辑，在编写团队、编写内容与编写体例上充分彰显旅游管理作为应用型专业的学科优势，全面提升旅游管理专业学生的实践能力与创新能力。

二是遵循"理实"并重原则，构建多元化知识结构。在产教融合思想的指导下，坚持以案例为引领，同步案例与知识链接贯穿全书，增设学习目标、实训项目、本章小结、关键概念、案例解析、实训操练和相关链接等个性化模块。为了更好地适应当代大学生的移动学习习惯，本套教材突破性地在书中插入二维码，通过手机扫描即可直接链接华中出版资源服务平台。

三是依托资源服务平台，打造立体化互动教材。华中科技大学出版社紧抓"互联网＋"发展机遇，自主研发并上线了华中出版资源服务平台，实现了快速、便捷调配教学资源的核心功能。

　　在横向资源配套上,提供了教学计划书、PPT、参考答案、教学视频、案例库、习题集等系列配套教学资源;在纵向资源开发上,构建了覆盖课程开发、习题管理、学生评论等集开发、使用、管理、评价于一体的教学生态链,真正打造了线上线下、课堂课外的立体化互动教材。

　　基于为我国旅游业发展提供人才支持与智力保障的目标,该套教材在全国范围内邀请了近百所应用型院校旅游管理专业学科带头人、一线骨干"双师双能型"教师,以及旅游行业界精英共同编写,力求出版一套兼具理论与实践、传承与创新、基础与前沿的精品教材。该套教材难免存在疏忽与缺失之处,恳请广大读者批评指正,以使该套教材日臻完善。希望在"十三五"期间,全国旅游教育界以培养应用型、复合型、创新型人才为己任,以精品教材建设为突破口,为建设一流旅游管理学科而奋斗!

2017.1.18

前 言

邮轮,也称游轮、海上酒店、海上度假胜地和海上城镇等,它是集"吃、住、行、游、购、娱"为一体的水上流动酒店或海上度假胜地,除了具备陆地上酒店或度假胜地的一般功能外,还具有交通运输功能。随着世界经济的发展,人们生活水平的不断提高,全球邮轮旅游市场一直稳健增长,潜力很大。自20世纪80年代以来,国际邮轮业以年均8%的速度递增,远远高于国际旅游业的整体发展速度,近几年来,更是呈加速增长的态势。据国际邮轮协会(CLIA)统计,2014年全球乘坐邮轮出行的乘客达到2300万人次,2015年达到2500万人次。CLIA预计2020年将达到3000万人次。上海国际航运研究中心2015年8月发布的《2030年中国航运发展展望》预测,2030年,中国每年邮轮旅客量将达到800万~1000万人次,成为全球第一大邮轮旅游市场。国内沿海邮轮和内河游轮特别是长江游轮旅游也日益成熟和完善,邮轮业的迅猛发展对邮轮乘务人员无论从数量上还是质量上都提出了更高的要求,尤其需要既有理论知识又有实际操作技能,还要熟悉邮轮知识和精通外语的复合型人才。经过深入调查研究和实地考察,邮轮专业人才无论是在国际上还是在国内都具有良好的就业前景。

国际国内邮轮业的快速发展为邮轮人才的培养和教育创造了良好的条件,提供了绝好的契机。为了适应邮轮教育发展的需要,我们根据自己20多年的科研、教学及国内外邮轮实际工作经验,在参考大量海内外有关邮轮旅游资料的基础上,特撰写这本教材。

教材内容主要包括国际邮轮旅游地理概述、北美洲邮轮旅游区域概况及主要邮轮旅游目的地、欧洲邮轮旅游区域概况及主要邮轮旅游目的地、中南美洲邮轮旅游区域概况及主要邮轮旅游目的地、太平洋邮轮旅游区域概况及主要邮轮旅游目的地、亚洲邮轮旅游区域概况及主要邮轮旅游目的地、非洲邮轮旅游区域概况及主要邮轮旅游目的地、全球主要邮轮港口和邮轮航线等,是有志于从事国际邮轮业的广大学生、邮轮乘务人员及邮轮旅游爱好者的必备书。这本教材和国际邮轮旅游业实际工作紧密结合,既可作为高等院校旅游管理类专业、外语类专业、海乘专业的教学用书,又可作为职业培训人员或相关专业人员的参考书,对学生就业国际化具有重要的现实意义。

这本教材主要由武汉轻工大学程丛喜教授撰写并统稿,参与撰写的人员及所撰写的章节为:史常凯(江汉大学,第二章第二节),向兰(武汉交通职业学院,第二章第五节),魏日(武

汉航海职业技术学院,第四章第三节),严丽(湖北生态工程职业技术学院,第五章第一节),吴丽慧(湖北第二师范学院,第七章第五节),王晓巍(江汉师范学院,第三章第五节),郑静、陈彤敏(武汉轻工大学,第二章第四节)。

  在写作过程中,我们得到了湖北省教育厅、湖北省旅游发展委员会、中交协邮轮游艇分会、武汉市旅游局、厦门市旅游局、湖北省旅游学会、武汉轻工大学、武汉中部对外经济技术合作有限公司、武汉凯文海乘酒店管理有限公司、武汉丽莎海乘酒店管理服务有限公司等部门和单位相关领导及专家的大力支持和帮助,在此表示衷心的感谢!

编 者

2017 年 8 月 18 日

目 录
Contents

第一章 国际邮轮旅游地理概述

第一节 地理因素对邮轮旅游业的影响及作用 /1
一、影响旅游业的地理因素 /1
二、气象和气候各要素对旅游业的影响 /2
三、地理因素在邮轮旅游业中的作用 /3
第二节 世界主要邮轮旅游区域及邮轮旅游航线 /3
一、世界主要邮轮旅游区域 /3
二、世界主要邮轮旅游分区及邮轮航线分解表 /4

第二章 北美洲邮轮旅游区域

第一节 加勒比海邮轮旅游地区 /7
一、加勒比海邮轮旅游地区概况 /7
二、加勒比海东部及巴哈马群岛邮轮旅游地区主要邮轮旅游目的地
/8
三、加勒比海西部邮轮旅游地区主要邮轮旅游目的地 /11
四、加勒比海南部邮轮旅游地区主要邮轮旅游目的地 /14
第二节 墨西哥及美国太平洋海岸邮轮旅游地区 /16
一、墨西哥及美国太平洋海岸邮轮旅游地区概况 /16
二、墨西哥及美国太平洋海岸邮轮旅游地区主要邮轮旅游目的地
/17
第三节 北美东北部邮轮旅游地区 /21
一、北美东北部邮轮旅游地区概况 /21
二、北美东北部邮轮旅游地区主要邮轮旅游目的地 /22
第四节 百慕大群岛邮轮旅游地区 /27
一、百慕大群岛邮轮旅游地区概况 /27
二、百慕大群岛邮轮旅游地区主要邮轮旅游目的地 /28
第五节 阿拉斯加邮轮旅游地区 /29

一、阿拉斯加邮轮旅游地区概况　　/29
　　二、阿拉斯加邮轮旅游地区的主要邮轮旅游目的地　　/30

第三章　欧洲邮轮旅游区域

第一节　地中海邮轮旅游地区　　/35
　　一、地中海邮轮旅游地区概况　　/35
　　二、东地中海邮轮旅游地区主要邮轮旅游目的地　　/36
　　三、西地中海邮轮旅游地区主要邮轮旅游目的地　　/48

第二节　欧洲大西洋沿岸邮轮旅游地区　　/61
　　一、欧洲大西洋沿岸邮轮旅游地区概况　　/61
　　二、欧洲大西洋沿岸邮轮旅游地区主要邮轮旅游目的地　　/62

第三节　北海邮轮旅游地区　　/69
　　一、北海邮轮旅游地区概况　　/69
　　二、北海邮轮旅游地区主要邮轮旅游目的地　　/70

第四节　波罗的海邮轮旅游地区　　/77
　　一、波罗的海邮轮旅游地区概况　　/77
　　二、波罗的海邮轮旅游地区主要邮轮旅游目的地　　/78

第五节　北极邮轮旅游地区　　/84
　　一、北极邮轮旅游地区概况　　/84
　　二、北极邮轮旅游地区主要邮轮旅游目的地　　/85

第四章　中南美洲邮轮旅游区域

第一节　中美洲邮轮旅游地区　　/90
　　一、中美洲邮轮旅游地区概况　　/90
　　二、中美洲邮轮旅游地区主要邮轮旅游目的地　　/91

第二节　南美太平洋邮轮旅游地区　　/93
　　一、南美太平洋邮轮旅游地区概况　　/93
　　二、南美太平洋邮轮旅游地区主要邮轮旅游目的地　　/93

第三节　南极洲邮轮旅游地区　　/99
　　一、南极洲邮轮旅游地区概况　　/99
　　二、南极洲邮轮旅游地区主要邮轮旅游目的地　　/100

第五章　太平洋邮轮旅游区域

第一节　南太平洋热带岛屿邮轮旅游地区　　/105
　　一、南太平洋热带岛屿邮轮旅游地区概况　　/105

二、南太平洋热带岛屿邮轮旅游地区主要邮轮旅游目的地　　/106
　第二节　新西兰、澳大利亚邮轮旅游地区　　/108
　　一、新西兰、澳大利亚东海岸邮轮旅游地区概况　　/108
　　二、新西兰、澳大利亚邮轮旅游地区主要邮轮旅游目的地　　/111
　第三节　夏威夷邮轮旅游地区　　/120
　　一、夏威夷邮轮旅游地区概况　　/120
　　二、夏威夷邮轮旅游地区主要邮轮旅游目的地　　/121

124　第六章　亚洲邮轮旅游区域

　第一节　印尼、菲律宾、马来西亚、文莱邮轮旅游地区　　/124
　　一、印尼、菲律宾、马来西亚、文莱邮轮旅游地区概况　　/124
　　二、印尼、菲律宾、马来西亚、文莱邮轮旅游地区主要邮轮旅游目的地
　　　　/127
　第二节　中国大陆及香港、台湾邮轮旅游地区　　/135
　　一、中国大陆及香港、台湾邮轮旅游地区概况　　/135
　　二、中国大陆及香港、台湾邮轮旅游地区主要邮轮旅游目的地　　/136
　第三节　日本、韩国邮轮旅游地区　　/145
　　一、日本、韩国邮轮旅游地区概况　　/145
　　二、日本、韩国邮轮旅游地区主要邮轮旅游目的地　　/147
　第四节　越南、泰国、新加坡邮轮旅游地区　　/154
　　一、越南、泰国、新加坡邮轮旅游地区概况　　/154
　　二、越南、泰国、新加坡邮轮旅游地区主要邮轮旅游目的地　　/157
　第五节　印度、斯里兰卡、马尔代夫邮轮旅游地区　　/163
　　一、印度、斯里兰卡、马尔代夫邮轮旅游地区概况　　/163
　　二、印度、斯里兰卡、马尔代夫邮轮旅游地区主要邮轮旅游目的地
　　　　/166

170　第七章　非洲邮轮旅游区域

　第一节　北非邮轮旅游地区　　/170
　　一、北非邮轮旅游地区概况　　/170
　　二、北非邮轮旅游地区主要邮轮旅游目的地　　/173
　第二节　非洲西海岸邮轮旅游地区　　/177
　　一、非洲西海岸邮轮旅游地区概况　　/177
　　二、非洲西海岸邮轮旅游地区主要邮轮旅游目的地　　/181
　第三节　非洲东海岸邮轮旅游地区　　/185
　　一、非洲东海岸邮轮旅游地区概况　　/185

　　二、非洲东海岸邮轮旅游地区主要邮轮旅游目的地　　/190
　第四节　非洲南海岸邮轮旅游地区　　/193
　　一、非洲南海岸邮轮旅游地区概况　　/193
　　二、非洲南海岸邮轮旅游地区主要邮轮旅游目的地　　/196
　第五节　尼罗河邮轮旅游地区　　/202
　　一、尼罗河邮轮旅游地区概况　　/202
　　二、尼罗河邮轮旅游地区主要邮轮旅游目的地　　/204

206　第八章　全球主要邮轮港口和邮轮航线

　第一节　主要国际邮轮港口和邮轮航线　　/206
　　一、主要国际邮轮港口　　/206
　　二、主要国际邮轮航线　　/216
　第二节　我国主要邮轮港口和邮轮航线　　/227
　　一、我国的主要邮轮港口　　/227
　　二、我国的主要邮轮航线　　/240

247　参考文献

第一章

国际邮轮旅游地理概述

第一节 地理因素对邮轮旅游业的影响及作用

航海是人类在海上航行,跨越海洋,由一方陆地去到另一方陆地的活动。在从前是一种冒险行为,因为人类的地理知识有限,彼岸是不可知的世界。地球上的水域面积占了三分之二,国际邮轮旅游业的兴盛与地理因素密不可分。

一、影响旅游业的地理因素

(一)影响旅游业的内在地理因素

内在因素主要表现在当地旅游业的开发程度如何了,比如,它的旅游配套服务设施建设是否齐全,景区的自然和人文特色是否具有它的独特性和吸引力,景点的规模和集聚性,而吸引力是主要的。

(二)影响旅游业的外在地理因素

外在因素主要有以下几个方面。
(1)旅游交通条件是否便利。
(2)人口因素,人们的生活水平和旅游欲望。
(3)自然环境、气候水文是否适合大众的需求,比如,危险的地方只有少数冒险的人才敢去。
(4)旅游对外宣传、民族文化、政府支持对旅游业发展也有很大促进作用。
以上这些因素都是互相影响互相作用的,没有便利的交通条件和旅游资源以及服务配套设施就不能方便游客来玩,没有一定的生活水平游客就没有经济承受能力,没有各具特色的自然环境和文化作背景,旅游的意义就不大也不能吸引人。

二、气象和气候各要素对旅游业的影响

构成气象气候的各要素,如冷、热、干、湿、风、云、雨、雪、霜、雾等,不仅具有直接造景、育景功能,而且是人类旅游活动的基本条件。其影响主要表现在下列几个方面。

(一)影响景观的季相变化

自然风景是由山、水、林木花草和气象等各要素共同构成的。其中,山、水、动植物等因素只影响空间景观形态,唯有气象和气候,既影响一地的空间景观结构,又影响自然风景的季相变化。这是因为气温、降水、风向风速等天气现象在一年四季内有不同的变化。以我国为例:

夏季,气温南北方差异很小,全国普遍出现高温状况,在夏季风集中降水的影响下,我国各地呈现一片葱绿喜人的景观。

冬季,全国大部都在"极地"大陆气团的控制下,东部平原地区的气温,受太阳辐射所决定,南北温度梯度相差悬殊,北方一片冰原雪岭,寒冷干燥,南方花草溢香,气温宜人。

春、秋两季处于冬、夏过渡季节。北方的春季尚在变性极地大陆气团控制之下,天气干燥少云,地面接收的辐射多直接用于增温,故升温亦快,而江南地区正值清明时节,多云雨天气,地面所得辐射相对减少,升温就慢,但是,南北方都处于生机勃勃的景象,成为旅行最佳时节;秋季在北方低空"极地"大陆气团基本上替代了热带海洋气团,而南方高空仍有副热带高压活动,在这时节,我国南北绝大部分地区都是秋高气爽的天气,金风送爽,湿润适宜,真不失为旅游的好季节。

由此可见,全国各地四季均呈现不同的自然景观。这种季相变化最显著的表现莫过于植物景观,如东北五大连池,春夏有繁花野草点缀,加上不同树木的色彩变幻,景观意境,颇为丰富;秋天有紫红的柞树、黄绿色的樟子松,色彩秀丽;冬天桦林片片,白雪压枝,意境颇富诗意。可见,这种季相变化,均是由气象、气候诸要素决定的。

(二)影响旅游业的时间和空间分布

旅游业的时间和空间上的分布不平衡,原因是多方面的,但气象和气候因素是基本的因素。在世界范围内,为什么旅游热点多在地中海沿岸和加勒比海一带,就是因为那里气候温暖,有充足的阳光和适度的海水,为欧洲寒冷、潮湿、少阳光地区的人们提供了避寒、娱乐的佳境,在此,气候成为决定的因子。又如,我国的昆明、广州及太湖地区,所以能成旅游热点热区,除了旅游资源丰富,旅游设施较好等原因外,还有气候的因素,这些地方气候宜人,风光明媚,对全国游人有极大吸引力。海滨城市,夏季凉爽,可以避暑,也与气候因素息息相关。五岳名山,佛教圣地,夏季游人如织,除了丰富的历史文化景观吸引外,还因气候凉爽,适宜消夏避暑这一重要因素。

总之,由于气象、气候的影响,在世界各国范围内,都出现了一些旅游热点热线;同时也出现了一些冷点冷线,形成游客空间分布的不均衡性。

三、地理因素在邮轮旅游业中的作用

全球各邮轮公司把整个世界看成是满足不同市场需求的一系列区域,因此,地理因素在邮轮旅游业中的各个方面起着关键作用。

(1) 游客经常依照旅行线路来选择航程,而不是邮轮或航班,尤其对第一次参加邮轮旅游的游客来说更是如此。

(2) 许多地方最好乘邮轮游览。例如,在阿拉斯加开车或者乘飞机从一个镇子到另一个镇子去游览就很困难,而且成本很高,有些情况下,甚至根本不可能实现,而邮轮则轻而易举地到达阿拉斯加沿岸;邮轮旅游尤其适合游览诸如印度尼西亚、希腊、加勒比海这样的群岛;有些岛屿之间的航空线路不畅,对于更小的岛,则根本不存在航班,旅游只能依赖邮轮。

(3) 游客通常喜欢通过乘邮轮游览欠发达国家和地区,因为邮轮安全,食品卫生,交通可靠,住宿有保障。邮轮旅行不可能不把当时的气候条件考虑进去。当邮轮在一年内的特定时期航行在某个大洋或大海的某一区域时,气候条件对游客的舒适度和安全性将产生直接影响。为避免造成游客的潜在不适,邮轮一般会避开那些因为地理、气候和季节变化而引起的航行条件差的海域,比如,比斯坎湾(位于美国佛罗里达州南部)、好望角、孟加拉湾以及北大西洋等都是因为恶劣天气而在海员和航海家们心目中相当知名。了解气候类型和记录潮汐变化,能够让邮轮经营者预测哪里的航行安全性较高,可以穿越世界上所有的大洋和大海,可以访问所有的海港。此外,邮轮旅游目的地和滨海活动也同样受气候条件的影响。

(4) 地理因素不仅只与邮轮游客有关,也与邮轮旅游从业人员有关。例如,船员们必须熟悉他们前往的港口。岸上邮轮业从业人员必须了解旅游目的地对他们所营销的邮轮产品所产生的冲击和影响。相关旅行社的工作人员需要对邮轮地理因素有充分的了解。他们对有关港口的知识可提升他们的专业资格和游客及公司对他们的信赖程度,从而使他们尽最大可能地满足游客的要求。

第二节 世界主要邮轮旅游区域及邮轮旅游航线

一、世界主要邮轮旅游区域

按照世界地理区划以及邮轮旅游资源的分布规律,全球邮轮旅游目的地可以划分为北美洲、欧洲、中南美洲、太平洋、亚洲、非洲六大区域。

旅游资源是旅游业发展的前提和基础。凡能吸引旅游者产生旅游动机,并可能被利用来开展旅游活动的各种自然、人文客体或其他因素,皆可称为旅游资源。旅游资源主要包括

自然风景旅游资源和人文景观旅游资源。自然风景旅游资源包括高山、峡谷、森林、火山、江河、湖泊、海滩、温泉、野生动植物、气候等,可归纳为地貌、水文、气候、生物四大类。人文景观旅游资源包括历史文化古迹、古建筑、民族风情、现代建设新成就、饮食、购物、文化艺术和体育娱乐等,可归纳为人文景物、文化传统、民情风俗、体育娱乐四大类。

旅游资源能够满足开展旅游活动需求的作用和效能,如观光功能、休闲功能、度假功能等。有的旅游资源可以满足开展多种旅游活动的需求,因而具有多种旅游功能。根据旅游资源功能的不同可以把旅游资源区分为不同的类别,例如,观光游览型、保健疗养型、购物型、参与型等旅游资源。

西方国家将旅游资源称为旅游吸引物,不仅包括旅游地的旅游资源,而且还包括接待设施、优良服务以及舒适快捷的交通条件。邮轮旅游资源的形成、开发利用,因受自然条件和人文条件因素的影响,分布上具有明显的地域特征。

从空间分布特征来看,当前,全球邮轮航线集中在加勒比海海域、地中海海域、西北欧海域、澳大利亚海域、阿拉斯加海域、亚洲海域。其中,欧洲及北美地区仍是邮轮航线最集中的地区,是邮轮旅游稳固的主力区域,而亚洲是重要的新型邮轮旅游区域,如图1-1所示。

从客源分布来看,北美地区始终是邮轮旅游的主力市场(加勒比地区是占全球邮轮载客量近一半的世界第一大游轮旅游目的地),但随着市场的扩大,未来亚洲地区的邮轮游客也将逐年增多。

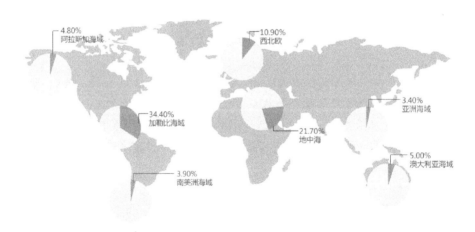

图1-1 全球邮轮航线占比示意图

(资料来源:CLIA 2014 state of the cruise industry report。)

二、世界主要邮轮旅游分区及邮轮航线分解表

世界主要邮轮旅游分区及邮轮航线分解表,如表1-1所示。

表 1-1 世界主要邮轮旅游分区及邮轮航线分解表

目的地区域	各分区及邮轮航线	最佳航期
北美洲邮轮旅游区域	阿拉斯加邮轮旅游地区（温哥华、西雅图、斯卡圭、安克雷奇的冰川航线）	5—10 月
	北美东北部邮轮旅游地区（纽约—蒙特利尔间的北美历史航线）	4—11 月
	墨西哥及美国太平洋海岸邮轮旅游地区（洛杉矶、圣地亚哥、恩瑟纳达、阿卡普尔科等航线）	冬季/全年
	百慕大群岛邮轮旅游地区（多种航线选择）	全年
	加勒比海邮轮旅游地区（多种航线选择）	全年
欧洲邮轮旅游区域	西地中海地区（巴塞罗那、罗马、佛罗伦萨、直布罗陀海峡沿途群岛等航线）	4—10 月
	东地中海邮轮旅游地区（威尼斯、雅典、伊斯坦布尔、希腊各岛、以色列、埃及等航线）	
	欧洲大西洋沿岸邮轮旅游地区（马拉加、里斯本、波尔多、南安普顿、伦敦、阿弗尔等航线）	
	北海邮轮旅游地区（爱尔兰、英国、阿姆斯特丹、汉堡、挪威峡湾、哥本哈根等航线）	
	波罗的海邮轮旅游地区（汉堡、斯德哥尔摩、赫尔辛基、圣彼得堡、波罗的海三国等航线）	
	北欧北极邮轮旅游地区（斯瓦尔巴群岛、格陵兰岛、冰岛等航线）	5—9 月
中南美洲邮轮旅游区域	中美洲邮轮旅游地区（利蒙港、圣布拉斯岛、科隆、巴拿马运河、阿马多堡、克萨尔港等航线）	4—9 月
	南美太平洋邮轮旅游地区（里约热内卢、布宜诺斯艾利斯、蒙得维的亚、马尔维纳斯群岛、圣地亚哥、利马港、麦哲伦海峡等航线）	10—4 月
	南极洲邮轮旅游地区（南极洲航线，目前邮轮所能达到的最远的航线）	12—2 月
太平洋邮轮旅游区域	南太平洋热带岛屿邮轮旅游地区（斐济、塔希提、库克群岛等南太平洋岛屿航线）	11—4 月
	新西兰、澳大利亚邮轮旅游地区（新西兰、澳大利亚东海岸等航线）	11—4 月
	夏威夷邮轮旅游地区（夏威夷起止多种航线）	全年

续表

目的地区域	各分区及邮轮航线	最佳航期
亚洲邮轮旅游区域	印尼、菲律宾、马来西亚岛屿、文莱邮轮旅游地区（印尼、菲律宾、马来西亚岛屿、文莱等航线）	全年
	中国内地及香港、台湾邮轮旅游地区（中国内地及香港、台湾等航线）	4—11月
	日本、韩国邮轮旅游地区（日本、韩国等航线）	5—11月
	越南、泰国、新加坡邮轮旅游地区（越南、泰国、新加坡等航线）	全年
	印度、斯里兰卡、马尔代夫邮轮旅游地区（印度、斯里兰卡、马尔代夫等航线）	全年
非洲邮轮旅游区域	北非邮轮旅游地区（突尼斯、摩洛哥、加纳利群岛及马德拉群岛等航线）	5—10月
	非洲西海岸邮轮旅游地区（塞内加尔、几内亚比绍、塞拉利昂、洛美、多哥、贝宁、圣多美和普林西比、安哥拉等，有多种航线选择）	11—3月
	非洲东海岸邮轮旅游地区（蒙巴萨、马达加斯加、塞舌尔、毛里求斯等印度洋岛航线）	11—3月
	非洲南海岸邮轮旅游地区（南非、莫桑比克、纳米比亚等航线）	11—3月
	尼罗河邮轮旅游地区（阿斯旺、科翁坡、埃德福、卢克索等航线）	全年

第二章

北美洲邮轮旅游区域

北美洲是全球游轮旅游的主要客源市场,据国际游轮协会统计显示,2010年,其定期邮轮公司会员接待游客1600万人次,其中73%的游客来自北美。丰富的邮轮旅游资源以及成熟的邮轮客源市场,使北美地区成为全球领先的邮轮旅游目的地。北美洲邮轮旅游区域主要包括:阿拉斯加邮轮旅游地区(温哥华、西雅图、斯卡圭、安克雷奇的冰川航线),北美东北部邮轮旅游地区(纽约—蒙特利尔间的北美历史航线),墨西哥及美国太平洋海岸邮轮旅游地区(洛杉矶、圣地亚哥、恩瑟纳达、阿卡普尔科等航线),百慕大群岛邮轮旅游地区,加勒比海邮轮旅游地区等。

第一节 加勒比海邮轮旅游地区

一、加勒比海邮轮旅游地区概况

加勒比海邮轮旅游地区依托气候的优势,大力发展邮轮旅游业,其邮轮旅游航线的多样性在全球首屈一指,而且大部分是全年运营。

加勒比海以印第安人部族命名,意思是"勇敢者"或是"堂堂正正的人",是世界上最大的内海。有人曾把它和墨西哥湾并称为"美洲地中海",海洋学上称中美海。加勒比海南接委内瑞拉、哥伦比亚和巴拿马海岸;西接哥斯达黎加、尼加拉瓜、洪都拉斯、危地马拉、伯利兹和尤卡坦半岛;北接大安地列斯群岛,东接小安的列斯群岛。由于处在两个大陆之间,加勒比海西部和南部与中美洲及南美洲相邻,北面和东面以大、小安的列斯群岛为界。其范围定为:从尤卡坦半岛的卡托切角起,按顺时针方向,经尤卡坦海峡到古巴岛,再到伊斯帕尼奥拉岛(海地、多米尼加共和国)、波多黎各岛,经阿内加达海峡到小安的列斯群岛,并沿这些群岛的外缘到委内瑞拉的巴亚角的连线为界。尤卡坦海峡峡口的连线是加勒比海与墨西哥湾的分界线。

加勒比海东西长约2735公里,南北宽在805~1287公里之间,容积为686万立方公里,平均水深约2491米,现在所知的最大水深为7680米,位于开曼海沟,为世界上深度最大的

陆间海之一。

加勒比海地区一般属热带气候。但因受高山、海流和信风影响，各地有所不同。多米尼加部分地区年平均雨量高达8890毫米，而委内瑞拉沿海博奈尔岛只有250毫米。每年6—9月，时速达120公里的热带风暴（飓风）在加勒比海地区北部和墨西哥湾比较常见，加勒比海地区南部则较为罕见。加勒比海海底可分成5个椭圆形海盆，它们之间为海脊和海隆所分隔，自西往东依次为犹加敦、开曼、哥伦比亚、委内瑞拉和格瑞纳达海盆。

加勒比海地区植被一般为热带植物。环绕潟湖和海湾有浓密的红树林，沿海地带有椰树林，各岛普遍生长着仙人掌和雨林。加勒比海地区珍禽异兽种类繁多。

旅游业是加勒比海地区经济中的重要部门，明媚的阳光和丰富的旅游资源，已使该地区成为世界主要的冬季度假胜地。

目前，加勒比海地区所吸引的游客比世界上任何其他地区都多，它拥有从佛罗里达向西延绵到委内瑞拉海岸约4000公里的美丽海湾。本区域岛屿的自然特征、气候、可进入性、历史背景和政治背景各有不同。据行业数据分析，尽管温暖、清澈湛蓝的海水，以及棕榈海滩强烈地吸引着各地游客去休闲放松和游泳，但许多游客访问某些加勒比海岛的另一个重要目的是购物，巴哈马的拿骚港等港口已成为邮轮游客免税购物的天堂。

各邮轮公司在做邮轮旅游行程安排时，把各地风格迥异的岛屿串联成旅游线路。这些行程可以是从佛罗里达州的劳德代尔、埃费格雷斯港、卡纳维拉尔或迈阿密出发，也可以是从加勒比海的波多黎各或巴巴多斯出发。由于游客费用的竞争，许多加勒比海岛屿的停泊费用相对便宜，一般是按每位游客4～6美元的标准收费。

另外，许多邮轮公司拥有自己的一些岛屿。例如，皇家加勒比拥有可可礁、荷美邮轮公司拥有半月礁、迪斯尼邮轮公司拥有卡斯达韦礁、挪威邮轮公司拥有大斯特拉普礁、公主邮轮拥有公主礁。拥有这些岛礁的好处主要是从游客的岸上活动中获得收入，并控制与停靠港相关的费用，从而降低成本。

国际邮轮协会将加勒比海区域划分为三个邮轮旅游地区，即加勒比海东部和巴哈马群岛、加勒比海西部、加勒比海南部。加勒比海旅游组织是一个以许多加勒比海岛屿为成员的贸易组织，其成员包括安圭拉岛、安提瓜和巴布达、阿鲁巴岛、巴哈马群岛、伯利兹、百慕大群岛、博内尔岛、英属维京群岛、开曼群岛、古巴、库拉索岛、多米尼克、格林纳达、瓜德罗普岛、圣马丁岛、圭亚那、海地、牙买加、马提尼克岛、蒙特萨拉特岛、波多黎各、圣尤斯特歇斯、圣基茨、尼维斯、圣卢西亚、圣马丁、圣文森特和格林纳丁斯、苏里南、特立尼达拉岛、多巴哥、特克斯和凯科斯群岛，以及美属维京群岛。其中，有些岛屿吸引了大量邮轮游客来访。

二、加勒比海东部及巴哈马群岛邮轮旅游地区主要邮轮旅游目的地

加勒比海东部和巴哈马群岛邮轮旅游航线是加勒比海地区邮轮旅游航线中最为经典的线路，也是邮轮游客最常选择的线路。邮轮从美国佛罗里达州的罗德岱堡起航，造访巴哈马群岛、圣马丁、圣汤马斯等几个大的岛屿目的地。这些岛上的风光以巴哈马殖民地风貌为主，中世纪时期，这里曾经海盗横行，因此，留下了许多传奇故事和历史遗迹。在和平岁月中，纯净的海水和洁白的沙滩，使该地区成为潜水爱好者的天堂和邮轮游客的度假

胜地。

(一) 巴哈马群岛(Bahamas)

巴哈马群岛靠近加勒比海,但并非它的一部分。巴哈马群岛靠近佛罗里达南部海岸和加勒比海东部,这种区位优势使邮轮航线设计者自然会将其列入航线之中,也就是说,该群岛是加勒比海邮轮旅行时经常性的停靠点。从美国的迈阿密港、埃弗格雷斯港、卡纳维拉尔港以及波多黎各的圣胡安港等进入巴哈马和加勒比海东部相对便捷。然而,由于这一航线距离较长,邮轮旅游的持续时间很可能超过7天。

巴哈马群岛有各种各样的港口,包括一些被邮轮公司私有化的礁岛。位于新普罗维登斯岛上的拿骚和弗里波特是巴哈马群岛的重要港口。早在2004年,拿骚接待的到港游客居世界第6位,弗里波特居世界第16位。

巴哈马是西班牙词语"Bar Mar"的派生词,意为浅海。这里700多座岛屿与珊瑚礁,很受欢迎,拥有阳光、海水和沙滩,自称"天堂群岛"。这里的沙滩非常受游客推崇和欢迎,除了延绵数公里的白色或粉色的沙滩外,岛上还有很多好玩的地方。该群岛被称为世界上第三大珊瑚礁,拥有包括鲨鱼和海豚在内的丰富多样的海洋生物。2016年,巴哈马人口约39.1万(其中大多数分布在新普罗维登斯岛),旅游从业人数占总就业人数的50%,50%的GDP或国民收入源自旅游业或旅游产品和旅游服务的销售。游客可在这些岛上进行购物、打高尔夫和赌博等活动。巴哈马群岛曾荣获2004年加勒比海地区首要目的地的殊荣。

拿骚(Nassau)是巴哈马的首都,距离美国的迈阿密只有大约290公里。巴哈马群岛是位于大西洋西岸的岛国,地处美国佛罗里达州以东,古巴和加勒比海以北。拿骚是一个古文明的神奇与新世纪的梦幻交汇的地方。拿骚还为众多体育爱好者提供了高尔夫球、潜水、网球、壁球等许多不同门类的运动项目。不管是大人还是小孩都能在这里找到各自喜爱的体育运动。这里也是购物者的天堂。在拿骚,许多店铺售卖的各类免税名牌商品吸引了众多购物者的目光。拿骚气候温和,海滩优美,旧市区有殖民时期古老建筑,为著名的冬季旅游地。市区狭小,建筑群不断沿拿骚海滩向东、西郊扩展。拿骚海滩的港口东端辟有海上公园,游客可乘玻璃底游艇,观赏海里的珊瑚和鱼类。南郊辟有现代化蔬菜农场、家禽场和奶牛场。西郊有国际机场。拿骚也是国际金融中心之一,这里聚集了250多家外国银行。拿骚和天堂岛这一对姊妹岛屿将国际大都会的魅力和热带旖旎风光完美地融合成一体。拿骚的美食以海产品为主,当地著名的海鲜美味包括海螺肉、大龙虾,以及各种海产鱼类等。在这里,游客可以品尝到各种热带食用鱼类,而其中以水煮鱼、蔬菜炖鱼最为著名。

(二) 波多黎各(Puerto Rico)

波多黎各是美国自治领地,被称为"魅力之岛",拥有众多丰富多彩的吸引物,包括典型的热带海岸风光、多姿多彩的自然景观,以及丰富的文化遗产。岛上居民的文化背景多元化,其文化受非洲、西班牙和美国等文化的影响。2016年,波多黎各的人口约341万,流通货币为美元,语言是英语和西班牙语。

波多黎各的圣胡安(San Juan)既是一个邮轮停靠港(或目的地),又是一个邮轮基地港。

双重角色使其成为世界上第七大到访游客最多的目的地。圣胡安是波多黎各的首都和最大城市,位于波多黎各的东北岸。圣胡安于1521年建成,西班牙语意为"富裕之港"。波多黎各是构造完美的热带岛屿,它包罗了各种热带景观,拥有多个美丽海滩,游客可以从圣胡安市中心直接步行到邮轮码头,在16世纪的环境中找到21世纪的便利。圣胡安的许多饭店、旅馆等建筑都拥有浓郁的西班牙殖民风格。它融合欧洲军事建筑风格,并结合美国大陆港口实际情况而建造的典型军事建筑群。圣胡安的旅游特色是沙滩、朗姆酒。圣胡安是加勒比海夜生活和娱乐的首都,在这里能纵情享受泡吧、美食、维加斯风格的赌博等乐趣。在整个圣胡安地区,酒吧、迪斯科舞厅和受欢迎的餐厅在城市的每一个角落几乎都可找到,游客一定不要错过岛上多姿多彩的夜生活,包括杜拉多、格兰德、庞塞和玛亚古兹度假村的特殊魅力。

(三)美属维尔京群岛(U. S. Virgin Islands)

美属维尔京群岛位于大西洋的加勒比海,位于波多黎各以东约64公里,在英属维尔京群岛以西。它由四个主要岛屿组成:圣托马斯岛、圣约翰岛、圣克罗伊岛、水岛。此外,还有数十个小岛。美属维尔京群岛位于北美洲板块和加勒比海板块的接缝上,当地的自然灾害包括地震和热带风暴。

美属维尔京群岛的原始土著居民为加勒比海地区的卡鲁比和阿拉瓦克印第安人。1493年欧洲人到达该群岛,土著居民几乎全被屠杀。该群岛居民从1927年起成为美国公民,该群岛有自己的旗帜。该群岛经济上十分依赖美国,对美国商品的进口依赖严重,其90%的贸易同波多黎各和美国进行。

美属维尔京群岛旅游业收入约占国内生产总值的70%,游客主要来自美国。该群岛属开发中自由企业经济,以旅游业和制造业为基础。由于岛上热带气候宜人、风景如画、垂钓环境优美,接近美国大陆,加上又是自由港,旅游业迅速发展,且成为经济的主导。占圣约翰岛三分之二面积的维尔京群岛国家公园,以及竖在珊瑚礁上的巴克岛国家保护区别有一番情趣。

美属维尔京群岛的官方语言是英语。岛上也有许多加勒比海其他岛屿的人,因此,西班牙语和法语方言也很普及。同加勒比海其他岛屿一样,美属维尔京群岛上最重要的宗教是基督教。由于丹麦长期占领这个群岛,因此,岛上以新教为主。

美属维尔京群岛上广阔的公路网大部分都铺设了柏油路面。圣托马斯岛上的夏洛特阿马利亚和圣克洛伊岛上的弗雷德里克斯塔德以及酸橙树湾均为深水港。三个主要岛屿之间有渡船往来,渡船也通往英属维尔京群岛。有两座国际机场分别设在圣托马斯和圣克洛伊岛上。有海上飞机通航于各岛之间,也通往波多黎各、英属维尔京群岛和圣马丁。

美属维京属岛的圣托马斯和岛上的港口夏洛特阿马利亚深受旅游购物者的欢迎。经过多年的发展,该岛已成为主要的免税天堂,加上自然风光和岛屿的魅力,这里对游客产生了强大的吸引力。该岛已成为世界上排名靠前的到访频繁的港口之一。

(四)(荷兰/法国的)圣马丁岛(Saint Martin)

圣马丁岛是西印度群岛小安的列斯群岛北部的岛屿,由山地和湖沼构成,面积约86平方公里。它的南部属荷兰,面积约 34 平方公里,2006 年人口约 3.5 万;北部为法国直辖海外领地,面积约 52 平方公里,2004 年人口约 3.3 万,是世界上最小的分属两国的岛屿,居民多为黑人。

圣马丁岛地势起伏,东、西部多山丘,平均海拔 300～415 米。圣马丁岛年降水量 1100 毫米,岛上风景优美。1493 年 11 月 11 日(圣马丁节)哥伦布到此,故名。1638 年,圣马丁岛被法国占领。1648 年,圣马丁岛分属法国和荷兰。

圣马丁岛主要出产盐、棉花、甘蔗和牲畜,酿酒业和渔业日益发展。圣马丁岛旅游业非常发达,其重要城镇有菲利普斯堡(荷属)和马里戈特(法属)。

菲利普斯堡是圣马丁岛的港口。该岛一半属荷兰,另一半属法国,因而具有两个国家的风格。大多数邮轮停靠的菲利普斯堡属于荷兰。该岛是世界上第九大邮轮到访港。游客可以在该岛进行沙滩活动、水上巡游活动,以及文化体验。

（五）安提瓜岛（Antigua）

安提瓜和巴布达（Antigua and Barbuda）,位于加勒比海小安的列斯群岛的北部,为英联邦成员国。这里的居民绝大多数为非洲黑人后裔,多数居民信奉基督教。其首都为圣约翰。2016 年,总人口约 10 万,总面积 442.6 平方公里。安提瓜和巴布达属于热带气候,年平均气温 27 ℃左右,年均降水量约 1020 毫米。安提瓜和巴布达国民收入主要来源于旅游、建筑业、离岸金融业、制造业和农业,而作为其最主要经济来源的是旅游业,农业主要是自给自足。此外,还有少数工业,主要是生产出口产品等。

安提瓜和巴布达是世界上名列前茅的到访港。安提瓜和巴布达也是一个植物葱郁的热带岛屿,拥有引以为豪的历史景点——尼尔森船坞,以及一个 18 世纪的英国海军舰队基地。该岛的浮潜和水肺潜水深受游客欢迎。据说这里是加勒比海东部群岛中阳光灿烂的岛屿之一。英语是岛上广泛使用的语言。

加勒比海东部的其他许多港口也是有名的邮轮目的地,如托托拉岛、多米尼克、圣卢西亚、马提尼克岛和圣基茨等。

三、加勒比海西部邮轮旅游地区主要邮轮旅游目的地

邮轮从佛罗里达州、休斯敦、加尔维斯顿和新奥尔良等港口到西加勒比海的交通非常方便。邮轮经过巴哈马线路上的佛罗里达诸多港口,可以快捷地进入西加勒比海地区,偶尔也可以经过休斯敦、加尔维斯顿或者新奥尔良。在某些时段,西加勒比海邮轮旅游线路还包括墨西哥大陆的部分港口,如科苏梅尔、坎昆、韦拉克鲁斯及坦皮科等地,从而可以设计出形式多样、风格迥异的邮轮航线。值得注意的是,大多数加勒比海西部地区的邮轮航行线路都以巴哈马群岛的拿骚为终点,因此,吸引了众多游客。与加勒比海东部地区风景优美的岛屿、海滩景色相比,加勒比海西部地区展现给邮轮游客的是更多文化层面的景观。比如,大开曼群岛的南美原始人风情和墨西哥著名的玛雅文化遗址等。常见的邮轮旅游目的地包括基韦斯特、牙买加以及大开曼岛等地。

(一) 基韦斯特(Key West)

基韦斯特是美国本土最南端城市,也是美国的天涯海角,在佛罗里达群岛西南端的小珊瑚岛上,地处佛罗里达海峡西口北侧,属佛罗里达州门罗县管辖,同时也是县治。基韦斯特在佛罗里达州最大城市迈阿密以南约 280 公里处,基韦斯特同巴哈马群岛、古巴的首都哈瓦那隔海相望,距哈瓦那约 145 公里。

基韦斯特 1822 年初建立,1828 年设市,连接佛罗里达群岛各岛的越海公路终点。它属热带海洋性气候,夏季多飓风,8 月平均气温约 29.3 ℃,1 月平均气温约 21.6 ℃,年平均气温 25.7 ℃左右,年降水量约 1000 毫米。

基韦斯特的经济以旅游业和渔业为主,有雪茄烟制造、鱼品和食品加工工业,是美国在墨西哥湾的重要海军基地和海军航空维修站。著名画家温斯洛·霍默曾在此作画,海明威故居已被辟为博物馆。

基韦斯特面积 19.2 平方公里,2000 年人口约为 2.5 万,是美国 1 号公路的南端,也是美国本土最南的城市。基韦斯特有长约 200 公里的跨海公路把佛罗里达群岛和大陆连通,直达迈阿密。基韦斯特东南有基韦斯特国际机场。基韦斯特港位于基韦斯特的西北,港外有坦克岛和维斯特里亚岛作屏障。基韦斯特是著名的旅游胜地,也是多条豪华邮轮航线的出发点,岛上有美国前总统杜鲁门的度假行宫,该岛也以同性恋者乐园著称。

基韦斯特因众多艺术家、名流、总统和文学巨匠而闻名,如恩斯特·海明威等。佛罗里达群岛和基韦斯特在 20 世纪 80 年代世界经济复苏之后成为游客的必来之地。该旅游目的地是世界上前十大邮轮到访港之一。基韦斯特的文化旅游景点,如恩斯特·海明威、田纳西·威廉姆斯的故居,美国前总统杜鲁门的度假行宫等都是游客游览的目的地,在这里游客还可以购物,甚至前往墨西哥湾深海垂钓。

进入基韦斯特岛,到处都是木质的老房子,如果要住在岛的市中心,有很多 bed breakfast hotel,就是让游客体验当地居民生活的房子,包括早餐。据说美国人非常喜欢入住具有这样风土人情的地方。基韦斯特能够出名的原因:

第一,它是美国版的天涯海角,也是美国本土大陆离古巴最近的地方。

第二,其中有恩斯特·海明威故居。

第三,它的酒吧和同性恋文化。

基韦斯特这个小岛里的人们以恩斯特·海明威为骄傲,很多地方都有恩斯特·海明威的名字和照片。基韦斯特的小镇很繁华,很商业,很热闹,很拥挤,如同天涯海角和丽江的混合体。

(二) 开曼群岛(Cayman Islands)

开曼群岛是英国在加勒比海群岛西部的一块海外属地,首都为乔治敦。开曼群岛由大开曼、小开曼和开曼布拉克等岛屿组成,东部边缘为开曼海沟。开曼群岛是著名的离岸金融中心和"避税天堂",亦是世界著名的潜水胜地、旅游度假胜地。金融和旅游业是其主要的经济来源。

乔治敦是开曼群岛的主要停靠港,也是世界上第五大到访港。该岛因为有机会与刺鳐同游而闻名遐迩,当然,游客还可以参观其他景点和进行其他体验活动。在开曼群岛,游客可以围着珊瑚礁(生活着很多海洋生物)潜水。大开曼岛是世界上第一个海龟养殖场的所在地,这里拥有壮观的石灰石和珊瑚礁,以及深受欢迎的长约 11 公里的海滩。

大开曼岛位于牙买加西北部,面积约为 220 平方公里,是加勒比海开曼群岛中最大的岛屿,地势低平,海拔不足 15 米,以捕龟业和旅游业为主。大开曼岛的西湾海滩为著名的旅游胜地,传说哥伦布在对他的新大陆进行第四次探险时,于 1503 年 5 月 10 日发现了开曼群岛,大开曼岛是开曼群岛中最大的岛屿,与小开曼岛和开曼布拉克岛组成了开曼群岛。大开曼岛不仅风景优美而且历史文化丰富,主要景观有伊丽莎白二世植物园、乔治敦开曼群岛国家博物馆和西湾等。

(三) 牙买加(Jamaica)

牙买加是加勒比海地区的第二大群岛国家,港口欧丘里欧是世界上名列前茅的邮轮到访港。牙买加有大量的自然奇观,如邓恩河瀑布。邮轮游客可以攀爬瀑布,在蓝山远足探险,进行海底或山洞游览。游客选择的多样性反映了该区自然和文化资源的多样性。以已故的巴布·马里为象征的音乐在牙买加文化中占据重要地位。牙买加还是雷鬼音乐的发祥地,并以其丰富的历史文化遗产为荣。

牙买加起源于印第安语,意为"林水之乡",原为印第安人阿拉瓦克族居住地。1494 年哥伦布来到此地,1509 年沦为西班牙殖民地。1655 年被英国占领。1866 年成为英直辖殖民地。1962 年 8 月 6 日宣告独立,成为英联邦成员国。

牙买加面积 10991 平方公里,位于加勒比海西北部,东隔牙买加海峡与海地相望,北距古巴约 140 公里,是加勒比海中面积仅次于古巴和海地岛的第三大岛。

金斯敦是牙买加首都,南临加勒比海,北靠蓝山,是牙买加重要的港口城市。金斯敦的西班牙城镇广场,是早期的西班牙殖民时代留下的代表性遗迹。金斯敦市区的画廊,则是牙买加最高水准的艺术精品的展出地。金斯敦市北部的蓝山不仅有优美的山林景色,更因为是蓝山咖啡的产地而成为所有咖啡爱好者心中的向往之地。同极品的蓝山咖啡一样奢华的,是曾为亿万富翁豪宅的达芳大宅。虽然达芳大宅现已成为金斯敦的美食和购物中心,但那古典的白色建筑仍处处透出昔日的富丽堂皇。作为牙买加政治、经济和文化中心的金斯敦市,有着悠久的历史,其名字的含义为"国王之域"。

蓝山咖啡是世界上较好的咖啡之一。蓝山山脉位于牙买加岛东部,该山在加勒比海的环绕下,每当天气晴朗的日子,太阳照在蔚蓝的海面上,山峰上便会反射出海水璀璨的蓝色光芒,蓝山因此而得名。蓝山最高峰海拔 2256 米,是加勒比海地区的最高峰,也是著名的旅游胜地。这里地处咖啡带,拥有肥沃的火山土壤,空气清新,没有污染,气候湿润,终年多雾多雨,平均降水约为 1980 毫米,气温在 27 ℃ 左右,这样的气候造就了享誉世界的牙买加蓝山咖啡,同时也造就了世界上最高价格的咖啡。

哥伦布公园位于奥乔里约西方 33 公里处,是哥伦布发现牙买加时最初登陆的地点,称作"发现湾",可眺望大海的小山丘。它现在被辟为公园,竖有哥伦布塑像,并陈列着大炮及炮台等遗迹,另外,在它 5 公里远处,是当年被英国人打败的西班牙人仓皇逃走之地,称为

"逃命湾"。

蒙特哥贝是牙买加第二大城市,被牙买加人昵称为"梦湾"。蒙特哥贝曾经是牛油与猪油的装卸港口。蒙特哥贝有悠久的历史,遗留有不少名胜古迹,适合游客度假旅游。这里美丽的白沙滩一望无际,是度假的好地方。欧美观光客常来此度假,享受水上运动及高尔夫球,使此地成为世界知名的加勒比海休闲度假胜地。

安东尼奥港是牙买加东北岸城市,在金斯敦东北约40公里处。城市所处海湾,被一岬角分成东、西两个港湾,西港有内维岛屏蔽,住宅区集中在岬角上,商业区则沿海岸分布。安东尼奥港海滨优美,是牙买加历史悠久的旅游地之一,附近的布卢霍莱湖是良好的水上活动场所。铁路、班机直通牙买加的其他主要城市。

四、加勒比海南部邮轮旅游地区主要邮轮旅游目的地

加勒比海南部的群岛与南美洲的委内瑞拉距离很近,加勒比海南部邮轮旅游的行程通常需要利用该区内的一个母港,如巴巴多斯和阿鲁巴。许多去加勒比海南部的邮轮都从东部的圣胡安出发,行程中包括了加勒比海东部和南部的港口。加勒比海南部地区的气候是加勒比海最晴朗的,邮轮是穿梭加勒比海南部地区最为便捷的交通工具。尽管加勒比海南部的邮轮旅游线路与加勒比海东部、西部地区的线路相隔不远,但给游客带去的感受却大不相同。加勒比海西部区域地势平坦,岛屿的海拔不高,而加勒比海南部邮轮线路所经之处的地貌复杂多样,既有绝美的海滩,又有地势险峻的火山与瀑布。在有些岛屿上,游客还可以看到土著居民的生活原貌。加勒比海南部地区的邮轮旅游线路中比较经典的线路是从波多黎各的圣胡安港出发,途经多米尼加岛、巴巴多斯等地。

（一）巴巴多斯（Barbados）

巴巴多斯位于加勒比海东部小安的列斯群岛最东端,为珊瑚石灰岩海岛。其四周为海洋环绕,西与圣卢西亚、圣文森特和格林纳丁斯、格林纳达隔水相望。

巴巴多斯独立于1966年11月30日,是英联邦成员国,经济以甘蔗种植和加工、朗姆酒、旅游业等为主。

巴巴多斯首都为布里奇顿,主要城市有斯佩茨顿、霍尔顿等,2016年人口约28万,主要民族为非洲黑人后裔、欧洲人后裔,主要宗教是基督教,国土面积为431平方公里。

巴巴多斯属热带海洋性气候,7—11月为雨季,盛行东南风;2—3月为旱季,多东北风,常有飓风。全年气温变化不大,通常在22 ℃～32 ℃之间。年平均降水量1525毫米,沿海1016毫米,中部降水量达2286毫米。年日照量可达到3000小时。

旅游业是巴巴多斯的主要经济支柱之一,游客主要来自欧洲、美国、加拿大和其他加勒比海沿岸国家。

巴巴多斯是加勒比海地区重要航运中心。距布里奇顿18公里的格兰特利亚当斯国际机场是加勒比海地区现代化的国际机场之一,24小时运营,有17个停机泊位,有飞往美国、

英国、加拿大、南美和大多数加勒比国家的直达航班。

首都布里奇顿为全天候深水港,可停靠万吨级远洋客货轮,有8个泊位,能同时为5艘轮船提供燃料补给。

巴巴多斯的美食融合了非洲、加勒比海、西印度群岛、欧洲等地的特点。鱼类是巴巴多斯饮食的主要材料,包括金枪鱼、鲨鱼、鲑鱼、鳕鱼、红鲷鱼、无鳔石首鱼、海豚鱼,以及小虾、龙虾、蟹和海胆等。除此之外,飞鱼是岛上最受青睐的美食,也是巴巴多斯国家的象征。

巴巴多斯的乡村有温柔而连绵起伏的山景,与一些火山岛形成鲜明对比。巴巴多斯有着很强烈的英国情结。巴巴多斯是一个文明的国度,黑人占全国总人口的80%。巴巴多斯居民的识字率高达97%,居民的热情好客更是令人难以忘怀。巴巴多斯的风景名胜有巴希巴风景区、巴巴多斯国家公园、卡伦海滩、巴巴多斯博物馆、巴巴多斯大西洋潜水艇等。

(二)库拉索岛(Kuracao)

库拉索岛是一座位于加勒比海南部,靠近委内瑞拉海岸的岛屿。库拉索岛的首都是威廉斯塔德(Willemstad)。库拉索岛是荷属安的列斯群岛的主岛,2010年10月10日后改制为荷兰王国的自治国。库拉索岛面积444平方公里,2006年人口约为17万,多为黑人后裔,是荷属安的列斯中的最大岛屿。

库拉索岛地势平坦,平均海拔在200米以下,间或有山丘。库拉索岛南岸曲折,有天然良港,西侧多珊瑚礁。库拉索岛属热带干燥气候,各月平均气温在26 ℃～28 ℃之间,年降水量560毫米,主要集中在10—11月,岛上缺少淡水。

库拉索岛曾为西班牙殖民地,1634年为荷兰所占。其经济以石油工业为主,建有大型炼油厂,提炼从委内瑞拉进口的原油,输出石油产品,还有磷灰石开采及小型食品加工业。在农业方面,这里种植少量剑麻和橙子,粮食、工业品主要依靠进口,1956年起成为自由贸易区。

库拉索岛旅游业发达,这里的建筑风格带有浓厚的荷兰风格。该岛的主要旅游活动包括购物、参观水下公园、水族馆或牡蛎养殖场等。该区域还有很多其他岛屿,包括博内尔岛、特立尼达拉岛和多马哥。库拉索岛与邻近的阿鲁巴(Aruba)、波内赫(Bonaire)经常被合称为"ABC群岛"。邮轮的行程中可能也包括委内瑞拉的港口,如拉瓜伊拉和卡塔赫纳。

(三)多米尼加(Dominican)

多米尼加是加勒比海上的岛国,2016年人口约1000万,国土面积48442平方公里。多米尼加全年气温变化不大,年平均气温25 ℃～30 ℃,但中科迪勒拉山区气温较低,冬季可达0 ℃以下。多米尼加北部和东部有东北信风,年降水量1500～2500毫米,属热带海洋性气候,山地森林茂密,盛产苏芳木、桃花心木等珍贵林木。背风的多米尼加西南部年降水量不足1000毫米,气候比较干燥,属热带草原性气候,夏秋常受飓风袭击,造成灾害。

多米尼加向来有"加勒比海赏鲸宝地"之称,游客可以观赏到海鲸和海豚,可以穿越景色优美的山涧峡谷,还可以在夜晚潜入苏菲尔湾附近的香槟暗礁海域。如果想挑战极限,还可以跋涉至全球第二大的沸腾湖,饱览难得一见的独特景观。

圣多明各是多米尼加的首都、全国最大深水良港、南半球最古老的城市。圣多明各位于奥萨马河流入加勒比海的入海口,城区濒临加勒比海和奥萨马河,加勒比海辽阔无垠,奥萨马河河口宽敞水深。圣多明各街道宽广,市容整洁,林木苍郁,繁花吐艳,芳草如茵,是一座风光优美的海滨城市,也是美洲大陆上著名的旅游胜地。圣多明各动物园是拉丁美洲最大和最完整的动物园。

卡塔琳娜岛沙滩位于多米尼加的东南端。有一个"天堂"的同义词,那就是卡塔琳娜岛沙滩。卡塔琳娜岛是一个巨大而美丽的白沙沙滩,占地约 10 平方公里,是多米尼加一个重要的旅游景点,同时,也是世界上较美丽的沙滩之一。

马纳提公园是一个主题公园,内部景点多种多样,可供游人尽情游玩,让游人能有机会与大自然亲密接触。

第二节 墨西哥及美国太平洋海岸邮轮旅游地区

一、墨西哥及美国太平洋海岸邮轮旅游地区概况

墨西哥全称"墨西哥合众国",位于北美洲,北部与美国接壤,南与危地马拉、伯利兹相邻,西临太平洋和加利福尼亚湾,东有墨西哥湾与加勒比海的阻隔。墨西哥的首都是墨西哥城。

墨西哥气候复杂多样。墨西哥沿海和东南部平原属热带气候,年平均气温为 25 ℃～27.7 ℃。墨西哥高原终年气候温和,山间盆地气温约为 24 ℃,地势较高地区气温约 17 ℃;西北内陆为大陆性气候。墨西哥大部分地区全年分旱、雨两季,雨季集中了全年 75% 的降水量。因墨西哥境内多为高原地形,冬无严寒,夏无酷暑,四季万木常青,自然条件极其优越,所以有"高原明珠"的美称。

墨西哥面积 1964375 平方公里,是拉丁美洲第三大国。墨西哥位于北美洲南部,拉丁美洲西北端,是南美洲、北美洲陆路交通的必经之地,素称"陆上桥梁"。墨西哥海岸线长 11122 公里。其中,太平洋海岸 7828 公里,墨西哥湾、加勒比海岸 3294 公里。墨西哥有 300 万平方公里经济专属区和 35.8 万平方公里大陆架。墨西哥著名的特万特佩克地峡将北美洲和中美洲连成一片。墨西哥主要旅游景点有玛雅古迹、月亮金字塔、杜伦古城、莫雷利亚、奇琴伊察古城,等等。

美国太平洋沿岸地区是由美国的人口调查局所正式定义的九块地理区域之一。此区域包括五个州:阿拉斯加州、加利福尼亚州、夏威夷州、俄勒冈州和华盛顿州,这五个州都濒临太平洋。此地区位于美国人口调查局所定义的美国西部地区之内,而美国西部地区的其余

地区属于山岳地区。虽然这两个地区都被划入美国西部地区之内,但是这两个地区却有着截然不同的特征。

这一地区的邮轮旅游航线以短线为主,比较常见的是3天至7天的行程,适合初次参加邮轮旅游的游客。豪华邮轮从美国西海岸的洛杉矶等地出发,向南驶向墨西哥太平洋海岸的港口,常见的旅游目的地包括玛莎特兰、巴亚尔塔港等。这里有四条最具有代表性的邮轮旅游航线。

第一条线路是从洛杉矶或圣地亚哥出发至墨西哥的恩瑟那达,途中有时会停在圣卡塔利娜。这条航线全年开放,经常被当作初次邮轮旅游者的"样板"。

第二条线路为单程线路,在阿卡普尔科与洛杉矶和圣地亚哥之间运送游客。该线路大多在冬季运营,途经以下港口:阿卡普尔科、圣卢卡斯角、马萨特兰、巴亚尔塔港。

第三条航线是在前面两条航线的基础上适当变化,邮轮从洛杉矶出发,经由几个港口后回到洛杉矶。

第四条航线从阿卡普尔科出发,沿巴拿马运河航行,途经哥伦比亚、委内瑞拉以及加勒比海等地区。航程一般历时10~16天。

迷人的白色沙滩、活泼的艺术生活、奇妙的建筑设计以及神秘的玛雅遗址古迹让这一邮轮旅游地区深受邮轮游客的青睐。游客既可以享受日光浴、品尝龙舌兰酒、追寻玛雅人的古迹,也可以去珠宝首饰露天市场购买银饰、宝石和纪念品。

二、墨西哥及美国太平洋海岸邮轮旅游地区主要邮轮旅游目的地

(一)马萨特兰(Mazatlan)

马萨特兰是墨西哥西部太平洋海岸最大的港口城市和旅游胜地,位于锡那罗亚州西南奥拉斯阿尔塔斯湾的半岛上,外有两条防波堤保护,北至洛杉矶港1011海里,南至马萨尼略港297海里。马萨特兰入港航道宽约70米,水深9~11米,港内有10座码头,其中码头长981米,沿边水深10米。

马萨特兰城市沿半岛延伸,海滩绵长优美,气候冬暖夏凉,是冬季休养度假胜地。马萨特兰还是世界休闲钓鱼之都,游客在这里可以包船出海去钓枪鱼和旗鱼或搭乘两轮马车沿着海岸线行驶观光,沿路的大街小巷到处可见开花的树木,婀娜多姿的花朵让人心旷神怡。

马萨特兰也是墨西哥的铁路和公路枢纽,也有飞机场。

(二)巴亚尔塔港(Puerto Vallarta)

巴亚尔塔港是墨西哥哈利斯科州太平洋沿岸的一座旅游城市,是墨西哥著名的海滨度假胜地。鹅卵石铺就的街道,充满活力的艺术社区,繁华的都市气息以及浪漫的海浪沙滩吸引了大批的游轮旅客。游客到此可以潜水、划船、打高尔夫球、钓鱼、赏鲸和骑马。

巴亚尔塔港是墨西哥第二大天然港,它位于墨西哥中西部,濒临太平洋,介于青翠的绿

色山丘和辽阔的海滩之间。在这个以港命名的城市,并没有看到繁忙的货轮和排列整齐的集装箱,倒是豪华而巨大的邮轮不断鸣笛出入于港湾。

每天有大批的游客匆忙而又悠闲地出入于这座城市。这里既有背包游客的清贫与简单,又有豪华游客的奢侈与糜烂。这座"天堂之城",既拥有宜人的气候,又具绵长的金色沙滩;既有最浓郁的墨西哥民族风情,也有时尚的商场和星级酒店。巴亚尔塔港融合了传统与现代的建筑风格,集人文风光与自然美景于一身。这里的居民多数是虔诚的天主教徒,因而到处可见教堂。在这里,游客可以真真切切地感受到最为地道的墨西哥城市的特色:鹅卵石铺成的小路,红色屋顶的建筑,爬满鲜艳的三角梅的墙壁和阳台。游客还可以听到海上传来的阵阵涛声,其中还夹杂着店小二的吆喝声。

(三)阿卡普尔科(Acapulco)

阿卡普尔科是墨西哥南部太平洋沿岸的港口城市,是格雷罗州最大的城市,2012年人口约68万。阿卡普尔科位于阿卡普尔科湾畔,海拔4.3米。海湾呈马蹄形,长6公里,宽3公里,海湾最深处水深约100米,通航水深31米,是著名的天然良港。

阿卡普尔科属于热带气候,夏季炎热潮湿,冬春温暖舒适,1月平均气温26 ℃,夏秋炎热多雨,5—11月为雨季。阿卡普尔科是墨西哥著名的海滨旅游城市之一。

阿卡普尔科始建于1550年,是墨西哥西南部一座重要的美丽且古老的港口和旅游城市,有着"太平洋明珠"的美誉,是太平洋沿岸重要的冬春度假胜地和出口港,有沙滩和深海捕鱼等资源。阿卡普尔科是墨西哥重要的旅游城市,每年游客多达50万人,占全国游客人数近八分之一,90%以上的居民从事旅游业。在这里游客可以品尝到世界各地不同风味的美食,更有墨西哥式的高级菜肴。海滨餐馆的特色是以鲜虾和阿卡普尔科风格的酸橘汁腌鱼为主。这里有公路和航空线通往墨西哥城。

圣地亚哥堡垒是该市的标志性建筑,距离游人密布的阿卡普尔科湾仅一街之隔。这座宏伟坚固、造型别致的军事要塞始建于1616年,最初的目的是抵御海盗进攻,保护商船安全靠港。现在,它以历史博物馆的崭新姿态继续守护着这座美丽港口城市。在该博物馆丰富的馆藏中,最引人注目的莫过于16—19世纪通过菲律宾马尼拉大帆船从亚洲运抵阿卡普尔科的精美中国瓷器、丝绸和钱币。圣地亚哥堡垒正门的面具博物馆千万不可错过,那里有400多件来自格雷罗州的著名面具,同时还有非传统型的彩色木雕。

阿卡普尔科的旅游项目丰富多彩。到阿卡普尔科有几个必玩项目,如投入大海的怀抱、看悬崖跳水、逛市场购物、品尝风味美食等。

(四)恩森纳达(Ensenada)

沿着美国南加州海域朝墨西哥方向行驶,维持时速30海里,大约3小时即能抵达墨西哥下加省的恩森纳达。恩森纳达港为墨西哥著名深水港之一,位于墨西哥西北沿海。托多斯桑托斯湾的东北岸,接近美国边界,濒临太平洋的东侧,是墨西哥北部的主要港口之一。港口的国际机场在蒂华纳。该港属热带沙漠气候,盛行西南风,年平均气温约27 ℃,全年平均降雨量约300毫米,平均潮高为1.8米。

恩森纳达是墨西哥巴哈加利福尼亚半岛上的第三大城市。港区主港码头泊位有5个，海岸线长1208米，大船锚地水深为18米。

恩森纳达的主要游览项目有喷水海岸和酒庄观光游。喷水海岸是全球著名喷水海岸之一。站在高高的岸上，海浪拍打着海岸形成了大小洞穴，海水拍打的同时造成了强大的能量蓄积，因为大小洞穴的关系，海水没有办法马上退下，只好从洞中冲出，海水喷起时的高度可以超过100米，喷水的瞬间，浪花飞溅，产生瞬时的彩虹和轰隆隆的响声。

（五）洛杉矶（Los Angeles）

洛杉矶位于美国加利福尼亚州西南部，是该州第一大城市，常被称为"天使之城"、"洛城"和"名流之城"。洛杉矶面积为1290.6平方公里，2016年人口约397.6万，是美国人口第二大城市，仅次于纽约。洛杉矶-长滩-圣安娜都会区拥有约1300万人口（2013年），大洛杉矶地区所涵盖的范围更大，包括5个县，大约1800万人口。洛杉矶是美国西部最大的都会区，2014年洛杉矶位居世界城市GDP排名第三，仅次于纽约和东京。

洛杉矶是全世界的工商业、国际贸易、科教、文化、娱乐和体育中心之一，拥有美国西部最大的海港，也是美国石油化工、海洋、航天工业和电子工业的主要基地之一。除了拥有发达的工业和金融业之外，洛杉矶还是美国的文化、娱乐中心。在文化方面，洛杉矶拥有世界许多知名的高等教育机构，大洛杉矶地区的著名高等学府包括加州理工学院、加州大学洛杉矶分校、南加州大学等。在娱乐方面，好莱坞、加州迪士尼乐园、环球影城等都位于洛杉矶，南加州的奢华之城——比弗利山庄也坐落在洛杉矶的中心地带。此外，洛杉矶还曾经主办了1932年、1984年夏季奥运会。

洛杉矶属于地中海气候，全年气候温暖。大体上终年少雨，只是在冬季降雨稍多。洛杉矶全年阳光明媚，极少时间气温会在冰点以下，因此，降雪的概率也不是很高。洛杉矶年降水量仅378毫米，以冬雨为主。洛杉矶日夜温差较大，白天比较炎热，即使在冬季，白天气温也有20 ℃，夏季白天温度则经常高于35 ℃，甚至常因热浪袭击而造成山林火灾。洛杉矶降雨主要集中在冬季和春季，2月是最潮湿的季节。

大量的移民使洛杉矶成为一个具有多民族、多种文化色彩的国际性城市，外来人口占全市人口的一半左右，并拥有众多移民社区，各色人种聚居的地区形成了各自的"城"。例如，巴西街充满了浓郁的巴西文化，每年3月的巴西狂欢节上都能看到巴西裔美国人在跳迷人的桑巴舞。洛杉矶也是美国华人的主要聚集地之一，约有7万华人居住于此。

从洛杉矶市区乘坐公共汽车约40分钟即可到达好莱坞。自从1911年在此成立了第一家电影公司后，这里迅速成为世界的电影中心。

在洛杉矶，游客可以品尝到世界各国的美味。其中，美国菜味道清淡，主菜以肉、鱼、鸡类为主。一餐中一般只有一道主菜，而沙拉和咖啡是不能少的。热狗和汉堡包是洛杉矶最流行的两种快餐食品，经济而实惠。在洛杉矶市区有犹太人开的餐馆与东欧餐馆，在洛杉矶东部有墨西哥餐馆，在小东京与唐人街附近有日本餐厅与中国菜馆，沿着海边有新鲜的海产品店。

洛杉矶以其丰富的旅游景点而出名，主要有迪士尼乐园、环球影视制作中心、比弗利山庄、圣塔莫尼卡海滩、好莱坞、唐人街及小东京等；机场有洛杉矶国际机场、长滩国际机场、安大略国际机场、橙县机场;火车站为洛杉矶联合火车站。该市的世界邮轮中心能够最大限度地满足邮轮的到访需求。

（六）长滩（Long Beach）

长滩市又称长堤,是美国加利福尼亚州南部的大城市、主要港口,位于洛杉矶以南40公里处。长滩是洛杉矶卫星城市群中最大的一个。长滩面积170.6平方公里,仅次于洛杉矶,是加州第七大城市,洛杉矶地区的第二大城市。长滩海滩风光如图2-1所示。

图2-1　长滩海滩风光

长滩港是全世界十大吞吐量较高的港口之一,有闻名遐迩的长滩深水码头。石油产业在长滩亦很重要,长滩的石油主要在地底和离岸地区开发。长滩的飞机制造、化学、造船、鱼罐头生产等工业也很发达。长滩的经济发展在整个加州地区也有着非常重要的地位。长滩的教育也比较发达,拥有长滩联合教学区、加州州立大学长滩分校、长滩大学。

长滩属地中海气候,长滩的气候温和,冬天几乎无降雪,夏天无酷暑。机场为长滩国际机场,著名景点有长滩海滩、温那莎博物馆等。长滩市拥有港口、机场和铁路运输线,离洛杉矶很近,交通十分便利。长滩自然资源丰富,海滩多、海岸线长,自然风光优美,文化娱乐场所众多,气候宜人,为著名海滨疗养地。因此,长滩的旅游业也极为发达。

长滩的经营规模正在快速接近洛杉矶港。嘉年华公司在这里有一个码头,很多邮轮品牌都把长滩当作出发港和母港。从长滩港出发的行程包括加利福尼亚、墨西哥的里维埃拉和阿拉斯加。

（七）圣地亚哥（San Diego）

圣地亚哥又称"圣迭戈",是美国加利福尼亚州的太平洋沿岸城市。圣地亚哥位于美国本土的极端西南角,以温暖的气候和多处的沙滩著名。

圣地亚哥是加州的第二大城,美国的第八大城,美国的第17大都市区。在经济方面,圣地亚哥是加州经济第三强的城市,经济实力仅次于洛杉矶和旧金山。

圣地亚哥1月份平均气温约13 ℃,7月份平均气温约22 ℃,属热带沙漠气候。沿海地区气候温和,内陆地区则冬冷夏热,东部的高山地带冬季有时下雪,沙漠地区夏季温度高达

38 ℃。总之，圣地亚哥冬季温暖，夏季凉爽，阳光充足，降雨较少，年均降水量约为 250 毫米。

圣地亚哥有铁路与高速公路通往洛杉矶和圣弗朗西斯科，1981 年，圣地亚哥与墨西哥边界城市蒂华纳间建成长约 26 公里的电车线。圣地亚哥中心西北湾畔有林德堡国际机场，市内有 5 所大学，著名的帕洛马天文台位于城郊。

圣地亚哥港口是美国重要的港口之一，港口年吞吐量约 200 万吨，每天都有游轮停靠或驶离圣地亚哥港。圣地亚哥还是美国西海岸最大造船商——美国通用动力国家钢铁造船公司的总部所在地。圣地亚哥港是加州南部圣地亚哥湾的天然良港，在地理位置、气候、现代化设备上占有优势，越来越多的货船来到这里，使得圣地亚哥港成为世界十分优良、十分繁忙的海港之一。圣地亚哥港口的"圣地亚哥海洋博物馆"是圣地亚哥的著名景观。

圣地亚哥旅游资源丰富，终年阳光充足，气候温和宜人，为美国西海岸的主要旅游、疗养地。圣地亚哥自然景观享有盛名，开车一天的时间里便可以看到风格迥异的海滩、森林和沙漠。圣地亚哥有 60 多个高尔夫球场，许多国家公园和科来晤兰德国家森林。圣地亚哥著名的旅游景点有海港村、会议中心、巴尔博亚公园、艺术博物馆、动物园、西班牙村等。巴尔博亚公园是美国最大的都市文化公园，也是美国古老的公众娱乐设施之一，曾举办过各类大型展会博览会。旅游业在圣地亚哥经济中占有很大份额，是继制造业、军事制造业之后的第三大产业。

第三节　北美东北部邮轮旅游地区

一、北美东北部邮轮旅游地区概况

在美国和加拿大的东部海岸，邮轮游客可以尽情领略历史悠久、独具风格的城市风光。无论是新英格兰地区，还是加拿大的魁北克、蒙特利尔，欧洲殖民者的足迹比比皆是。

在美国和加拿大的东部海岸航行的邮轮种类繁多，既有可以搭载大约 50 名游客的微型邮轮，又有堪称海上巨无霸的豪华邮轮。邮轮旅游季节从每年的 5 月份开始，到 10 月份"枫叶之旅"之后开始进入淡季，游客可以在冬季从邮轮公司获得比较优惠的邮轮船票价格。

沿着北美东部海岸或者美国和加拿大政府于 1959 年联合开凿的圣劳伦斯水道，邮轮公司通常为游客提供短则两三天、长则半个月的旅游航线，常见的登船港口有蒙特利尔、纽约、巴尔的摩、波士顿、费城、查尔斯顿等。

美国东海岸，或称为大西洋海岸，是指美国的最东部的海岸地区，东边濒临大西洋，北边为加拿大，南边为墨西哥湾。此区域通常包括以前北美十三个殖民地的范围，现在由北到南包括缅因州、新罕布什尔州、佛蒙特州、纽约州、新泽西州、宾夕法尼亚州、德拉瓦州、马里兰州、弗吉尼亚州、北卡罗来纳州、南卡罗来纳州、佐治亚州、佛罗里达州。此区域是美国人口主要聚集的地区，也是工商业聚集之地，许多国际知名的大城市都位于此区域内，如波士顿、纽约、费城、华盛顿、亚特兰大、迈阿密等。

北美有很多可供美国游客参加邮轮旅行和海外游客参加航空-邮轮旅游的出发港,在有些情况下,这些港口也是美国邮轮以及邮轮公司的母港。此外,为满足游客游览文化和地理景点的需求,邮轮行程也可以从美国和加拿大的港口出发。

二、北美东北部邮轮旅游地区主要邮轮旅游目的地

(一)波士顿(Boston)

波士顿位于美国东北部,面积约100平方公里,2013年城区人口约64.6万。它是马萨诸塞州最大的城市,也是优良的海港城市。波士顿市与周围的剑桥、昆西、牛顿等诸多市镇一起被称为大波士顿区,总面积约为1.2万平方公里。

崭新和古老,在波士顿得到了微妙而又完美的统一。波士顿是新英格兰地区的中心,新英格兰地区包括美国的六个州,由北至南分别为缅因州、新罕布什尔州、佛蒙特州、马萨诸塞州、罗德岛州、康涅狄格州。

波士顿和整个新英格兰地区一样,属于大陆性气候。但是由于濒临大西洋的地理位置,波士顿的气候也明显受到海洋的影响。波士顿的气候变化迅速,夏季炎热潮湿,冬季寒冷,多风并且多雪,甚至在5月和10月也降过雪,当然这是极为罕见的。

波士顿公园位于金融区和灯塔山附近,是美国的具有悠久历史的公园。连同附近的波士顿公共花园,都属于"翡翠项链"(一系列环绕城市的公园)的一部分,并且都是由弗雷德里克·劳·奥姆斯泰德所设计。波士顿主要的公园与海滩都靠近查尔斯镇、城堡岛,或沿着多尔切斯特、南波士顿和东波士顿的海岸线。波士顿最大的公园是富兰克林公园,包括动物园、阿诺德植物园和石溪国家保留地。查尔斯河将波士顿市区和剑桥、水城,以及邻近的查尔斯镇分隔开来,河的东面是波士顿港和波士顿港休闲区。

尼本赛特河构成波士顿南区与昆西、米尔顿两市的界河。切尔西溪与波士顿港将波士顿和东波士顿分开。波士顿港是美国东海岸的主要海港之一,也是西半球历史悠久的仍然活跃的商港和渔港之一。

波士顿图书馆创立于1895年,具有意大利文艺复兴时代风格,精致的壁画、雕刻以及青铜大门等均值得仔细鉴赏,馆内还收藏着古籍及珍本。老北教堂是波士顿古老的教堂,建于1723年。1775年4月,英军计划袭击位于波士顿郊外康可特的弹药库,这计划为鲍尔·利维拉所获悉,乃于该教堂尖塔上悬挂两盏石油灯示警,自己则连夜骑马前往康可特和雷克辛顿报信。最后,雷克辛顿的民兵才从容迎击翌晨出现的英军。这一仗揭开了美国独立战争的序幕。竖立在教堂前的骑马铜像,即为立下战功的鲍尔·利维拉。

作为美国的历史文化中心,波士顿曾是美国独立战争的风口浪尖,"波士顿倾茶事件"和"独立战争第一枪"都与这座城市有关,而美国人民争取独立走向自由的这段历史就镌刻在"自由之路"上。"自由之路"是一条由红砖铺成的道路,起点始于历史悠久的波士顿公园,漫步于"自由之路",游客将会看到金顶的马萨诸塞议会大厦,古旧的国王礼拜堂和以美食闻名的昆西市场等著名景点。

(二)蒙特利尔(Montreal)

蒙特利尔地处加拿大魁北克省西南方的圣劳伦斯谷地,位于省会魁北克城西南约275公里,首都渥太华东边190公里。蒙特利尔约在350年前由法国人建立,尔后欧洲其他各国移民纷纷涌入,最初被称为"玛利亚城"。

蒙特利尔是世界上仅次于巴黎的第二大法语城市,是加拿大的一座历史悠久的城市,也是加拿大第二大城市和海港,2016年约有410万人口。

蒙特利尔市区是一个四面环水的岛屿,是全国铁路、航空总站所在地,距美国边界仅50公里。加拿大国家铁路和太平洋铁路在此交会,10多条高速公路辐射各地。多尔瓦勒和米拉贝勒机场为世界著名的大型机场,国际民航组织总部也设在蒙特利尔市区。这里设有全国最大的蒙特利尔银行等金融机构的总部和股票交易所。纵览蒙特利尔市全景,大大小小、风格各异的教堂构成了当地引人注目的文化奇观。在蒙特利尔市,每过一两个街区便可看到一座教堂,拥有浓厚的欧洲风情。

蒙特利尔在几个气候区的交汇处,因此气候变化很大。这里降水降雪丰富,平均每年冬天降雪量为2.14米,大于莫斯科的降雪量。蒙特利尔地区土地丰润,拥有大量的植物和野生动物。枫树是蒙特利尔最常见的树,由于枫叶糖的生产,糖枫更是蒙特利尔和魁北克省的标志物。

蒙特利尔市区分为新城、老城两部分。蒙特利尔的东北部为老城区,街道狭窄,多法式建筑。蒙特利尔的西南部为现代化新城。蒙特利尔的多米尔广场一带集中了全市商业、金融、行政、文教、娱乐的精华,市内著名建筑有43层的皇家商业银行大楼、45层的维尔·玛丽大楼、北美规模最大的圣母大教堂等。

蒙特利尔是加拿大饮食特色较为鲜明的城市之一。熏肉、百吉饼和普丁都是蒙特利尔著名的特色小吃,不同口味的奶酪和巧克力糖则是逛街时的最佳小食。有"小巴黎"之称的蒙特利尔,大餐以口味正宗的法国菜式为主。蒙特利尔也不乏加拿大其他地区乃至世界各地的美食,如越南米粉、意大利比萨和英式牛排等在蒙特利尔都可以品尝到。

蒙特利尔旅游景点丰富,主要有蒙特利尔地下城、蒙特利尔圣母大教堂、蒙特利尔赌场、蒙特利尔唐人街、蒙特利尔现代艺术博物馆等。1967年,魁北克省蒙特利尔市举办了1967年世界博览会,住宅是此届世博会的主题之一,建筑师Moshe Safdie设计的栖息地67号(Habitat 67)是当时一件建筑杰作,它不但提供了一个可相互交流的公寓社区,还能保证租户的私密性与独立性。这座城市中的城市是1967年世博会的一大亮点,现已成为蒙特利尔市十分抢眼的地标之一。

蒙特利尔的"同性恋天堂"的地位在北美乃至欧洲都赫赫有名,蒙特利尔市政府正在计划将这一名声向世界宣传。

(三)纽约(New York)

纽约是纽约都会区的核心,它是美国最大城市,同时也是世界上的大型城市之一。纽约为了与其所在的纽约州相区分,被称为纽约市。

纽约市位于美国东海岸的东北部，是美国人口最多的城市，也是个多族裔聚居的多元化城市，拥有来自世界将近一百个国家和地区的移民，使用的语言约为800种。截至2014年，纽约市大约有849万人，而纽约大都市圈人口则高达2000万人。纽约的面积为1214平方公里（包括海域），它由五个区组成，即布朗克斯区、布鲁克林区、曼哈顿、皇后区、斯塔滕岛，政府驻地位于百老汇大街。

纽约濒临大西洋，地处美国纽约州东南哈德森河口，大约在华盛顿特区和波士顿的中间位置。紧邻的哈德逊河让纽约市享有运航之便，使纽约市快速发展成为一个贸易重镇。纽约大都市圈的城区大多在曼哈顿、斯塔滕岛和长岛，因为地形狭窄，所以人口密度很高。

纽约属于北温带，四季分明，雨水充沛，气候宜人。纽约市夏季平均温度为23 ℃左右，冬季平均温度为1 ℃左右。

纽约是一座世界级的国际化大都市，它可以直接影响着全球的经济、金融、媒体、政治、教育、娱乐与时尚界。其GDP于2013年超越东京，位居世界城市GDP排名第一，纽约在商业和金融等方面发挥着巨大的影响力。纽约的金融区，以曼哈顿的华尔街为龙头，被称为世界的金融中心。纽约证券交易所是世界第二大证交所，它曾是最大的交易所，直到1996年它的交易量才被纳斯达克超过。纽约时报广场位于百老汇剧院区枢纽，被称作"世界的十字路口"，亦是世界娱乐产业的中心之一。纽约曼哈顿的唐人街是西半球华人最为密集的地方。

纽约地铁是世界上最为发达的快速交通系统之一，提供一天24小时、一周7天的服务。火车站有纽约中央车站、宾夕法尼亚车站。纽约有三大机场：肯尼迪国际机场、拉瓜迪亚机场、纽瓦克自由国际机场。纽约港是北美洲十分繁忙的港口，亦为世界著名的天然深水港之一。由于纽约地处美国大西洋东北岸，邻近全球最繁忙的大西洋航线，再加上港口条件优越，又以伊利运河连接五大湖区，因此，奠定了其成为全球重要航运交通枢纽及欧美交通中心地位的基础。纽约港腹地广大，公路网、铁路网、内河航道网和航空运输网均四通八达。纽约地区有14条铁路线，其中8条可通往美国各地以及加拿大和墨西哥等。

纽约是世界著名的旅游目的地，是众多世界级画廊和演艺比赛场地的所在地，是西半球的文化及娱乐中心之一。由于纽约24小时运营地铁和从不间断的人群，纽约又被称为"不夜城"。纽约是世界上有名的娱乐城市：芭蕾、古典音乐、歌剧、大型音乐会、爵士音乐、摇摆舞、戏剧、电影、卡巴莱歌剧表演、迪斯科、钢琴演奏表演等应有尽有，这里的表演水平都是世界一流水平。纽约拥有充满世界级艺术和历史展品的博物馆，游客可在博物馆大道流连数日，这里有大都会艺术博物馆、惠特尼美国艺术博物馆、美国自然历史博物馆、纽约历史社会博物馆、现代艺术博物馆等。每年来到纽约的游客达到近5500万，游客有许多方式可以体验这座城市极其丰富的文化和多元性：游客可以在艾里斯岛移民博物馆的保护建筑内了解移民的故事；唐人街是美国最大的华人社区，也是这座城市历史悠久、商贩云集的街道之一；皇后区是美国民族多元化最明显的社区之一。纽约作为世界上摩天大楼最多的城市，以建筑本身作为景点的当然不在少数。想要一睹现代文明的壮观景象，游客绝对不能错过帝国大厦、克莱斯勒大厦和洛克菲勒中心。游客想要深入地了解纽约，就去逛逛大都会博物馆和百老汇；如果没到过久负盛名的布鲁克林大桥和自由女神像就不能算来过纽约。

纽约的主要旅游景点有自由女神像、百老汇、华尔街、中央公园、联合国总部、大都会艺术博物馆、帝国大厦、纽约中央火车站、纽约时报广场等。

纽约的饮食文化受到许多外来移民的影响，因此，非常多元。东欧和意大利的移民带来了纽约市久负盛名的贝果、起司蛋糕和纽约式比萨。纽约市内的街上可看到许多中东的食物，如炸土豆丸子、羊肉串，热狗和椒盐卷饼仍然是主流的摊贩小吃。除了摊贩外，纽约也是高级餐厅的聚集地，纽约市常见的异国饮食有意大利、法国、西班牙、俄罗斯、英国、希腊、摩洛哥、中国、巴西和日本等国的菜品。纽约有超过18000家餐馆，可以尝遍阿富汗、克里奥尔、埃塞俄比亚、夏威夷、牙买加等地的风味食品。

（四）巴尔的摩（Baltimore）

巴尔的摩位于马里兰州中部，是美国马里兰州最大的城市，也是美国大西洋沿岸的重要海港城市之一。巴尔的摩位于切萨皮克湾顶端的西侧，离美国首都华盛顿仅60多公里，港区就在帕塔帕斯科河的出海口附近。巴尔的摩港口附近自然条件优越，切萨皮克湾很宽广，航道很深，万吨级远洋邮轮可直接驶入巴尔的摩港区。巴尔的摩港口向来是美国五大湖区、中央盆地与大西洋联系的一个重要港口。

巴尔的摩市被巴尔的摩县环绕，但是不属于巴尔的摩县，巴尔的摩市是马里兰州唯一的一个独立城市。巴尔的摩市面积238.5平方公里，2015年人口约62.1万，黑人约占一半以上。

巴尔的摩的天气属于亚热带海洋气候，冬天冷、夏天热，湿度高。进出口贸易在城市经济中占重要地位，年收入40亿美元，有17万人从事进出口贸易工作。巴尔的摩港湾内潮差小、航道深、入冬季不冻，有现代化的码头以及装卸和仓库设施，又处于美国东北部经济发达区内，航运十分繁忙。巴尔的摩城区环绕着帕塔普斯科河口湾展开，商业区位于城区西部，聚集了各种商场、旅馆、饭店，以及政府机关和文化设施。

巴尔的摩还是美国东部重要的文化城。著名的科研机构和大学有约翰斯·霍普金斯应用化学研究所、国立卫生研究所、约翰斯·霍普金斯大学等。巴尔的摩俄亥俄运输博物馆以保存各种火车头、展现机车发展历史著称。巴尔的摩市内有很多反映美国早期历史的文化珍品和纪念遗址，有"不朽城"之称。巴尔的摩市是美国国歌的诞生地，美国国歌原稿还保留在马里兰历史协会。著名的约翰斯·霍普金斯大学创建于1876年，是美国著名的私立大学之一，由当地富商霍普金斯捐资700万美元建成。该校的医学院和医院是闻名天下的医学研究中心。

巴尔的摩是美国重要的旅游城市。独立战争期间，这里曾一度是美国的战时首都，有丰富的历史遗迹。芒特弗农广场上高耸着华盛顿纪念碑，碑顶有华盛顿的塑像。华盛顿纪念碑的南侧是美国最早的天主教大教堂，于1821年建成。巴尔的摩市中心的麦克亨利堡保卫战战斗纪念碑是美国第一个大型的战争纪念碑。麦克亨利堡保卫战战斗纪念碑西侧有"爱伦坡故居"，是美国诗人埃德加·爱伦坡居住过的一座窄小的双层砖房，现供游人瞻仰凭吊。

巴尔的摩最吸引游人的还是内港游览区，它本是以前的码头，经过修整翻新，改造为观光、娱乐和购物区，成为老市区复兴的一个典范。3号码头上一栋顶部呈玻璃金字塔状的新

奇建筑,格外引人注目,它就是该市的第一名胜——国家水族馆。其他著名景点还有巴尔的摩麦克亨利堡、巴尔的摩历史博物馆等。

(五) 费城(Philadelphia)

费城是美国历史名城,位于美国东海岸的宾夕法尼亚州,面积334平方公里。费城是美国第五大城市,仅次于纽约、洛杉矶、芝加哥和休斯敦。费城是全美第四大都会区,仅次于纽约、洛杉矶和芝加哥。费城是宾州最大城市,与新泽西州仅一河之隔。2013年,费城市区人口约155万。

费城地理位置优越,向东北距离纽约大约160公里,向西南距离首都华盛顿约220公里。费城是宾州最大的经济体城市,是美国东部仅次于纽约和华盛顿的第三大经济城市,设有面积约29公顷的自由贸易区。

费城背靠阿巴拉契亚山麓台地,沿两河之间的狭长半岛伸展,地势平坦,平均海拔30米。经特拉华河和运河通往大西洋,费城港是世界级的大港口之一。费城国际机场位于市中心西南12公里处,客、货运量均在国内居前列。

费城位于副热带湿润气候的外围,气候温和湿润,四季分明。费城的冬季寒冷,1月平均气温为0.2℃左右,有时会降到-10℃,平均降雪量为49厘米;夏季闷热,7月平均气温25.3℃左右,高温有时达35℃,常见雷雨。费城的全年降水量约1070毫米,分布比较均匀。

罗斯故居是设计美国国旗星条旗的罗斯夫人的老家。据说,它是1774年由华盛顿总统建议而兴建的。独立纪念馆建立于1732年,原为州政府,后于1776年在该处发表独立宣言。其后,又在该处起草了合众国宪法。

绿意盎然的费城,每年从全美各地涌进不计其数的游客,这些游客都是专程前来参观美国的诞生历史,因此,费城也是著名的观光都市之一。对游客而言,"费城"这个名词代表了独立会堂、自由钟、起司牛肉三明治、英雄三明治、戏院、快活的古典音乐以及充满生命的街道。费城市区与郊外的交通相当发达,公交车、地铁、火车在市区组成了便利的交通网。

费城是个徒步就可以走完的城市,在历史区逛一天、艺术区逛两天,则是最理想的行程。费城的著名旅游景点有自由钟、独立宫、费城艺术博物馆、芒特公园、罗丹博物馆、中国城、美国宾夕法尼亚大学等。另外,费城的城市风光也非常值得游览。

费城的餐厅各具特色,服务质量好,有些餐厅的历史悠久。费城同时也是一个新老餐厅共荣的城市,新餐厅为餐饮业带来了新气息,而老餐馆也依然深受欢迎。

费城是一座多民族混居的城市,所以这里拥有不少来自世界各地的美食,像印度菜、中国菜、埃塞俄比亚菜、泰国菜、越南菜等,在费城都能找到。费城还有不少物美价廉的好餐厅。费城著名的地方特色食物有起司牛肉堡等。另外,还有炸猪杂布丁、意大利冰、爱尔兰冰、波兰冰、吉拉提冰激凌、软心形面包、黑樱桃汽水等。

(六) 查尔斯顿(Charleston)

查尔斯顿位于美国东部南卡罗来纳州东南沿海科佩尔河与阿什莱河汇合处,在查尔斯顿湾的北部,濒临大西洋的西侧,是南卡罗来纳州的主要港口城市。查尔斯顿国际机场距码头约16公里,有邮轮定期开往世界各地。查尔斯顿属亚热带季风气候,年平均气温最高27 ℃左右,最低8 ℃左右。全年平均降雨量约1500毫米,平均潮差为1.5~1.8米。夏天是查尔斯顿最受游客青睐的季节,但为了避开炎热的天气和旅游高峰期,并观赏到绚丽的杜鹃花,最好在三月底或四月初时游览查尔斯顿。

查尔斯顿是美国历史悠久的小镇,1790年以前一直是南卡罗来纳州的首府,也是那时美国南方十分富有的小城镇。这里有美国最早的海关,有美国最早的贩卖黑奴的交易市场,有美国南北战争纪念碑,还有历史悠久的古炮台。查尔斯顿还是美国的大型军港之一,著名的第七舰队的航空母舰等百艘军舰都停泊在这里的海湾,游人可以在军港海军导游引导下乘车游览。军港壮观的场面与静谧的度假豪宅散发出的温馨气息形成了鲜明对照。

查尔斯顿是美国及世界各地富豪的聚居地,也是风光旖旎的度假胜地。宽阔的海湾种植了一排排郁郁葱葱的椰树,树荫下掩映着一栋栋造型别致的度假小屋。令人向往的海洋水族馆每天定时开放。查尔斯顿的春夏时节特别美,杜鹃、山茶、玫瑰、茉莉等鲜花盛开,与挺拔青翠的棕榈树争相辉映,构成了一幅摇曳多姿的亚热带风情图。

查尔斯顿的文化历史丰富,查尔斯顿是美国的主要城市之一,同样也是美国的艺术中心之一。码头大剧院上演了查尔斯顿剧团的许多作品,码头大剧院是美国第一座专为戏剧表演而建的建筑。查尔斯顿大学是美国的首批成立的高等院校之一,以艺术学院、剧团和芭蕾舞剧闻名。查尔斯顿市中心的市场街、教堂街和国王街上坐落着许多艺术馆。

查尔斯顿港是美国第四大国际集装箱港口,其国际集装箱处理量一直保持持续上升趋势。查尔斯顿港的北查尔斯顿码头和哥伦布大街码头是两座非集装箱专用码头。

第四节　百慕大群岛邮轮旅游地区

一、百慕大群岛邮轮旅游地区概况

百慕大(Bermuda)别名百慕大群岛,位于北大西洋,是英国的自治海外领地,距北美洲约900公里、美国东岸佛罗里达州迈阿密东北约1100海里及加拿大新斯科舍省哈利法克斯东南约840海里。其下辖哈密尔顿、圣乔治镇,面积71.7平方公里,2016年人口约6.5万,方言为英语、葡萄牙语。百慕大群岛主要宗教有英国圣公会、主教派教会、罗马天主教和其他基督教宗,以基督教为主,三分之一以上的人口信奉英国国教。百慕大群岛是世界靠北的珊瑚群岛之一,百慕大群岛由7个主岛及150余个小岛和礁群组成,呈鱼钩状分布。

百慕大群岛气候温和湿润,是典型的亚热带海洋性气候,夏季酷热,冬季温和,1—2月的平均气温约为20 ℃,多强风和暴雨。降雨是百慕大唯一的淡水来源,年平均降雨量约1500毫米。百慕大群岛上多火山熔岩,低丘起伏,附近水域产鱼和龙虾。

百慕大群岛的货币是百慕大元,等值于美元。百慕大群岛与开曼群岛、英属维尔京群岛并称为三大离岸避税天堂。百慕大群岛是世界第五大船舶注册地。百慕大群岛几乎所有商

品都依赖进口,进口产品的75%来自美国,主要贸易伙伴是美国、英国、意大利和加拿大。百慕大群岛有三个主要港口,即哈密尔顿、圣乔治和爱尔兰岛自由港。肯德利费尔德是百慕大群岛唯一的国际机场,有通往英国、美国的航线。

百慕大三角地区自古以来就流传着多起船只失踪事件,神秘现象迟迟得不到解答。据英国《每日邮报》报道,有科学家在百慕大三角地区附近的海域找到了多个巨大的水底坑穴,他们认为这能够为该地区的船只神秘失踪做出合理的解释。

二、百慕大群岛邮轮旅游地区主要邮轮旅游目的地

20世纪初,随着现代交通和通信系统的发展,百慕大群岛成为受美国、加拿大和英国游客广为欢迎的邮轮旅游目的地。从美国东海岸乘邮轮航行至此需要一天半的时间。从经济角度而言,百慕大群岛旅游业的重要性仅次于它的国际金融业。旅游业是百慕大群岛主要的经济来源,收入占国内生产总值的32%、外汇总收入的40%。旅游业从业人员占全国劳动力的60%。邮轮旅游业是百慕大政府重点发展的目标之一,而该地区丰富的旅游资源以及富有神秘色彩的地理环境也使其成为全球邮轮游客首选的旅游目的地。

夏季是邮轮到访百慕大群岛的最佳时间。百慕大政府对邮轮上的音乐、博彩和娱乐演出都有着严格的法律规定,这使得在百慕大群岛停靠的邮轮无法提供邮轮上常见的娱乐服务,因此,邮轮在百慕大群岛停靠期间的船上活动较少。因陆地上的酒店价格昂贵,很多游客会选择在停靠港口的邮轮上住宿。大量邮轮的来访对百慕大群岛狭小的地域造成了一定的负面影响,如交通堵塞、海滩拥挤、废物丢弃等。因此,百慕大政府规定到访的每艘邮轮最多载客人数不超过1500人。

(一)哈密尔顿(Hamilton)

哈密尔顿位于百慕大群岛主岛中部哈密尔顿港北岸,建城于1790年,以当时的百慕大总督亨利·汉密尔顿爵士之名命名。哈密尔顿是百慕大群岛的第二大城市,仅次于圣乔治市。

哈密尔顿是天然良港,2013年哈密尔顿人口约71万。哈密尔顿17世纪开始有人定居,1897年建城,为西欧、北美间航海和航空的中继站。

哈密尔顿环境优美,气候良好,是著名的旅游胜地和冬季疗养地。百慕大大教堂是这里著名的建筑物。

(二)圣乔治市(St George's)

圣乔治市(见图2-2)是百慕大群岛圣乔治岛上的一座城市,也是百慕大最古老的和最大的城市,圣乔治市位于百慕大群岛北部圣乔治岛的南岸。它始建于1612年,英国在此建立了一个名为"新伦敦"的定居点,这是继圣约翰斯和詹姆斯敦之后,英国在北美洲建立的第三个定居点。

圣乔治市著名的古迹有建于17世纪初的圣彼得教堂,以及在镇周围的几座海防要塞,

如维多利亚要塞、坎宁安要塞、艾伯特要塞等。这些要塞真实地展现了17—20世纪英国的军事防御工程。

圣乔治市至今仍然保留着17世纪的风貌,并于2000年和周边地区一起被联合国教科文组织列入世界遗产名录。

图2-2 圣乔治

第五节 阿拉斯加邮轮旅游地区

一、阿拉斯加邮轮旅游地区概况

阿拉斯加州(Alaska State)位于北美大陆西北端,东与加拿大接壤,另三面环北冰洋、白令海和北太平洋。该州拥有全美20座高山中的17座,6194米的麦金利峰是北美最高峰。世界上大多数活动冰川都在该州境内,其中最大的马拉斯皮纳冰川流域面积为5703平方公里。

阿拉斯加州面积1717854平方公里,占美国全国面积的五分之一,是美国面积最大的州,2011年人口约72万,主要包括白人、印第安人和原住民、拉美裔人和亚裔人,下辖西南区、极北区、内陆区、中南区、东南区五个地理区域,全州有16个自治市镇,政府驻地是朱诺。

阿拉斯加地域宽广,加之地势起伏很大,所以州内气候多样。阿拉斯加南部沿海、东南部、阿拉斯加湾岛屿和阿留申群岛属于温带海洋性气候,夏季平均气温4 ℃～16 ℃,冬季平均气温4 ℃～-7 ℃,年降水量1525～4065毫米。阿拉斯加内陆盆地比沿海地区干燥,也稍冷,夏季平均气温7 ℃～24 ℃,冬季平均气温-23 ℃～-7 ℃,年均降水量约为635毫米。阿拉斯加白令海沿岸和岛屿属北极海洋性气候,夏季平均气温4 ℃～16 ℃,冬季平均气温-23 ℃～-7 ℃。阿拉斯加中部高原属大陆性气候,夏季平均气温7 ℃～24 ℃,冬季平均气温-34 ℃～-23 ℃,年降水量255～510毫米。阿拉斯加极地平原属极地气候,夏季平均

气温 2 ℃～13 ℃,冬季平均气温－29 ℃～－21 ℃,但在夏季阳光的连续照耀下气温可上升到 32 ℃左右。

阿拉斯加的气温常年低于 0 ℃,所以邮轮会在夏季前往。每年 5 月到 9 月中旬,是阿拉斯加地区最适合游轮旅游的季节。由于海洋和日照的原因,阿拉斯加具有极其天然的、美丽的景色,这里有宜人的小镇、秀美的海湾、起伏的山脉、丰富的野生动物、白色的冰山,还有罕见的极光现象,这也是阿拉斯加成为众多游客青睐的邮轮旅游目的地的原因。

阿拉斯加旅游业发展迅速。人们通常采用乘邮轮、飞机、高速路和渡轮等方式前来旅游。跨越北极圈的阿拉斯加约有 300 万个湖泊,其中 94 个湖面宽达 25 平方公里以上。

自然环境造就了阿拉斯加国家公园,阿拉斯加也由此赢得"最后处女地"的封号。美国最大的国家公园为阿拉斯加州的弗兰格尔-圣伊莱亚斯,面积达 32000 平方公里,相当于黄石公园的 6 倍。迪纳利国家公园保护区是阿拉斯加最著名的国家公园,横跨阿拉斯加山脉 256 公里,北美第一高峰麦金利山峰就挺立其中。迪纳利国家公园是世界最大的自然生态保护区,自然保护工作做得相当好。园区内保留了原始的高山、冰河、森林等,蕴藏了众多极地的特殊植物和野生动物,绝对是一处完美的生态观察地。

阿拉斯加的公路是通往外界的唯一陆路。阿拉斯加水上公路非常重要,这个航运系统可运送许多旅客往来州内的 28 个城镇,也可以到达华盛顿州、加拿大的不列颠哥伦比亚省。

阿拉斯加的铁路南起苏华德,北到菲尔班克斯。这里的列车不仅仅是客运车,也可以作为游览车。在北阿拉斯加地区,雪地摩托车与传统的狗撬均为冬季最普遍的交通工具,而在道路稀少、地形崎岖的乡村地区,全履带机动车也是重要的交通工具。

一般说来,阿拉斯加邮轮旅游地区还应包括北美西北部的温哥华、西雅图等邮轮旅游目的地。

二、阿拉斯加邮轮旅游地区的主要邮轮旅游目的地

（一）斯卡圭(Skagway)

斯卡圭又称史凯威,位于美国阿拉斯加东南部内湾航道的最北端,斯卡圭在印第安语中的意思为"风"。斯卡圭面积约 29500 平方公里。斯卡圭曾经是阿拉斯加淘金热中的淘金重镇、冰川下的一片热土,在 1898 年淘金潮期间,这里是淘金潮的门户,人口曾由数百人暴涨至 2 万人。

从码头开始走入市区,沿途皆是展示着 19 世纪时因淘金热而兴盛的小镇模样。小镇主要的商业街就是百老汇大街了,大概六七百米长,街道两边有很多漂亮的小店,这里的人行道都是由木头铺成的。小镇上也有很多历史建筑,大概多是淘金时代留下来的。淘金时代的诱惑、疯狂、走私、犯罪都已经过去,现在的小镇小巧、整洁、漂亮,那个时期的风貌还都有所保留,这里的公共服务设施都非常好。

斯卡圭比朱诺要寒冷许多,斯卡圭四周全是高大的雪山,寒气逼人。这里有跨越雪山的铁路,这里的小火车和狗拉雪橇都很值得体验。斯卡圭主要以旅游业为主,游客到这里可以

乘直升机观看美景,也可以坐火车环游整个小镇,冬天在冰川上坐狗拉的雪橇,这里的动物种类也很多,有专门的动物观赏团队可以参加。

斯卡圭最大的特色莫过于乘坐火车一路向东,去加拿大的育空看原始茂密的森林和动植物。育空是加拿大三个地区之一,位于加拿大的西北方,并且是以流经该地区的育空河来命名的。这些曾经为淘金潮而建的火车看上去破旧,却很有味道,就像历经数年的古董,令人想起往日的时光。

斯卡圭小镇风景很美,头顶蓝天,四周雪山,绿树挺拔,小桥流水,阳光普照。公园里摆放着当年的淘金器具,叙述着当年淘金的故事,街上全是卖旅游商品的商店。小镇汽车不多,唯一的公路不通美国只到加拿大。在小镇上漫步,游客会感到宁静、放松,有时会有时光凝固的感觉,唯有飞机起降时的片刻才会打破这片安静。

(二)安克雷奇(Anchorage)

安克雷奇是美国阿拉斯加州最大的城市,也是美国最北方的主要城市。安克雷奇位于阿拉斯加中南部。安克雷奇的总面积是5079.2平方公里,水域面积占总面积的13.46%,2013年人口约30万,占全州人口的40%以上。

安克雷奇坐落在一个三角形的半岛的边缘,位于太平洋的北岸,楚加奇山的东边,库克湾的西北方。虽然安克雷奇缺乏海滩,但是安克雷奇有广阔、变化莫测的潮泥滩。

安克雷奇只有短暂的夏季,属于副北极气候。安克雷奇夏季的平均温度为13 ℃~26 ℃,冬季的平均温度则是在-15 ℃~-1 ℃之间。安克雷奇没有任何海水浴场,不过当地的一些湖滨沙滩在最温暖的夏季时是非常受欢迎的,因为安克雷奇的纬度高,所以安克雷奇冬季很漫长而夏季则很短暂。除此之外,安克雷奇冬季的云量经常是非常多的,从而降低了当地居民冬季享受阳光的质量。

安克雷奇港是一个重要的港口,超过95%的货物从这里进入阿拉斯加,安克雷奇港也是安克雷奇铁路的汇集地。

距离安克雷奇市中心大约10公里的泰德·史蒂文斯安克雷奇国际机场是阿拉斯加州的飞机航线汇集地,这里拥有许多国家的航空公司,包括阿拉斯加航空及国际、州际的航空公司。阿拉斯加铁路在夏季每日前往西华德、塔基特纳、迪纳利国家公园及费尔班克斯,也有巴士从安克雷奇开往这些社区。船运连接安克雷奇市中心与船运地区,包括阿拉斯加铁路的停靠站。

安克雷奇拥有多个博物馆,包括奥斯卡·安德森博物馆、安克雷奇航空博物馆、安克雷奇历史艺术博物馆与安克雷奇博物馆等。

(三)凯奇坎(Ketchikan)

凯奇坎位于阿拉斯加的南部地区,凯奇坎也是个很小的城镇。凯奇坎依山傍海,民宅五颜六色。凯奇坎也是美国的雨都,一年365天里有200多天都在下雨,每年降雨量超过4000毫米,所以,游客经常遇上雨天是不足为奇的。

游客来阿拉斯加的第一站就是凯奇坎。从人口上算,凯奇坎是阿拉斯加的第五大城市。

凯奇坎的主要商业就是旅游业，这里的旅游业主要是在夏季的大约4个月的时间里进行，其他的季节是很少有旅游活动的。这里随处可见卖旅游纪念品和熏鲑鱼的商店。凯奇坎曾是世界上最大的鲑鱼生产地。旅游业和鲑鱼养殖业是这个小镇的两大支柱产业，所以，这里也有世界鲑鱼之都的美称。

凯奇坎有一条著名的小溪街。据说阿拉斯加的许多法律都是适用在陆地上的，包括税收。房地产税只收陆地上的，而不收水上的。很久以前，来这里的人大多是淘金者和探险者，所以，妓院就应运而生了。但是，美国几乎所有的州妓院都是非法的，后来有一位很有商业头脑的女士就想出了在小溪上建房子的想法，因为阿拉斯加的法律是不适用在水上的，这就是小溪街的来源。小溪街有幢房子就是那位有商业头脑女士开在水上的第一间妓院，现在保留着作为博物馆了。

（四）朱诺（Juneau）

朱诺是美国阿拉斯加州的首府，海港城市，位于加斯蒂诺海峡旁。行政区划上，朱诺是一个县，但县内只有一个城市——朱诺市，因此二者的行政区划是完全重叠的，朱诺县的行政中心也自然而然地设在朱诺市境内。朱诺行政区划面积约8430平方公里，是全美各州首府中面积最大的一个。

1906年，阿拉斯加原本的首府矽地卡因为捕鲸业与兽皮交易业逐渐下滑而没落，失去了其重要性。与此相反，朱诺正因为蓬勃发展的金矿开采而逐渐重要，朱诺的境内曾经有三座大型的金矿，产量高居世界第一，因此该州首府迁到朱诺。

朱诺号称是美国唯一一个无法开车抵达的首府，只能乘坐飞机或者轮船前往，到达朱诺后，游客可坐直升机飞往冰川游览，亲身踏足在玲珑剔透的冰雪上，也可乘坐独木舟溯流而上，前往当年发现金矿的罗伯特山区，体验淘金者的艰辛，体验最真实的富有特色的户外探险经历，比如狗拉雪橇、钓鱼、徒步旅行、飞机俯瞰等。从每年的4月份至11月份，有上百头的座头鲸从寒冷的北部地区，通过朱诺的内湾河道进行觅食，游客可以看到群鲸涌动的壮丽景观。

（五）温哥华（Vancouver）

温哥华是一座美丽的城市，位于加拿大不列颠哥伦比亚省南端，是加拿大不列颠哥伦比亚省的第一大城市。它三面环山，一面傍海，虽处于和中国黑龙江省相近的高纬度，但南面受太平洋季风和暖流影响，东北部有纵贯北美大陆的落基山脉作屏障，终年气候温和湿润，环境宜人，曾多次被评选为全球最宜居城市，是加拿大著名的旅游胜地。

温哥华是加拿大仅次于多伦多、蒙特利尔的第三大城市，也是加拿大西部最大的工商、金融、科技和文化中心，同时也是北美第三大海港和国际贸易的重要中转站，是世界主要小麦出口港之一。2011年，温哥华市内人口约60万，而大温哥华地区人口则达到230万，约48%的人口是白人，亚洲黄种人约占城市人口的30%，华裔人口约占大温哥华地区人口的19%，华人社区也是北美最大的华人社区之一。

温哥华位于加拿大西岸入口，加、美边界北侧，靠山面洋。温哥华气候温和，四季宜人，市内草地常绿、繁花似锦，属温带雨林气候(温带海洋性气候)，夏季气温一般在20℃左右，冬季气温在0℃以上。温哥华1月的平均气温为6℃左右，7月为22℃左右，冬季很少下雪，但仍有较多的降雨量，所以，温哥华又称"加拿大雨都"。

温哥华给人印象最深的是覆盖冰川的山脚下是众岛点缀的海湾，绿树成荫，风景如画，是一个富裕的绿色住宅城市，是世界著名的旅游城市。温哥华也是一个空气新鲜的城市，卓越的生活品质令人赞叹，这里盛行帆船、垂钓、远足运动。温哥华四周尽是自然景致，乘车从大街出发，只需30分钟便可看见大平原，踏在草原上，会有心胸广阔、世界真美的感觉。要想置身繁华大街，又想亲近大自然的话，温哥华便是一个不可不到的好地方。

温哥华的电影制片业发达，它是北美洲继洛杉矶、纽约之后的第三大制片中心，素有北方好莱坞之称。温哥华的旅游景点众多，包括斯坦利公园；狮门大桥；加拿大广场，即著名的"五帆"建筑；伊丽莎白女王公园；格罗斯山；卡皮兰诺吊桥；唐人街(千禧门、孙中山花园)；惠斯勒滑雪场等。

温哥华市中心区的热门去处有环球好莱坞和硬石咖啡馆。市中心区也是旅游者们喜欢的去处，这里有各种风味和档次的餐馆林立。皇家海鲜中餐馆在当地很有名，特别是鲑鱼，游览温哥华的客人们都不应错过。这里的日本餐非常丰富，尤其出名的是miku日本餐厅。许多著名的大酒店都能在温哥华市中心找到，如香格里拉、凯悦和拉迪逊等。酒店的面积很大，装饰得富丽堂皇。

自从横贯加拿大东西的大陆桥建成后，温哥华港开始发展起来，温哥华港现已成为加拿大西部的工商业、交通、科技和文化的中心。温哥华港是亚洲到北美洲各航线中最短的航线。公路与加拿大、美国各地相通；铁路可达北美洲大陆各地。温哥华港口距国际机场约半小时的车程，有定期航班开往世界各地。

作为世界上天然深水良港之一的温哥华港，港口码头分布在南起加拿大和美国接壤的罗伯特海岸，沿着加拿大太平洋西海岸，一直北上延伸到印第安阿穆和布拉湾北岸的海岸线上。温哥华港口码头对于世界上任何船舶，包括超大型集装箱船，均没有船舶水尺的限制。而且，温哥华港拥有在北美大陆西海岸港口中最广泛、最发达的铁路运输服务网络。温哥华港是加拿大规模巨大的多用途综合性港口，每年与世界上90多个国家或地区进行着290亿美元以上的货物贸易。温哥华港也是重要的国际邮轮港口。

(六) 西雅图(Seattle)

西雅图是美国华盛顿州的一座港口城市，位于华盛顿州金县，是该州最大的城市，也是美国太平洋西北区最大的城市。西雅图的面积约为369.2平方公里，其中水域面积占41.16%，2013年，全市人口约63万，都会区人口400万左右。

西雅图又称"翡翠之城"，其他别名还有"雨城"、"常绿之城"、"阿拉斯加门户"、"女王之城"和"喷气机之城"。西雅图咖啡消费量极大，是星巴克咖啡厅的诞生之地。星巴克咖啡厅的第一家门店就在此地。1995年，西雅图被《货币》杂志评为"全美最佳居住地"，1996年被《财富》杂志评为"最佳生活工作城市"，1998年是全美公认生活质量最高的城市。西雅图也是传统的会议旅游中心。

西雅图属于海洋性气候。西雅图的气候温和，空气十分湿润、清新，冬天不太冷，夏天不

太热,每年降雨量890～970毫米。由于西雅图位于奥林匹克山脉的背面,大多数降雨是小雨或毛毛雨。西雅图的雨季是从每年的11月到次年的3月,最适合旅游的季节是春、夏、秋三季,但是,早晚温差大,最多可相差10 ℃以上。西雅图偶尔也会降雪。

西雅图每年吸引了超过873万的游客,旅游消费为西雅图地区直接增加了6万个工作岗位。西雅图港邮轮增长较快,有四条大型的邮轮线路。西雅图的主要设施包括贝尔港湾国际会议中心、奎斯特体育活动中心和位于贝尔维尤的梅登鲍尔中心。西雅图旅游景点众多,主要有西雅图太空针塔、西雅图派克市场、西雅图史密斯塔、西雅图太平洋科学中心、水族馆、飞行博物馆、伍德兰动物园等。

西雅图由于地理位置得天独厚,所以西雅图美食以海鲜为主,包括生蚝、大螃蟹、鲑鱼、鳟鱼、鳕鱼和干贝等。此外,还有来自华盛顿州草原的烤牛排。西雅图餐厅众多,在国际区,中国、日本、韩国、越南、马来、泰国餐厅随处可见。西雅图是咖啡迷的天堂,西雅图人爱喝咖啡,一星期即消耗25万杯。

第三章

欧洲邮轮旅游区域

欧洲是邮轮旅游的发源地,有着悠久的历史、杰出的艺术以及高雅的生活方式,同样是全球较受欢迎的邮轮旅游目的地之一。欧洲在邮轮旅游发展史上扮演了举足轻重的角色,至今仍是全球较为发达的邮轮旅游目的地之一。北欧、地中海,以及经典的横跨大西洋航线吸引着大批邮轮游客纷至沓来,富含文化底蕴的内河也是该地区邮轮旅游的上佳之选。游客乘坐邮轮,可以自由地探寻欧洲古老而悠久的历史、精湛绝伦的艺术、著名的葡萄酒庄园,以及中世纪的城堡等。欧洲邮轮旅游区域主要包括地中海邮轮旅游地区、欧洲大西洋沿岸邮轮旅游地区、北海邮轮旅游地区,以及波罗的海邮轮旅游地区、北极邮轮旅游地区。

第一节 地中海邮轮旅游地区

一、地中海邮轮旅游地区概况

地中海是世界上较大的陆间海之一,大西洋的附属海,通过直布罗陀海峡和大西洋连通,位于亚洲、非洲、欧洲三大洲之间,平均水深1491米,面积约250万平方公里。地中海是海洋的老年期,目前有证据表明地中海的面积正在逐年缩减。地中海地区是世界上邮轮旅游业较为发达的地区之一,拥有许多值得游览的旅游目的和港口。地中海是典型的地中海气候区域,这使得白灰泥墙、连续的拱廊与拱门、陶砖、海蓝色的屋瓦和门窗,成为地中海独有特征。地中海以亚平宁半岛、西西里岛和突尼斯之间突尼斯海峡为界,分东、西两部分。地中海海域广阔,很多邮轮公司以意大利半岛为中心,将该地区的邮轮旅游航线分为东地中海(爱琴海)航线和西地中海航线。

地中海是世界上最古老的海,历史比大西洋还要古老。地中海沿岸还是古代文明的发祥地之一。这里有古埃及的灿烂文化、有古巴比伦王国和波斯帝国的兴盛,更有欧洲文明的发源地(爱琴文明、古希腊文明,以及地跨亚、欧、非三洲的古罗马帝国)。因古代人仅知道地中海位于三大洲之间,故称之为"地中海"。

地中海西部通过直布罗陀海峡与大西洋相接,东北部通过土耳其海峡(达达尼尔海峡和

博斯普鲁斯海峡、马尔马拉海)和黑海相连,西端通过直布罗陀海峡与大西洋沟通,最窄处仅13公里,航道相对较浅。地中海有记录的最深点是希腊南面的爱奥尼亚海盆,为海平面下5121米。地中海处在欧亚板块和非洲板块交界处,是世界强地震带之一。

地中海的沿岸夏季炎热干燥,冬季温暖湿润,被称作地中海气候。地中海是典型的地中海气候区域,夏季干热少雨,冬季温暖湿润,这种气候使得周围河流冬季涨满雨水,夏季干旱枯竭。

地中海沿岸的国家和地区包括西班牙、法国、摩纳哥、意大利、马耳他(岛)、斯洛文尼亚、克罗地亚、波斯尼亚和黑塞哥维那、黑山、阿尔巴尼亚、希腊等欧洲国家;土耳其、塞浦路斯、叙利亚、黎巴嫩、以色列和巴勒斯坦自治政府等亚洲国家;埃及、利比亚、突尼斯、阿尔及利亚、摩洛哥等非洲国家。

地中海邮轮航线是全世界的邮轮激烈竞争的区域之一,但相对旅客而言却是利多,因为选择多元,价格也相对亲民,邮轮游客可依据自己的预算,在众多邮轮旅游产品中选择最适合自己的奢华或平价行程。地中海海域宽广,邮轮航线大致分三块,即整个地中海特长天数航程;西地中海航线,从南欧航行到北非;东地中海航线,意大利东岸以东航行至东欧。迥异于东地中海的岛屿风光,西地中海的邮轮行程多半停靠大城市、大港口,如那不勒斯、巴塞罗那、马赛,一趟行程走四五个国家是常态。庞贝的古文明、巴塞罗那的艺术之旅、巴勒莫的西西里风情,更有突尼斯独特的北非风光。西地中海航线可以说是近年来各家邮轮公司的必争之地。对欧洲人来说,搭乘邮轮旅行就是家常便饭,而这些年来,邮轮上已越来越多见到亚洲人的面孔,特别是西地中海这条航线,它之所以吸引人,除了涵盖西欧、南欧与北非风情之外,行程之处还尽是世界著名的旅游大城,一个星期之内,便能游尽欧洲的精华。

二、东地中海邮轮旅游地区主要邮轮旅游目的地

东地中海地区还包含了亚得里亚海、爱奥尼亚海、爱琴海三个海域。东地中海与爱琴海邮轮航线是全球十大最梦幻的邮轮航线。在文化上,结合了埃及、希腊、土耳其、意大利,完美呈现出古埃及、爱琴海、希腊、罗马的古文明精华;在地理景观上,亚得里亚海、爱琴海的破碎地形,造就了千百座迷人的岛屿,邮轮在诸岛之间航行,阳光、碧海、蓝天、岛屿、神话、古文明,串联出这段航程的独特魅力。由于这片海域可供邮轮泊靠、旅游的港口很多,各家邮轮公司推出一周到两周时间的航程,可以串出非常多元的组合,除了从威尼斯出发的基本行程外,意大利的巴里,希腊的奥林匹亚、雅典、米克诺斯岛、克里特岛、罗德岛,克罗埃西亚的斯普利特,土耳其的伊士麦、伊斯坦布尔、安塔利亚,甚至埃及的亚历山大港,以色列的耶路撒冷、海法等都是邮轮航线上的重要航点。

(一)威尼斯(Venice)

威尼斯是意大利东北部著名的旅游与工业城市,也是威尼托地区的首府。为亚得里亚海威尼斯湾西北岸重要港口。威尼斯别名"亚得里亚海的女王"、"水之都"、"桥之城"、"漂浮之都"、"运河之城",被誉为"无疑是最美丽的人造都市"。威尼斯面积414.57平方公里,主

要建于离岸4公里的海边浅水滩上,平均水深1.5米,由铁路、公路、桥与陆地相连。

威尼斯的环境很特别,运河众多,没有车辆。大级别邮轮漂过圣马克广场,广场旁边的总督宫和长方形的大教堂等古建筑,给人一种不协调的视觉效果。作为一个海上贸易中心,威尼斯有着深厚的海洋文化,并且一直以海为生,其优越的终端设施能为邮轮提供抵达、离开及进入旅游目的地的优质服务。

威尼斯港是意大利较大的港口之一,港口长12公里,总面积达250公顷,伸展出去,宽阔广大,每年进出港口的船只在万艘以上。

威尼斯是世界闻名的水乡,也是意大利的历史文化名城。城内古迹众多,有各式教堂、钟楼、男女修道院和宫殿百余座。大水道是贯通威尼斯全城的最长的街道,它将城市分割成两部分,顺水道观光是游览威尼斯风景的较佳方案之一,两岸有许多著名的建筑,到处是作家、画家、音乐家留下的足迹。圣马可广场是威尼斯的中心广场,广场东面的圣马可教堂建筑雄伟、富丽堂皇。总督宫是以前威尼斯总督的官邸,各厅都以油画、壁画和大理石雕刻来装饰,十分奢华。总督宫后面的叹息桥是已判决的犯人去往监狱的必经之桥,犯人过桥时常忏悔叹息,因而得名"叹息桥",如图3-1所示。

图3-1 叹息桥

威尼斯外部交通主要是航空,各大城市都有到威尼斯的航班。机场为马可波罗国际机场,火车站为威尼斯火车站。威尼斯水道是城市的马路,市内没有汽车和自行车,也没有交通指挥灯,船是市内唯一的交通工具。除了小艇以外,所有交通工具都是禁止的。威尼斯大街小巷的风光十分特殊。有些水道比北京的小胡同还要狭窄,两条船不能并开,只能单行。街道两旁都是古老的房屋,底层大多为居民的船库。威尼斯的桥梁和水街纵横交错,四面贯通,人们以舟代车,以桥代路,陆地、水面、游人熙熙攘攘,鸽子与海鸥一起飞,形成了这个世界著名水城的一种特有的生活情趣。每年都有成千上万的游客来到意大利威尼斯,感受她的美丽、温馨和浪漫。

威尼斯著名景点有凤凰歌剧院、圣马可广场、圣马可大教堂、叹息桥、威尼斯港口、威尼斯黄金宫、威尼斯彩色岛、威尼斯宫殿及府邸、威尼斯桥、威尼斯里亚托桥等。地方特产为西红柿酱、威尼斯奶酪、假面具等。

(二) 巴里 (Bari)

巴里市位于意大利东南部,坐落在濒临亚得里亚海的肥沃平原上,是意大利通向巴尔干半岛和东地中海的主要港口。巴里市是意大利普利亚区(又名"阿普利亚区")的首府,巴里省的省会,是普利亚区的经济和文化中心。巴里市地处平原地带,气候温暖,巴里市区分为旧市区、新市区和工业区三部分。新市区是从1813年开始按有规则的棋盘模式所构筑的现代化市区。在巴里的老城区内有著名的圣尼古拉大教堂、圣瑟比诺大教堂和斯瓦比亚城堡等旅游景点。此外,巴里省内的阿尔贝罗贝洛小城也是很值得去游览的,那里被称之为"天堂小镇",保存着1000多座白色石顶屋,是世界上真正的"石顶屋之家",它因造型奇特的建筑被评为世界文化遗产。

城市内交通主要有国家铁路、私营铁路、公共汽车,铁路主要干线都集中在中央车站。这里还有开往南斯拉夫的道伯维尼克港的游轮,随季节不同所发航班也不一样,一般夏季每周5班,淡季每周3班。

(三) 奥林匹亚 (Olympia)

奥林匹亚遗址是古代希腊的一座城池,位于希腊伯罗奔尼撒半岛西部、伊利亚洲境内,阿尔菲奥斯河北岸,距首都雅典以西约190公里,坐落在克洛诺斯树木繁茂、绿草如茵的山麓,是古希腊的圣地。奥林匹亚最早的遗迹始于公元前2000年—公元前1600年,宗教建筑始于约公元前1000年。从公元前8世纪至4世纪末,因举办祭祀宙斯主神的体育盛典而闻名于世,是奥林匹克运动会的发祥地。在公元前10世纪,奥林匹亚成为祭祀宙斯的一个中心,除了庙宇以外,这里还保留着专供奥运会使用的各种体育设施。1988年,根据文化遗产遴选标准,奥林匹亚被列入世界遗产目录。

奥林匹亚遗址东西长约520米,南北宽约400米,中心是阿尔提斯神域,是为宙斯设祭的地方。神域内的主要建筑有赫拉神庙、宙斯神庙、古奥林匹亚体育场、奥林匹亚考古博物馆、宙斯神像和神殿。奥林匹亚遗址现存的最古老的建筑遗迹应属规模不大的赫拉神庙。现代奥林匹克体育运动大会的圣火点燃仪式,就在这座神庙的祭坛旁举行。

古时候,希腊人把体育竞赛看作是祭祀奥林匹斯山众神的一种节日活动。公元前776年,伯罗奔尼撒半岛西部的奥林匹亚村举行了人类历史上最早的运动会——古代奥林匹克运动会。为纪念奥林匹亚运动会,1896年在雅典举行了第一届(现代)奥林匹克运动会。以后,运动会虽改为轮流在其他国家举行,但仍用奥林匹克的名称,并且每一届的火炬都从这里点燃。奥林匹亚造就了奥林匹克运动会,它是相互理解、友谊、团结和公平竞争发源地的代名词。

(四) 卡塔科隆 (Katakolon)

卡塔科隆又称卡达库伦,是希腊西部伊利亚的一座小型度假港口城市。它位于帕特雷以南,离皮尔戈斯市中心12公里;西接奥运会诞生地——奥林匹亚,被人们称为"通往奥林匹亚的大门"。这里是适合所有人的度假目的地,每位游客来过之后,都会对古希腊文化有更深刻的认识。

令人印象最深刻的是访问市内的古希腊技术博物馆,拥有从公元前 2000 年到公元 100 年期间的 150 个机械装置的发明和仿制品。小山丘与森林环绕着卡塔科隆,一条称为卡塔科隆-皮尔戈斯线的铁路通向该市。卡塔科隆位于一座半岛,其西南有灯塔。卡塔科隆灯塔于 1865 年首次开放。这里也是爱奥尼亚海和地中海游船经常停靠的旅游胜地。因此,市中心的许多商店是面向外国游客的,其他主要行业包括农业和服务业。一些建筑物是第二次世界大战后与希腊内战后被改建的。

卡塔科隆及周边游也为游客们安排了大量的购物和休闲良机。游客可以在附近的私人海滩俱乐部小憩,尽情地享受一番日光浴!还可以到典型的卡塔科隆餐馆就餐,观看一场希腊传统民间歌舞表演,这必定会让游客久久不能忘记他们的这次希腊之旅。

(五)雅典(Athens)

雅典(见图 3-2)是希腊共和国的首都和最大的城市,位于巴尔干半岛南端和希腊东南部、地中海沿岸。雅典市区人口约 330 万,整个大都会区为 380 万人(包括郊区),城市总面积为 412 平方公里,是欧洲第八大城市,也是欧盟商业中心之一。基菲索斯河和伊利索斯河流经雅典穿城而过。

图 3-2 雅典

雅典是欧洲甚至整个世界较古老的城市之一,雅典记载于册的历史长达 3000 多年,被誉为"西方文明的摇篮"。雅典也是欧洲哲学的发源地,对欧洲以及世界文化产生过重大影响。诞生了苏格拉底、柏拉图等一大批历史伟人,被称为民主的起源地。雅典至今仍保留了很多历史遗迹和大量的艺术作品,其中,最著名的是雅典卫城的帕特农神庙,被视为西方文化的象征。雅典是现代奥运会起源地,曾先后在 1896 年和 2004 年举办过第一届夏季奥运会和第 28 届夏季奥运会。

雅典位于地中海气候带和高山气候带的交界点,气候温和,属典型的地中海气候。冬季温暖潮湿,夏季少雨、阳光充足。每年七八月期间偶尔会有热浪,最高气温超过 38 ℃。

雅典是希腊的铁路和航空枢纽,火车可直达中欧和西欧。雅典市内交通发达,街头每天有约 80 万辆汽车行驶。雅典是世界上拥有地铁较早的城市之一,地铁于 1925 年通车。雅典拥有希腊的重要港口比雷埃夫斯港,并有铁路与其相连。比雷埃夫斯港可停泊各种海轮,拥有数千艘注册商船。雅典国际机场位于斯巴达镇附近,距雅典 35 公里。机场与雅典市区有地铁相连,并且有两条巴士线路分别到雅典城区和比雷埃夫斯港。

雅典是希腊的经济、财政、工业、政治和文化中心,也是欧盟商业中心之一。雅典除了有橄榄之外,还盛产优质的大理石。雅典在公元前四世纪时累积的财富,有近一半来自贸易。雅典旅游业十分发达,已成为雅典重要的经济支柱之一。

雅典卫城是希腊最杰出的古建筑群,为宗教政治的中心地。现存的主要建筑有山门、帕特农神庙、伊瑞克提翁神庙、埃雷赫修神庙等。这些古建筑都是人类遗产和建筑精品,在建筑学史上具有重要地位。

哲学家苏格拉底、柏拉图、亚里士多德,大作家希罗多德,政治家伯里克利,喜剧作家阿里斯托芬,三大悲剧大师埃斯库罗斯、索福克勒斯、欧里庇得斯,以及其他著名的哲学家、政治家和文学家都在雅典诞生或居住过。

(六) 米克诺斯岛(Mykonos Island)

米克诺斯岛位于爱琴海海域,是希腊爱琴海上的一个小岛,因旅游业而闻名,是基克拉泽斯群岛之一。米科诺斯岛面积86平方公里,常住居民约6200人。岛上最具特色的是其独特风格的建筑房屋,洁白如羽毛的白墙和五彩鲜艳的门窗、阳台,形成十分鲜明的对比。岛上的淡水供应主要来自海水淡化。

由于米克诺斯岛并不大,建议租车环岛观光。除了游玩,米克诺斯岛还有更快乐的节目,它真正驰名的是"天体海滩"和"夜生活"。萤声世界的"天堂海滩"就在米克诺斯岛上。离"天体海滩"不远的地方有一个海港风车,风车建于16世纪,在这里你可以看到整个岛屿的美景,所以,米克诺斯也叫作风车岛。

米克诺斯风景怡人,地理位置十分优越;气候类型属于地中海气候,夏季炎热干燥,冬季温和湿润,全年气温变化小。前往米克诺斯旅游的最佳时间为每年的4—10月。

米克诺斯岛也经历过战火,但如今的米克诺斯已与任何纷争无关,它被游客们称作"最接近天堂的小岛"。米克诺斯岛具有清新的建筑风格,色彩鲜明,构成米克诺斯独特的色调,当地人则把蓝天、白色的房屋和人体戏称为"三原色"。

(七) 克里特岛(Crete Island)

克里特岛(见图3-3)是希腊的第一大岛,是整个地中海第五大岛屿。行政上属于克里特大区,同加尔多斯岛和迪亚岛构成一个行政区。克里特岛是爱琴海最南面的皇冠,它是诸多希腊神话和古代爱琴文化的发源地,过去是希腊文化、西洋文明的摇篮,现在则是美不胜收的度假胜地。

克里特岛地处希腊东南的地中海海域,位于地中海北部,爱琴海之南,距希腊本土130公里,面积8236平方公里,人口约60万。克里特岛是一个以崎岖山地为主体的岛屿,多山,北部有狭窄的沿海平原,种植油橄榄、葡萄、柑橘等。该岛只有一些小河和季节性的川流。气候属温带与热带的过渡性地带,年降雨量640毫米。夏季炎热干燥,冬季温和。

赫拉克里翁是克里特岛的首府以及主要港口,为克里特岛上生活步调最快的城市,亦是交通中枢及信息发达之处。由于它位于岛屿中心的地理位置以及丰富的博物馆馆藏,赫拉

图 3-3 克里特岛

克里翁成为探索克里特岛的最佳基地据点。

克里特岛最著名的特产就是克里特的橄榄油,世界上顶级的橄榄油产自希腊的克里特岛。橄榄油在希腊等地中海沿岸国家有几千年的历史,因其有着其他食用油所不具备的诸多优点,在欧洲国家被誉为"液体黄金"。

克里特岛上居民长寿者多,平均寿命超过 77 岁,女性超过 80 岁,60 岁以上的老人已占到四分之一,故被称之为"长寿岛"。世界各国医学家普遍认为岛上居民健康长寿的主要原因就是大量摄取了当地特产的橄榄油。

克里特岛著名的旅游景点有克诺索斯-米诺斯国王的传奇宫殿、凡里的人种学博物馆、喀拉的拜占庭教堂、拉图古城和克里叉村落、梅莉东尼洞穴,以及古老的阿卡迪修道院、撒马利亚洞穴、利比亚海海滩等。5—9 月为最佳游玩季节。

(八)罗德岛(Rhode Island)

罗德岛(见图 3-4)是希腊第四大岛,但却是希腊最大的旅游中心,也是欧洲日照资源最丰富的地区。罗德岛地处爱琴海东南部,位于爱琴海和地中海的交界处。

图 3-4 罗德岛古城

罗德岛面积为 1398 平方公里,居民约为 125000 人。

罗德岛受西风带影响,属地中海气候。冬雨夏干,降水量也比较丰富,冬季平均气温 10 ℃,夏季比较凉爽,四季多风,故岛上多风车。罗德岛出产红葡萄酒、谷物、无花果、石榴和柑橘。岛上大多数希腊人信奉国教东正教。除此之外,还有 1.3% 的人口信奉伊斯

兰教。

罗德岛是爱琴地区文明的起源地之一,有相当古老的关于忒尔喀涅斯的神话。品达的诗中称罗得岛是太阳神赫利俄斯和女神罗得结合的产物。在这个岛屿的鼎盛时期,人们竖立起一个巨大的太阳神雕塑,成为古代世界七大奇迹之一。

罗德岛是世界上唯一一座拥有古代世界七大奇迹之一的岛屿,也是唯一一座拥有世界文化遗产的爱琴海岛屿,岛上景点有罗德岛古城、太阳神巨像、罗德岛卫城(欣赏最美日落的场所)、考古博物馆、骑士宫殿、罗德岛水族馆、法利拉基裸体海滩、恩博纳斯(罗德岛上的葡萄酒中心,出产岛上最好的烈酒)、蝴蝶谷、七泉、林都斯卫城等。冬天的罗德岛,游客依然可以在爱琴海游泳,尽管外边气温较低,但海底的暖流会给游客一种温泉般别样的体验。丰富的旅游资源和农业资源是罗德岛的两大特点,当地丰富的农产品资源是罗德岛的一大亮点,同时也进一步促进了罗德岛和爱琴海的旅游业。罗德岛国际机场是爱琴海岸较繁忙的机场之一,尤其许多旅行社的包机飞到这里。希腊航空公司和爱琴航空公司有班机飞往罗德岛,主要是连接罗德岛和雅典以及塞萨洛尼基。

罗德岛的饮食离不开橄榄油、蜂蜜和奶酪,每家餐厅的每张餐桌上都看到一小瓶橄榄油,甚至可以吃面包加橄榄油。另外,当地的海鲜非常值得推荐,提供海鲜的餐厅不算特别多,但是几乎每家餐厅做出来的海鲜都非常鲜美嫩滑。

每年5—10月会有很多来自世界各地的朋友过来举办婚礼或者是享受蜜月。罗德岛既濒临爱琴海,同时也是地中海较受欢迎的度假胜地之一。清透的海水、众多的公园和娱乐设施、随处可见的参天古树,以及随处可遇的中世纪遗址,还有明亮的阳光和热情好客的岛上居民。正是这些,吸引着世界各国的朋友纷纷前来享受他们生命中最重要的幸福时刻。

(九)斯普利特(Split)

斯普利特是克罗地亚共和国历史名城,克罗地亚第二大城市,达尔马提亚的首府,达尔马提亚地区第一大海港,疗养和游览胜地,坐落在亚得里亚海的达尔马提亚海岸中心,亚得里亚海东岸,由一个中央半岛及周围海岸组成。

斯普利特也是亚得里亚海东岸的交通枢纽,有直达亚得里亚海上众岛屿及亚平宁半岛的线路,同时也是东南欧较著名的旅游目的地之一。整个斯普利特市拥有大约41万名居民,斯普利特也是克罗地亚人口增长最快的城市。

斯普利特设有海洋生物研究所、大学、博物馆及艺术画廊,有罗马帝国时的皇宫和多处其他古迹,多教堂、疗养和游览胜地。其城市建筑以罗马皇帝戴克里先夏宫为核心发展起来。戴克里先宫,占地约3万平方米,宫墙高17—21米,宽2米,宫殿正门6根大理石柱是远涉重洋从中东运来的,工程浩繁,宏伟壮丽。其附近的萨洛纳城是罗马达尔马提亚王朝的古都,现在还保存着有价值的历史遗迹。

斯普利特是典型的地中海气候,夏季气候干燥,冬季气候湿润,年平均降雨量超过820毫米,7月是斯普利特最炎热的月份,平均气温在30 ℃左右,1月是最冷的月份,平均气温在10 ℃左右。虽然斯普利特一年四季都有降雨,但冬季是最湿润的季节,雪在斯普利特也非常罕见,12月至来年的2月,一般都只有一场雪。

1979年,斯普利特老城中心就被联合国教科文组织收入世界遗产名录,斯普利特同时也被认为是克罗地亚文化的一个中心,城市的文学传统可以追溯到中世纪时代,克罗地亚文学之父马尔科·马鲁利奇就曾在斯普利特居住和生活。传统的斯普利特家庭仍然保留着达尔马提亚沿海地区的生活方式和价值观。1893年建立的斯普利特国家大剧院也是克罗地亚较古老的剧院之一。斯普利特城内还有大量的博物馆与美术馆,拥有大量珍贵的藏品,著名景点有克罗地亚考古与纪念碑研究博物馆、斯普利特城市博物馆、民族博物馆、克罗地亚航海博物馆、斯普利特自然博物馆和动物园、斯普利特美术馆、伊万·梅什特罗维奇美术馆等。

在卡什泰拉的斯普利特国际机场是克罗地亚第二大机场,全年都有通往萨格勒布、伦敦、法兰克福和德国科隆波恩机场的航班。斯普利特海港每年有将近400万人次的旅客出入,是地中海第三繁忙的港口,港口每天都有通往里耶卡、杜布罗夫尼克和意大利的安科纳的渡轮,在夏季,斯普利特还会开通同其他意大利港口如佩斯卡拉的渡轮,绝大多数中央达尔马提亚岛屿只能通过斯普利特港坐船到达,这些岛屿包括布拉奇岛、赫瓦尔岛和绍尔塔岛,以及更远的维斯岛、科尔丘拉岛和拉斯托沃岛,同时斯普利特也是乘船游览的目的地。

(十) 伊兹密尔(Izmir)

伊兹密尔是土耳其第三大城市、第二大港,旧称"士麦那"。它位于安纳托利亚高原西端的爱琴海边,是重要的工业、商业、外贸、海运中心之一,同时也是历史文化名城、旅游胜地和军事要塞。伊兹密尔市区面积约280平方公里,市区人口约260万。伊兹密尔保留着众多名胜古迹,如古钟楼、15世纪的希萨尔清真寺,以及世界古代七大奇迹之一的阿耳忒弥神庙遗迹等。

伊兹密尔属"地中海型"气候,夏季受副热带高压控制,气流下沉,炎热少雨。冬季因副高热带高压南移而被西风带扫过,热带海洋气团频繁渗入,与温带冷气团交汇,构成多锋面气旋雨季节,故冬季气温宜人,约在10℃~15℃。

伊兹密尔市是土耳其重要的经济中心,工业、农业都较发达,产值仅次于第一大城市伊斯坦布尔,居全国第二,人均产值为土耳其第三。伊兹密尔港位于土耳其西部沿海伊兹密尔湾东南岸,濒临爱琴海东侧,是土耳其西部的最大海港。该港口为出口港,出口额占全国的40%左右。该港属亚热带地中海式气候,平均潮差0.5米。

伊兹密尔地处爱琴海古代文明发祥地域,是土耳其重要的旅游城市,市区和郊外古迹众多,至今保留有不少古迹。市中心有近百年历史的钟楼,为该城的象征。有公元2世纪的古罗马市场遗迹。市内有伊斯兰教清真寺达60多座,其中,15世纪建造的希萨尔清真寺、16世纪建造的萨德尔凡清真寺和凯梅拉特清真寺,至今犹存,是奥斯曼时期建筑艺术的珍品。另外,还有罗马大道、克泽勒朱卢克拱形水渠桥、阿塔图尔克的雕像、考古博物馆等。世界古代七大奇迹之一的阿台密斯神庙遗迹就在以弗所发掘出土。此外,塞尔柱古城遗址已引起突厥史专家们的关注。

伊兹密尔的绮丽风光每年吸引数百万外国游客到此观光度假。伊兹密尔半岛西端的切什麦海滨和市区以南60公里处的鸟岛,均系地中海"蓝色之旅"的著名景点。依托独特旅游

资源,市政府每年都举办大型国际艺术节和国际商贸博览会,使这两项活动的国际知名度越来越大。

(十一)伊斯坦布尔(Istanbul)

伊斯坦布尔是土耳其最大城市和港口,也是土耳其最大的城市和全国的经济、贸易、金融、新闻、文化、交通中心。它是世界著名的旅游胜地,繁华的国际大都市之一。伊斯坦布尔全市面积5220平方公里,伊斯坦布尔是土耳其人口最密集的城市,也是世界人口较多的城市之一。2015年1月人口达到1437万人,人口占土耳其总人口(7769万人)的18.5%,人口密度超过2700人每平方公里。

伊斯坦布尔属典型的地中海式气候,夏季炎热干燥,冬季温和多雨;内陆及东部地区温带大陆型气候明显,夏季炎热干燥,冬季酷寒。

伊斯坦布尔是一个同时跨越欧、亚两大洲的名城。作为古代三大帝国——罗马帝国、拜占庭帝国以及奥斯曼帝国首都的伊斯坦布尔,保留了辉煌的历史遗产。伊斯坦布尔丰富多彩的文化遗迹使游客着迷,其所拥有的博物馆、教堂、宫殿、清真寺、市场以及美妙的大自然风光让人们流连忘返。伊斯坦布尔也曾经是土耳其共和国建国初期的首都,直至1923年迁都至安卡拉,但伊斯坦布尔仍然是土耳其经济、文化的重心所在。伊斯坦布尔当选为2010年欧洲文化之都和2012年欧洲体育之都。该市的历史城区在1985年被联合国教科文组织列为世界遗产。

伊斯坦布尔之所以闻名于世,主要原因之一是其得天独厚的地理位置。在亚洲大陆最西端的黑海与地中海之间,有一条至关重要的"黄金水道",它把亚洲和欧洲大陆分割开来,其中间部分是马尔马拉海,是兵家必争之地。伊斯坦布尔市分成三个区:位于欧洲的旧城区和贝伊奥卢商业区,以及位于亚洲的于斯屈达尔区。1973年建成博斯普鲁斯海峡大桥,桥长1560米,连通了欧亚大陆。伊斯坦布尔不仅海上运输发达,铁路运输也相当发达,这里是欧洲"东方铁路"的终点,又是"巴格达铁路"的起点。

伊斯坦布尔不仅地理上横跨两洲,而且还兼收并蓄欧、亚、非三洲各民族思想、文化、艺术之精粹,从而成为东西方思想文化的一个重要交汇点,遗留下许多源远流长的名胜古迹。伊斯坦布尔现有40多座博物馆、20多座教堂、450多座清真寺。这些美丽的建筑本身及其收藏的大量文物,都是东西方交汇点的生动见证。

伊斯坦布尔著名景点包括托普卡匹珀宫、苏莱曼尼亚清真寺、圣索菲亚大教堂、蓝色清真寺、考古博物馆、卡里耶博物馆、多尔马巴赫切宫、地下宫殿、博斯普鲁斯海峡大桥、贝莱贝伊宫等。

(十二)安塔利亚(Antalya)

安塔利亚(见图3-5)是土耳其南岸港市,安塔利亚省省会,面积1417平方公里,也是土耳其南海岸最大的城市,人口约60万。安塔利亚是土耳其最美丽的地区,位于地中海沿岸,被无数群山环绕。成行的棕榈树构成一条条林荫大道,一个极漂亮具有历史意义的码头以及美味可口的菜肴都是安塔利亚这座城市的迷人之处。安塔利亚将带给游客一种身心愉悦的感受。

图 3-5　安塔利亚

安塔利亚始建于公元前 2 世纪,在东罗马帝国时期与奥斯曼帝国时期为东地中海重要港口。但北面有托罗斯山阻挡与内地的交通,又因港口水浅,后被梅尔辛港与伊斯肯德伦港超过。安塔利亚地处安塔利亚海湾翠绿的沿岸平原,东面是秀美的孔亚阿特海滩,西面是一望无际的拉拉沙滩。南濒清澈的地中海,北临郁郁葱葱的托罗斯山脉。

安塔利亚具有典型的地中海气候,夏季炎热干燥,冬季温和多雨。一年之中大约 300 天是晴天,海水温度 16 ℃～27 ℃。7 月通常最高平均气温 34.4 ℃ 和 2 月份最低平均气温为 6.1 ℃。

安塔利亚是一个让人心旷神怡的度假天堂。安塔利亚面临地中海,是游泳、冲浪、滑水、泛舟、爬山、滑雪的好地方;还有许多重要的历史遗迹,让旅客发思古幽情。建于 13 世纪、位于市中心的 YivliMinareli 回教堂是安塔利亚的标志,于同一时期兴建的神学院则是塞尔柱人统治时代石刻建筑的极品。安塔利亚船艇及消闲中心是土耳其国内最受欢迎的船艇中心,中心设备齐全,有许多的纪念品商店、咖啡座和餐馆。安塔利亚著名的景点有布尔杜尔、凯梅尔、佩尔格、上迪旦瀑布、迪兹莱查姆、古城柏吉、南侧浴场等。

(十三) 亚历山大港(Alexender)

亚历山大港,又译为亚历山卓港、埃尔伊斯坎达里亚港,是埃及在地中海岸的一个港口,也是埃及最重要的海港,埃及的第二大城市和亚历山大省的省会,距离开罗西北 208 公里。亚历山大港现有约 334 万居民,历史上曾被马可波罗称为与中国泉州刺桐港齐名的世界第一大港。

亚历山大港始建于公元前 332 年,是按其奠基人亚历山大大帝命名的,作为当时马其顿帝国埃及行省的总督所在地。亚历山大大帝死后,埃及总督托勒密在这里建立了托勒密王朝,加冕为托勒密一世。亚历山大成为埃及王国的首都,并很快成为古希腊文化中最大的城市,在西方古代史中,其规模和财富仅次于罗马。但埃及的伊斯兰教统治者在确定了开罗为埃及的新首都后,亚历山大港的地位不断下降。在奥斯曼帝国末期,它几乎已沦为一个小渔村。它是古代欧洲与东方贸易的中心和文化交流的枢纽,第二次世界大战后,发展迅速,现为著名的棉花市场,也是埃及重要的纺织工业基地。其港口的国际机场有定期航班飞往世界各地。

该港属亚热带地中海式气候,7月平均气温约26 ℃,1月平均气温约12 ℃。春、秋常有沙暴,可持续数小时至5天。冬季清晨常有雾。全年平均降雨量约300毫米。

现在的亚历山大港建立在一条将马雷奥蒂斯湖与地中海分隔开来的地带上,以及一个T形的半岛上,这个半岛组成了今天的东部港口和西部港口。亚历山大港港外有两道防波堤和狭长的法罗斯岛作屏障。全港面积超过6平方公里,港区主要码头约有60个,包括邮轮、煤炭、粮食、木材及石油等专用码头。

穆罕默德阿里广场是一个长形的大广场,周围树木环绕,中心是总督穆罕默德阿里的塑像。广场周围的建筑多为意大利式,其中重要的有法庭、交易所、银行、教堂和剧院等。

亚历山大著名的文化遗迹有亚历山大灯塔(见图3-6)、亚历山大图书馆等。前者是世界七大奇迹之一,但毁于地震。后者是托勒密王室的王家图书馆,克里奥帕特拉七世时期曾毁于大火,罗马帝国时期重建。391年,罗马帝国驻埃及的阿非罗主教下令烧毁亚历山大图书馆的藏书。这标志着埃及的古典文化时期结束,也是欧洲中世纪文化时期开始的标志。

(十四)耶路撒冷(Jerusalem)

耶路撒冷(见图3-7)位于近东黎凡特地区,是一座历史悠久的城市,在地理上位于犹大山地,介于地中海与死海之间,被誉为三大宗教的圣城(犹太教、基督教和伊斯兰教)。耶路撒冷的人口约80万人,其中65%为犹太人,32%为穆斯林,2%为基督徒。耶路撒冷老城于1981年被联合国教科文组织评为世界文化遗产。耶路撒冷的面积只有126平方公里,著名景点有犹太教的哭墙和圣殿山、穆斯林的圆顶清真寺和阿克萨清真寺,以及基督徒的圣墓教堂和苦路。

图3-6 亚历山大灯塔遗址

自从公元前10世纪,所罗门王在耶路撒冷建成圣殿,耶路撒冷一直是犹太教信仰的中心和最神圣的城市,昔日圣殿的遗迹西墙,仍是犹太教最神圣的所在。基督徒也相当重视耶路撒冷,因为根据《圣经》记载,这里是耶稣受难、埋葬、复活、升天的地点。伊斯兰教也将耶路撒冷列为麦加、麦地那之后的第三圣地,以纪念穆罕默德的夜行登霄,并在圣殿山上建造

图 3-7 耶路撒冷

了 2 座清真寺——阿克萨清真寺和圆顶清真寺来纪念这一圣事。

从 1950 年以来,耶路撒冷开始成为以色列的首都,之后该国的总统府、大部分政府机关、最高法院和国会均位于该市。1980 年,以色列国会立法确定耶路撒冷是该国"永远的与不可分割的首都"。1988 年,巴勒斯坦自治政府也宣布耶路撒冷将是未来巴勒斯坦国的首都。在 21 世纪,耶路撒冷仍然是巴以冲突的中心。

耶路撒冷的纬度位于北回归线以北,靠近地中海,与以色列大部分地区一样,属于地中海气候。该市地处亚热带,在冬季也很温暖,但降雪不算罕见,通常每年至少会降雪一次。1 月是一年中最冷的月份,平均气温为 12 ℃,而一年中较热的月份是 7 月和 8 月,平均气温为 29 ℃。年平均降水量接近 590 毫米,从 5 月到 9 月的夏季很少降水。

虽然耶路撒冷主要是以宗教圣地而闻名世界,不过该市同样也拥有许多文化艺术场所。以色列博物馆是耶路撒冷最重要的艺术博物馆。该市另一个突出的文化机构是犹太殉难博物馆,该博物馆是一个研究与教育机构,游客可以在此对犹太大屠杀事件进行反思。

以色列仅有 2 个国际机场,其中,本·古里安国际机场是以色列最繁忙的机场,每年运送乘客 900 万人。国内城市之间的交通主要依靠铁路,耶路撒冷火车总站发送耶路撒冷的大部分城际列车,是一个铁路终点站。

耶路撒冷在历史上多次被外族人破坏,又多次重新修建。耶路撒冷是世界上重要的旅游中心。耶路撒冷既古老又现代,是一个多样化的城市,其居民代表着多种文化和民族的融合,既严守教规又有世俗的生活方式。这座城市既保存过去,又为将来进行建设;既有精心修复的历史遗址,又有细心美化的绿地、现代化商业区、工业园区和不断扩展的郊区,表明了它的延续性和生命力。

(十五)海法

海法(见图 3-8)是以色列北部港口城市,西濒地中海,背倚迦密山。海法是以色列第三大城市,仅次于耶路撒冷和特拉维夫。该市面积为 60 平方公里,人口约 28 万,都市区人口超过 100 万人。伊拉克和沙特阿拉伯有管道输油至该港出海。1930 年港口扩建,现已成为巴勒斯坦地区最大海港。在19世纪末，大马士革与海法之间的铁路便已铺设完成，而当犹太人移民到海法之后，海法便成为一个现代化的城市。海法市区可分为阿拉伯人主要居住的几个区和犹太人集中居住的赫茨尔大街。

图 3-8　海法

海法属于地中海气候。夏天炎热潮湿，平均气温为26 ℃；冬天寒冷多雨，平均气温为20 ℃。雨季为每年10月至次年4月。从地理形势来看，海法是延伸自卡梅尔山的山麓，突伸于海中的城镇，而城镇的市中心是从港湾的商业区开始，到卡梅尔山麓为止。在卡梅尔山麓上，遍布绿地庭园的住宅。

三、西地中海邮轮旅游地区主要邮轮旅游目的地

（一）那不勒斯（Naples）

那不勒斯（见图3-9），又译那波利、拿坡里，是意大利南部的第一大城市，坎帕尼亚大区以及那不勒斯省的首府。城市面积117平方公里，人口略低于100万。那不勒斯都会区有大约380万人，是仅次于米兰和罗马的意大利第三大都会区和欧洲第15大都会区。

那不勒斯以其丰富的历史、文化、艺术和美食而著称，曾是罗马皇帝的避暑胜地。那不勒斯历史中心被联合国教科文组织列为世界文化遗产。该市为古希腊人所创建，在"大希腊"中扮演重要角色；后来，罗马人、诺曼人和西班牙人都在该市留下了历史的印记，这里也曾经是波旁王朝统治的西西里王国的首都，直到意大利统一。

那不勒斯城风光绮丽，是地中海较著名的风景胜地之一。维苏威火山位于那不勒斯市东南，海拔高度1281米。它是座活火山，历史上曾多次喷发，最著名的一次是公元79年的大规模喷发，灼热的火山碎屑流毁灭了当时极为繁华的庞贝古城。那不勒斯最秀丽的地方是风光明媚的桑塔露琪亚海岸，这里的日出景色十分美丽，隔着那不勒斯湾，可以眺望到维苏威火山。那不勒斯王宫建于17世纪，曾是总督和国王的寓所，现为国立图书馆、新堡和国家美术馆。那不勒斯两个现代艺术博物馆相当活跃，即那不勒斯艺术宫和唐纳雷吉纳当代艺术博物馆。

那不勒斯被人们称颂为"阳光和快乐之城"，一年四季阳光普照。那不勒斯人生性开朗，

图 3-9 那不勒斯

充满活力,善于歌唱,这里的民歌传遍世界。那不勒斯被视作意大利的一颗明珠,在当地有一句广为流传的俗语,翻译过来的意思大概是"朝至那不勒斯,夕死足矣"。

那不勒斯属于典型的地中海气候,冬季温和湿润,夏季温热干燥,最高平均气温 37 ℃,最低平均气温 －4 ℃,全年平均降雨量约 700 毫米。

那不勒斯是意大利的主要海港之一,现已发展成为意大利的主要炼油中心之一,也是钢铁工业中心之一。那不勒斯还有较多的古代艺术、文物及风景游览区,旅游业发达。港口距国际机场约 8 公里,有定期国际航班飞往各地。

那不勒斯拥有制作各种著名美食和酒类的漫长历史;在不同时期曾经受到希腊、西班牙和法国等统治者文化的影响。那不勒斯美食在 18 世纪已经形成自己的独特风格。那不勒斯是比萨饼的发源地。

(二) 巴塞罗那(Barcelona)

巴塞罗那(见图 3-10)位于伊比利亚半岛东北部,濒临地中海,是西班牙第二大城市,也是加泰罗尼亚自治区首府,以及巴塞罗那省(隶属于加泰罗尼亚自治区)的省会,加泰罗尼亚自治区议会、行政机构、高等法院均设立于此。全市面积 101.9 平方公里,市区人口约 161 万,若加上外围地区人口有 400 万人,仅次于首都马德里,也是世界上人口较稠密的城市之一,其主要民族为加泰罗尼亚民族。

巴塞罗那是加泰罗尼亚的港口城市,是享誉世界的地中海风光旅游目的地和世界著名的历史文化名城,也是西班牙最重要的贸易、工业和金融基地。巴塞罗那港是地中海沿岸最大的港口和最大的集装箱集散码头,也是西班牙最大的综合性港口。巴塞罗那气候宜人、风光旖旎、古迹遍布,素有"伊比利亚半岛的明珠"之称,是西班牙最著名的旅游胜地。

巴塞罗那实际上是两城合一城。老城区有一个景色美丽的哥特区和许多建筑遗址,因为这里有不少令人难忘的灰色石头造的哥特区建筑物,包括壮观的大教堂。老城区是巴塞罗那历史最悠久,最受游客欢迎的区域,也是整个巴塞罗那的心脏。它又分为哥特区、海岸区和拉巴尔区。新城区是城市规划的典范,有宽广的大道,两边树木成行,还有

图 3-10 巴塞罗那

大广场。

巴塞罗那整体处于丘陵地带,著名的蒙特惠奇山悬崖位于城市西南,从山顶可以俯瞰整个巴塞罗那港,因其优越的地理位置,巴塞罗那人于 17—18 世纪修建了可以控制整个城市命脉的蒙特惠奇城堡并取代了修塔德拉城堡。如今蒙特惠奇城堡已经成为一座博物馆,而蒙特惠奇区是众多体育和文化组织的聚集地。

巴塞罗那市被誉为"欧洲之花",是伊比利亚半岛的门户,属地中海式气候,夏季炎热干旱,冬季温和多雨。一年四季都适合旅游;冬天的平均气温为 11 ℃,每年的 11 月和 1 月是较寒冷的时候,平均气温为 10 ℃;夏天的平均气温为 24 ℃。去巴塞罗那的最佳季节是夏天,可以充分地享受地中海的阳光,沙滩上日光浴的人群让人大开眼界。

巴塞罗那市内有罗马城墙遗址、中世纪的古老宫殿和房屋与现代化建筑交相辉映,不少街道仍保留着石块铺砌的古老路面。建于 14 世纪的哥特式天主教大教堂位于老城中央,圣家族教堂是西班牙最大教堂,连接和平门广场和市中心加泰罗尼亚广场的兰布拉斯大街是著名的"花市大街"。西班牙广场上的光明泉巧夺天工、色彩斑斓。西乌达德拉公园的喷泉、动物园、植物园及蒙特惠奇公园的层层瀑布闻名遐迩,巴塞罗那市内有现代艺术博物馆、弗雷德里克·马塞斯陈列馆、毕加索博物馆、海洋博物馆等 20 多所博物馆,巴塞罗那大学有 500 多年的历史,自治大学和工艺学院亦十分著名。每年 10 月举行的国际音乐节是世界乐坛盛会,当地的萨尔达那园舞、吉他歌曲是世界著名的民间歌舞。每年 4 月的玫瑰花展和斗牛、国际博览会十分吸引人。这里的加泰罗尼亚甜食誉满全球。

巴塞罗那素有"伊比利亚半岛的明珠"之称,是西班牙最著名的旅游胜地。它是西班牙的文化古城,有"地中海曼哈顿"之称。巴塞罗那一共有九座建筑被联合国教科文组织列入世界文化遗产名录。巴塞罗那是一座幽雅的城市,全城处在两座小山之间的一块狭长平原地带,市区三面为丘陵围绕,一面是海港,地中海海岸呈"V"形拥抱着巴塞罗那城。

极具魅力的巴塞罗那海港,以它绝佳的地理位置和齐全的装备设施,成为各邮轮公司钟爱的停靠之地。邮轮的终点站直接和市中心与购物地带相连,游客可以很快在市中心的各名胜古迹游览或是在欧洲最大的购物地带购物。其著名旅游景点有巴特娄宫、米拉宫、毕加索博物馆、圣家堂、埃尔公园、哥伦布塔、黄金海岸及贝尔港等。

巴塞罗那普拉特机场为国际机场，到欧洲各地的航班都非常方便。巴塞罗那是马德里-巴塞罗那铁路和沿地中海海岸线建造的铁路的交汇点，可以乘火车前往马德里、瓦伦西亚或巴黎等欧洲其他国家城市。

（三）马赛（Marseille）

马赛位于法国的东南部，三面环山，一边临地中海，是法国最大的商业港口和第二大城市，也是知名度非常高的普罗旺斯大区的省会城市，还是地中海最大的商业港口。城市人口约163万，面积240.62平方公里。该市三面被石灰岩山丘所环抱，景色秀丽，气候宜人。马赛西濒地中海，水深港阔，无急流险滩，万吨级轮船可畅通无阻；西部有罗纳河及平坦河谷与北欧联系，地理位置得天独厚。全港由马赛、拉韦拉、福斯和罗纳圣路易四大港区组成，为法国对外贸易最大门户。

由于位置处于地中海的门户，马赛也是各种文化和宗教交汇的熔炉。论古迹它也许比不上巴黎，但是论自然风光，马赛可以说是有过之而无不及，蔚蓝的海水与白色的山崖，宁静迷人的世外小岛，加上一年300天的充沛阳光，丰富多彩的文化及户外活动，种类繁多的特色餐厅，都带给了游客丰富而特别的旅行体验。马赛主要的旅游景点有伊夫岛、贾尔德圣母院、马赛美术馆、马赛旧港等。马赛为地中海气候，适宜游玩季节为5—10月，全年气候基本都比较宜人，但12月至1月会比较寒冷，有的地方还会出现霜冻。马赛每年接待游客达300万人次以上，是法国接待游客人数较多的城市之一。

马赛·普罗旺斯机场位于市郊的马里尼亚纳区，是全法国第四大机场。马赛除了连接法国的15个城市，每天都有航班连接欧洲五大枢纽城市：巴黎、阿姆斯特丹、伦敦、马德里、法兰克福。马赛有非常发达的公路和高速公路网，三个高速公路轴心将马赛与西班牙、意大利和北欧连接起来，并使马赛成为普罗旺斯地区的中心。

马赛港分老港和新港，老港在城市的北面，如今成了游艇的码头；新港在城市的西面，在欧洲仅次于荷兰鹿特丹港，是欧洲排名前五的港口。这里每年有连接科西嘉岛以及北非的200个固定航次。马赛是法国在地中海地区较大的游客接待港之一，每年的游客有增无减，而且还有全世界最重要的20多家海上旅行社在此设点。

马赛的历史古迹景点主要集中在老港周围，大部分步行就可以到达。马赛的精华在峡湾，在海岛，游客不妨多留一天时间，在弗里乌群岛上戏水、漫步、晒太阳，体会世外桃源的感受；或者去普拉多海滩公园野餐、日光浴、在草地上打个滚，在沙滩上喂海鸥，与大海亲密接触，体验无拘无束的自由。马赛最有名的菜首推普罗旺斯鱼汤。它是将海鱼和虾等煮在一起而熬成的汤，原本是渔民的妻子为了给下海的丈夫暖和身子，以卖剩下的鱼熬成的平民汤菜。

（四）庞贝古城（Pompeii）

庞贝古城（见图3-11）是亚平宁半岛西南角坎帕尼亚地区的一座历史悠久的古城，距罗马约300公里，位于意大利南部那不勒斯附近，维苏威火山东南脚下10公里处，西距那不勒斯湾约20公里，是一座背山面海的避暑胜地。

图 3-11 庞贝古城

庞贝古城是建在远古时期维苏威火山一次爆发后变硬的熔岩基础上的。公元前 8 世纪,庞贝还是依托于地中海天然良港的一座小渔村,公元前 6 世纪逐渐发展为城市,几十年之后,它商贾云集,成为仅次于意大利古罗马的第二大城。曾有地理学家根据维苏威火山的地形地貌特征断定它是一座死火山,当时的人们完全相信这一论证,对火山满不在乎。公元 79 年庞贝古城毁于维苏威火山大爆发。但由于被火山灰掩埋,街道房屋保存比较完整。2015 年,考古学家和科学家对千年前被掩埋在火山灰下的庞贝古城居民化石进行修复。2016 年,庞贝古城被评为世界十大古墓稀世珍宝之一。

庞贝古城略呈长方形,有城墙环绕,四面设城门,城内大街纵横交错,街坊布局有如棋盘。这座小城四周有石砌城墙,设有 7 个城门,14 座塔楼,颇为壮观。纵横各两条笔直的大街构成了城内的主干道,使全城呈井字形。全城分为 9 个地区,每个地区的街巷交织。大街上铺的是石板,两旁是人行道。街巷的路面也是用石块铺成的。城市中最宽阔的大街叫丰裕街,石板路面上有被当年车辆碾出的车辙,街的两边是酒馆、商店和住宅。丰裕街直通大广场,大广场三面围墙,是长方形的,广场四周建有许多宏伟的建筑。这里是庞贝政治、经济和宗教的中心。庞贝古城的主要景点有繁华的庞贝市场、华丽精妙的浴场、圆形大剧场、古物馆的人体化石、港口等。

庞贝古城已被联合国教科文组织定为世界文化和自然遗产,被誉为"天然的历史博物馆",它每天吸引着数以万计的来自世界各地的游客来这里参观。游客穿梭在古城废墟的大街小巷,进出于半毁的民宅、别墅、贸易市场、商铺、面包房、温泉澡堂、仓库、剧场、斗兽场、运动场,不觉浮想联翩。庞贝古城如今只向游人开放三分之一,其余部分还埋在地下。

(五)尼斯(Nice)

尼斯(见图 3-12)是法国东南部城市,面积 3067 平方公里,总人口约为 52 万。尼斯位于法国东南部地中海沿岸,市区的北部为尼斯-阿尔卑斯前山,属于阿尔卑斯山的东南边缘;南侧为地中海,海岸线曲折复杂,城镇沿海岸线呈带状分布。尼斯是法国第五大城市,是仅次于巴黎的法国第二大旅游城市,也是欧洲乃至全世界极具魅力的海滨度假胜地之一。蔚蓝的地中海与巍峨的阿尔卑斯山是这座城市永恒的地标。神圣的古罗马历史文化、普罗旺斯薰衣草田散发出的浪漫的芬芳,以及带有异域风情的地中海美食,无论从哪个方面来看,尼斯都是法国人心中绝对的度假天堂。

图3-12 尼斯

尼斯是法国大陆较温暖的城市之一,这里全年气候宜人,冬暖夏凉,属于典型的地中海气候。在冬天很少有结冰的时候,几乎不下雪,有时在早春时节气温可以达到20℃。

尼斯城大约建造于公元前350年,很快就成为利古里亚海岸最繁忙的贸易站之一。在公元前后的漫长岁月里,它先后被古希腊和古罗马交替统治,因此,尼斯的老城仍具有意大利式的生活气息和情调,高大的房屋和狭窄的街道是颜色清淡的意大利风格。街上的教堂大多是17世纪的巴洛克建筑。

旅游业是尼斯的支柱性产业。二战以后,它凭借得天独厚的自然资源和地理位置,吸引了越来越多的游客。许多国际性银行与保险公司都在尼斯设立了分支机构。尼斯是法国南部著名的旅游和养老城市,它在吸引了众多富豪的同时,也聚集了大量的退休人员和学生。

尼斯处于马赛-文蒂米利亚铁路线上,该铁路线沿地中海向东延伸,在尼斯城市圈范围内有多个车站,其中最大的是尼斯站。

尼斯蔚蓝国际海岸机场,简称尼斯机场,是法国第二大机场,也是外国游客到达尼斯的主要方式。机场位于尼斯市区西南方向,地中海沿岸,填海造陆而成。机场距离市区大约5公里,有多条机场大巴线路连接。该机场开行了前往纽约、蒙特利尔以及欧洲大部分国家的航线,以及前往摩纳哥的直升机航线。

尼斯港位于尼斯市区东侧,吃水较深,可停靠大型船舶,是地中海沿岸重要的港口,也是法国大陆距离科西嘉岛最近的一个大型码头,每天有无数邮轮连接科西嘉以及地中海沿岸。

尼斯被人称为"世界富豪聚集的中心"。海边豪华的别墅、昂贵的商店和艺术气息的交织使尼斯形成富丽堂皇与典雅优美的独特美。尼斯城分为三个主要部分:第一部分是老城和港口,很有意大利特色,餐厅、夜总会和美术馆映衬着古朴的老城墙;第二部分是19世纪所建造的城中区,也就是在英格兰散步道后面的区域;第三个部分则是可眺望城市北方的希米耶区,为罗马人和维多利亚女王的最爱。

当地的美食,包括pissaladière(洋葱和凤尾鱼酱制成的一种比萨饼)、socca(鹰嘴豆粉制成的薄烤饼)、马赛鱼汤和其他鱼汤、鳕鱼干、farcis niçois(蔬菜上面洒面包屑)和salade niçois(西红柿、青辣椒、煮鸡蛋、金枪鱼或其他鱼加上橄榄做成的色拉)等。尼斯旧市区中心的小吃店里有南方风味的尼斯名产——索卡,这是一种以豆粉、橄榄油搓成的烧烤大薄饼。

在尼斯,冰激凌口味繁多到超乎想象,玫瑰、紫罗兰、薰衣草、费列罗、开心果、马卡龙、莫吉多……选择一款或多款搭配,乘着海风,欣赏日落,好不惬意。

(六) 戛纳(Cannes)

戛纳是法国东南部城市,欧洲有名的旅游胜地和国际名流社交集会场所,因国际电影节而闻名于世。戛纳位于尼斯西南约26公里,濒临地中海,人口约7万,戛纳是一座小城,却因每年5月份举行的国际电影节而蜚声世界。该一年一度的影坛盛事,使世界各国的电影工作者、影商和影迷,还有记者纷纷到此地聚会。一时,影星荟萃,影片如潮,介绍新片的招贴画和五光十色的广告贴满大街小巷,使这里成为全球瞩目的国际影城。世界上著名的"戛纳电影节"被誉为"电影界的奥运会"。戛纳电影节颁发的金棕榈大奖被公认为电影最高荣誉之一,电影节的建筑群坐落在500米长的海滩上,其中,包括25个电影院和放映室,中心是电影节宫。

"坎城"是中国台湾地区对法国南部沿海城市Cannes的译名。中国大陆译为戛纳。

戛纳坐落在青山脚下,地中海之滨。这里海水蔚蓝、棕榈葱翠,气候温和,风光明媚,与尼斯和蒙特卡洛并称为南欧三大游览中心。白色的楼房与蓝色的大海及一排排高大翠绿的棕榈树构成一派绚丽的南国风光。每年有800万~900万的观光客涌入戛纳,不外乎是为了到蔚蓝海岸上的海滩漫步,或是去旧城区走一趟风味独具的购物及美食之旅,还有距离坎城约15分钟船程的列航群岛,其中的圣马格希特岛因囚禁神秘的铁面人长达11年而闻名。戛纳拥有世界上最洁白漂亮的海滩,海滨建有游泳场,是度假的好场所。棕榈树海滨大道沿海岸伸展,道旁多豪华旅馆。戛纳主要景点有海滨大道、老城区、11世纪城堡等。

戛纳和其他蓝色海岸地区的闲适安静不同,它虽然也拥有蔚蓝迷人的海岸线和法国南部明亮阳光下的棕榈树,但戛纳更像是一个社交不断的城市,每年2月有金合欢节(当地盛产的花卉,代表信赖),5月有国际电影节,另外还有国际赛船节、国际音乐唱片节、含羞草节等。一年中,无论游客什么时候来戛纳,总会在这里遇到大型活动。当然,在诸多活动中,令戛纳蜚声全球的还是每年5月为期两周的国际电影节。

(七) 蒙特卡洛(Monte Carlo)

蒙特卡洛(见图3-13)是摩纳哥公国的一座城市,位于欧洲地中海之滨、法国的东南方,属于一个版图很小的国家摩纳哥公国,世人称之为"赌博之国"、"袖珍之国"、"邮票小国"。摩纳哥也是世界上第二小国家,位列梵蒂冈之后。蒙特卡洛的赌业,海洋博物馆的奇观,格蕾丝王妃的下嫁,都为这个小国增添了许多传奇的色彩。作为世界上人口最为密集的一个国度,摩纳哥在仅有1.98平方公里的国土上聚集了3.3万的人口,可谓地窄人稠。法语是唯一的官方语言,也使用英语、意大利语和摩纳哥本地摩纳哥语。

摩纳哥位于地中海沿岸,与法国东南部接壤,国土面积1.98平方公里。摩纳哥是世界上海岸线最短的沿海国家,三面都与法国接壤。

蒙特卡洛依山傍海,景色宜人,有着延伸4公里多长的狭窄的沿海地带,就像是一个"长在峭壁上"的五彩缤纷的海滨公园。摩纳哥有着让人津津乐道的历史。起初它被利古里亚

图 3-13 蒙特卡洛

人占领,后依次被罗马人和蛮族侵吞。1297 年热那亚人 Grimaldi 家族正式在此定居,其后裔由此渐渐成为封建首领和王公贵族,至今已统治了摩纳哥 700 多年。

蒙特卡洛是摩纳哥的历史中心,也是世界著名的赌城,1863 年,建立的蒙特卡洛大赌场是世界四大赌城之一。当地住宿、就餐、乘车甚至买报都带有博彩色彩,你可能随时能抽奖中彩。虽然以博彩出名,但蒙特卡洛的文化气息更令人流连忘返。建于 1879 年的蒙特卡洛歌剧院,豪华气派,是欧洲最著名的音乐殿堂之一,每年 1—4 月都要上演高质量的剧目。蒙特卡洛国际马戏节同样享誉世界。到了蒙特卡洛,一定要去那里的海洋温泉浴场。蒙特卡洛海洋温泉浴场,继承了当地人海水浴的优良传统,创造了一种新的生活艺术,把地中海的浪漫风情和东方的智慧,融入了蒙特卡洛精神之中。

摩纳哥主要的收入来源之一是旅游业;每年都有许多人被摩纳哥的赌场和舒适气候所吸引。2001 年,一个主要的新的建筑项目扩展了主要港口码头,主要用于停靠豪华邮轮。摩纳哥经济发达,主要以博彩、旅游和银行业为主,这里在服务业和小型的、高附加值的、无污染的工业的多种经营上取得了成功的开发。蒙特卡洛主要景点有大赌场、歌剧院、海洋温泉浴场、拿破仑纪念馆等。

(八)罗马(Rome)

罗马(见图 3-14)为意大利首都,也是政治、经济、文化和交通中心。罗马也是古罗马和世界灿烂文化的发祥地,已有 2500 余年历史,是世界著名的历史文化名城,古罗马帝国的发祥地,因建城历史悠久而被昵称为"永恒之城"。城市位于意大利半岛中西部,台伯河下游平原地的七座小山丘上,故又被称为"七丘城",古城居北,新城在南,总面积为 1507.6 平方公里,其中市区面积 208 平方公里,人口约 264 万,是意大利占地面积最广、人口最多的城市,也是世界著名的游览地。

罗马是全世界天主教会的中心,有 700 多座教堂与修道院,7 所天主教大学,市内的梵蒂冈是天主教教皇和教廷的驻地。罗马与佛罗伦萨同为意大利文艺复兴中心,现今仍保存有相当丰富的文艺复兴与巴洛克风貌。罗马教廷所在地梵蒂冈位于古城区西北角。罗马古城酷似一座巨型的露天历史博物馆。在罗马古都遗址上,矗立着帝国元老院、凯旋门、万神殿和大竞技场等世界闻名的古迹,这里还有文艺复兴时期的许多精美建筑和艺术精品。1980年,罗马的历史城区被列为世界文化遗产。

图 3-14 罗马

罗马是世界文化的发源地之一,沉淀了数千年历史遗迹,有着丰富的文化遗产。古罗马遗迹规模宏大,令人浮想联翩,流连忘返。罗马被誉为"万城之城"是因为它有着辉煌的历史,罗马帝国的荣耀、天主教廷的至高无上都构成了罗马的辉煌。

罗马是世界著名的游览地,是意大利电影工业的主要中心。西北沿海的奇维塔韦基亚为其主要港口。占城区面积40%的古罗马城多规模宏大的古代建筑(如弗拉维安半圆形剧场、罗马斗兽场、大杂技场、万神殿、戴克里先公共浴场等)和艺术珍品。城西北的梵蒂冈(见图3-15)为罗马教廷所在地,有教堂、宫殿、博物馆、罗马第二大学、科学院和图书馆等。

图 3-15 罗马城中的梵蒂冈

罗马气候温暖,四季鲜明,春季正是一年中最适合出游的季节。由于它地处地中海沿岸,是典型的地中海气候,冬季多雨,夏季则高温少雨,年平均气温15.5 ℃,年降水量880毫米。每年4—6月气候较为怡人,7月和8月是较热和较干燥的季节,平均气温24.5 ℃～24.7 ℃,降水量14～22毫米,8月的日最高气温可以超过32 ℃;9月中旬至10月是最为晴朗的季节,被称为"罗马的美丽十月天";10—12月是较潮湿的季节,降水量可达106～128毫米;12月的平均最高气温约为14 ℃,1月最寒冷,平均气温为6.9 ℃。

自从第二次世界大战以后,罗马就成为意大利最重要的经济中心。旅游业是罗马的支柱产业之一,市内的众多博物馆包括梵蒂冈博物馆、Borghese 美术馆、Capitolini 博物馆等。作为一个工业城市,罗马的工业产业集中在传统的纺织品和旅游纪念品,以及食品、医药、机械、造纸和冶金等新兴的行业。此外,罗马凭借良好的气候条件和保存完整的历史建筑,成为影视业的重要基地,经常成为电影的拍摄地和场景地。罗马同时也是银行业、电子工程工业和航空业中心。众多国际企业和组织将总部设在罗马,比如,联合国粮食及农业组织、联合国国际农业发展基金会、联合国世界粮食理事会和联合国世界粮食计划署等。

罗马有"条条大道通罗马"之称,形象地表明了罗马作为意大利的交通枢纽。它有铁路、公路通往全国各地。罗马处于地中海地区的中央位置,也是国际空运的中心之一。罗马有三个机场,包括作为主机场的罗马菲乌米奇诺机场、军民两用的罗马钱皮诺国际机场,以及仅用于起落直升机和私人飞机的 Roma-Urbe 机场。特米尼车站,既是进出罗马的大门,也是市中心的交通枢纽。

罗马被喻为全球最大的"露天历史博物馆"。这里有世界八大名胜之一的古罗马露天竞技场,也称斗兽场。这座椭圆形的建筑物占地约 2 万平方米,周长 527 米,是古罗马帝国的象征。宽阔的帝国大道两旁建有元老院、神殿、贞女祠和一些有名的庙宇,如万神庙等。古城市中心的威尼斯广场长 130 米,宽 75 米,是市内几条主要大街的汇集点。

欧洲处处是购物天堂,但意大利可说是"天堂中的天堂"。在罗马,从特别高级的用品到时髦的小东西样样俱全,是欧洲最容易买到又好又便宜的东西的地方。罗马主要景点有万神殿、古罗马竞技场、圣母玛利亚大教堂、圣彼得大教堂、梵蒂冈博物馆、图拉真集市等。

(九)奇维塔韦基亚(Civitavecchia)

奇维塔韦基亚是意大利中部城镇,首都罗马的主要港口,地处滨第勒尼安海(湾),东南距罗马约 70 公里。第二次世界大战中破坏严重,后重建。奇维塔韦基亚也是工业中心,主要有金属加工、化学、电力、食品等。早在伊特鲁里亚时期奇维塔韦基亚就已经存在,后随着建于公元前 108 年的港口的发展而不断地发展。港口的一些遗迹至今仍然可以看到,如米开朗琪罗的"要塞"。

奇维塔韦基亚市交通便捷,离罗马仅有半小时的路程。该市旅游业相当发达,由于它所具备的良好的饭店设施,已经成为人们游览的理想起点站,由此可以进入它附近的腹地,领略其受到良好保护的美丽风光,以及伊特鲁里亚时期、中世纪和文艺复兴时期的艺术宝藏。这里也是著名的海水浴疗养地。

奇维塔韦基亚港在意大利港口发展史上具有非常重要的意义。它地处意大利半岛沿海的中部,这为其提供了理想的地理位置及优良的海洋气候条件。这样的地理位置对于大型转运港口来说具有战略意义。它是意大利第二大工业区的货物集散点,并且是意大利中心以及罗马工商业区的物资供应地,能接收来自所有地中海主要港口的贸易货物。奇维塔韦基亚港拥有 20 座码头,在客运方面,它还是意大利第二大、欧洲第三大客运港。港口航运的增长需要建设新的停泊设施,奇维塔韦基亚市政府已经计划建设游览和商务港,并使港口与通往罗马的高速列车线相通。

（十）佛罗伦萨（Florence）

佛罗伦萨（见图3-16）是意大利中部的一个城市，托斯卡纳区首府，原意大利首都，意大利的文化中心，位于亚平宁山脉中段西麓盆地中，阿诺河以及一些较小的河流从其中流过，人口约45万。"佛罗伦萨"意大利语的直译为"百花之城"，市花以及标志是一朵紫色的鸢尾花。

图3-16 佛罗伦萨

佛罗伦萨是著名的文化古城和世界艺术之都，欧洲文化中心，欧洲文艺复兴运动的发祥地，歌剧的诞生地，举世闻名的文化旅游胜地。作为欧洲文艺复兴时期的文化中心，佛罗伦萨给现代人留下了数不胜数的历史记忆。佛罗伦萨连接意大利北部与南部铁路、公路网的交通枢纽，阿诺河横贯市内，两岸跨有7座桥梁，市区仍保持古罗马时期的格局，多中世纪建筑艺术。佛罗伦萨全市共有40余所博物馆和美术馆，60多所宫殿及众多的教堂，收藏着大量的优秀艺术品和珍贵文物，因而又有"西方雅典"之称。它是世界上较丰富的文艺复兴时期艺术品保存地之一。

佛罗伦萨的气候通常归类为地中海气候，不过柯本气候分类法将佛罗伦萨的气候归类为亚热带湿润气候。由于地处群山环抱的山谷，阿诺河从中穿过的地理位置，佛罗伦萨的夏季缺少盛行风，从6月到8月炎热潮湿，气温显著超过托斯卡纳大区的沿海地区，最高气温可达到40℃，在夏季的少量降雨属于对流雨类型。由于逆温现象，佛罗伦萨的冬季阴冷而潮湿，最低气温有时会降到冰点以下，不过冰雪相当少见。降水主要集中在冬季。

佛罗伦萨是意大利文艺复兴时期诗歌和绘画的摇篮，伟大诗人但丁就出生在这里。至今，佛罗伦萨仍保存着但丁的故居，许多游人慕名前来这里参观。被称作文艺复兴艺坛"三杰"的达·芬奇、米开朗琪罗和拉斐尔，在1506年聚会于佛罗伦萨，成为艺术史上的千古美谈。

佛罗伦萨旅游业发达，拥有23000个野营地、假日农庄等，每年在此留宿的游客超过1000万人，其中不到三分之一的游客是意大利人，其余的游客分别来自于美国、德国、日本、英国、法国和西班牙等国。佛罗伦萨的旅游业较侧重于文化旅游，仅乌菲兹美术馆每年售出140万张门票。

佛罗伦萨著名的大学有佛罗伦萨大学和佛罗伦萨美术学院。佛罗伦萨大学始建于1321年，是一所崭新却拥有古老历史的大学。佛罗伦萨美术学院是世界美术最高学府，始创于

1339年,是世界第一所美术学院,"世界美术学院之母,四大美术学院之首"这是对佛罗伦萨美术学院最简洁的评价。

佛罗伦萨的特色美食为通心粉、意大利比萨、意大利面、面包浓汤、面包沙拉等。

(十一)比萨(Pisa)

比萨是意大利中西部城市,也是意大利托斯卡纳大区城市,面积185平方公里,人口约10万。紧靠阿诺河,曾是利古里亚海岸港口,东距佛罗伦萨68公里。比萨是意大利的铁路、公路枢纽。比萨设有比萨大学,多中世纪建筑艺术。比萨在历史上是个海滨城市,随着陆地的扩展,距海越来越远了,但这并不能使人遗忘比萨曾作为海上共和国威震八方的历史和它作为联结东西方纽带曾起的重要作用。正因为它的历史、它的建筑艺术,现在,比萨已成为著名的旅游城市,旅游业十分发达。

比萨的名气很大程度上受惠于比萨斜塔。该塔竣工于1350年,当年,工程进行到第三层时,人们就发现,由于地基、建筑结构等原因,塔身出现了倾斜,于是,工程中断了。后来,又请了新建筑师继续了此工程。伽利略曾在此做过著名的斜塔实验。随着时间的推移,比萨塔的倾斜程度不断增大,可能正是由于它的斜,名气应了"歪打正着",变得越来越大,参观者络绎不绝。比萨著名建筑还有罗马式大教堂、博物馆与图书馆等。

(十二)马耳他(The Republic of Malta)

马耳他又叫马尔蒂斯群岛,是地中海的一个小国。马耳他共有约40万人,面积316平方公里,主要由马耳他岛、科米诺岛和戈素岛等5个岛组成,其中马耳他岛最大,多天然良港,第二大岛为戈佐岛。由于地扼欧、亚、非三洲的海路交通要塞,马耳他又有"地中海的心脏"之称。19世纪初,英国殖民者为把马耳他当作通向东方的中途岛,在那里建立了海、陆、空军基地。经过一个半世纪前仆后继的斗争,1964年正式宣布独立,为英联邦成员国,1974年成为马耳他共和国,2004年加入欧盟。马耳他公民主要是马耳他人,占总人口的90%,其余为阿拉伯人、意大利人、英国人等。马耳他语和英语为官方语言。天主教为国教,信奉人数占98%,少数人信奉基督教新教和希腊东正教。

马耳他属亚热带地中海式气候,年平均气温21.3℃,最高气温40℃,最低气温5℃,年平均降水量560毫米。

马耳他是闻名世界的旅游胜地,被誉为"欧洲的乡村"。旅游业是其主要外汇来源。现在的马耳他已不具重要的战略位置,而是一处著名的休闲度假地区,到处都看得到来自欧洲的观光客。虽然马耳他也有热情的太阳、清澈的海水、美丽的沙滩,以及璀璨的珊瑚礁,但是这些只是吸引观光客的一部分原因,马耳他最令人陶醉的地方在于它独特的历史。马耳他面积不大,却拥有那么多辉煌的考古遗址、文化古迹、传统建筑、手工艺品,以及各种标示人类文明进程的历史宝藏。

马耳他境内无铁路,全国公路近2200公里,是世界第四大船舶登记国,主要机场是卢阿国际机场。马耳他最大的天然良港——大港,位于首都瓦莱塔与比尔古、圣格莱亚和考斯皮卡三座古城之间，万吨货轮可进港装卸货物，年吞吐量为160万吨。港内有多处深水码头以及装卸、加油和储粮等设施。

在马耳他能吃到的是典型的地中海食品，其饮食结构与意大利的饮食结构很是相似。马耳他人会经常制作意大利通心粉，他们叫 Pasta。比萨也是生活中的重要饮食组成部分。用鲜花做成的菜肴在世界各地很受人们青睐，更有许多人在酒和饮料中放入鲜花，使饮品独具芬芳。梨花、凤尾花与草莓一起做成的"三色汤"，还有将葫芦花切碎制作的"碎花汤"，不胜枚举，为这个风光旖旎的岛国增添了别种风情。

马耳他首都瓦莱塔是一个古风犹存的现代城市。瓦莱塔位于马耳他岛东北端马耳他湾一个狭长半岛上，是一座欧洲文化名城，以"圣约翰骑士团"首领拉·瓦莱塔的名字命名，是马耳他全国政治、文化和商业中心。它有许多有趣的别名，诸如"圣约翰骑士团之城"、"巴洛克的伟大杰作"、"欧洲艺术之城"等。城中保留着不少精雕细琢的维多利亚式建筑和方石铺地的古老街道。著名古迹——大院，曾是马耳他人民抵抗外来侵略的坚强堡垒。瓦莱塔还是马耳他最大的海港和转口贸易中心。

旅游业是马耳他的支柱性产业，每年游客人数相当于本国人口的3倍，旅游业收入占国内生产总值的30%左右。海岛的四周是洁白如雪的沙滩，若从空中俯视，宛如一颗硕大的珍珠镶嵌在海蓝宝石中间，珍珠周围环绕着闪亮的碎钻。马耳他著名景点有蓝窗、蓝洞、圣约翰教堂、圣保罗主教堂、马尔萨什洛克鱼市、哈尔·萨夫列尼地宫、黄金海湾等。

（十三）直布罗陀海峡（Strait of Gibraltar）

直布罗陀海峡（见图3-17）位于西班牙最南部和非洲西北部之间，是连接地中海和大西洋的重要门户，全长约90公里。该峡最窄处在西班牙的马罗基角和摩洛哥的西雷斯角之间，仅13公里，其西面入峡处最宽，达43公里；最浅处水深301米，最深处水深1181米，平均深度约375米；自大西洋经直布罗陀海峡流向地中海的海流速为每小时4公里。直布罗陀海峡现在仍是大西洋通往南欧、北非和西亚的重要航道。

直布罗陀海峡是连接大西洋和地中海的狭窄水道，由于地中海地区为地中海气候，夏季受副热带高气压带的控制，因此，降水量小蒸发量大，再加上流入地中海的河流较少，地中海海水的盐度比大西洋高，密度大，但地中海海面低，因此，在直布罗陀海峡形成了密度流，在水面以下至400米海水向东流，400米以下海水向西流，这就形成了密度流。

直布罗陀海峡和附近地区属地中海气候，夏季受副热带高压控制，干热少雨，蒸发旺盛；冬季受西风带控制，多气旋活动，温和多雨。春秋季多风暴，春季由于地中海和大西洋的水面温差和上空的暖湿气流汇聚后会产生大雾天气，笼罩了整个海峡，能见度很低，对船舶航行威胁极大。

直布罗陀海峡是沟通地中海和大西洋的唯一通道，与地中海一起构成了欧洲和非洲之间的天然分界线，被誉为西方的"生命线"。由于直布罗陀海峡表层海水的流向永远从西向东流，所以轮船从大西洋驶往地中海，经过直布罗陀海峡时，永远是顺水航行；同样，潜水艇从地中海海底进入大西洋也是顺水，早年这一现象就被大西洋航海家们所利用，地中海沿岸国家的探险船队曾频繁地通过这里而到达大西洋，从而完成他们的探险之举。

图 3-17 直布罗陀

第二节 欧洲大西洋沿岸邮轮旅游地区

一、欧洲大西洋沿岸邮轮旅游地区概况

欧洲大西洋沿岸地区面积不大,但国家众多,地形以平原为主,山地面积较小,是世界平均海拔最低的地区之一;海岸线十分曲折,是世界上海岸线最曲折的地区之一,多半岛、岛屿和海湾,河流多注入大西洋;有世界最繁忙的海运通道英吉利海峡和多佛尔海峡,以及塞纳河、泰晤士河等河流。该地区是近代科学技术发展最早的地区,也是世界经济最发达的地区之一,有发达的工业、农业和对外贸易。欧盟是国际上的一个重要的经济实体。

欧洲大部分地区地处北温带,气候温和湿润。西部大西洋沿岸地区夏季凉爽,冬季温和,气温日较差和年较差较小,多雨雾,是典型的海洋性温带阔叶林气候。气旋活动频繁,降水较多,不列颠群岛西部年降水量在 1000 毫米以上,苏格兰西部沿海可达 2000 毫米或更多,其他地区多在 600~1000 毫米之间。降水量季节分配比较均匀,西部秋、冬两季稍多,东部夏季稍多。

该地区自然条件多种多样,历史上灿烂文化,各地风土人情独特。主要旅游胜地有西班牙海岸沙滩风光、斗牛比赛场址;法国巴黎埃菲尔铁塔、凯旋门、罗浮宫、凡尔赛宫、时装节举办地;英国伦敦白金汉宫、格林尼治天文台原址、大英博物馆、马克思墓地等。

欧洲大西洋沿岸是一片繁荣而发达的地区,像伦敦、巴黎等这样的大都会都点缀其中,该地区旅游资源丰富,无论是艺术、音乐和文学,还是赛车、马术和足球,都使该地区对邮轮游客拥有足够的吸引力。欧洲大西洋沿岸港口的邮轮旅游航线通常途经葡萄牙、西班牙、法国、爱尔兰和英国并在当地著名旅游目的地停靠。尽管邮轮航线全年都有,但夏季才是该地区邮轮旅游的旺季。欧洲大西洋沿岸邮轮航线选择较多,其中,一条较长的邮轮航线起点是西班牙南部海岸马拉加,绕行至葡萄牙的里斯本,继续北行至法国的波尔多,最后结束于英国的伦敦。另一条较短的线路则起始于里斯本,结束于法国巴黎北部的勒阿弗尔。

二、欧洲大西洋沿岸邮轮旅游地区主要邮轮旅游目的地

(一)马拉加(Málaga)

马拉加(见图3-18)是位于西班牙南部安达卢西亚、地中海太阳海岸的一个城市,是西班牙第二大地中海港口。据估算,马拉加拥有人口约60万,而整个马拉加都市圈人口约为110万,是西班牙五大都市圈之一。马拉加被群山和两条流入地中海的河流所环抱,其主要收入来源于农业和旅游观光业。

图3-18 马拉加

马拉加年平均气温23 ℃,气候宜人。如果游客有兴趣了解西班牙最著名的地方——安达卢西亚,马拉加是最合适的地方。这里距离那些安达卢西亚最有名的城市,如马尔贝亚、格拉纳达、塞维利亚、科尔多瓦都相当近。

尽管马拉加不像其比邻城市那么有名,却同样有着深厚的文化历史底蕴。这里分散着众多的历史古迹,从公元3世纪的古罗马圆形剧场、6世纪的穆斯林城堡到8世纪由清真寺上改建起来的教堂等数不胜数。同格拉纳达一样遍布着伊斯兰文化的痕迹,马拉加还有着独有的优势——海滩。此外,毕加索博物馆会让艺术爱好者们陶醉,在这里可以欣赏到这位当地出生的画家众多著名的早期作品。马拉加是天才画家毕加索的故乡,诺贝尔文学奖得主阿莱桑德赞誉这片美丽的地方是"天堂般的城市"。马拉加大学是西班牙著名国立大学,是欧洲著名大学之一。

毕加索曾说过,没有体会过马拉加阳光的人,就创造不出立体主义的绘画艺术。的确,马拉加太阳海岸的天空是一种有闪光绸感的钴蓝,平静的地中海海面在天晴时显现的也是一种沉甸甸的灰蓝色,十分迷人。冬日偶尔有几天山顶上还会戴上积雪的白冠,那是异常美

丽的时刻。马拉加,甚至安达卢西亚的大地就像块调色板,在广袤的大地上,夹杂着片片橙黄的翠绿是位于河谷低地的亚热带果园,连绵不断的灰绿是橄榄树织成的地毯。春天,麦苗钻出地面,大地被染成娇艳欲滴的嫩绿;夏季,向日葵花开,满山遍野的金黄;深秋,鲜红和金黄的树叶在回到大地前,尽显娇媚;冬季,白桦林的枝条在余晖中构成抽象图画,而耕地的铁红色、黄褐色、灰黑色鲜明得犹如野兽派的色彩。正是阳光的青睐,使得马拉加的色彩给了毕加索艺术的灵感。

马拉加的娱乐项目在西班牙数一数二,如太阳海岸的"迪波里世界"主题公园、3个水上公园、丰西罗拉的新动物园、米哈斯市郊的"太阳海岸赛马场",还有著名的鳄鱼公园等。马拉加最出名的是塞尔沃冒险公园,是欧洲唯一的"冒险、动物和大自然的主题公园"。

马拉加是"地中海饮食",如维多利亚醚鱼、什锦炸鱼、鲜烤沙丁鱼等,原料一流,做法独特,值得一尝。甜红酒也很有名,加之马拉加还保持着地道的安达卢西亚著名的小吃"搭吧(tapa)"(意为下酒菜)。马拉加的土特产有葡萄干和葡萄甜酒。

马拉加太阳海滨机场是西班牙第四大机场,有西班牙境内20多条航线,欧洲全境100多条航线,同时还有直飞非洲和中东的航线,夏季还会有直飞北美的线路,机场距离市区仅8公里。已经建成的全国高速铁路网将使马拉加到马德里仅需两个半小时车程。太阳海岸高速公路,以及艾斯特伯纳、瓜迪阿罗的国家公路将整个太阳海岸地区紧密连接,自驾游也非常方便。

(二)里斯本(Lisbon)

里斯本(见图3-19)是葡萄牙共和国的首都,位于该国西部,城北为辛特拉山,城南临塔古斯河,距离大西洋不到12公里,是欧洲大陆最西端的城市,南欧著名的都市之一。里斯本是工业城市、国际化都市,如今是葡萄牙的政治、经济、文化、教育中心,亦是欧洲著名的旅游城市,每年接待游客100万余人次。里斯本港是国际海港,里斯本西部大西洋沿岸有美丽的海滨浴场。

图3-19　里斯本

据葡萄牙报纸《快报》统计,里斯本是全葡萄牙最适合居住的城市。城市的西边是欧洲一个最大的公园——Monsanto 森林公园,该公园占地 10 平方公里。

葡萄牙最大的河流特茹河流经城市南部汇入大西洋。受大西洋暖流影响,里斯本气候良好,冬不结冰,夏不炎热。一、二月份平均气温为 8 ℃,七、八月份平均气温为 26 ℃,全年大部分时间风和日丽,温暖如春,舒适宜人。

里斯本是全国的交通枢纽,是葡萄牙第一大港,全国 60% 的进出口货物在这里装卸。里斯本市内交通以汽车和地铁为主。机场为里斯本波尔泰拉国际机场。

里斯本有许多纪念塔和纪念碑。位于大西洋岸边的贝伦塔,建于 16 世纪初期,涨潮时,似浮在水面上,景色动人。塔前的热罗尼莫斯修道院,是流行于 16 世纪初期的曼努埃尔式建筑的典型,气魄宏伟,雕刻华丽。庞包尔广场是为纪念庞包尔侯爵重建里斯本做出的巨大贡献而建立的,广场的中央竖立着庞包尔侯爵的雕像。

里斯本著名景点有圣乔治城堡、航海纪念碑、贝伦塔、热罗尼姆斯修道院等。里斯本全年大部分时间风和日丽,温暖如春,舒适宜人。河上架有萨拉扎尔大桥,长 3018 米,中心跨距 1013 米,为欧洲最长的吊桥。里斯本沿特茹河延伸,城区范围不大,十分适合步行,自由大道和罗西乌广场为市中心。其主要古迹集中在阿尔法玛区。市郊贝连虽然距离里斯本有点远,但聚集相当多的博物馆及纪念碑,是里斯本之旅必到的景点。里斯本的旅游业对推动其向现代化城市发展起了重要作用。里斯本西部大西洋沿岸的美丽的海滨浴场,是葡萄牙著名的旅游区,每年吸引着世界各地 100 多万旅游者,里斯本已成为葡萄牙最大的旅游城市。

葡萄牙人都说没有看过里斯本的人等于没有见过美景。这座美丽的城市里最好的大街位于太加斯河口,太加斯河流向大西洋,并形成一个名为"槁之海"的内陆海,它是世界上较壮丽的自然港口之一。

(三)波尔多(Bordeaux)

波尔多(见图 3-20)位于加龙河下游南岸,距大西洋 98 公里,法国西南部城市、港口。波尔多是法国西南重要的工商业城市,也是这一地区的政治、经济、文化、交通和教育中心。波尔多是欧洲的军事、航空的研究与制造中心,还是法国战略核弹研究和物理实验的核心,拥有原子能研究中心和兆焦激光计划等许多高端技术机构。波尔多地区旅游资源丰富,有许多风景优美保存完好的中世纪城堡。

波尔多是欧洲大西洋沿岸的战略要地,是法国连接西非和美洲大陆最近的港口,是西南欧的铁路枢纽。阿基坦大区自然条件优越,有利于农作物生长,农业生产在全国排名第三,玉米生产居欧盟第一位,鹅肝生产和加工居世界第一。

波尔多是一个传统的法国城市,它那得天独厚的自然环境,在法国首屈一指。繁忙的港口贸易,又使得它多了很多和外界交流的商机,让这里的人富足起来。虽为河口港,却在狭长数十公里的吉伦特河的护卫下,免去海洋直接的冲击,港口平静而广阔,既有海洋的无限拓展性,又有平原城市的广大腹地。

波尔多既是一座城市又作为酒的名字,迄今为止是法国最大的精品葡萄酒产地。该区地域广大,有葡萄园近 110220 万公顷,年均产酒 7 亿瓶左右。由于处于典型的温带海洋性

图 3-20 波尔多

气候区,全年温暖湿润,有着最适合葡萄生长的气候。常年阳光眷顾,让波尔多形成了大片的葡萄庄园,葡萄酒更是享誉全世界。波尔多是世界上最大的美酒之乡,这里盛产的葡萄酒最为有名。波尔多葡萄种植面积居法国三大葡萄酒产区之首,仅以波尔多地区来说,酒园和酒堡已经有9000多座,每一个葡萄酒庄园都有着不同的故事。葡萄酒绝大多数是在以家庭为单位的庄园里生产的,庄园里有葡萄园、酒窖。所谓庄园酒指的就是葡萄的生长、收获,葡萄酒的发酵、成熟及装瓶的全过程都在庄园里完成的酒。波尔多葡萄酒主要包括干红葡萄酒、干白葡萄酒、半干白、淡白葡萄酒等。法定红葡萄品种有赤霞珠、梅洛,而品丽珠、小维多、马贝克为调配葡萄品种。三大法定白葡萄品种为长相思(苏维翁白)、赛美蓉、密斯卡岱勒。波尔多的五大产酒区为梅多克、波美侯、圣爱美隆、格拉夫和苏玳。波尔多也因此被称为世界葡萄酒中心,每两年一度,波尔多葡萄酒行业协会举办盛大的国际酒展。由于波尔多是世界最著名葡萄酒产区的地位,波尔多一些重点大学设有红酒贸易专业。波尔多第二大学是法国唯一拥有酿酒师专业的公立大学,毕业后颁发国家酿酒师文凭。

波尔多的机场在城西12公里处,航班可直达巴黎、斯特拉斯堡、里昂、马赛、图卢兹等。波尔多省道、区道、地方性道路更加密密匝匝,大多呈放射状,由市中心向外伸展。波尔多当地旧市区的道路几乎全为单行道,行车时要注意标志。

波尔多市区的餐厅集中在甘贝塔广场周边,多数餐厅都供应新鲜的海鲜料理,还有用波尔多葡萄酒烹调的地道的当地菜肴。沙蓬芬餐馆是波尔多著名的餐馆之一,其中有一种腌制的叫作"七鳃鳗"的鱼,酱味香浓,味道非常好。鹅肝也是法国出名的美食,蛋白质高,非常有营养价值。

维克多·雨果说:"这是一所奇特的城市,原始的,也许还是独特的,把凡尔赛和安特卫普两个城市融合在一起,您就得到了波尔多。"波尔多是法国大革命吉伦特派的发祥地,也是孟德斯鸠、蒙田等杰出人物的故乡。2007年,波尔多市被联合国教科文组织评为世界文化遗产。在波尔多市,历史旅游景点可以让游客看上一整天,18世纪市政厅、古典色彩的歌剧院与古老大教堂,都是游客必到的旅游景点。

(四)南安普敦(Southampton)

南安普敦是英国南部港口城市,面向英吉利海峡,是重要的客船和集装箱港口城市,是英国重要的远洋海港、海军基地,英国十大港口之一,也是英国最大的客运站、国际帆联总部

所在地,在历史上曾是英格兰的首都。其面积52平方公里,2010年人口约22万,下辖15个区。

南安普敦被誉为英格兰南部的大门,是最大的港口城市,一直是重要的交通枢纽。在长达几个世纪的岁月中一直是英格兰南部重要又繁忙的港口,是连接英国与世界的大门,乘火车约1个小时就可到达伦敦,渡轮从这里出发可抵达法国和欧洲其他国家。海洋村码头经常主办国际帆船大赛。

南安普敦所在的英格兰南部海岸是英国气候较温暖的地区之一,不过就全国而言,天气不可预测,一年中的任何时候都可能下雨。南安普敦很少下雪,气温也很少在 0 ℃以下。

南安普敦市是英国南部除伦敦以外最重要的经济中心城市,也是英国最大的造船业和船舶业中心。飞机制造、化工、食品,以及海洋工业、金融、旅游业也较发达。英国最大的商船造船厂就坐落在该市。该市的海洋科研在英国乃至欧洲都占有举足轻重的地位。海洋工业在该市的经济发展中逐步占有十分重要的地位,全市近万人从事与海洋有关的行业。一年一度在该市举行的国际船舶展是欧洲规模最大的水上船舶展。

南安普敦在英国航运史上发挥过重要作用,一系列重要的历史事件与它的名字联系在一起。1620年,英国清教徒移居美洲乘坐的"五月花号"客轮从这里开始了漫长的航程;1912年,"泰坦尼克号"豪华客轮在南安普敦起锚进行处女航;另一艘豪华客轮"玛丽王后号"的处女航也是从这里起程的。两艘巨轮发生的历史事件也为这座城市增添了一抹传奇色彩。

南安普敦港中世纪时就是重要港口,涨潮时间长,船只每天有 7 小时可以进港,为英国重要的远洋贸易港,也是英国主要的客运港。有轮渡与海峡群岛、怀特岛以及法国相通,是英国较大的造船和修船中心之一,拥有巨大的干船坞,有铁路和公路直通伦敦,起伦敦外港的作用。港口外有怀特岛阻挡风浪,南临英吉利海峡。作为英国重要的港口之一,它是通向怀特岛和英吉利海峡的大门,是与南美东岸、西北非、地中海沿岸国家等海上客货进出英国的主要港口和自由港。全港有泊位70多个,港口年货物吞吐2600万吨以上,集装箱装卸30多万标准箱,上下旅客230多万,也是英国最大邮轮客运港。

南安普敦市靠近温彻斯特,交通便利,旅游资源丰富。位于南安普敦西南部的新森林国家自然风景区内,景色秀美,可以进行徒步、骑马等各种野外活动。南安普顿有丰富的遗产和深厚的文化底蕴。作为英国历史上通往世界的门户,南安普顿保持着无可取代的国际港口地位,也是许许多多划时代人物的家园,如伊丽莎白二世和奥莉埃纳。它拥有繁华的码头和广阔的大海,英国铁人挑战赛、怀特布莱德环球帆船赛,以及 BT 环球挑战赛定期在此举行。在南安普敦有几家电影院、两个大剧院、几个音乐厅和美术画廊,以及南部地区较大之一的购物中心,游客可以欣赏戏剧、歌剧、音乐和电影等丰富的娱乐节目。

(五) 伦敦(London)

伦敦是大不列颠及北爱尔兰联合王国首都,欧洲最大的城市,与美国纽约并列世界上最大的金融中心。伦敦位于英格兰东南部的平原上,跨泰晤士河下游两岸,距河口88公里,海轮可直达,由"伦敦市"和32个自治市组成"大伦敦",面积1605平方公里。在伦敦城周围的

12个市,相当于市区,称"内伦敦"。伦敦是英国的政治、经济、文化、金融中心和世界著名的旅游胜地,有数量众多的名胜景点与博物馆。伦敦都会区是欧洲最大的都会区,大伦敦人口约756万,都会区人口约828万。伦敦是欧洲最大的经济中心,金融业是伦敦最重要的经济支柱。

两千多年前,罗马人建立了这座都市。16世纪后,随着大英帝国的快速崛起,伦敦的规模也快速扩大,1801年伦敦成为世界最大都市。伦敦是一个非常多元化的大都市,其居民来自世界各地,具有多元的种族、宗教和文化;城市中使用的语言超过300种。同时,伦敦还是世界闻名的旅游胜地,拥有数量众多的名胜景点与博物馆等。伦敦是四大世界级城市之一,与美国纽约、日本东京、法国巴黎并列。从1801年到20世纪初,作为世界性帝国——大英帝国的首都,伦敦因在其于政治、经济、人文文化、科技发明等领域上的卓越成就,而成为当时全世界最大的都市。

伦敦受北大西洋暖流和西风影响,属温带海洋性气候,四季温差小,夏季凉爽、冬季温暖,空气湿润,多雨雾,秋冬尤甚。伦敦夏季(6—8月)的平均气温在18 ℃左右,有时也会达到30 ℃或更高。在春季(3月底—5月)和秋季(9—10月),气温则维持在11—15 ℃左右。在冬季(11—3月中旬),气温在6 ℃左右。因空气湿润,多雨雾,所以伦敦市区常常充满着潮湿的雾气,因此有个叫"雾都"的别名。

伦敦全年都可以旅游,但在冬季,一些观光景点会关闭或缩短开放时间。一般天气好的时候都会开放。7—8月是伦敦的观光旅游旺季,但这几个月中除了有不确定的阳光外,还有拥挤的人群和被抬高的价格。

伦敦是全国的政治中心,是英国王室、政府、议会,以及各政党总部的所在地。威斯敏斯特宫是英国议会上、下两院的活动场所,故又称为议会大厅。议会广场南边的威斯敏斯特大教堂,1065年建成后一直是英国国王或女王加冕及王室成员举行婚礼的地方。教堂有20多个英国国王、著名政治家、军事家,以及牛顿、达尔文、狄更斯、哈代等科学家、文学家和艺术家的墓地。白金汉宫是英国王宫,坐落在西伦敦的中心区域,东接圣詹姆斯公园,西接海德公园,是英国王室成员生活和工作的地方,也是英国重大国事活动的场所。白厅是英国政府机关所在地,首相办公室、枢密院、内政部、外交部、财政部、国防部等主要政府机构都设在这里。白厅的核心是设在唐宁街10号的首相府,是英国历代首相的官邸。伦敦不仅是英国的政治中心,还是许多国际组织总部的所在地,其中包括国际海事组织等。

伦敦是世界上重要的经济中心之一,也是欧洲最大的经济中心。伦敦是和纽约齐名的世界最大的国际金融中心,伦敦城是伦敦的最大的金融中心,分布有许多的银行、保险公司和金融机构。

伦敦的航空运输十分发达,有希思罗机场和盖特威克机场这两个机场。希思罗机场位于伦敦西郊,是欧洲客运量最大的机场,有时一天起降飞机近千架次,空运高峰期间,平均每分钟有一架飞机起降。伦敦的市内交通方便,地铁是市内主要交通工具。1863年,世界上第一条地下铁路——伦敦地下铁道开始通车。伦敦港是英国的第二大的港口,也是世界著名的港口之一。全港包括皇家码头区、印度和米尔沃尔码头区、蒂尔伯里码头区,与70多个国家的港口建立了联系,年吞吐量约4500多万吨。欧洲之星(Eurostar)列车可从伦敦的圣潘可拉斯车站连往法国的里尔和巴黎,以及比利时的布鲁塞尔。伦敦堪称拥有世上最繁忙、历史最悠久的铁路网络,估计每天伦敦地下铁路的乘客量高达 300 万人。

伦敦是世界文化名城。大英博物馆建于 18 世纪,是世界上最大的博物馆,集中了英国和世界各国许多的古代文物。除大英博物馆外,伦敦还有许多画廊,如国家美术馆、国家肖像馆、泰特艺术馆和多维茨画廊。

伦敦是全球著名的四大时尚城市之一,另三大时尚城市为巴黎、纽约、米兰,世界闻名的哈洛德百货公司就坐落在伦敦城中。

伦敦的著名景点主要有威斯敏斯特宫、伊丽莎白塔、千禧桥、伦敦眼、格林尼治天文台、伦敦金融区金丝雀码头、千年穹顶、圣保罗大教堂、伦敦塔、大伦敦、海德公园等。在伦敦旅行可以说十分方便,一张地铁券便可跑遍全城,游览城内的风景名胜。白天,你可以参观具有文化气息的博物馆、塔桥、古迹与王宫,累了可随处找个公园小憩一下,或是喝个悠闲的英式下午茶;到了夜晚,不管是音乐歌舞秀、各式剧码、音乐会、酒馆或是夜总会,都能将你的夜晚带入最高潮。

伦敦美食主要有芝麻菜、英式早餐、烤牛排、爱尔兰炖牛肉、多佛尔鲽鱼、炸鱼及炸马铃薯条等。

(六)勒阿弗尔(Le Havre)

勒阿弗尔(见图 3-21)是大西洋上最大的港口城市,法国北部海滨城市,距离巴黎 200 公里,是整个诺曼底地区人口最多的市镇,也是该地区即继鲁昂和卡昂之后的第三大城市。勒阿弗尔市区位于法国五大水系之一的塞纳河的入海口北侧,濒临英吉利海峡,是法国第二大港口(仅次于马赛),也是距离法国首都巴黎最近的大型港口,以其作为"巴黎外港"的重要航运地位而著称,在法国经济中具有独特的地位。勒阿弗尔是勒阿弗尔地区的行政中心,即副省会。根据 2015 年的法国最新行政区划改革方案,勒阿弗尔总面积为 1330 平方公里,总人口约 40 万。2005 年,勒阿弗尔城被列入联合国世界文化遗产名录。

图 3-21 勒阿弗尔港

勒阿弗尔的气候属于温带海洋性气候,终年盛行西风和西南风,冬季温和,1 月平均气温高于 0 ℃;夏季凉爽,7 月平均气温不超过 21 ℃。降水均匀,蒸发量小,气候较为湿润。

勒阿弗尔火车站位于市区偏东,是一个尽头式车站,该站通过勒阿弗尔—巴黎铁路可与全国联网。勒阿弗尔前往东部郊区卫星城蒙蒂维里耶的列车已基本实现公交化运营。勒阿弗尔欧克特维勒机场位于市区北部,几乎没有固定航线。

勒阿弗尔港是一个深水海港,航道水深14米,可以昼夜不停地接待大型船舶,不必候潮进入。勒阿弗尔又面临繁忙的英吉利海峡,世界上四分之一的货物在此通过。因此,长期以来一直是欧洲的重要港口之一,不仅承担法国与南美洲、北美洲之间的货物转运,并且是来往西班牙、葡萄牙、爱尔兰和苏格兰的理想中转港口。

勒阿弗尔的主要名胜古迹和景点有主教座堂、圣若瑟教堂、勒阿弗尔美术博物馆、自然史博物馆、老阿弗尔博物馆、自然史博物馆、船主之家、旧法庭、市政厅、"火山"文化中心等。

第三节 北海邮轮旅游地区

一、北海邮轮旅游地区概况

北海(North Sea)是大西洋的边缘海,位于欧洲大陆的西北,由大不列颠岛、设得兰群岛、斯堪的纳维亚半岛、日德兰半岛和西欧大陆围成,大部分为浅海大陆架,平均水深只有96米。北海最开始由荷兰人命名,意为"北边的海",与其南方的须德海相对应,它是大西洋东北部边缘海。北海西以大不列颠岛和奥克尼群岛为界,北为设得兰群岛,东邻挪威和丹麦,南接德国、荷兰、比利时、法国,西南经多佛尔海峡和英吉利海峡通大西洋。北部以开阔水域与大西洋连成一片,东经斯卡格拉克海峡、卡特加特厄勒海峡与波罗的海相通。海区位于西欧大陆架上,除靠近斯堪的纳维亚半岛西南端有一平行于岸线的宽约28~37公里,水深200~800米的海槽外,大部分海区水深不超过100米,南部浅于40米,英格兰北面外海有很多冰碛物构成的沙洲、浅滩,其中面积达650平方公里的多格浅滩水深仅15~30米,是世界著名的浅海之一。

北海位居高纬度,常年盛行西风,又有北大西洋暖流调节,冬季不结冰,夏季气温不高。2月平均气温为0℃~5℃,8月平均气温为15℃~17℃。年降水量比较多,北部达1000毫米,南部为600~700毫米,季节分配均匀,属温带海洋性气候。同时,北海又处于极锋南北徘徊位置,气旋活动频繁,尤其是冬季(11月至次年3月)经常发生大风暴,并可形成高达数米,甚至10米多的巨浪,往往使海区南部的荷兰、丹麦、比利时和英国等沿岸地区遭受风暴潮袭击,给当地人民的生命、财产造成严重危害。

北海被认为是陆缘海,即它的整个构造海盆都在大陆地壳上,适与大洋性的相反。当然,北海的海底都属陆架,该海的南半部是水深为40米的海台,海底逐渐向北倾斜,到设得兰群岛以西陆架边缘,水深达183米左右。

北海是世界上四大渔场之一,鲜鱼的产量占世界的一半,附近各国沿海人民均以渔业为主要工业。1958年,北海海底被英国、荷兰、德国、丹麦和挪威瓜分成几个油、气的勘探和开发区。第一个天然气井和油井已分别于1959年和1969年投产。北海现在是世界第九个最大油田。

北海沿岸有七个国家,即挪威、英国、爱尔兰、德国、比利时、荷兰、法国,人口最多的国家是德国,其次是英国和法国。挪威是本区内人口密度最小的国家,平均每平方公里仅13人,国家总人口仅相当于俄罗斯圣彼得堡一个城市的人口。

二、北海邮轮旅游地区主要邮轮旅游目的地

(一) 爱尔兰(Ireland)

爱尔兰位于欧洲西部爱尔兰岛的中南部,西濒大西洋,东北与英国的北爱尔兰接壤,东隔爱尔兰海与英国相望。爱尔兰领土面积为70280平方公里,海岸线长3169公里,人口总数约为459万人。爱尔兰是一个西欧的议会共和制国家,是北美通向欧洲的通道,爱尔兰自然环境保持得相当好,素有"翡翠岛国"之称,全国绿树成荫,河流纵横,草地遍布,所以又有"绿岛"和"绿宝石"之称。它的大学教育非常成熟,首都都柏林自中世纪起就被誉为大学城。爱尔兰人属于凯尔特人,是欧洲大陆第一代居民的子嗣,爱尔兰于1922年从英国殖民统治下独立出来,后成为永久中立国。爱尔兰是一个高度发达的资本主义国家,并且也是世界经济发展速度较快的国家之一,因经济发达赢得了"欧洲小虎"的美誉。

爱尔兰境内中部为平原和丘陵,多湖泊和沼泽,平均海拔100米左右。北部、西北部和南部为高原和山地,沿海多为高地;最长的河流香侬河,长约370多公里,最大的湖泊为科里布湖。

爱尔兰气候温和湿润,为典型温带海洋性气候,受北大西洋暖流影响,四季区别不明显,年平均气温在0℃~20℃之间;长年多雨,晴朗天气约占全年五分之一时间。受墨西哥湾暖流的影响以及大西洋盛行西南风的作用,爱尔兰气候平稳,全国气温基本一致,冬季4℃~7℃,夏季14℃~16℃,降水量在800~1000毫米,5—6月份是一年中阳光最充足的时期,比较适宜旅行。

都柏林是爱尔兰的首都,位处都柏林郡丽妃河河口,陆地面积超过115平方公里,南边被山环绕,西边和北边则为农作物平原。丽妃河一直被视为该地区传统的南北分割线,北部一般广泛分布着工人阶层,南部则被认为是中上阶层的聚集地。丽妃河以南的圣殿酒吧区是国际知名的夜生活区域,这里已经成为观光的热点地区。

位于爱尔兰岛西海岸的高威是爱尔兰第四大城市,人口约7万,是爱尔兰文化、旅游和贸易中心。有着500多年的历史的高威是传统与现代的完美结合,作为全欧洲发展较快的城市之一,它有着爱尔兰"文化首都"和"西部之都"的美称。济慈曾称高威是"西部的威尼斯",优越的地理位置和自然环境,适宜从事各种户外活动如高尔夫、钓鱼、骑马、航海等。

基尔代尔位于爱尔兰岛东部,面积1693平方公里。说到基尔代尔,女性游客一定不能错过,因为位于基尔代尔郡的基尔代尔购物村是艾尔境内唯一的时尚精品购物村,这里也是大部分来访基尔代尔的主要原因。除此之外,爱尔兰比较大的郡市还有沃特福德、凯里郡、

梅欧郡等。

爱尔兰的公众交通系统既安全又效率高,也比较经济。公汽、长途汽车和火车是爱尔兰较普遍的交通方式,其业务主要是由国营集团公司经营;铁路通及除西北地区以外的全境,高速公路发展极为缓慢;国内航运业较为发达,而且效率高、价格适中。爱尔兰除都柏林、科克、香侬和贝尔法斯特4大机场外,还有许多地区机场;这些机场均有至伦敦的定期航班,许多机场还有直飞其他欧洲城市的航班,大多数主要欧洲城市均可在2小时内乘飞机抵达。爱尔兰首都都柏林两个全国最大的车站,为前往爱尔兰西部、南部和北爱的旅客提供方便。爱尔兰主要的商业港口有都柏林、科克、利默里克、格林诺尔、罗斯莱尔、当劳盖尔、高威和沃特福德,从这里有定期的轮船载客到英国和法国。

爱尔兰的传统饮食与英国很接近,家庭饮食以土豆、蔬菜、牛肉类为主,面包是爱尔兰人的主食之一。土豆的烹饪方法非常丰富,蔬菜的烹饪方式以水煮为主。由于都柏林靠近海边,因此有很多新鲜的海鲜食品,海鲜类料理也很多。爱尔兰在传统饮食的基础上引进了法国、意大利等其他国家的饮食方式,爱尔兰菜不油腻,很清淡,一般正餐为土豆、肉类(羊肉、猪肉、鸡)或鱼,一至两样蔬菜,或生吃(色拉)或水煮。传说,闻名世界的吉尼斯世界纪录,正是爱尔兰人喝着吉尼斯黑啤酒,吹牛打赌时创造出来的。

爱尔兰风光旖旎、海滩流沙,在欧洲都是绝好的胜景。暖流滋润着亚温带的海湾,崎岖陡峭的山崖绵延在5600公里的海岸线上。爱尔兰风景如画,它丰富多彩的自然风光令人神往,这里有翠绿的乡村,绵延的沙滩,蜿蜒曲折的湖岸和河流。这里的人们天性热情好客,并且乐于与人交谈,这些恰是爱尔兰作为绝佳度假胜地的精华所在。爱尔兰的国家文化丰富多彩,不同地区有着不同的文化,并且城市和乡村的居民生活在有些方面有较大差异,然而,不管他们住在哪里,爱尔兰人都保持着充满朝气、活泼的民族文化。自然风光有巨人堤、香浓河、莱恩湖、莫赫悬崖、克罗帕特里克山等。位于克罗帕特里克山顶峰的厕所被誉为全世界风景较美的厕所之一。公园景点有凤凰公园、维多利亚风格圣史提芬公园、圣安妮公园及其玫瑰花园等。到2011年为止,爱尔兰共有两处世界遗产,即博因宫、斯凯利格·迈克尔岛。古迹有比尔城堡、都柏林城堡、圣帕特里克大教堂、凯利莫修道院等。博物馆有爱尔兰大饥荒博物馆、考福纪念中心、健力士黑啤展览馆、都柏林作家博物馆等。

爱尔兰有两种酒是非尝不可的,一是已有700年历史的爱尔兰威士忌和单一品味甜酒之冠的百利甜酒。另外,爱尔兰还有很多种口味的手工巧克力,是赠送亲友的好礼品。爱尔兰的其他特产还有华登峰水晶玻璃、爱尔兰格子呢、爱尔兰风笛、克拉达戒指、塔拉胸针、手工羊毛衣等。

(二)英国(The United Kingdom of Great Britain and Northern Ireland)

英国全称大不列颠及北爱尔兰联合王国,本土位于欧洲大陆西北面的不列颠群岛,被北海、英吉利海峡、凯尔特海、爱尔兰海和大西洋包围。东临北海,面对比利时、荷兰、德国、丹麦和挪威等国;西邻爱尔兰,横隔大西洋与美国、加拿大遥遥相对;北过大西洋可达冰岛;南穿英吉利海峡行33公里即为法国。英国的国土面积24.41万平方公里(包括内陆水域),由大不列颠岛上的英格兰、威尔士、苏格兰、爱尔兰岛东北部的北爱尔兰,以及一系列附属岛屿共同组成的一个西欧联邦制岛国。除本土之外,其还拥有10多个海外领地。英国名义上没有官方语言,实际上以英语为主要语言。英国是一个高度发达的资本主义国家,欧洲四大经济体之一,其国民拥有较高的生活水平和良好的社会保障制度。

英国属温带海洋性气候。英国受盛行西风控制,全年温和湿润,四季寒暑变化不大。通常最高气温不超过 32 ℃,最低气温不低于 −10 ℃,最热月份为 7 月,一般气温在 13 ℃～22 ℃;最冷月份为 1 月,一般气温在 2 ℃～6 ℃。年平均降水量约 1000 毫米,北部和西部山区的年降水量超过 2000 毫米,中部和东部则少于 800 毫米。每年 2 月至 3 月最为干燥,10 月至来年 1 月最为湿润。英国终年受西风和海洋的影响,全年气候温和湿润,适合植物生长。英国虽然气候温和,但天气多变,一日之内,时晴时雨,变幻莫测。

英国西北部多低山高原,东南部为平原,泰晤士河是英国最大的河流。塞文河是英国最长的河流,河长 338 公里,发源于威尔士中部河道,呈半圆形,流经英格兰中西部,注入布里斯托海峡。

英国从行政上划分为英格兰、威尔士、苏格兰和北爱尔兰 4 个部分。英国首都伦敦(见图 3-22)位于英格兰东南部的平原上,跨泰晤士河,距离泰晤士河入海口 88 公里。

图 3-22　伦敦

英国作为一个重要的贸易实体、经济强国以及金融中心,是世界第五大经济体系,也是全球较富裕、经济较发达和生活水准较高的国家之一。英国服务业包括金融保险、零售、旅游和商业服务等,是英经济的支柱产业,截至 2014 年 8 月,英国服务业产值约占国内生产总值的四分之三。截至 2014 年 8 月,英国旅游业收入居世界第五位,仅次于美国、西班牙、法国和意大利,是英国重要的经济部门之一,从业人员约 270 万,占就业人口的 9.1%。伦敦是外国游客必到之处,英国的主要旅游地区有伦敦、爱丁堡、卡迪夫、布赖顿、格林尼治、斯特拉福、牛津和剑桥等。剑桥大学(见图 3-23)是世界著名的大学。

英国交通基础设施较齐全,陆路、铁路、水路、航空运输均较发达。伦敦有十分发达的地铁网。1994 年,英法海底隧道贯通,将英国与欧洲大陆的铁路系统连接起来。英国大小港口众多,其中 100 个为重要商业港口,有 52 个港口年吞吐量在 100 万吨以上。通过发展航运金融和海事服务,英国保持了全球航运定价中心和管理中心地位。伦敦是国际海事组织、国际海运联合会等国际航运机构总部所在地。英国所有的航空公司和大多数机场均为私营企业。英国航空公司(British Airways)是世界较大航空公司之一,拥有300多架飞机,其航线覆盖90多个国家和地区200多座城市。英国有400多个机场,其中35个机场年客流量在10万人次以上。英国最大机场是伦敦希思罗机场,也是欧洲较大及世界较大最繁忙的机场之一,盖特威克机场是英国第二大机场。

图 3-23　剑桥大学

英国特产有苏格兰威士忌(被誉为"液体黄金")、泰迪熊、银器、皮革制品、威治活陶瓷器、雪利酒、英国红茶等。英国人一般较喜爱的烹饪方式有烩、烧烤、煎和油炸。他们对肉类、海鲜、野味的烹调均有独到的方式;在佐料的使用上则喜好奶油、酒类;在香料上则喜好肉蔻、肉桂等新鲜香料。英国人对早餐非常讲究,英国餐馆中所供应的餐点种类繁多,有果汁、水果、蛋类、肉类、麦粥类、面包、果酱及咖啡等。时下流行的下午茶也是来自英国,包括各式小点、松糕、水果挞及三明治等。晚餐对英国人来说是日常生活中最重要的一部分,他们选择的用餐时间通常较晚,而且都是边吃边喝边聊,以促进用餐人之间的情谊,可想而知,他们是属于极有自主性的民族,一顿晚餐对他们来说可能要花上好几个钟头。英国的主要美食有烤牛排、约克郡布丁、炸鱼、炸薯条、维多利亚海绵蛋糕、苦啤酒、伊顿麦斯等。

(三) 阿姆斯特丹(Amsterdam)

阿姆斯特丹是荷兰最大的城市,市区人口约110万,阿姆斯特丹坐落在荷兰的西北部,位于该国西部省份北荷兰省,与乌特勒支省和弗莱福兰省相邻。阿姆斯特丹城市主要地形是平原,西南部是一片人造森林。北海运河将阿姆斯特丹与北海连接起来。阿姆斯特丹有"钻石之都、北方威尼斯"之称,是欧洲第四大航空港。

阿姆斯特丹气候宜人,天气情况主要受到来自北海的气流影响。冬季气温温和,很少低过0 ℃。由于阿姆斯特丹三面环水,并且具有很强的热岛效应,夜间气温很少低过−5 ℃,但是,市郊的希尔弗瑟姆,最低气温可达−12 ℃。阿姆斯特丹夏季温暖但不炎热,8月平均最高气温仅有22 ℃,极少有超过30 ℃的高温,平均每年约有175天降水,但年平均降水量只有不到760毫米。雨季一般从10月到次年3月,降水方式以小雨为主。

阿姆斯特丹市内大众运输包括巴士、地铁和电车，游客可购买联票或全日通用票。阿姆斯特丹特推出游客观光电车，绕行市内主要观光点，车票票价与全日通行票同，持票者可在当日不限次数搭乘观光电车。自行车是游览阿姆斯特丹最便利的交通工具，走出中央车站，在左侧就可见到数家单车出租店。另外，还有水上巴士、博物馆游览船、运河脚踏船等水上交通。

阿姆斯特丹是水城，乘游船观光运河以白天的一小时行程较为适合。参观博物馆时，利用博物馆游船相当方便。这条航线巡回于市内各主要博物馆，随时可以上下船。阿姆斯特丹的夜晚充满了浪漫气息，运河沿岸及桥上都会点亮灯光。

密密的水道又将这些可爱的街巷一块一块地分割开来，成群的海鸥在水道和楼房间飞舞，戏耍着在水里觅食的鸭子，仿若北方的威尼斯。运河的水位几乎与街面持平，一艘艘小巧玲珑的船屋泊于岸边，这就是阿姆斯特丹一景——水上人家。这些船屋的主人大多为艺术家和作家以及一些浪漫的年轻人。乘游船沿运河穿行于阿姆斯特丹的大街小巷，眼前掠过的是古老宁静的街道，古朴的建筑，花花绿绿的有轨电车，一座座造型各异的桥梁，碧绿的海水，漂亮的船屋，诱人的水上餐厅、水上酒吧、水上咖啡屋。

阿姆斯特丹的主要景点有阿姆斯特丹运河、水坝广场、荷兰王宫、图桑夫人蜡像馆、国立博物馆、凡·高博物馆、安妮佛朗克屋、荷兰航海博物馆、钻石加工厂、喜力啤酒厂、赞丹风车村、马肯、沃伦丹、民俗村、木鞋、民居三奇（越穷人家的房子越窄，每栋房子都长"吊钩"、倾斜房子成世界遗产）等。

在阿姆斯特丹，游客可以吃到世界上任何一种风味的食物。与欧洲许多地方相比，价格不算很高，通常量也足够。本地人大多以晚餐为正餐，意大利菜、西班牙菜、墨西哥菜、泰国菜、中国菜、印度菜和土耳其菜，应有尽有。阿姆斯特丹有一条唐人街，有餐馆、点心铺、烤鸭店等，味道都还比较正宗。荷兰人的午餐吃得很随意，常是一个三明治加沙拉就行，但也有店家提供较完备的整套午餐。

阿姆斯特丹也因为它充满活力以及与众不同的夜生活而著名，最主要的两个夜生活广场是莱兹广场和伦勃朗广场。雷古里尔大街是该城市主要的同性恋大街。

（四）汉堡（Hamburg）

汉堡位于不来梅东北部易北河岸，是德国三大州级市（柏林、汉堡、不来梅）之一，德国第二大城市，也是德国最重要的海港和最大的外贸中心、德国第二金融中心，同时是德国北部的经济和文化大都市，有着"世界桥城"的美称。汉堡是德国北部重要的交通枢纽，是欧洲较富裕的城市之一，是德国的新闻传媒与工业制造业中心。汉堡是世界大港，被誉为"德国通往世界的大门"。世界各地的远洋轮来德国时，都会在汉堡港停泊。除美国西雅图外，汉堡是世界上第二大飞机制造区，生产"空中客车"。

在行政上，汉堡是一个州，相当于中国的直辖市，与德国其他15个联邦州地位相同，面积755.3平方公里，人口约173万，其中14%为外国人。

汉堡市风光秀丽，文化古老，名胜众多，每年接待300多万游客，是国际著名的旅游城市。圣米歇尔教堂是一座著名的巴洛克式建筑，始建于1750年，重建于1907年，教堂塔顶有130多米高，可登临顶端眺望全市风景。建于1897年的市政大厅，外部雕刻富丽堂皇，内部装饰华贵高雅,地下餐厅声名远扬,是一座漂亮的文艺复兴式建筑。建于1868年的汉堡美术馆,收藏有德国和荷兰著名画家的艺术珍品,是德国著名的美术馆之一。圣詹姆士教堂、圣凯琳教堂、傅斯麦纪念塔、历史博物馆、德国话剧院、州立歌剧院等都是著名建筑。素有"汉堡明珠"之称的阿尔斯特湖,分为内、外两个湖区,内湖沿岸几条古老街道上,林木苍郁,花香袭人,外湖湖面白帆点点,天鹅成群,游人如潮。建于1907年的哈根贝克动物园,占地广阔,保持着原始自然环境,各类动物自由栖息,是世界上著名的自然动物园之一。汉堡市是欧洲著名的"水上城市",拥有大小桥梁2400多座,比意大利威尼斯城还要多5倍,是世界上桥梁最多的城市,这些桥梁如一件件艺术品装点着城市。现存最古老的石桥是建于1633年的"关锐桥",仅10多米长,造型简单,显得朴实无华。跨越易北河的柯尔布兰特公路桥建于1974年,长约4000米,高50多米,桥面可并行4辆汽车,号称"百桥之首"。

汉堡是北德的文化中心,汉堡大学是全国最大的大学,还有音乐、美术学院,以及工程、航海等专业学校。汉堡的交通发达,船只可沿河道从四面八方抵达市区中心,许多人乘船上班或购物。陆上交通密如蛛网,地下铁路四通八达,主要河道的河底有隧道相通。穿越易北河河底的隧道长450米,与河面上的柯尔布兰特公路桥构成两岸联系的两条纽带。汉堡中央火车站是德国一等火车站(最高等级)之一,拥有客流数在德国也排名前列,有通向柏林、科隆、法兰克福、慕尼黑等德国国内重要城市的直达高速列车,也有通往丹麦、波兰、捷克、奥地利、瑞士等周边国家的直达国际列车。

(五)挪威峡湾(Norwegian fjord)

挪威是欧洲纬度最北的国家,全境三分之一的土地位于北极圈内,因而有"午夜太阳之地"的别称。挪威也是斯堪的纳维亚半岛上唯一毗邻北冰洋的国家,每年夏季都有两个月的时间是极昼,是名副其实的"日不落王国"。打开世界地图,观察各个大陆的海岸线就可以发现,除了挪威以外,世界上再也找不到第二个地方的海岸线是如此支离破碎的,这是由于峡湾、冰川、北海的切割造成的。挪威蜿蜒曲折的海岸线长达2.5万公里,在峡湾的入海口分布着15万个大大小小的岛屿,故挪威也被称为"万岛之国"。

挪威人喜欢红色,常常见到男女老幼穿着红衣红裤走在街上,山间绿树掩映的别墅也多被漆成红顶。据说这是为了避免在冬季极夜的时候颜色太单调而有意为之。挪威人的生活相当舒适,作为高收入、高消费、高福利的国家,挪威人均寿命达76岁(居世界第三)。挪威人每天的工作时间不长,每年有休假,生活节奏慢。

挪威以峡湾闻名,有"峡湾国家"之称。从北部的瓦伦格峡湾到南部的奥斯陆峡湾为止,一个接一个,这曲折峡湾和无数的冰河遗迹构成了壮丽精美的峡湾风光。挪威人视峡湾为灵魂,并以峡湾为荣,认为峡湾象征着挪威人的性格。峡湾给人带来的不仅是视觉冲击,更准确地说,应是心灵的震撼。挪威的峡湾被联合国教科文组织列入世界遗产名录。

挪威的8月是夏季,极圈里的极昼刚刚结束。松娜峡湾每天4点天就亮,晚上10点天才黑。那里基本上每天都会下一到两场雨,不过,挪威下雨既不打雷也不刮风,雨过天晴后空气格外清新,森林也变得更绿。雨水充足加上冰河融化的雪水、泉水,使得峡湾中瀑布众多,随处可见,峭壁上飞瀑流泉或叮咚或轰鸣,汇成了动听的天籁交响乐。

挪威峡湾曾被《国家地理旅游者》杂志评选为保存完好的世界最佳旅游目的地。该杂志

是世界上享有较高声誉的旅游杂志之一。在审查了世界各地115个旅游目的地之后,专家小组将挪威峡湾评选为世界最佳旅游目的地。专家们根据亲身体验和六项标准对旅游目的地进行了评选。评选的六项标准为:生态与环境质量、社会与文化完整性、历史建筑与文化古迹质量、美学与吸引力质量、旅游管理质量、未来前景。

峡湾给人带来的不仅是视觉冲击,更准确地说应是心灵的震撼。在众多的峡湾中,长204公里、深1308米的松娜峡湾是世界最长、最深的峡湾,是举世无双的景观。另一边的弗利亚瀑布倾泻而下,置身其中,感觉如同仙境一般。峡湾内部有许多值得欣赏的景观,如世界铁路杰作之一著名的弗洛姆铁路、可直达古德旺根的轮渡观光等,有时还能从船上看到附近野生的海豹。

(六) 哥本哈根(Copenhagen)

哥本哈根是丹麦王国的首都、最大城市及最大港口,北欧最大城市,丹麦政治、经济、文化、交通中心,坐落于丹麦西兰岛东部,与瑞典第三大城市马尔默隔厄勒海峡相望。城市的一小部分位于阿玛格尔岛上。哥本哈根是北欧名城,也是世界上漂亮的首都之一,被称为"最具童话色彩的城市"。哥本哈根曾被联合国人居署选为"最适合居住的城市",并给予"最佳设计城市"的评价。哥本哈根既是传统的贸易和船运中心,又是新兴制造业城市,全国三分之一的工厂建在大哥本哈根区。

哥本哈根气候温和,最高温度为30 ℃,最低温度为-20 ℃。哥本哈根属于温带海洋性气候,四季温和,夏季气温约为14 ℃~22 ℃,冬季的低温约在0 ℃,降雨量适中。

丹麦人热爱自然,城中没有太高的建筑,风景秀丽。哥本哈根市容美观、整洁,市内新兴的大工业企业和中世纪古老的建筑物交相辉映,使它既是现代化的都市,又具有古色古香的特色,是世界上著名的历史文化名城。丹麦的标志——美人鱼雕像在海边静静沉思,充满童话气质的古堡与皇宫比邻坐落在这个城市中,著名景点有克里斯蒂安宫、腓特列教堂、趣伏里公园和市政厅广场等。哥本哈根在全球城市分类中被列为第三类世界级城市。此外,哥本哈根在西欧地区获选为"设置企业总部的理想城市"第三名,仅次于巴黎和伦敦。

哥本哈根是丹麦全国最大和最重要的城市,是著名的古城。哥本哈根也是北欧重要海陆空交通枢纽,有火车轮渡通瑞典港口马尔默。旧城以中心广场为核心呈辐射状排列,新建的西北郊区以湖泊与旧城分开。

克里斯蒂安堡曾是丹麦国王的宫殿,是议会和政府大厦所在地。建筑在厄勒海峡出口处岩石上的克伦堡宫,是昔日守卫这座古城的一个军事要塞,至今还保存着当时修建的炮台和兵器。此外,丹麦国王居住的王宫——阿马林堡,也颇负盛名。哥本哈根市政厅的钟楼,也常常挤满了好奇的来访者。因为那里有一座机件复杂、制作精巧的天文钟。

哥本哈根国际机场作为北欧地区最重要的空中交通枢纽,有60多家国际航空公司使用,北欧航空公司经营的中国飞往丹麦的航线有北京和上海两地,直飞哥本哈根机场。机场位于市区东南的卡斯楚普,建在厄勒海峡边上,从哥本哈根市中心乘坐火车只需12分钟。哥本哈根的地铁是丹麦首都哥本哈根和腓特烈斯贝的城市轨道交通系统。哥本哈根的铁路交通非常发达,往来各城市都可以乘火车。

哥本哈根是一座集古典与现代于一体的城市,充满活力、激情与艺术气息。安徒生在哥本哈根度过了他的大半生,他的众多著作都是在这里进行创作。哥本哈根充满浓郁的艺术气息,有阿肯艺术中心、路易斯安娜博物馆、国家博物馆等众多艺术博物馆。在这座城市里,齐聚着古老与神奇、艺术与现代、自然与人文、激情与宁静。

哥本哈根以及邻近的郡共有三个海滩,总沙滩长度约为8公里。哥本哈根的主要景点有阿美琳堡王宫、安徒生墓园、方舟现代美术馆、旧股票交易中心、荷尔文教堂、哥本哈根歌剧院、丹麦设计中心、克里斯钦堡、哥本哈根动物园、丹麦国家美术馆、丹麦国家银行、腓特烈堡、吉菲昂喷泉、克隆堡宫、美人鱼雕像、路易斯安那现代美术馆、丹麦国家博物馆、新嘉士伯艺术博物馆、新港、罗森堡宫、罗斯基勒大教堂、圆塔、趣伏里公园、哥本哈根大学等。

哥本哈根拥有众多的餐厅,有一种"开放式"的三明治是当地较常见的传统美食之一。

第四节　波罗的海邮轮旅游地区

一、波罗的海邮轮旅游地区概况

波罗的海,在斯堪的纳维亚半岛与欧洲大陆之间,是世界上盐度最低的海,面积42万平方公里,是地球上最大的半咸水水域,平均水深为55米,最深处哥特兰沟深459米。波罗的海得名于从波兰什切青到的雷维尔的波罗的山脉,波罗的海被西欧各国称为东海,而被东欧的爱沙尼亚称为西海。

波罗的海四面几乎均为陆地环抱,整个海面介于瑞典、俄罗斯、丹麦、德国、波兰、芬兰、爱沙尼亚、拉脱维亚、立陶宛9个国家之间;向东伸入芬兰和爱沙尼亚、俄罗斯之间的称芬兰湾,向北伸入芬兰与瑞典之间的称波的尼亚湾,西部通过斯卡格拉克海峡与北海相连,卡特加特海峡把丹麦和瑞典隔开。海域中有波恩霍尔姆岛、厄兰岛、哥得兰岛和奥兰群岛。波罗的海从四周河流注入大量淡水,最长的河流为维斯杜拉河和奥得河。

波罗的海位于温带海洋性气候向大陆性气候的过渡区,全年以西风为主,秋冬季常出现风暴,降水颇多,北部的年平均降水量约500毫米,南部则超过600毫米,个别海域可达1000毫米;地处中高纬度,蒸发较少;周围河川径流总量丰富。由于北大西洋暖流难以进入波罗的海,海水得不到调节,致使波罗的海的冬季气温比较低,南北差异较大,夏季气温不高,南北差异很小。波罗的海的1月平均气温南部为－1.1℃,北部降为－10.3℃;7月平均气温南部和北部分别为17.5℃和15.6℃。

波罗的海的海水又浅又淡,很容易结冰。它的北部和东部海域每年通常有一段不利于航行的冰封期,从每年11月初起,北部开始出现冰冻,冰覆盖的区域每年不尽相同。一般年份,海冰只出现在各个海湾中。只有在严冬时,几乎整个海区才被冰覆盖。

波罗的海是北欧重要航道,也是俄罗斯与欧洲贸易的重要通道,是波罗的海沿岸国家之间以及通往北海和北大西洋的重要水域。从彼得大帝时期起,波罗的海就是俄罗斯通往欧洲的重要出口。20世纪90年代初以来,航行在波罗的海上的轮船急剧增多,每年航行在波罗的海主航道的轮船已超过4万艘。波罗的海有轮渡连通沿岸国家的各大港口,并通过白海—波罗的海运河与白海相通,通过水路与伏尔加河相连。

波罗的海从四周河流注入大量淡水,最长的河流为维斯杜拉河和奥得河。

乘坐豪华邮轮在该区域航游,可以深度探访波罗的海沿岸各国的旅游景点。例如,爱沙尼亚首都塔林保存着许多著名的历史古迹,有城堡、教堂等13世纪至15世纪的古建筑。每年6月至9月是该地区邮轮旅游的最佳季节。虽然邮轮适航时间有限,但这里的邮轮旅游目的地却非常受游客欢迎。

二、波罗的海邮轮旅游地区主要邮轮旅游目的地

（一）斯德哥尔摩（Stockholm）

斯德哥尔摩（见图3-24）是瑞典首都和第一大城市,瑞典国家政府、国会,以及皇室的官方宫殿所在地。斯德哥尔摩位于瑞典的东海岸,濒波罗的海,梅拉伦湖入海处,风景秀丽,是著名的旅游胜地。斯德哥尔摩市区分布在14座岛屿和一个半岛上,70余座桥梁将这些岛屿连为一体,算上郊区的岛屿,共有24000多个岛屿,因此享有"北方威尼斯"的美誉。斯德哥尔摩面积5400平方公里,人口约80万。斯德哥尔摩由格姆拉斯坦（老城）城堡建筑发展而来,至今保留着许多历史建筑物：中央车站、大酒店和其他设施主要集中在格姆拉斯坦以北的诺鲁玛尔姆地区；东部为幽静的高档住宅区埃斯特尔玛尔姆；南部的索德玛尔姆街则是艺术家和年轻人聚集之处。

图 3-24　斯德哥尔摩

斯德哥尔摩始建于公元13世纪中叶。那时,当地居民常常遭到海盗侵扰,于是人们便在梅拉伦湖的入海处的一个小岛上用巨木修建了一座城堡,并在水中设置木桩障碍,以便抵御海盗,因此这个岛便得名为"木头岛"。斯德哥尔摩也是一座文化名城,自1809年以来,瑞典一直没有卷入各种战争,在两次世界大战中,因瑞典宣布为中立国,居民照常过着平静安宁的生活,斯德哥尔摩因此被人们称为"和平的城市"。由于免受战争的破坏,这里保留着

100多座博物馆和名胜,包括历史、民族、自然、美术等各个方面。斯德哥尔摩是阿尔弗雷德·诺贝尔的故乡。从1901年开始,每年12月10日为诺贝尔逝世纪念日,斯德哥尔摩音乐厅举行隆重仪式,瑞典国王亲自给获诺贝尔奖者授奖,并在市政厅举行晚宴。

斯德哥尔摩的冬季是从12月至次年3月,冬天多雪,白日短暂,气温一般在-7 ℃~2 ℃;春季从4月至5月,气候多变,夜晚越来越亮,有时尚未及体验春天,夏天就已降临了,气温5 ℃~15 ℃;夏季从6月至8月,瑞典的夏天比人们所期待的还要好,经常是连续多日的晴朗温暖天气,气温一般在25 ℃以上,夏天日光充足,昼长夜短,6月和7月的初夏都没有全黑的夜晚;秋季从9月至11月,多为秋高气爽之日,斯德哥尔摩披上了五彩缤纷的秋装,气温5 ℃~18 ℃,夜晚较凉。

斯德哥尔摩既有典雅、古香古色的风貌,又有现代化城市的繁荣。在老城区,那里有金碧辉煌的宫殿、气势不凡的教堂和高耸入云的尖塔,而狭窄的大街小巷显示出中世纪的街道风采。在新城区,则是高楼林立,街道整齐,苍翠的树木与粼粼的波光交相映衬。斯德哥尔摩南区的斯塔丹岛,据说是当年旧城的遗址,坐落在这里的富于古香古色情调的斯德哥尔摩老城,是游客竞相前往的地方。瑞典王宫、皇家歌剧院、皇家话剧院、议会大厦,以及斯德哥尔摩市政厅等都聚集在这里。老城之北便是市中心的塞尔格尔广场。广场四周的国王街、皇后街和斯维亚街是城市最繁华的商业区。广场下面有着庞大的地下商场和地下铁路中心站,被人们称为"世界最长的地下艺术长廊"。与"以舟代步"的威尼斯不同,斯德哥尔摩的地下铁路穿过海底,四通八达,地铁是当地的主要交通工具。市中心西南国王岛东端,便是市政厅所在地,市政厅的高达105米的塔尖上的三个金色皇冠,是斯德哥尔摩的象征。

斯德哥尔摩是瑞典的经济中心,其工业总产值和商品零售总额均占全国的20%以上。近年来,旅游业已经成为最主要的产业,每年约有100万名游客来访。

斯德哥尔摩有很多国家级的文化研究所,最著名的文化古迹是两个联合国教科文组织颁布的世界遗产,即德宁翰宫和斯库格墓地。1998年斯德哥尔摩被评为欧洲文化之都。

斯德哥尔摩著名景点有市政厅、现代博物馆、老城、斯堪森博物馆、瑞典王宫、瓦萨沉船博物馆、皇后大街、北欧博物馆、皇后岛、国会大厦、王子故居、米勒斯博物馆、音乐厅等。机场为斯德哥尔摩阿兰达国际机场。

斯德哥尔摩人在星期四有吃什锦汤的传统,同时搭配着腌猪肉、香肠和芥末等。通常选用的饮料有热的潘趣酒和凉啤酒,之后,还有蘸着果酱和膨化奶油的点心。大多数斯德哥尔摩饭店在午餐时间都会提供一顿日常特餐,通常包括饮料、沙拉、面包和咖啡等。斯德哥尔摩的特色美食有斯德哥尔摩肉丸子、驯鹿肉片等。

(二)赫尔辛基(Helsinki)

赫尔辛基(见图3-25)是芬兰的首都,位于芬兰南部芬兰湾沿海,毗邻波罗的海,是一座古典美与现代文明融为一体的港口都市,也是一座都市建筑与自然风光巧妙结合在一起的花园城。赫尔辛基市内建筑多用浅色花岗岩建成,有"北方洁白城市"之称。其面积686平方公里,人口约63万,气候为显著的海洋性,海岸线曲折,外有群岛屏蔽,夏季平均气温16 ℃,冬季平均气温-6 ℃。芬兰地处高纬度,在夏季,光照时间长达20个小时,因此赫尔辛基又被称为"北方的白昼城","太阳不落的都城"。赫尔辛基是芬兰最大的港口城市,也是该国的经济、文化中心。其官方语言为芬兰语和瑞典语。

图 3-25　赫尔辛基

无论夏日海碧天蓝,还是冬季流冰遍浮,赫尔辛基总是显得美丽洁净,被世人赞美为"波罗的海的女儿"。在赫尔辛基的海港市场上,有一尊名叫"波罗的海的女儿"的铜像,是赫尔辛基的象征。从邮轮旅游的角度来看,该城市地处波罗的海的战略位置,交通便利。这里港务繁忙,旺季时,每天的离港轮渡多达40艘。港口靠近市中心,很具吸引力。芬兰非常重视自然和环境的保护,芬兰的森林覆盖率高,内陆湖泊面积约占国土面积的十分之一。赫尔辛基是该区域的第二大邮轮母港,也是停靠港或目的地。

赫尔辛基也是一座充满活力的文化都市,曾被选为欧洲9个文化城市之一。赫尔辛基市内湖泊星罗棋布,遍布于街间巷尾,既有芬兰过去的辉煌传统,又讲究现代生活的品位。整个城市新旧融合得体,处处流露着大都会的魅力与北欧式的优雅,城内富有特色的建筑和博物馆数不胜数。作为文化之城,赫尔辛基有全国最大的图书馆和几个大博物馆。赫尔辛基还有一些专收件的博物馆,如铁路博物馆、风俗博物馆、战争博物馆、邮电博物馆、教会博物馆以及动物学博物馆等。作为国际化的现代都市,赫尔辛基也是举行各种国际会议的重要城市。

赫尔辛基最著名的建筑群是位于市中心参议院广场上的赫尔辛基大教堂及其周围淡黄色的新古典主义风格的建筑。大教堂附近的南码头是停泊大型国际邮轮的港口。位于南码头北侧的总统府建于1814年,沙俄统治时期是沙皇的行宫,1917年芬兰独立后成为总统府。总统府西侧的赫尔辛基市政厅大楼建于1830年,其外观至今仍保持着原来的风貌。南码头广场上有常年开设的露天自由市场,商贩在这里出售新鲜水果蔬菜、鱼肉及鲜花,还有芬兰刀、驯鹿皮和首饰等各种传统工艺品及旅游纪念品,是外国游客观光游览的必到之处。赫尔辛基市内街道宽阔,美丽清洁,到处是苍翠的树木和如茵的草坪。其他著名旅游景点还有天文台山、芬兰堡、西贝柳斯公园、国会大厦、市集广场、上议院广场、索梅林纳、乌斯佩斯基教堂、西贝流士纪念公园、岩石教堂、艾斯普那帝公园、国家美术馆等。

赫尔辛基不仅是芬兰政治、经济、文化和商业中心,同时也是芬兰最大的港口城市,全国50%的进口货物通过这里进入芬兰。机场为芬兰—赫尔辛基国际机场,火车站为赫尔辛基火车站。赫尔辛基是全国的交通总枢纽,交通四通八达,十分便利。市内有运河同海洋相通,还有铁路干线在市内与海港码头和工业区相接,并与全国各大城市相连。航空线连接着各大都市及世界许多国家的首都。

(三) 圣彼得堡(Saint Petersburg)

圣彼得堡位于俄罗斯西北部、波罗的海沿岸、涅瓦河口三角洲,是俄罗斯的中央直辖市,俄罗斯西北地区中心城市,全俄重要的水陆交通枢纽,是世界上人口超过百万的城市中位置最北的一个,又被称为俄罗斯的"北方首都"。圣彼得堡是俄罗斯第二大城市,面积1439平方公里,人口513.2万。

圣彼得堡始建于1703年,至今已有300多年的历史,市名源自耶稣的弟子圣徒彼得。1712年,彼得大帝迁都到圣彼得堡,此后的200多年时间里,这里都是俄罗斯的文化、政治、经济的中心。1924年,为纪念列宁而更名为列宁格勒;1991年,又恢复原名为圣彼得堡。圣彼得堡和历史中心古迹群被评为世界文化遗产。

圣彼得堡属于受海洋性影响温和的大陆性气候。这里全年平均气温5.2 ℃,年降水量585毫米;夏季温和,最热月7月平均气温17.7 ℃;冬季寒冷,最冷月1月平均气温零下8 ℃,积雪期持续132天,结冰期从11月中旬至次年4月中下旬。

圣彼得堡是俄罗斯第二大交通枢纽城市,多条铁路干线在此交汇,拥有俄罗斯最大的海港,也是重要的国际航空港。圣彼得堡是重要的国际航空港,是俄罗斯西北地区最大的空港。圣彼得堡的空中门户是普尔科沃机场,该机场可起降世界上最大的飞机。圣彼得堡是俄罗斯西北区的铁路枢纽。圣彼得堡有12条铁路干线呈放射状分别通向赫尔辛基、华沙、莫斯科及俄罗斯其他大城市。圣彼得堡的长途客运分市郊长途、跨省长途和国际长途。乘长途汽车可抵达莫斯科和周边各州的市镇,乘国际长途可前往白俄罗斯、波罗的海三国,以及芬兰等欧洲国家。圣彼得堡是全国最大的海港,经水路可通往国内外广大地区。由北欧或东欧进入圣彼得堡都十分方便,北欧游客还可以选择乘坐邮轮。圣彼得堡有5条地铁线,地铁站一般都设在商店的低层或十字街头的地下人行道里,有的直接与火车站的地下通道相连,而且每个地铁出口都设有各种公交车站。

圣彼得堡是一座文化名城。许多俄国著名诗人及作家,比如普希金、莱蒙托夫、高尔基等人都曾在此生活和从事创作。城市的历史中心和相关历史古迹以及市郊的宫殿花园建筑等36个项目共计4000余个建筑、历史和文化遗迹被列入世界文化遗产名录。圣彼得堡有260多家博物馆,其中,艾尔米塔什博物馆(冬宫)、彼得宫(夏宫)、康斯坦丁宫、叶卡捷琳娜宫、彼得保罗要塞、伊萨基亚大教堂、俄罗斯博物馆等较为著名。

圣彼得堡旅游资源丰富。因为建在波罗的海东岸的涅瓦河口,整个城区分布在涅瓦河三角洲的岛屿上,许多河流穿越而过,别具水城风情,故有"北方威尼斯"之称。由于圣彼得堡纬度很高,夏季特有的"白夜"景色令人流连。与莫斯科相比,圣彼得堡更具皇家风范,著名的名胜古迹有彼得保罗要塞、彼得保罗大教堂等,其他景点还有普希金村、斯莫尔尼宫、喀山大教堂、伊萨基夫斯基大教堂等。

(四)波罗的海三国

波罗的海三国指的是位于波罗的海的爱沙尼亚、拉脱维亚、立陶宛。波罗的海国家指的是位于波罗的海区域所有国家。波罗的海三国,地理上属于东欧,文化上属于北欧,因此一般称为东北欧。

1. 爱沙尼亚共和国(Republic of Estonia)

爱沙尼亚共和国简称"爱沙尼亚",爱沙尼亚位于波罗的海东岸,芬兰湾南岸,西南濒临里加湾,南面和东面分别同拉脱维亚和俄罗斯接壤,国土总面积45339平方公里,主体民族为爱沙尼亚族,总人口约131.3万,首都塔林。

爱沙尼亚是一个发达的资本主义国家,2011年加入欧元区。由于其高速增长的经济,科技发达,爱沙尼亚经常被称作"波罗的海之虎",世界银行将爱沙尼亚列为高收入国家。爱沙尼亚也是全世界空气质量最优、最舒适的国家,首都塔林被誉为"洗肺圣地"。该国自然资源比较匮乏,但拥有大量油页岩和石灰石,以及覆盖约一半领土的森林。

爱沙尼亚气候属海洋性气候,受海洋影响明显,春季凉爽少雨,夏秋季温暖湿润,冬季寒冷多雪,冬季平均气温7℃,夏季平均气温16℃,年平均降水量500~700毫米。

爱沙尼亚淡水资源丰富,拥有大小河流7000多条,其中长度在100公里以上的有16条。最大湖泊是与俄罗斯交接的楚德湖,总面积3555平方公里,为欧洲第四大湖。

首都塔林,始建于1248年丹麦王国统治时期,1991年恢复独立后成为爱沙尼亚共和国的首都。塔林市位于爱沙尼亚西北部,濒临波罗的海,历史上曾一度是连接中东欧和南北欧的交通要冲,被誉为"欧洲的十字路口"。塔林港(见图3-26)是爱沙尼亚最大的港口。气候受海洋影响明显,春季凉爽少雨,夏秋季温暖湿润,冬季寒冷多雪,年均气温4.7℃。

图 3-26 塔林港

爱沙尼亚游客主要来自芬兰、瑞典、德国、俄罗斯和英国,主要旅游景区景点有塔林、塔尔图、帕尔努、萨列马岛、希尤马岛等。爱沙尼亚是一个旅游资源丰富的国家,森林覆盖率很高,湖泊岛屿星罗棋布,中世纪古城堡、国家公园、海边度假胜地都是游客不容错过的地方。

爱沙尼亚也是很多欧洲国家的后花园,尤其是北欧国家芬兰、瑞典,每天都有数班大型客轮往返于塔林与赫尔辛基、斯德哥尔摩之间,美丽的客轮也成为波罗的海的一道风景。旅游业在爱沙尼亚国民经济中也占有重要的位置。爱沙尼亚世界遗产是塔林历史中心(老城)。

爱沙尼亚交通发达。截至 2014 年 9 月,爱沙尼亚全国公路总长 52037 公里,全国铁路总长 967 公里,主要有塔林港、西由拉迈港、昆达港、北帕尔迪斯基港、帕尔努港,等等。

2. 拉脱维亚共和国(Republic of Latvia)

拉脱维亚共和国简称"拉脱维亚",是一个位于欧洲东北部的议会共和制国家。拉脱维亚位于东欧平原西部,濒临波罗的海东岸,东与俄罗斯、白俄罗斯二国相邻,全国总面积 64589 平方公里,首都是里加,主要城市为道加瓦尔斯、利耶帕亚等。

拉脱维亚地形以平原、低地和低矮丘陵相间,四分之三地区在海拔 120 米以下。拉脱维亚海岸线长 307 公里,里加湾深入内陆。全境地势低平,东部和西部为丘陵。地貌为丘陵和平原,以灰化土为主,约一半为可耕地。拉脱维亚主要河流是道加瓦河和高亚河,境内多湖泊和沼泽,较大的湖泊有卢班斯湖、拉兹纳湖、埃古列湖和布尔特涅克斯湖,有 1.4 万条河流。

拉脱维亚属温带阔叶林气候,属海洋性气候向大陆性气候过渡的中间类型。年降水量 550~800 毫米,较湿润。这里夏季白天平均气温 23 ℃,夜晚平均气温 11 ℃;冬季沿海地区平均气温-3 ℃~-2 ℃,非沿海地区-7 ℃~-6 ℃;平均年降水量 633 毫米,湿度大,全年约有一半时间为雨雪天气。拉脱维亚森林覆盖面积约占全国面积的 44%,全国约有 1.4 万个野生物种。

首都里加位于波罗的海国家的中心地带,濒临里加湾,市区跨道加瓦河两岸,北距波罗的海 15 公里;处于欧洲西部和东部、俄罗斯和斯堪的纳维亚半岛的交叉点上,其港口具有重要的战略意义,被称为"波罗的海跳动的心脏"和"北方巴黎"。由于里加濒河临湖,所以又有"三河一湖"之称,"三河"是指道加瓦河、列鲁巴河、城市运河,"一湖"是指吉士湖。

拉脱维亚入境游客主要来自立陶宛、爱沙尼亚、俄罗斯、挪威、瑞典、德国等。拉脱维亚主要旅游城市和风景区有里加古城、尤尔马拉海滨、希古达和采西斯风景区、露天民俗博物馆、隆达列宫等。拉脱维亚世界遗产有里加历史中心、斯特鲁维测量地点。

拉脱维亚主要海港有里加、文茨皮尔斯和利耶帕亚。拉脱维亚铁路总长 1859 公里,其中 250 公里电气化铁路。拉脱维亚有里加国际机场、文茨皮尔斯机场、利耶帕亚机场三个国际机场。波罗的海航空公司创建于 1995 年,是拉脱维亚唯一的国际航空公司。里加现有直飞莫斯科、伦敦、曼彻斯特、斯图加特、维也纳、巴黎、罗马等地的国际航班。

3. 立陶宛共和国(Republic of Lithuania)

立陶宛共和国(见图 3-27)简称"立陶宛",位于波罗的海东岸,东南邻白俄罗斯,西南是俄罗斯的加里宁格勒州和波兰,首都维尔纽斯,国土面积 65300 平方公里,主要民族为立陶宛人。

立陶宛地形以平原为主,另有西部不大的丘陵。立陶宛是欧洲湖泊较多的国家之一,面积超过 0.5 公顷的湖泊约有 2830 个,有 720 多条河流,最长的河流是涅曼河,自东向西流入

图 3-27 立陶宛

波罗的海。

立陶宛气候介于海洋性气候和大陆性气候之间,冬季较长,多雨雪,日照少;9月中旬至次年3月中旬温度最低,1月份平均气温为-4 ℃～7 ℃;夏季较短而且凉爽,日照时间较长,7月平均气温16 ℃～20 ℃。

立陶宛主要城市有维尔纽斯、考纳斯、克莱佩达、希奥利艾等。维尔纽斯位于立陶宛东南部的内里斯河和维尔尼亚河汇合处,面积401平方公里,人口约54.9万。1月平均气温-7.8 ℃,7月平均气温20.8 ℃。

立陶宛的主要旅游景点有维尔纽斯老城、尼达沙丘、凯尔纳维遗址、特拉盖古堡、百浪港、首莱十字架山、德鲁斯基宁盖市、圣三一堂等。

立陶宛交通体系完备,铁路网与欧洲及苏联各加盟共和国连成一体,并拥有发达的公路网。国内交通运输以公路、铁路为主,布莱佩达港是立陶宛最大海港,与世界200多个港口通航。立陶宛主要国际机场有维尔纽斯机场、考纳斯机场、百浪港机场。

第五节 北极邮轮旅游地区

一、北极邮轮旅游地区概况

北极地区的气候终年寒冷。北冰洋是一片浩瀚的冰封海洋,周围是众多的岛屿以及北美洲和亚洲北部的沿海地区。北极是指地球自转轴的北端,也就是北纬90°的那一点。北极地区是指北极附近北纬66°34′北极圈以内的地区。冬季,太阳始终在地平线以下,大海完全封冻结冰;夏季,气温上升到冰点以上,北冰洋的边缘地带融化,太阳连续几个星期都挂在天空。北冰洋中有丰富的鱼类和浮游生物,为夏季在这里筑巢的数百万只海鸟提供了丰富的食物来源,也是海豹、鲸和其他海洋动物的食物。北冰洋周围的大部分地区都比较平坦,没有树木生长。冬季大地封冻,地面上覆盖着厚厚的积雪;夏天积雪融化,表层土解冻,植物生长开花,为驯鹿和麝牛等动物提供了食物。同时,狼和北极熊等食肉动物也依靠捕食其他动物得以存活。北极地区是世界上人口较稀少的地区之一,千百年以来,因纽特人(旧称爱斯基摩人)在这里世代繁衍。由于这里发现了石油,许多人因此从南部来到这里工作。

北冰洋的冬季从11月起直到次年4月,长达6个月。5—6月和9—10月分属春季和秋季,而夏季仅7—8月。1月份的平均气温为-40 ℃~-20 ℃,8月的平均气温为0 ℃左右。在北冰洋极点附近,漂流站上测到的最低气温是-59 ℃。越是接近极点,极地的气象和气候特征越明显。在那里,一年的时光只有一天一夜。即使在仲夏时节,太阳也只是远远地挂在南方地平线上,发着惨淡的白光。太阳升起的高度从不会超过23.5°,它静静地环绕着这无边无际的白色世界缓缓移动着。几个月之后,太阳运行的轨迹渐渐地向地平线接近,于是开始了北极的黄昏季节。北极有无边的冰雪、漫长的冬季。北极与南极一样,有极昼和极夜现象,越接近北极点越明显。北极的年降水量一般在100~250毫米,在格陵兰海域可达500毫米,降水集中在近海陆地上,最主要的形式是夏季的雨水。

北冰洋周边的陆地区可以分为两大部分:一部分是欧亚大陆,另一部分是北美大陆与格陵兰岛。两部分以白令海峡和格陵兰海分隔。北冰洋海岸线曲折、类型多,有陡峭的岩岸及峡湾型海岸,有磨蚀海岸、低平海岸、三角洲及泻湖型海岸和复合型海岸。宽阔的陆架区发育出许多浅水边缘海和海湾。北冰洋中岛屿众多,总面积约380万平方公里,基本上属于陆架区的大陆岛,其中最大的岛屿是格陵兰岛。

通常,北极邮轮地区包括加拿大、挪威、格陵兰岛、冰岛和俄罗斯的部分地区。北极邮轮航行季节为每年的5—9月。该地区的邮轮旅游目的地有挪威的熊岛、霍宁斯沃格、希尔克内斯、莱克内斯、罗弗敦群岛、朗伊尔城,俄罗斯的库尔曼斯克,冰岛的雷克雅未克等。

二、北极邮轮旅游地区主要邮轮旅游目的地

(一)斯瓦尔巴群岛(The Svalbard archipelago)

斯瓦尔巴群岛(又译斯瓦尔巴特、斯匹次卑尔根群岛)意为寒冷海岸,是挪威的属地,位于北冰洋上,巴伦支海和格陵兰海之间,由西斯匹次卑尔根岛、东北地岛、埃季岛、巴伦支岛等组成。以西斯匹次卑尔根岛为最大,约占总面积的一半,朗伊尔城在该岛的西岸,是极接近北极的可居住地区。

这里年平均气温最高7 ℃,最低-22 ℃,年均降水量约200毫米。当地为极地气候,夏季的平均气温约为15 ℃,冬季的平均气温约为-40 ℃。

斯瓦尔巴群岛植被主要是地衣和苔藓类,仅有的树木是小极地柳和矮桦木。动物有各

种鸥鸟、雪地颊白鸟、棉凫、松鸡、红鲑鱼,还有北极熊、驯鹿、蓝或白色的北极狐。海豹、海象、鲸及陆上的猎兽受到法律保护。矿藏有煤、磷灰石、铁、石油和天然气等。煤炭资源蕴藏丰富。沿海盛产海象、海豹、北极狐、鲸等。

朗伊尔城,又称朗伊尔宾,位于挪威属地斯瓦尔巴群岛的最大岛——斯匹次卑尔根岛,地处北纬78°,距离北极点只有1300公里,是世界上离北极最近的城市,被列入世界纪录。朗伊尔城是世界上唯一的一个判定死亡违法的城市。除非猝死,否则病人和年龄大的老人必须离开朗伊尔,去挪威的其他医院治疗和养老。而且,禁止人们生孩子,孕妇在临产前一个月也必须离开这里。朗伊尔城面积约10公顷,居民约有1800人,当中挪威人居多,俄罗斯人次之。另外,新奥尔松则是比朗伊尔城更北的小镇。大多数游客会在春、夏两季抵达朗伊尔城,尤以春季受欢迎,因为斯匹次卑尔根群岛是挪威少数特许在地带驾驶雪车的地方之一。但是,依照环境保护法的规定,主岛一些地带是不准进入的。2月至11月期间,数家旅行社会提供各式各样的旅游行程,主要旅游景点有朗伊尔城美术馆、朗伊尔城教堂等。

朗伊尔城是世界最北端的可达居住地区,挪威的特罗姆瑟及奥斯陆两地有定期航班来往当地的斯瓦尔巴机场。

北极秘境最精彩的区域在挪威的斯瓦尔巴群岛周围,是众多资深旅客及首航旅客所蜂拥而至的旅游地点。其纯净湛蓝的北极天空、最纯净凛冽的空气、优美而险峻的地势、遥不可及的极地位置,以及当地独有的动物、花卉等极具吸引力。在这里,游客可以追寻北极熊、海象、驯鹿,观赏北极狐、海豹、小须鲸和白鲸等北极特有动物,感受大自然的奥妙。

(二) 格陵兰岛(Greenland)

格陵兰岛(见图3-28)为丹麦的属地,是世界上最大的岛屿,面积约216万平方公里,在北美洲东北,北冰洋和大西洋之间。从北部的皮里地到南端的法韦尔角相距2574公里,最宽处约有1290公里,海岸线全长3.5万多公里。首都努克,又名戈特霍布,全岛终年严寒,是典型的寒带气候,沿海地区夏季气温可达0℃以上,内陆部分则终年冰冻。

格陵兰岛居民主要分布在西部和西南部,因纽特(爱斯基摩)人占多数。西海岸有世界最大的峡湾,切入内陆322公里。全岛三分之二在北极圈以北,气候凛冽,仅西南部无永冻层。格陵兰岛约五分之四的土地为冰川所覆盖,平均厚度接近1500米,为仅次于南极洲的现代巨大大陆冰川。

大约公元前3000年,因纽特(爱斯基摩)人首先到达这里。1894年,丹麦首建殖民点于岛的东南岸,1921年丹麦宣布独占,1979年丹麦政府允许格陵兰人自治,并通过了"格陵兰自治条例"。

格陵兰岛是一个由高耸的山脉、庞大的蓝绿色冰山、壮丽的峡湾和贫瘠裸露的岩石组成的地区。从空中看,它像一片辽阔空旷的荒野,那里参差不齐的黑色山峰偶尔穿透白色眩目并无限延伸的冰原。但从地面看去,格陵兰岛是一个差异很大的岛屿:夏天,海岸附近的草

图 3-28 格陵兰岛

甸盛开紫色的虎耳草和黄色的罂粟花,还有灌木状的山地木岑和桦树。但是,格陵兰岛中部仍然被封闭在巨大冰盖上,在几百公里内既不能找到一块草地,也找不到一朵小花。格陵兰岛是一个无比美丽并存在巨大地理差异的岛屿。东部海岸多年来堵满了难以逾越的冰块,因为那里的自然条件极为恶劣,交通也很困难,所以人迹罕至。这就使这一辽阔的区域成为北极的一些濒危植物、鸟类和兽类的天然避难所。矿产以冰晶石最负盛名。水产丰富,有鲸、海豹等。

格陵兰岛属阴冷的极地气候,仅西南部受墨西哥湾暖流影响,气温略微提高。该岛冰冷的内地上空有一层持久不变的冷空气,冷空气上方常有低压气团自西向东移动,致使天气瞬息多变,时而阳光普照,时而风雪漫天。冬季(1月)平均气温南部为-6 ℃,北部为-35 ℃;夏季(7月)西南沿岸平均气温为7 ℃,最北部夏季平均气温为3.6 ℃。最冷的中部高原地区的最冷月平均温度可达-43 ℃,绝对最低温度达到-70 ℃,是地球上仅次于南极洲的第二个"寒极"。格陵兰岛年平均降水量从南部的1900毫米递减到北部的约50毫米。

格陵兰岛只有在小块的沿海无冰区才有道路,内地交通靠雪橇。水路和航空是主要的运输方式。格陵兰岛同丹麦、加拿大和冰岛有定期航班或客货轮联系。格陵兰岛有一流的电信网,其军事通信网与北约和北美雷达防务系统相接。

努克位于岛西南岸,临戴维斯海峡,人口约1.2万,约占全国人口的22%,为格陵兰岛的政治、经济及文化中心,也是主要港口。城市经济主要依靠航运、捕鱼、加工鱼品、养殖驯鹿及养羊等,交通以舟船为主,建有机场。努克的主要旅游景点有努克大教堂、卡图亚克文化中心、格陵兰国家博物馆、戈特霍布市政厅等。

伊卢利萨特在格陵兰语中译为"冰山",这是一座名副其实的冰山小镇;瑟梅哥·库雅雷哥是北半球最多产的一座冰川,将大量的冰山送入冰峡湾中。这些壮观的景致已经被列为联合国教科文组织世界遗产。

凯凯塔苏瓦克岛也称为迪斯科岛,是格陵兰的一个岛屿,位于格陵兰本岛西海岸以西,巴芬湾中。该岛总面积8578平方公里,为格陵兰第二大岛。岛上人口约1000人,多为因纽特人。"凯凯塔苏瓦克"意为"大岛",该岛平均海拔975米,最高点1919米。迪斯科岛上有天然铁矿,岛上有超过2000个温泉。戈德港位于该岛南岸。

(三) 冰岛 (Iceland)

冰岛共和国,简称冰岛,是北大西洋中的一个岛国。它位于大西洋和北冰洋的交汇处,北欧五国之一,国土面积为10.3万平方公里,人口约为32万,是欧洲人口密度最小的国家,绝大多数为冰岛人,属日耳曼族,外来移民占总人口的8%,主要有波兰人、立陶宛人、菲律宾人,85.4%的人口信奉基督教路德教派。冰岛的首都是雷克雅未克,也是冰岛的最大城市,首都附近的西南地区人口占全国的三分之二。冰岛是欧洲最西部的国家,位于北大西洋中部,北边紧贴北极圈,冰岛八分之一被冰川覆盖,冰川面积占1.3万平方公里。冰岛北临格陵兰海,西北隔丹麦海峡和格陵兰岛相邻,东北部为挪威海。

冰岛地处大西洋中脊上,是一个多火山、地质活动频繁的国家。其内陆主要是平原地貌,境内多分布沙质地、冷却的熔岩平原和冰川。冰岛虽然位于北极圈边缘,但受北大西洋暖流影响,气候适宜。

冰岛是一个高度发达的资本主义国家,国民拥有国家提供的健康保险和高等教育等北欧福利系统。2014年,冰岛位于联合国人类发展指数的第13位,冰岛是北约成员国中,人口最少并且是唯一没有常备军队的国家,仅有海岸警备队承担国防任务。

冰岛地处高纬,但由于受到北大西洋暖流的影响和西风带的控制,所以属于温带海洋性气候,是同纬度地区一种特殊的气候。冰岛虽然地处北极圈附近,冬季气温并不低,平均温度为-2℃左右;夏季气温全岛在7℃~12℃。气旋给冰岛带来丰沛的降水,西南部和西部年均降水量在1000~2000毫米之间,北部和东北部较少,为400~600毫米。无论什么季节,都有可能下雨和下雪。6—8月底冰岛会出现极昼现象,几乎没有夜晚,特殊的自然现象为那些旅游爱好者提供方便,可以进行搭帐篷露营活动,夜间行车也很方便。

冰岛国内运输主要依靠公路。国家级公路约1.3万公里,其中最主要的公路——1号环岛公路,全长1339公里。冰岛无铁路。截至2014年,冰岛境内有大小机场18个,主要国际航线集中在欧美国家,与北欧各国、美加间均有直航。冰岛货物运输主要依靠海运。冰岛沿海建有大小60多个港口码头,其中10多个码头可停泊货轮和邮轮。

冰岛有世界上最纯净的空气和水,以及最好的温泉。比起其他的北欧国家,冰岛看来很原始,人与自然非常贴近。其主要旅游景点有蓝湖、温泉城、议会旧址国家公园(世界文化和自然遗产)、瓦特纳冰川国家公园、冰川峡谷河国家公园、瓦特纳冰川、斯奈费儿冰川、珍珠楼、大地的脉搏等。每年6—9月以及1—3月间是最适合旅游的季节。1月到3月之间,可以在雷克雅未克安排溜冰、冰钓、雪地机车,以及越野狩猎之旅等刺激的活动。6月初旅游季节开始,但是某些高地的巴士之旅须到7月才开始。每年8月中旬之后冰岛旅游热度便降低。

雷克雅未克(见图3-29)位于冰岛西部法赫萨湾东南角、塞尔蒂亚纳半岛北侧,全世界纬度最高的首都,是冰岛最大的港口城市,西面临海,北面和东面被高山环绕,受北大西洋暖流影响,气候温和,7月份平均温度为11 ℃,1月份平均温度为－1 ℃,年平均温度为4.3 ℃。雷克雅未克是冰岛主要政治、经济和文化中心。

图3-29　雷克雅未克

第四章

中南美洲邮轮旅游区域

第一节　中美洲邮轮旅游地区

一、中美洲邮轮旅游地区概况

中美洲是指墨西哥以南、哥伦比亚以北的美洲大陆中部地区，东临加勒比海，西濒太平洋，也是连接南美洲和北美洲的狭长地带。中美洲包括危地马拉、伯利兹、萨尔瓦多、洪都拉斯、尼加拉瓜、哥斯达黎加和巴拿马等国家，面积52.328万平方公里。中美洲大部分为印欧混血种人，其余为印第安人、白种人和黑种人。中美洲是玛雅文化的发祥地。从16世纪起，中美洲的国家先后沦为西班牙殖民地。19世纪20年代起，它们先后独立。巴拿马运河沟通大西洋和太平洋，地理位置优越。

中美洲是世界主要的生态旅游目的地之一，这里有着郁郁葱葱的热带雨林和丰富多彩的野生动物，以及世界上历史悠久的工程奇迹之一的巴拿马运河。尽管类似于"玛丽王后2号"这样的巨型邮轮无法通过巴拿马运河，但是一些邮轮公司仍会利用吨位较小的邮轮提供穿越巴拿马运河的邮轮航线，沿途停靠中美洲和加勒比海地区的一些港口城市。

中美洲邮轮旅游航线常年向游客开放，旅游旺季通常是在每年的4月至9月，经典的邮轮航线行程通常在10天至25天，甚至更长时间。

中美洲邮轮航线能领略到中美洲各国的独特风情，探索被誉为世界七大工程奇迹之一的巴拿马运河。巴拿马运河连接中美洲和南美洲大陆，有"世界桥梁"之称。邮轮可以由加勒比海经过巴拿马运河船闸，通过世界上最大的人造湖泊进入运河。

科隆是巴拿马运河在加勒比海入口处的港口城市，从太平洋进入运河的邮轮通常停泊在巴拿马城。游客可以在这两处参加岸上观光团队，游览整个运河地区。运河航线停泊的港口还有：圣布拉斯岛、卡尔德拉港、利蒙港、克萨尔港等。

二、中美洲邮轮旅游地区主要邮轮旅游目的地

（一）利蒙港（Puerto Limón）

利蒙是哥斯达黎加东岸的港口城市，是哥斯达黎加最大的贸易港，与首都圣何塞有铁路相通。利蒙面积约2015平方公里，这里的居民多为黑人。利蒙的气候属热带气候，著名景点有利蒙海岸，机场为利蒙国际机场。

利蒙的热带作物种植园以出口香蕉为主，种植园附近有油田。利蒙的工业有石油提炼、胶合板、硫酸、制革、酿酒等。利蒙的铁路经首都圣何塞通往太平洋岸的蓬塔雷纳斯。

（二）圣布拉斯群岛（San Blas Islands）

圣布拉斯群岛的340个岛屿分布在巴拿马大陆的加勒比海东部。这里是原始印第安部族库纳人的家园，他们的传统和文化至今还被很好地保留着，这里也是美洲仅存的几个纯正的印第安人部族之一。

圣布拉斯群岛有非常纯净的自然景观，也有一些度假村。群岛紧邻的巴拿马大陆是大片的山地和原始热带雨林，它们阻隔了现代都市的喧嚣和繁华，使得岛上的生活简单而祥和。

伊斯卡尔杜普岛（Iskardup）是圣布拉斯群岛中的一个岛，距巴拿马境内的加勒比海岸1.6公里左右。圣布拉斯群岛基本上杳无人烟，而且非常原始，其中的伊斯卡尔杜普岛只有一个足球场大小，且到处都是沙滩。

（三）科隆（Colon）

科隆市是巴拿马科隆省的首府。科隆港位于巴拿马北部沿海巴拿马运河的大西洋出口处，濒临利蒙湾的东侧，是巴拿马最大港口。克里斯托瓦尔是科隆港的外港。

科隆是巴拿马的第二大城市，科隆自由贸易区始建于1948年，自由贸易区的面积达50万平方米，外国企业和公司可以自由地进行转口业务，将商品在区内加工、制造，然后免税输出。科隆自由贸易区主要经营电器、机械产品、车辆及化工产品等。科隆自由贸易区目前已与世界上120多个国家和地区有贸易往来，是西半球最大的自由贸易区。科隆交通运输以公路为主，铁路是巴拿马铁路北部的终点站。

科隆属热带雨林气候，盛行西南风，一般11月至次年3月，有强烈的北风，但是，有防波堤可保证船舶安全。科隆年平均气温最高为33℃左右，最低为22℃左右，全年平均降雨量约3300毫米，码头最大可停靠载重5万吨的船舶。

科隆的主要出口货物为香蕉、蔗糖、咖啡、海虾及石油产品等，进口货物主要有食品、石油、机械、运输设备及工业品等。

（四）巴拿马运河（Panama Canal）

巴拿马运河位于中美洲国家巴拿马，连接太平洋和大西洋，是重要的航运要道，被誉为世界七大工程奇迹之一的"世界桥梁"。巴拿马运河由美国建造完成，1914年开始通航。巴拿马运河使美国东、西海岸之间的航程大大缩短，使西欧至东亚或澳洲的航程缩短了几千公里。

下令开凿巴拿马运河的是美国第26任总统西奥多·罗斯福。巴拿马运河自1914年通航开始一直到1979年，一直由美国独自掌控。1979年，运河的控制权转交给巴拿马运河委员会（由美国和巴拿马共和国共同组成的一个联合机构），并于1999年年底正式将全部控制权交给巴拿马。巴拿马运河贸易量产出的GDP占巴拿马全国GDP的60%左右。

（五）巴拿马城（Panama City）

巴拿马城是巴拿马的首都，亦是巴拿马的政治、经济及文化中心，面积275平方公里，2010年人口总数约171万。

巴拿马城气候属热带海洋性气候，雨季（5—12月）平均气温为23 ℃～32 ℃，旱季（1—4月）平均气温为21 ℃～31 ℃。

巴拿马城濒临巴拿马湾，背靠安康山谷，巴拿马运河从城市边缘缓缓流过，是一座临海靠山、风景如画的海口城市。巴拿马在印第安语中的意思是"蝴蝶之国"。16世纪初，哥伦布在巴拿马沿海登陆以后，发现这里到处是成群飞舞的彩色蝴蝶。于是，使用了当地的语言把这个地方命名为"巴拿马"。

巴拿马城位于巴拿马运河太平洋端的入口东部。今日的巴拿马城分古城、老城和新城三部分。古城1671年被海盗洗劫后烧毁，残存的仅是主教堂的一些大型砖石建筑，21世纪这里是考证巴拿马历史渊源的现场和旅游者云集之地。其附近是恬静幽雅的高级住宅区。

古城以西为老城，这里是行政和文化区域。街道狭窄，其建筑多为落地式门窗、阳台突出的两层瓦顶楼房，带有浓厚的西班牙风格。

老城和古城的接合部为新城，高楼大厦鳞次栉比、超级市场五花八门，其中央大街为全城最宽阔最繁华的街道。

巴拿马城的旅游目的地众多，包括毕尔巴鄂古根海姆美术馆、巴拿马运河博物馆、圣弗朗西斯科教堂、国民剧院、人类学博物馆、民族博物馆等。巴拿马城濒临的巴拿马湾也是一处风景优美的地方。巴拿马海湾水域平静，岛屿密布，岸畔林木繁茂，花草争艳，环境幽雅。

第二节 南美太平洋邮轮旅游地区

一、南美太平洋邮轮旅游地区概况

南美洲位于西半球的南部,东濒大西洋,西临太平洋,北濒加勒比海,南隔德雷克海峡与南极洲相望。一般以巴拿马运河为界同北美洲相分,包括哥伦比亚、委内瑞拉、圭亚那、苏里南、厄瓜多尔、秘鲁、巴西、玻利维亚、智利、巴拉圭、乌拉圭、阿根廷、法属圭亚那等13个国家和地区。

南美洲的气候与北美洲的气候正好相反,邮轮旅游季节大约从每年的10月份开始,到次年的4月份接近尾声,其中12月、1月和2月的邮轮航线最为密集。常见的邮轮出发港有巴西的里约热内卢、智利的瓦尔帕莱索,以及阿根廷首府布宜诺斯艾利斯。还有一些邮轮航线从北美的圣地亚哥、纽约或者劳德代尔堡出发,向南延伸至该地区的邮轮港口。与传统的邮轮陆地停靠港口不同,有些邮轮公司还会开辟一些绕南美大陆环游的线路,通过最南端的合恩角,甚至会直达南极大陆,这是至今邮轮所能到达的最遥远的地方之一。许多探险或科考的游客会选择这样的线路,航行时间从13天到40天不等。

南美洲区域地形多种多样,文化缤纷多彩,名胜各不相同,有许多港口可供游玩。该地区开通了南美太平洋海岸的邮轮旅游线路。一般说来,南美洲太平洋航线主要有上、中、下三段航线:

(1)上段航线:从巴西的里约热内卢出发,停靠布宜诺斯艾利斯、埃斯特角城和伊哈贝拉后,返回母港。

(2)中段航线:由巴西的桑托斯港出发,经过格兰德岛、萨尔瓦多、伊列乌斯和杜斯布济乌斯后,返回桑托斯港。

(3)下段航线:从阿根廷的布宜诺斯艾利斯港开出经由乌拉圭的蒙得维的亚,阿根廷的马德林港、合恩角风景区,穿越麦哲伦海峡,途经智利的蒙特港,最终抵达智利的圣地亚哥。当然,也有从圣地亚哥出发经过相似的线路抵达布宜诺斯艾利斯的航线。另外,也有从布宜诺斯艾利斯出发,经巴西的伊哈贝拉、杜斯布济乌斯、伊利亚格兰德、埃斯特角城,然后返回布宜诺斯艾利斯的航线。三段航线也可以结合港口位置编排出不同的较长航线。

二、南美太平洋邮轮旅游地区主要邮轮旅游目的地

(一)里约热内卢(Rio de Janeiro)

里约热内卢简称"里约",面积为1260平方公里,2014年人口约630多万。里约热内卢位于巴西东南部沿海地区,东南濒临大西洋,在向北伸入的瓜纳巴拉湾西岸。里约热内卢有

长达 14 公里的跨湾公路大桥与东岸的尼泰罗伊市相连,海岸线长 636 公里。

里约热内卢是巴西乃至南美的重要门户,同时也是巴西及南美经济最发达的地区之一,素以巴西重要交通枢纽和信息通信、旅游、文化、金融和保险中心而闻名。里约热内卢是巴西第二大工业基地。里约热内卢的里约热内卢港是世界三大天然良港之一,里约热内卢基督像是该市的标志,也是世界新七大奇迹之一。

里约热内卢也是巴西第二大城市,仅次于圣保罗,又被称为巴西的第二首都,拥有全国最大的进口港,是全国经济中心,同时也是全国重要的交通中心。

2012 年,在俄罗斯圣彼得堡举行的第 36 届世界遗产大会上,将里约热内卢的独特景观列入世界文化遗产,里约热内卢因此成为世界文化遗产中首个入选自然景观类别的城市。总体说来,里约热内卢可分为市中心(中区)、方便外国游客旅游、拥有世界著名海滩的南区、工厂集中的北区和新市镇的西区。

里约热内卢属于热带草原气候,终年高温,一年中有明显的干季与雨季,年降雨量在 1300 毫米左右。以一年为周期,里约热内卢在 5 月到 11 月为干季,由于受副高或干燥信风带控制,气流干燥以下沉为主,不易形成降水;在 12 月到次年 4 月为雨季,由于受赤道低压带控制,降水丰富,降水类型多为对流雨。巴西位于南半球,冬季是 6 月至 8 月,冬季平均气温为 13 ℃~18 ℃。

里约热内卢以其美丽的山水风光和多姿多彩的文化生活而扬名世界。里约热内卢旅游资源丰富,旅游景点多。里约热内卢的主要景点包括蒂茹卡国家森林公园、耶稣山、耶稣像、瓜纳巴拉湾,以及科帕卡巴纳海滩、面包山、尼特罗伊大桥、马拉卡纳体育场、瓦加斯、亚马孙河、国立博物馆、萨尔多瓦、伊瓜苏大瀑布等。

里约热内卢的菜品属于巴西风味。巴西菜口味很重,巴伊亚的料理以麻辣出名,大多数巴西人都爱吃红辣椒。巴西菜里口味最特别的,首推巴伊亚菜,巴伊亚人喜欢吃辣椒,许多菜里都采用花生、腰果、虾米为配料。

里约热内卢有店铺林立的商业街区还有大型购物中心和露天市场,这些都让游客感到亲切。珠宝和 T 恤等特色商品都是里约热内卢的购物热点。里约热内卢的 Avenida Atlantica 街区是巴西宝石和金饰的重要选购地,在周末的夜晚这里还会有售卖陶器、绘画、雕塑和吊床等手工艺品和服饰的摊贩。里约热内卢 Ipanema 街区每周日晚上有吸引众多游客的 Hippie 市场,这里有手工艺品、皮制品、服饰、珠宝和各种纪念品出售。周末市场 Babilonia Hype Fair 聚集着众多出售艺术品和装饰品的摊贩,并有艺人进行音乐和舞蹈表演。

(二)布宜诺斯艾利斯(Buenos Aires)

布宜诺斯艾利斯意为"好空气"或"顺风",简称 BA,华人常略称为布宜诺斯或布宜诺。它是阿根廷的首都和最大城市,位于拉普拉塔河南岸、南美洲东南岸、对岸为乌拉圭。截至 2012 年,布宜诺斯艾利斯都会区人口约 1280 万,是南美第二大都会区,仅次于大圣保罗都会区。布宜诺斯艾利斯不仅是阿根廷的政治中心,也是经济、科技、文化和交通中心。全市工业总产值占全国的三分之二,在国民经济中占有举足轻重的地位。布宜诺斯艾利斯气候为亚热带季风性湿润气候。

布宜诺斯艾利斯刚独立时只是小城市,但自从欧洲化、现代化的政策实施后,吸引了许多意大利、西班牙的移民,成为南美十分欧洲化的城市。2007年,布宜诺斯艾利斯被评为全球第三最美的城市。

布宜诺斯艾利斯的五月广场被阿根廷人视为共和国的神经中枢。五月广场的前身是"大广场"或称"胜利广场",与布宜诺斯艾利斯城同时诞生,是阿根廷首都的政治中心。五月广场不仅是布宜诺斯艾利斯市发展的历史见证,也是阿根廷共和国独立的纪念地,是阿根廷的象征。五月广场中心矗立着13米高的金字塔尖型纪念碑,是为纪念在1810年五月革命中献身的爱国志士而修建的。

布宜诺斯艾利斯分老城区、新城区两部分。老城区以五月广场一带为中心,五月广场以北是繁华的商业区。中心区外围为新城区,街道已不再保持直角相交的布局。

布宜诺斯艾利斯是在一片大草原上建筑起来的,这里四季分明,气候宜人,雨量充沛,土地肥沃,城市长年不脱绿装。市区街道两侧种植着梧桐树、桉树、棕榈树和美洲大陆上特有的哈卡兰达树,高大的木棉树遍布全城。

布宜诺斯艾利斯是阿根廷全国的交通枢纽城市之一。铁路、公路呈放射状分布,并与全国各地相联系。该市的海运航线可达五大洲,有9条铁路通往全国各地。布宜诺斯艾利斯港在世界港口排名前100位以内。

餐饮方面,布宜诺斯艾利斯的阿根廷餐厅有西班牙餐(以海鲜为主)、意大利比萨店、阿根廷式肉店、中国馆、日本料理、美式快餐自助餐及加探戈秀表演之秀场式餐厅等。普遍而言,布宜诺斯艾利斯人主食以牛肉为主,又沿袭欧洲口味,尤以西班牙、意大利为主,故一般餐厅多以各式烤肉为招牌菜。与巴黎人一样,当地人爱流连咖啡店,老一辈爱到百年老店怀旧闲话家常,新一代则爱到特色咖啡店消磨时光。

前文说过,布宜诺斯艾利斯是一座十分欧洲化的城市,不仅城市居民几乎都是欧洲移民的后裔,而且城市布局、街景,以及居民的生活方式、风俗习惯、文化情趣,处处显露出欧洲风情。布宜诺斯艾利斯市内绝大多数广场、街道、公园、博物馆、纪念碑和塑像,都用重大历史事件和著名历史人物命名。布宜诺斯艾利斯市中心的街道纵横交错,南部的圣特尔莫和蒙特塞拉区街道狭窄,还保留着几个世纪以前的西班牙和意大利风格的古老建筑。布宜诺斯艾利斯市区东部街道宽阔,高楼林立,周围点缀着草坪、花坛。布宜诺斯艾利斯既有哥特式教堂,又有罗马式的剧院和西班牙的庭院,让人不得不赞叹这座城市的文化多样性。

布宜诺斯艾利斯是阿根廷知名的旅游城市,旅游名胜众多,布宜诺斯艾利斯方尖碑、七九大道、哥伦布剧院、五月广场、阿根廷总统府、女人桥、拉博卡、圣马丁广场、国会大厦、国会广场、博卡区与探戈街等都很值得一游。

(三)蒙得维的亚(Montevideo)

蒙得维的亚是乌拉圭首都,也是乌拉圭最大的城市。蒙得维的亚位于拉普拉塔河下游,濒临南大西洋,与阿根廷首都布宜诺斯艾利斯隔河相望,相距约190公里。蒙得维的亚的港口坐落在一个喇叭口形三角港内向南突出的岬角上,港阔水深,为南美洲主要港口之一。蒙得维的亚的气候温和,常年绿树成荫,鲜花盛开,素有"南美的瑞士"之称。普拉多公园是蒙得维的亚最古老、最著名的公园,园内种植了800多种玫瑰,使这个城市有"玫瑰之城"的雅

称。蒙得维的亚面积 400 平方公里,官方语言为西班牙语,机场为蒙得维的亚国际机场。

蒙得维的亚气候属亚热带季风性湿润气候,气候宜人,四季如春,年平均气温 16 ℃ 左右,年降水量 1100 毫米左右。

蒙得维的亚是座美丽的城市,城市分新城和旧城两部分。旧城保留着西班牙殖民统治时期的建筑风格,以宪法广场为中心,广场上有 18 世纪建造的天主教教堂。新城现代化的高楼大厦林立,独立广场上矗立着民族英雄阿蒂加斯将军骑马的青铜雕像和他的陵墓。新城的主要街道是"7 月 18 日大道"。广场中央矗立着阿蒂加斯骑着战马,腰挂战刀的铜像。铜像高 17 米,重 30 吨,乌拉圭人尊阿蒂加斯为独立之父。独立广场两侧是乌拉圭政府大厦和维多利亚大旅馆。靠近政府大厦是 1856 年建筑的索利斯大剧院,以演古典戏剧和歌舞著称。在"7 月 18 日大道"中段,有一个自由广场,广场上有一座自由纪念碑,碑顶的自由女神手持火炬,耸入云空。蒙得维的亚海滩风光秀丽,为著名的游览胜地。蒙得维的亚城东 21 公里处的卡拉斯科有现代化的国际机场。

蒙得维的亚是南美洲美丽的城市之一,市内风景优美,绿树成荫。由于蒙得维的亚气候宜人,空气清新,花草常青,蒙得维的亚城南的拉普拉塔河沿岸有许多优质的海滨浴场。

蒙得维的亚的主要旅游景点有独立广场、议会大厦和塞罗山等。蒙得维的亚的沿海有大型的海滨浴场,每年的 12 月 8 日是乌拉圭的沙滩日,大主教将会在这里举行祈祷仪式。

(四) 马尔维纳斯群岛(Islas Malvinas)

马尔维纳斯群岛又称福克兰群岛,是一个位于南大西洋巴塔哥尼亚大陆架上的群岛,简称马岛,官方语言为英语,主要民族为法兰西、英格兰民族,主要宗教为基督教。马尔维纳斯群岛主岛地处南美洲巴塔哥尼亚南部海岸以东约 500 公里,南纬 52°左右海域。马尔维纳斯群岛包括索莱达岛、大马尔维纳岛和众多小岛,总面积约 12200 平方公里。

马尔维纳斯群岛气候寒湿,一年中雨雪天气约 250 天。阴凉多风的气候使马尔维纳斯群岛气温平稳,仅有季节性的小变动。这里年平均气温约 5 ℃,年降雨量大约 635 毫米。

马尔维纳斯群岛的首都为斯坦利,亦称斯坦利港,位于索莱达岛。马尔维纳斯群岛政府管辖英国属地南乔治亚岛、南桑威奇群岛、沙格和克拉克礁,它们位于马尔维纳斯群岛东和东南方 1100~3200 公里处。斯坦利港为重要商港,出口羊毛、皮革、油脂,进口食品、煤、石油、木材等,斯坦利港还是捕鲸基地。这里设有欧洲太空研究组织的卫星追踪站和南极观测站及飞机场。

马尔维纳斯群岛最吸引人的是奇花异草、种类丰富的海鸟、海洋哺乳动物以及拥有特殊地理构造的岩石形态。海狮岛便是一个不折不扣的动物乐园,岛上唯一一个人类建筑的小木屋中的所有物资,都来源于直升机空运。游客数量被严格控制在小范围之内,也就是说岛上的各种鸟类和企鹅才是这里的主人。

马尔维纳斯群岛属自治英国海外领土。根据 2009 年通过的宪法,马尔维纳斯群岛拥有充分的内部自治权,英国只负责外交和军事事务,保留军事力量"保护英国利益并确保领地整体上得到良好治理"。英国君主是国家元首,马尔维纳斯群岛总督代表君主行使行政权力,他还可以根据立法议员的建议任命行政长官。总督和行政长官都是政府首脑。

马尔维纳斯群岛有 5 座中小型机场,从福克兰芒特普莱森特机场到英格兰有途经亚森欣岛的定期客运班机。在欧洲大约只有30家旅行社组织前往马尔维纳斯群岛的旅行,有的通过英国空军授权的航班出发,有的则通过南美洲商务服务活动出发。

(五)圣地亚哥(Santiago)

圣地亚哥是智利的首都和最大城市,是南美洲第五大城市。圣地亚哥位于智利国境内的中部,坐落在马波乔河畔,东依安第斯山,西距瓦尔帕来索港约100公里。碧波粼粼的马波乔河的河水从城边缓缓流过,终年积雪的安第斯山仿佛一顶闪闪发光的银冠,自然山水增添了动人的风韵。圣地亚哥面积为641平方公里,2009年人口约720万(都会区),官方语言为西班牙语,机场是阿图罗·梅里诺·贝尼特斯准将国际机场,高校有智利大学、智利天主教大学等。

圣地亚哥是一个由多个市镇构成的城市,虽均属圣地亚哥首都大区管辖,但严格上并没有一个统一的市政机构。圣地亚哥大部分市镇位于圣地亚哥省境内,其中最核心的市镇亦称为"圣地亚哥"。圣地亚哥虽是智利首都,但智利国会却设于海滨城市瓦尔帕莱索。

圣地亚哥属于地中海式气候,一年之中,夏季(11月至3月)相对比较干燥,但是气温最高只有35℃,所以并不炎热;冬季(6月至8月)潮湿阴冷,最高气温15℃左右。降雨量每年大约360毫米。宜人的气候使圣地亚哥风光绮丽、婀娜多姿。这里一年四季,棕榈婆娑,绿草如茵,各种鲜花争相吐艳。

阿图罗·梅里诺·贝尼特斯准将国际机场是圣地亚哥的国内与国际机场,距离圣地亚哥市中心大约15分钟车程。该机场是智利最大的航空设施。圣地亚哥地铁是智利首都圣地亚哥的城市铁路,穿越该市的大部分地区。圣地亚哥地铁被认为是拉丁美洲最现代化的地铁并位居世界前茅。

圣地亚哥为智利的天然旅游城市,拥有众多的旅游资源,博物馆、美术馆、公园众多。著名旅游景点有圣地亚哥武器广场、奥希金斯大街、圣地亚哥大教堂、智利国家历史博物馆、中央邮局、圣卢西亚山、智利国家美术馆、圣拉斐尔湖国家公园、拉莫内达宫、前哥伦布时期艺术博物馆、内瓦多滑雪场等。

(六)利马(Lima)

利马是秘鲁共和国首都,利马都会区由利马和卡亚俄组成,是世界第二大沙漠城市,仅次于埃及的开罗。利马分为旧城、新城两部分。旧城区位于城市北部,临近里马克河,街道自西北向东南伸展,同里马克河成平行状。旧城区有众多的广场,以城区中心的"武装广场"最著名。旧城区还有风光优美的阿拉梅达公园、最繁华的商业中心乌尼昂大街、宽阔的繁华大街尼科拉斯德皮埃罗拉大街、圣马丁广场、博洛洛内西广场,以及南美洲最古老的大学——圣马科斯大学。新城区街道宽阔,高楼林立。

利马属热带沙漠气候,是世界上著名的无雨城市,一年四季,没有雷鸣电闪,没有疾风暴雨,至于结冰、下雪更是闻所未闻的事情。利马无雨,并非终年滴雨不落,只是年降雨量仅15毫米左右,故有"无雨之都"的称号。利马降雨的特点是,由浓湿雾形成的露珠以霏霏的粉状飘落下来。降雨期,天空灰茫茫一片,阴霾多日不散,迷雾蒙蒙,时间一长,路面湿润,草木滴水,土地渗透。利马虽然降雨较少,但气温并不酷热,年平均气温在19 ℃左右,最冷时月平均气温为16 ℃左右,最热时月平均气温不超过24 ℃,是名副其实的四季如春。

利马不仅气候温和,而且植物茂盛。条条街道绿树成荫,街心公园遍布全市,利马市内不是种花,就是植草;每个居民住宅区都是宁静幽雅的绿化区,栋栋楼前树木葱郁,家家墙头都露出片片绿叶、串串红花。由于绿化工作做得好,尽管利马市区与西部沿海茫茫的沙漠地带近在咫尺,却见不到黄沙弥漫或飞沙走石的景象。利马市处在沙漠包围之中,游客驱车出城,只见公路两旁,近处沙丘重叠,远方层层沙浪,无垠的沙漠与浩瀚的太平洋海面交相映照,别是一番情景。

在这座"无雨之都"里,游客会发现许多奇怪的现象。比如,街道上居然没有一处下水道,城里的大量居民住宅都是土坯房,有的住房干脆就是用纸板拼成的,更有甚者,有的住房居然没有盖房顶。再有,利马市民从来不购买雨伞、雨衣等雨具。

利马是秘鲁西班牙文化的重地。利马古城区是联合国世界遗产之一。这个古城区包括了巨大的圣法兰西斯修道院地下墓穴和装饰的五颜六色的中央广场、圣马路丁广场和大教堂。邻近利马的有巴恰卡马遗址类似中国新疆丝路上的高昌故国遗址。利马市的著名博物馆有黄金博物馆、国立人类学博物馆。

利马同时是秘鲁最大的港口。利马靠近太平洋,因此也有不少的海滩成为观光景点。利马著名景点有托雷塔格莱宫、钱昌古迹、拉斯莱延达斯公园即利马动物园、利马黄金博物馆、国家博物馆、利马大广场、查文考古遗址等。

利马的豪尔赫·查委斯国际机场是南美洲重要航空港,开辟有通往阿根廷、加拿大、古巴、巴西、巴拿马、哥伦比亚、墨西哥、委内瑞拉、厄瓜多尔、智利、法国、德国以及北欧诸国的航线。利马是秘鲁的交通中心,公路从利马向全国辐射延伸。利马旧城有秘鲁中央铁路总站,铁路向东穿行,越过安第斯山,可到达重要的冶金基地——拉奥罗亚城。利马还有铁路通往卡亚俄港、奥罗亚等地。

(七)麦哲伦海峡(Strait of Magellan)

麦哲伦海峡位于南美洲大陆最南端,火地岛、克拉伦斯岛及圣伊内斯岛之间,是沟通大西洋和太平洋的海峡,由火地岛等岛屿围合而成,东端与阿根廷相接。葡萄牙航海家麦哲伦于1520年首次通过该海峡进入太平洋,因此得名。

麦哲伦海峡蜿蜒曲折,长563公里,最窄处仅有3.3公里,最宽处却有32公里左右。麦哲伦海峡是南大西洋与南太平洋之间最重要的天然航道,但由于长期恶劣的天气,加上麦哲伦海峡狭窄,所以船只很难航行。麦哲伦海峡水道曲折迂回,且寒冷多雾,在巴拿马运河建成前为重要海上航线。当地方言为西班牙语,气候属温带海洋性气候。

麦哲伦海峡东起大西洋畔的维尔赫纳斯角与圣埃斯皮里图角,西至德索拉西翁岛皮勒角抵太平洋。麦哲伦海峡主要港口阿雷纳斯角在伯伦瑞克半岛,为智利羊肉集运港。

火地岛是麦哲伦海峡南边的最大岛屿,东部属阿根廷,西部属智利。麦哲伦海峡的一些港湾可停泊大型船只。

麦哲伦海峡两侧基本由连绵的山脉和岛屿组成,在海峡中部Arenas港附近航段岸形易辨,东部入口处的100海里范围内则以矮山为主,少树,多以植被覆盖。贯穿整个麦哲伦海峡,海拔较高的山脉顶部常年积雪覆盖,海拔较低处仅在冬季覆盖积雪。

第三节 南极洲邮轮旅游地区

一、南极洲邮轮旅游地区概况

南极洲是唯一一个独占一个大陆的大洲,是地球上最后一个被发现,唯一没有先住民居住的大陆。与南极大陆最接近的大陆是南美洲,在它们之间是970公里宽的德雷克海峡。

南极洲邮轮旅游航线是目前邮轮所能到达的航线,通常从马尔维纳斯群岛的斯坦利港口、阿根廷布宜诺斯艾利斯或者乌斯怀亚港驶向德雷克海峡,航行季节为12月至次年的2月。

南极洲是围绕南极的大陆,位于地球南端,四周被太平洋、印度洋和大西洋所包围,边缘有别林斯高晋海、罗斯海、阿蒙森海和威德尔海等。

南极洲由大陆、陆缘冰、岛屿组成,总面积1424万平方公里,岛屿面积7.6万平方公里。全境为平均海拔2350米的大高原,是世界上平均海拔最高的洲。南极大陆几乎全被冰川覆盖,占全球现代冰被面积的80%以上。大陆冰川从中央延伸到海上,形成巨大的罗斯冰障,周围海上漂浮着冰山。

南极海岸线的总长度为17968公里;最高点是文森山,海拔5140米;最低点本特利冰河下沟谷,海拔-2555米;冰层平均厚度1880米,最厚达4750米,是全世界淡水的主要所在地。据估计,若地球气温持续上升导致这些冰层全部融化,那么全球绝大多数沿海地区都将被海水淹没。

整个南极大陆只有2%的地方没有常年被冰雪覆盖,动植物能够生存。在南极圈内暖季有连续的极昼,寒季则有连续的极夜,并有绚丽的弧形极光出现。南极洲的动物有企鹅、海象、海狮、信天翁等,附近海洋产南极鳕鱼等,磷虾产量全球最大。

南极洲分东南极洲和西南极洲两部分。东南极洲从西经30°向东延伸到东经170°,面积达1018万平方公里。西南极洲位于西经50°~160°之间,面积达229万平方公里。南极洲距离南美洲最近,中间隔着只有970公里的德雷克海峡。南极洲分布有众多的淡水和咸水湖池,最有名的是唐胡安池,其湖水含盐量极高,每升湖水含盐量均达270多克,即使是在-70℃,湖水也不结冰。

南极洲的气候特点是酷寒、烈风和干燥。南极洲的风独具个性,是世界上风力最强和风暴最多的地区;绝大部分地区降水量不足250毫米,仅南极洲的大陆边缘地区降水量就达500毫米左右。全洲年平均降水量为55毫米左右,大陆内部年降水量仅30毫米左右,极点附近几乎无降水,空气非常干燥,有"白色荒漠"之称。

南极洲年平均气温为-25℃左右,内陆高原平均气温为-50℃左右,寒季气温很少高于-40℃。南极洲的极端最低气温曾达-89.2℃,是迄今为止世界上测到的最低的气温记录。

南极洲每年分寒、暖两季,4—10月是寒季,11—3月是暖季。在极点附近寒季为极夜,这时在南极圈附近常出现光彩夺目的极光;暖季则相反,为极昼,太阳总是倾斜照射。

南极洲全洲无定居居民,只有来自世界各地的科学考察人员和捕鲸队。1911年12月挪威阿蒙森探险队首次到达南极极点。中国南极考察队建有长城站、中山站、昆仑站和泰山站。截至2013年,已有10多个国家在南极大陆和沿海岛屿上建立了40多个常年科学考察站,每年参加越冬的科考人员不到750人,夏季考察队员也不过2000~3000人。此外,暖季时乘船或飞机到南极半岛和罗斯岛(麦克默多站)旅游的人数有几百人至上千人。

二、南极洲邮轮旅游地区主要邮轮旅游目的地

(一) 火地岛(Fuego)

火地岛位于南美洲的最南端,是南美洲最大的岛屿群。主岛火地岛又称大火地岛,隔麦哲伦海峡(最窄处仅3.3公里)同南美大陆相望,面积约4.87万公里。如果包括附近数百个小岛和岩礁在内,火地岛总面积约7.3万平方公里。火地岛约三分之一属智利,三分之二属阿根廷。1881年智利和阿根廷划定边界,东部属阿根廷,西部属智利。

火地岛人口稀少,原为印第安人奥那族等的居住地。阿根廷的火地岛区相当于一个省,占地约6.3万公顷,每到南半球的夏天,从世界各地前来旅游的人络绎不绝。火地岛官方语言为西班牙语,著名景点有火地岛国家公园、莫雷诺大冰川,机场为乌斯怀亚国际机场。其最南点就是闻名世界的合恩角。

火地岛的气候为温带海洋性气候,纬度较高,受寒流影响,气温较低,多强劲风暴。火地岛西部受湿润西北风和地形影响,年降水量高达2000~3000毫米;东部为温带大陆性气候,降水较少,不足500毫米。

火地岛地形多变。主岛北部大部为冰川地形,以湖泊及冰碛为主,高度在180米以下,大西洋和麦哲伦海峡海岸地势低平。主岛西部、南部及群岛为安第斯山脉的延伸,群峰海拔在2100米以上,如萨米恩托峰、达尔文峰等,并有高山冰川。主岛南部和西部无遮蔽地带仅有苔藓和矮木,中部有落叶山毛榉林,北部平原覆盖丛生草本植物。

火地岛的冰川风光别具一格。冰川奇形怪状,雪山重峦叠嶂,湖泊星罗棋布。这里的法尼亚诺冰川湖方圆数百平方公里,周围群山环抱、森林密布,湖水清且静,风光秀美,由于岛上的动植物资源保存较好,岛上有不怕人的海豹和企鹅,有优良品种的羊和众多的野兔,茂盛的山毛榉树构成了森林的主体。在火地岛南面的比格尔海峡一带,还时常有巨大、珍贵的蓝鲸出没。

火地岛的土著奥那族人的流浪式生活和风俗也独具特色。他们的房子非常简单,就是在地上插几根木棍,再搭上几张骆马皮,很像我们所说的窝棚。特殊的地域、神奇的自然景观和人文景观,吸引了来自世界的旅游者来此观光。为此,阿根廷在岛上建立了国家公园。

火地岛主要经济活动是养羊,集中于岛的北部;其次是伐木、捕鱼和狩猎。工业仅有石油和天然气开采以及一些供本地消费的小型炼油厂、肉类冷冻厂等。这里的公路不发达,无铁路,主要居民点与智利的蓬塔阿雷纳斯和阿根廷的里奥加耶戈斯有空运连接。这里的海

上交通也很重要,波韦尼尔与蓬塔阿雷纳斯之间有定期往返的船只,乌斯怀亚与智利的纳瓦里诺岛之间有海军舰艇航行。

(二)乌斯怀亚(Ushuaia)

阿根廷的火地岛首府乌斯怀亚是世界上最南的港口城市,2001年常住居民约6.4万人。1870年就有阿根廷人前来定居,1893年正式建设城市。乌斯怀亚是前往南极的启程地,距南极半岛1000公里,最近处仅800公里,因此被称为"世界的尽头"。

乌斯怀亚的西南面有一系列的小岛,中间有条水道叫作比格尔海峡,是太平洋和大西洋的分界线。乌斯怀亚扼海峡咽喉,东可去马尔维纳斯群岛,西达大洋洲,南到南极洲,战略位置极为重要。

乌斯怀亚充满神秘色彩,已成为迷人的风景点。乌斯怀亚在印第安语中,是"观赏落日的海湾"之意。当日落黄昏时,登上山冈,眺望晚霞中的海湾,水天一色,云霞似锦,美不胜收。由于乌斯怀亚风景如画,吸引了众多的国内外游客,人们都愿意来到这个"世界的天涯海角"体验一下"世外桃源"的清静滋味。

乌斯怀亚港是阿根廷和其他国家去南极考察的后方基地,考察船都在这里补充燃料和食品。乌斯怀亚港设备完善,有班轮定期通航阿根廷首都和智利火地岛首府蓬塔阿雷纳斯,并建有飞机场与岛外通连。

乌斯怀亚市内主要街道圣马丁大街建在一片绿草如茵的山坡上,街两旁用锌铁皮建造的小屋精巧雅致。乌斯怀亚市内店铺多为旅馆、饭店和酒吧,旅馆规模不大,但服务水准较高。乌斯怀亚的百货商店商品以御寒衣物等用具居多,还有体现南美风情的装饰、工艺品等。每年都有来自世界各地的豪华游艇和帆船来乌斯怀亚港停泊游玩。

(三)南设得兰群岛(South Shetland Islands)

南设得兰群岛位于南极大陆的北边,与南美洲的合恩角遥遥相望,南设得兰群岛是科考站的主要大本营,很多国家都把考察站驻扎在群岛中最大的乔治王岛上,中国的长城站就设在这里。长城站是中国最早的南极考察站。

南设得兰群岛的气候相对比较温和,夏季气候为1.5℃左右,冬季则为-5℃左右。夏天会有捕鲸船来往,以迪塞普申岛的福斯特港作为基地,而乔治王岛的铁矿煤矿丰富,是个不错的极地观测基地。群岛上除了科考站外,还有一些"土著居民",如企鹅和海鸥都在这里栖息,它们与人类和谐美好地享受着这纯净天堂。

每年的3—4月间,南设得兰群岛都会迎来一些动物的拜访。雄性南象海豹不约而同地来到群岛上,找个舒适的地方进行为期三周的蜕皮期,然后去海中旅行大半年,再在春暖花开时,返回南极。

(四)火地岛国家公园(Fuego National Park)

阿根廷于1960年在火地岛上建立了国家公园。火地岛国家公园(见图4-1)是世界最南端的国家公园,也是世界最南部的一个自然保护区。雪峰、湖泊、山脉、森林点缀其间,极地风光无限,景色迷人,到处充满着奇妙色彩。

图 4-1　火地岛国家公园

(五) 南极德雷克海峡(Drake Passage)

德雷克海峡位于南美洲大陆与南极半岛间,海域狭窄,由于宽度变小,海流强烈且常有风暴,常令航行者闻之色变。

德雷克海峡彼端有个三角形突起的海岬,那就是位于南美火地岛最南端的合恩角。合恩角是世界最南端的聚落,整座城镇建在冰积石的山坡上,房子都采用斜顶建筑,冬天不会堆积沉重的雪。合恩角半年以上的日子里都会下雪,是世界五大海角之一。

合恩角也有"海上坟场"之称,因为其位于美洲大陆最南端,隔德雷克海峡与南极相望,属于次南极疆域,堪称世界上海况最恶劣的航道。

(六) 莫雷诺大冰川(Moreno Glacier)

阿根廷冰川国家公园,位于阿根廷南部圣克鲁斯省卡拉法铁城西 80 公里,从巴里洛切往南直到南美大陆的尖端,这里已经接近南极,到了麦哲伦海峡。当地最有特色的旅游景点要数莫雷诺大冰川。

莫雷诺大冰川是经过几十万年的冰雪堆积而形成的活冰川,形成于 2 万年前的冰川时期。整个冰川高达 60 多米,绵延 30 公里,有 20 万年历史,面积有 200 多平方公里。莫雷诺大冰川白茫茫一片,千姿百态,有的像飞禽走兽,有的如人物浮雕,有的形似利剑直刺蓝天,有的好比晶莹璀璨的珊瑚。由于极地气候变化无常,夏日昼长夜短,晚上 10 点以后太阳才慢慢地消失在远处山谷之中,只经过三四个小时就又迎来了新的黎明。漫长的白昼艳阳高照,突然间又狂风骤起,风雨交加,转瞬间又风平浪静,真是一日之内气象变幻万千。

莫雷诺大冰川的著名之处在于它是世界上少有的现在仍然"活着"的冰川,在这里每隔几十分钟就可以观赏到冰崩的奇观。1945 年阿根廷将此地列为国家公园加以保护,1981 年被列入联合国世界自然遗产。

阿根廷冰川国家公园是一个奇特而美丽的自然风景区，有着崎岖高耸的山脉和许多冰湖，其中包括阿根廷湖。在湖的远端三条冰河汇合处，乳灰色的冰水倾泻而下，像小圆屋顶一样巨大的流冰带着雷鸣般的轰鸣声冲入湖中。

卡拉法铁是阿根廷南部的一个小镇，也是莫雷诺大冰川的所在地。小镇上各种颜色、风格各异的房子错落有致，让人赏心悦目。

第五章

太平洋邮轮旅游区域

太平洋是地球上岛屿最多的大洋,计有大小岛屿2万多个,面积达440万平方公里,约占世界岛屿总面积的45%。中部横亘在太平洋与印度洋之间的马来群岛东西长4500多公里,它们把太平洋西部水域分隔成近20个边缘海、数十条海峡和水道。

在太平洋岛屿中,除新西兰的南、北二岛外,其余绝大部分岛屿位于太平洋中部,犹如繁星散布在赤道两侧的南、北纬30°,以及东、西经130°之间浩瀚的热带海洋里。太平洋岛屿是一个群岛套群岛的"万岛群岛"。太平洋岛屿中最大的岛屿为伊里安岛(又称"新几内亚岛"),面积78.5万平方公里,仅次于格陵兰岛,是世界第二大岛。

太平洋岛屿人口约占大洋洲总人口的23.3%。按地理特点和当地原有居民的肤色、语言等特征,太平洋岛屿可划分为三大组,即位于西南部赤道以南,180°经线以西的美拉尼西亚(意为"黑人群岛"),自西北向东南延伸;位于西北部绝大部分在赤道以北,180°经线以西的密克罗尼西亚(意为"小岛群岛"),基本上是自西向东延伸;位于东半部的180°经线以东,南、北纬30°之间的波利尼西亚(意为"多岛群岛"),自西北向东南分布。这三大群岛处于亚、澳和南、北美洲之间,东西沟通太平洋和印度洋,又联系着各大洲的海、空航线和海底电缆经由之地,其中关岛、威克岛、中途岛、瓦胡岛等都是太平洋航线的中途要站。因此,在国际交通和战略上,太平洋岛屿具有非常重要的地位。

太平洋岛屿按成因可分为大陆岛和海洋岛,海洋岛又可分为火山岛和珊瑚岛。伊里安岛和美拉尼西亚的大多数岛屿都属于大陆岛,面积较大,既有高大崎岖的山地,也有宽窄不等的沿海冲积平原,有利于发展农业,最适宜种植热带经济作物,并有茂密的森林和丰富的矿藏。波利尼西亚的夏威夷群岛就是典型的火山岛,迄今仍有火山活动,这种岛屿海拔较高,火山熔岩、火山灰经长期风化,土壤肥沃,森林茂密,适宜发展农业,也可种植热带经济作物。密克罗尼西亚以珊瑚岛为主,面积较小,地势低平,水分渗漏严重,土壤肥力较低,对农耕不利。部分岛屿储藏有丰富的磷酸盐矿。礁湖和环礁有缺口同外洋联系,往往形成船只避风的良好港湾。

太平洋岛屿大部分位于南、北回归线之间,属热带雨林或草原气候。终年高温多雨,年平均气温25℃~28℃,年较差一般不超过5℃。年平均降水量大多为2000~3000毫米,局部地区超过4000毫米,如夏威夷群岛中的考爱岛,其迎风坡年平均降水量可达12040毫米,是世界降水量较多的地区之一。西部各岛由于受大陆影响,季风显著。在密克罗尼西亚的加罗林群岛附近和波利尼西亚的中部,为台风的发源地。

太平洋岛屿除珊瑚岛外,植物均很繁茂,生长着热带经济作物,主要有椰子、咖啡、可可、香蕉、菠萝、甘蔗、橡胶树等。在沿海地带牧草繁茂,有利于发展畜牧业。美拉尼西亚热带森林茂密,盛产白檀木、红木等珍贵木材,世界闻名。太平洋岛屿矿产资源种类较多,最重要的是磷酸盐矿,分布在瑙鲁、基里巴斯的大洋岛及所罗门群岛等。新喀里多尼亚的镍矿储量居世界首位。金、铜、铬、镁、石油等的储量也比较多。此外,还有钴、银、铝土矿等。波利尼西亚中部的莱恩群岛盛产珍珠。

第二次世界大战后,尤其是20世纪70年代以来,太平洋岛屿的旅游业发展迅速。维提岛、塔希提岛、瓦胡岛、关岛等均处于国际交通线上,还有许多其他岛屿,山水绮丽,风光旖旎,气候宜人,这些也都是发展旅游业的有利条件。现在,旅游业在太平洋岛屿的许多国家和地区的经济收入中占有越来越重要的地位,不仅增加了外汇收入,而且也促进了当地经济的发展,并提供了大量的就业机会。

第一节 南太平洋热带岛屿邮轮旅游地区

一、南太平洋热带岛屿邮轮旅游地区概况

南太平洋是太平洋南部,大约在赤道以南到南纬60°的海域。分布有斐济、汤加等国家。与南大西洋比较,南太平洋并不是汪洋一片,而是有星罗棋布的小岛屿。由于南太平洋位于环太平洋版块的南部,所以在版块边沿都有很多火山岛,主要集中在西南太平洋。这些火山岛在数万年间的人类迁徙过程中,都有人类居住,繁衍成为今日在南太平洋地区的"太平洋文化圈"。在南太平洋诸国及新西兰的高等学府,都设有"太平洋学"研究当地的文化。

南太平洋岛国是名副其实的袖珍国,它们国小人少,其陆地总面积仅55万平方公里。其中,巴布亚新几内亚面积最大,陆地面积约46.28万平方公里;最小的国家瑙鲁,陆地面积约21平方公里。

南太平洋所含国家与地区包括:法属波利尼西亚,又名塔希提,是联合国非自治领土,位于太平洋的东南部;斐济;新喀里多尼亚;所罗门群岛;瓦努阿图;汤加;萨摩亚;瑙鲁,世界上最小的岛国;图瓦卢,面积约26平方公里,世界上第一个因海平面上升而面临被淹没的国家;纽埃,新西兰属地;库克群岛,新西兰属地。

南太平洋环境优美,拥有得天独厚的旅游资源。海天一色的自然风光、独具特色的热带风情吸引着世界各地的游客,使旅游业呈现蓬勃发展势头。此外,南太平洋岛国拥有丰富的水果资源、水产资源和矿产资源。

南太平洋旅游组织(SPTO)是南太平洋跨政府间的旅游组织,负责协助振兴南太平洋地区的旅游业,组织总部设在斐济首都苏瓦。南太平洋旅游组织成员国家包括:大溪地(法属波利尼西亚)、库克群岛、斐济、基里巴斯、法属新喀里多尼亚、纽埃、萨摩亚、所罗门群岛、汤加、瓦努阿图和巴布亚新几内亚(巴新),中国也是成员国之一。目前,中国政府已经授权核

准中国公民前往南太平洋国家旅游的岛屿国分别是:斐济、库克群岛、汤加、瓦努阿图、萨摩亚、巴布亚新几内亚、密克罗尼西亚联邦、法属波利尼西亚等。

二、南太平洋热带岛屿邮轮旅游地区主要邮轮旅游目的地

(一) 斐济岛(Fiji)

斐济岛又称斐济群岛,全称为"斐济群岛共和国",被誉为"南太平洋上的明珠",首都是苏瓦,属热带海洋性气候,面积约为1.83万平方公里。它位于西南太平洋中心,介于赤道与南回归线之间,是纽澳前往北美的必经之地。斐济岛是世界著名的度假胜地、旅游天堂,被誉为"全球十大蜜月旅游胜地之一"、"全球十大美女海滩之一"。

斐济岛是南太平洋上珍珠般的岛屿,地跨东、西半球,由300多个岛屿组成,其中106个岛有人居住,大部分是珊瑚礁环绕的火山岛,重要景点有玛玛努卡群岛、辛加东卡等。

普通的大海是蓝色的,但是斐济的大海却是彩色的。因为无数各种形状、色彩斑斓的海鱼在水里畅游,将海水搅得五彩缤纷。斐济几百个大小不一的岛屿被环状的珊瑚礁包围,所以这里成了海鱼的天堂。斐济虽然岛屿众多,但是每个岛屿都很精致,每天都有很多船只去各个小岛。

斐济是个多民族的国家,其中51%为斐济族,44%为印度族,官方语言为英语、斐济语和印地语,通用英语。由于人口稀少而风景秀丽,欧美人早就把斐济当作度假首选之一,甚至不少大牌明星也会选择这里度蜜月。

斐济人在饮食方面爱吃海产品,注重菜肴的丰盛,口味一般较重,喜油大,爱甜味,主食以米为主,也乐于品尝面食。斐济人特别喜欢吃海龟肉、鱼等海产品,也爱吃猪肉、鸡肉等肉类;蔬菜喜欢芋头、木薯、山药、西红柿、葱头等;调料爱用椰油、胡椒、姜、葱等。斐济曾是英国的殖民地,这里的度假村大都保留着欧洲大陆式的西餐做法。"椰子汁伴瓦鲁鱼"是每家餐厅必备的凉菜,凉拌的鱼肉浇上天然椰汁和密制配料,盛入椰壳犹如一件精美的手工艺品,闻起来又酸又甜。甜品是用热带香蕉煎炸而成的。

在斐济,很容易让人发出"天堂不过如此"的感叹。清凉的海风吹拂着高矗入云的椰林,岛上热带树木浓绿成荫,海滩边洁白的沙滩,海里奇形怪状的珊瑚礁,到处充满热带海洋的原始美感。恐怕除了它再也找不到吸引这么多世界级名人的地方了。世界首富比尔·盖茨选择在这里度蜜月,阿诺德·施瓦辛格等都在这里拥有自己的私人地盘。这里还有世界最狂热的名人度假胜地——瓦卡亚俱乐部。这个岛每次仅能容纳20名游客,用豪华水上飞机接送住客。由于住的都是渴望清静的世界级名流,所以,这个俱乐部除了设施和服务一流以外,还是严禁摄影、摄像的。

斐济没有直飞航班。最大岛是美地来雾岛,首都苏瓦及南迪国际机场皆在这个岛上,也是观光客进入斐济的门户。在旅游行程上还是参加航空公司的套装行程为佳。旅客可以经由悉尼、奥克兰或东京转机前往。斐济岛屿间最方便的交通就是搭乘水上飞机。

斐济一年四季均适合旅游:12—3月为夏季,降雨较多,平均温度在30 ℃以上;5—11月为干爽的冬季,平均温度约为26 ℃,冬季时早晚温差稍大,最好加一件长袖衣服。

(二) 塔希提岛(Tahiti)

塔希提岛(见图 5-1),又译为大溪地,是法属波利尼西亚向风群岛中的最大岛屿,位于南太平洋。政府驻地为帕皮提。塔希提岛是南太平洋上的波利尼西亚群岛中最大的一个,总面积约 1000 平方公里,由于法属波利尼西亚群岛以该岛最大,而且是法属波利尼西亚的政治中心与经济中心,也因此许多人习惯以塔希提来称呼整个法属波利尼西亚。塔希提岛的形状从空中鸟瞰似条鱼,鱼头、鱼身被称为"大塔希提",鱼尾叫"小塔希提",因其秀美的热带风光、环绕四周的七彩海水,而被称为"最接近天堂的地方"。

图 5-1 塔希提岛

塔希提岛属热带雨林气候,年平均气温 13 ℃~33 ℃,年平均降水量为 2000 毫米左右。塔希提岛位于东南信风带内,南部湿润,北部较干燥,大部分雨量降在 12 月至次年 3 月。这里四季温暖如春、物产丰富,居民称自己为"上帝的人"。

塔希提岛特色资源有塔希提岛黑珍珠。塔希提珍珠,即通常为世人所知的黑珍珠是产于南太平洋上法属波利尼西亚群岛偏远的礁湖中的,它有别于日本珍珠及南洋珠,可谓异常珍贵。塔希提黑珍珠就被誉为"女王之珠"和"珠中皇后"。在天然黑珍珠中最著名的被称为"Azura",它嵌于一条项链的中央,成为俄国皇室珠宝的一部分。今天,塔希提黑珍珠已成为一种不同凡响的宝石为名人以及珍珠爱好者所寻找收藏。

塔希提草裙舞是舞者伴随着鼓声舞动,此种舞蹈形式较为激烈、狂野。此舞音乐通常以多人的塔希提传统鼓打击,鼓声配合着舞蹈极为震撼。

法语是塔希提岛上唯一的官方语言,但当地语言塔希提语却是被广泛使用的一种语言。值得一提的是,塔希提的华人,约占当地人口的 10%,华人华侨经济占当地 85% 以上,因此华人掌握了当地大半的产业,华语(客家话)也是当地的语言之一。

塔希提岛休闲活动非常丰富:水上活动有潜水、帆船、浮潜、水上摩托车、冲浪、滑板、游泳等;冒险活动有四轮驱动野外之旅、滑翔翼、海钓、喂鲨鱼和魟鱼、直升机之旅、健行和登山等;娱乐活动有寻幽探秘轻松健走、骑脚踏车、打网球、排球、撞球、高尔夫、土著舞蹈表演等。

塔希提是法属波利尼西亚的主岛,许多热带花卉生长在该岛,整个岛屿空气中弥漫着香气。塔希提的中部绿林密布,山岭雄伟,有瀑布、溪涧和湖泊,是步行远足的好去处。火山灰

造就了肥沃的土地，热带水果如面包果、菠萝、木瓜、香蕉等随处可见。

塔希提的历史遗迹以土著酋长的陵墓最为壮观。陵墓位于金星角，毗邻欧洲列国探险家登陆的纪念碑，还有一个弃置了的灯塔。塔希提的博物馆种类繁多，各有特色。

塔希提的著名特产有椰子油、香草、黑珍珠、诺丽水果等。除著名特产外，还有编织品，如帽子、袋子，防晒油、香水等皆是旅客最佳的纪念品选择。

法属波利尼西亚单方面允许中国游客免签入境。当地物价偏高，信用卡及旅行支票皆可使用，但在较小的岛信用卡可能不被接受。塔希提没有给小费的习惯，但不管是否给小费，游客总是可以感受到塔希提的热情。

（三）库克群岛（The Cook Islands）

库克群岛位于南太平洋上，属大洋洲，介于法属波利尼西亚与斐济之间。库克群岛首都为阿瓦鲁阿，位于拉罗汤加岛。库克群岛官方语言为英语，国土面积约为240平方公里，主要民族为毛利人（属波利尼西亚人种），毛利人为原住民。毛利人占总人口的90%以上，欧洲后裔占约3%。

虽然土地面积狭小，但是由库克群岛周围所构成的经济海域范围，却多达200万平方公里，因此渔业在该地区的经济中占有非常高的比例。

库克群岛属热带雨林气候，年平均气温24℃左右，年平均降雨量2000毫米左右。南部的岛屿多山，土质肥沃，盛产蔬菜和热带水果，主岛拉罗汤加建有机场，可供波音747飞机起降。

库克群岛的整体经济以旅游业、种植业、渔业以及离岸金融业为主，黑珍珠养殖也颇为盛名。旅游业系经济支柱产业，是解决就业的主要渠道，旅游业收入约占GDP的50%。游客主要来自新西兰、欧盟、澳大利亚、美国、加拿大和法属波利尼西亚，主要旅游点为拉罗汤加岛和艾图塔基岛。

拉罗汤加岛有环岛公路，陆路交通工具主要是汽车、摩托车等。拉罗汤加船运公司和库克群岛国家船运公司经营库克与纽埃、新西兰、萨摩亚、汤加的定期货运业务。库克群岛水运委员会与另一船运公司负责各岛之间的运输。拉罗汤加岛上的阿瓦鲁阿国际机场可供波音747飞机起降。拉罗汤加航空公司经营国内航线。新西兰航空公司、萨摩亚波利尼西亚航空公司和斐济的太平洋航空公司有定期航班从拉罗汤加岛飞往奥克兰、洛杉矶、夏威夷、斐济和萨摩亚等地。

第二节 新西兰、澳大利亚邮轮旅游地区

一、新西兰、澳大利亚东海岸邮轮旅游地区概况

（一）新西兰（New Zealand）

新西兰又译为纽西兰，现为英联邦成员国之一。新西兰属于大洋洲，位于太平洋西南

部,澳大利亚东南方向,介于南极洲和赤道之间,西隔塔斯曼海与澳大利亚相望,北邻新喀里多尼亚、汤加、斐济。新西兰由北岛、南岛、斯图尔特岛及其附近一些小岛组成,以库克海峡分隔,南岛邻近南极洲,北岛与斐济及汤加相望。新西兰首都惠灵顿以及最大城市奥克兰均位于北岛,官方语言为英语、毛利语、新西兰手语。2016年新西兰人口约为469万,主要民族为英裔新西兰人、毛利人、亚裔新西兰人。新西兰海岸线长约6900公里,素以"绿色"著称。

新西兰是一个高度发达的资本主义国家。世界银行将新西兰列为世界上适宜经营商业的国家之一,其经济成功地从以农业为主转型为具有国际竞争力的工业化自由市场经济。鹿茸、羊肉、奶制品和粗羊毛的出口值皆为世界第一。新西兰也是大洋洲十分美丽的国家之一,总计约有30%的国土为保护区。

新西兰境内多山,山地和丘陵占其总面积75%以上。新西兰很接近国际日期变更线,是全世界较早进入新的一天的国家之一,查塔姆群岛和吉斯伯恩市是全世界最先迎接新一天到来的地方。

新西兰属温带海洋性气候,季节与北半球相反。12月至次年2月为夏天,6月至8月为冬天。夏季平均气温20℃左右,冬季平均气温10℃左右,全年温差一般不超过15℃。全国各地年平均降雨量为600~1500毫米。四季温差不大,植物生长十分茂盛,森林覆盖率达29%,天然牧场或农场约占国土面积的一半,生态环境非常好。北岛多火山和温泉,南岛多冰河与湖泊。约在1亿年前,新西兰与大陆分离,从而使许多原始的动植物得以在孤立的环境中存活和演化。除了独特的植物和动物之外,这里还有地形多变的壮丽自然景观。新西兰是罕见鸟类的天堂,哈斯特巨鹰堪称史上最大的鹰。

新西兰主要城市有:惠灵顿、奥克兰、克赖斯特彻奇(基督城)、哈密尔顿、达尼丁等。此外,新西兰还有库克群岛、纽埃、托克劳等。惠灵顿是新西兰首都,也是世界上处于较南端的首都之一。惠灵顿城市面积约266.25平方公里,夏季平均气温16℃左右,冬季平均气温8℃左右。

新西兰的"环太平洋"饮食风格是受到欧洲、泰国、马来西亚、印度尼西亚、玻利尼西亚、日本和越南的影响。全国各地的咖啡馆和餐厅都提供这种结合各地特色的料理,游客想品尝地道的新西兰风格,可点羊肉、猪肉、鹿肉、鲑鱼、小龙虾、布拉夫牡蛎、鲍鱼、贻贝、扇贝、甘薯、奇异果和树番茄等烹制的菜品,还有最具代表性的新西兰甜点"帕洛娃",这是以白奶油和新鲜水果或浆果铺在蛋白霜上制成的。

新西兰拥有1家全国性航空公司,即新西兰航空。新西兰还有数千家通用航空公司及200多家飞行俱乐部,300多个国内通用机场提供起降服务。新西兰的国际机场位于奥克兰、惠灵顿和基督城。某些从澳洲来的航班也会降落在哈密尔顿、北帕默斯顿、皇后镇和达尼丁。

新西兰旅游业发达,主要客源地为澳大利亚、中国、英国、美国、日本等。新西兰共有14个国家公园、3个海洋公园、3项世界遗产,其中1项为自然和文化双重遗产。新西兰最美丽的地方是岛屿湾,那里主要城市有派西亚、拉塞尔和怀唐伊。拉塞尔曾经是新西兰的第一个首都,派西亚属于岛屿湾中间位置,有很多的酒店。新西兰北岛有艾格蒙特国家公园、乌雷威拉国家公园等,南岛有阿贝尔·塔斯曼国家公园、亚瑟隘口国家公园等,斯图尔特岛有雷

奇欧拉国家公园。

新西兰著名景点有皇后镇、基督城、伊甸山、毛利文化村、天空塔、海港大桥、库克山、卡皮蒂岛、惠灵顿植物园、温泉城（硫黄城）等。新西兰世界自然遗产有汤加里罗国家公园、新西兰亚南极群岛；世界自然和文化双重遗产为蒂瓦希普纳穆，它位于新西兰西南部，包括4个国家公园，分别是奥拉基/库克山国家公园、峡湾国家公园、艾斯派林山国家公园、韦斯特兰泰普提尼国家公园。由于新西兰地处环太平洋火线上，因此到处都有地热温泉。罗托鲁阿以间歇泉和沸泥塘而闻名，是新西兰著名的温泉乡。位于基督城北方的汉默温泉是新西兰的主要高原温泉度假区。新西兰主要物产有奇异果、猕猴桃、葡萄酒等。

（二）澳大利亚（Australia）

澳大利亚全称为澳大利亚联邦，属大洋洲，位于南太平洋和印度洋之间，由澳大利亚大陆和塔斯马尼亚岛等岛屿及海外领土组成。它东濒太平洋的珊瑚海和塔斯曼海，西、北、南三面临印度洋及其边缘海。四面环海，是世界上唯一一个独占一个大陆的国家。澳大利亚东部隔塔斯曼海与新西兰相望，东北隔珊瑚海与巴布亚新几内亚和所罗门群岛相望，北部隔着阿拉弗拉海和帝汶海与印度尼西亚和东帝汶相望。

澳大利亚拥有很多独特的动植物和自然景观，是一个多元文化的移民国家。澳大利亚是联邦制君主立宪制国家。澳大利亚名义上的国家元首是英国国王，并任命总督为其代表，澳大利亚总督实际上不干预政府的运作。澳大利亚的首都为堪培拉，主要城市有悉尼、墨尔本、佩斯、布里斯班、达尔文、霍巴特、阿德莱德等，官方语言为英语，2016年人口数量约为2413万，面积将近770万平方公里，著名高校有澳大利亚国立大学、墨尔本大学等，著名景点有悉尼歌剧院、邦迪海滩、大堡礁等。

澳大利亚是一个高度发达的资本主义国家。作为南半球经济发达的国家和全球排名靠前的经济体、全球第四大农产品出口国、多种矿产出口量全球第一的国家，澳大利亚被称作"坐在矿车上的国家"，也被称为"世界活化石博物馆"。同时，澳大利亚也是世界上绵羊数量和出口羊毛最多的国家，被称为"骑在羊背的国家"。

澳大利亚人口都市化水平相当高，近一半国民居住在悉尼和墨尔本两大城市，全国多个城市曾被评为世界上最适宜居住的地方之一。

澳大利亚的地形很有特色，东部山地，中部平原，西部高原。澳大利亚全国最高峰科修斯科山海拔2228米，在靠海处是狭窄的海滩缓坡，缓斜向西，渐成平原。东北部沿海有大堡礁，沿海地区到处是宽阔的沙滩和葱翠的草木，地形千姿百态，在悉尼市西面有蓝山山脉的悬崖峭壁，在布里斯班北面有葛拉思豪斯山脉高大、优美而历经侵蚀的火山颈，而在阿德雷德市西面的南海岸则是一片平坦的原野。澳大利亚的约70%国土属于干旱或半干旱地带，中部大部分地区不适宜人类居住。澳大利亚有11个大沙漠，它们约占整个大陆面积的20%。澳大利亚中部的艾尔湖是澳大利亚的最低点，湖面低于海平面16米，能作畜牧及耕种的土地只有26万平方公里，主要分布在东南沿海地带。

墨累河和达令河是澳大利亚最长的两条河流。这两个河流系统形成墨累-达令盆地，面积100多万平方公里，相当于大陆总面积的14%。艾尔湖是靠近大陆中心一个极大的盐湖，面积超过9000平方公里，但长期呈干涸状态。澳大利亚的大陆十分干燥，饮用水主要是靠自然降水,并依赖大坝蓄水供水。政府严禁使用地下水,因为地下水资源一旦开采,很难恢复。

澳大利亚地处南半球,虽然时差与中国只有2~3小时,但是季节却完全相反。每年12~2月为夏季,3—5月为秋季,6—8月为冬季,9—11月为春季。澳大利亚跨两个气候带,北部属于热带,每年4—11月是雨季,12—3月是旱季,由于靠近赤道,1—2月是台风期。澳洲南部属于温带;澳洲中西部是荒无人烟的沙漠,干旱少雨,气温高,温差大;在沿海地带,雨量充沛,气候湿润。

澳大利亚有6个州和2个领地。6个州分别是新南威尔士州、昆士兰州、南澳大利亚州、塔斯马尼亚、维多利亚州、西澳大利亚州。2个领地是澳大利亚首都领地、北领地。澳大利亚的首都是堪培拉,由于堪培拉是一个新城市,因此规划得非常好。

澳大利亚国际海、空运输业发达。悉尼是南太平洋主要交通运输枢纽。墨尔本为全国第一大港。截至2013年6月,各类机场和跑道约2000个,旅客机场约250个,其中12个国际机场,主要机场为悉尼、墨尔本机场等。

在澳大利亚可以享受到世界各地的美味佳肴。澳大利亚人喜欢喝啤酒,闲暇时光尤其是周末,许多人喜欢呼朋唤友到酒吧饮酒谈天、欣赏音乐或者到公园烧烤游乐。澳大利亚的城市都给人开阔的感觉,有很多开阔的公园和绿地点缀其间。澳大利亚人热爱户外生活,例如:游悉尼大桥,360°饱览悉尼港的壮丽景色;与海豚互动;参观企鹅天堂。游客还可以来澳大利亚看野生动物,骑骆驼漫步,骑马、探险,各种精彩刺激的活动应有尽有。

澳大利亚四面临海,主要景点有大堡礁、维多利亚大洋路、波浪岩、昆士兰热带雨林、蓝山国家公园、十二门徒、红色巨岩—艾尔斯岩石、悉尼歌剧院、菲利普岛自然公园、蓝山等。

二、新西兰、澳大利亚邮轮旅游地区主要邮轮旅游目的地

(一) 奥克兰(Auckland)

奥克兰都会区位于南太平洋南纬37°,面积约1086平方公里,人口约占全国人口的四分之一,官方语言为英语。奥克兰是新西兰在北岛最大的港口城市,被称为"风帆之都"、"皇后之城",同时也是新西兰工业和商业中心和经济贸易中心。全球最重要的跨国公司都在奥克兰设有办事处,奥克兰事实上也是新西兰的"经济首都"。奥克兰是新西兰对外贸易、旅游的门户,是重要的公路、铁路和航空交通枢纽。奥克兰市是新西兰最大最繁忙的商业金融中心,新西兰的股票交易所及多家大银行的总部就设在这里。奥克兰可以说是个"大花园",全市有超过300个花园,这也成为世界各地人移民奥克兰的原因之一。

奥克兰是新西兰较发达的地区之一,同时也是南太平洋的枢纽,旅客出入境的主要地点。在2015年的世界最佳居住城市评选中,奥克兰高居全球第三位,这也是连续三年奥克兰蝉联全球最宜居城市前三名。

奥克兰气候温和多雨,全年气温在6℃~28℃之间,2月最高温度为25.5℃,8月最高气温约为16℃。奥克兰夏季是最好的旅游时间,不过,进行户外活动要准备好防晒品,即使在夏天,奥克兰的气温也维持在26℃~29℃。12月到次年3月是最佳海滩休闲旅游季节,

7—9月是冬季,白天长袖长裤,晚上需多添加外套。

奥克兰是新西兰人口最多的城市,它位于两大海港之间,一些死火山点缀其间。该地区有4个城市,即奥克兰、曼努考、北岸和怀塔克瑞。奥克兰是新西兰的门户,在怀特玛塔港中部,可观望到奥克兰的城市天际,还可看到奥克兰的商务区和港口,以及从地平面拔起、高耸入云的南半球最高建筑——天空塔。

奥克兰是新西兰最大的城市和港口,位于新西兰北岛中央偏北地带,北部奥克兰半岛南端,伫立在塔斯曼海与太平洋之间的细长的地峡上,两面环海,东侧是濒临太平洋的威特马塔港。奥克兰整个城市分为南、北两部分,由奥克兰海港大桥连成一体。

奥克兰是新西兰的海空交通的枢纽,铁路、公路与全国各地相连。新西兰最大的国际机场——奥克兰国际机场距奥克兰市中心仅约30分钟的车程。奥克兰国际机场位于奥克兰市西南部,有一个国际候机楼和两个国内候机楼,每个楼内都有一个游客信息中心。奥克兰港是新西兰最大的港口,港口规模和吞吐量位居全国第一。奥克兰的市内公共交通主要有巴士和铁路,可以在上车后买票,也可以买卡。在奥克兰,游客可以租到几乎各种车辆,从经济型到风格独具的敞篷轿车,也可以跳上环城巴士游览全城。渡轮也是另外一种相当普遍的交通工具,它可以带游客去德文波特或豪拉基湾的美丽小岛。新西兰铁路公司提供连接奥克兰、哈密尔顿、奥托罗杭格、怀托莫洞、国家公园、北帕默斯顿和首都惠灵顿的铁路。

奥克兰是座美丽的花园城市,旅游业发达。奥克兰是太平洋圈首屈一指的美食名城,新餐馆和酒吧不断涌现,主要以海鲜和肉食为主,既有欧式和地中海式风味,又有亚洲风味。新西兰尤以肥美新鲜、全无污染的深海海鲜最驰名,如鲍鱼、三文鱼、生蚝等。市区的一些餐馆更供应有毛利族风味餐,并有歌舞表演助兴,极尽视听之娱。在郊外只需30分钟车程,便可到达奥克兰西部约20个酿酒园,品尝享誉国际的地道美酒。奥克兰的主要购物市场有皇后街、帕奈尔大道、维多利亚派克市场、庞森比路、纽马克特等。

奥克兰是座美丽的花园城市,旅游业发达,有明显的滨海环境,众多的田园式岛屿适合轻松的游览。其主要游览景点有伊丽莎白女王广场、老海关大厦、奥克兰海港大桥、独树山、奥克兰码头大楼、天空塔、奥克兰中央公园、嘉里道顿、海底世界和南极接触、怀托摩萤火虫洞、天空塔、伊甸山等。奥克兰最好的海滩是市区以北约6公里的塔拉普纳。

(二)怀特玛塔港(Waitemata Harbour)

怀特玛塔港是奥克兰的主入海口,所以有时也被称作奥克兰港,港口占地约181平方公里。港口连接奥克兰码头和奥克兰海滨,沟通太平洋和豪拉基湾,同时受到北面的北岛城、朗伊托托岛和怀赫科岛的保护,使得怀特玛特成为一个优良的避风港。"怀特玛塔"是毛利语。最早来到奥克兰的毛利人,当在港口看到闪闪透亮的海水,就把港口描述成"如宝石般闪烁的海洋",取名怀特玛塔。

(三)堪培拉(Canberra)

堪培拉是澳大利亚联邦首都,全国政治中心,被誉为"大洋洲的花园城市"。堪培拉位于澳大利亚东南部,整个城市坐落于澳大利亚山脉区的开阔谷地上,面积约2395平方公里。

莫朗格洛河横穿市区,向西流入马兰比吉河。堪培拉意思是"汇合之地",民众又叫作"聚会的地方"。作为澳大利亚政治中心,堪培拉城内建有澳大利亚国会大厦、澳大利亚高等法院和众多其他政府部门与外交机关。它也是许多全国性社会和文化机构的所在地。例如,澳大利亚战争纪念馆、澳大利亚国立大学、澳大利亚国立博物馆及澳大利亚国家图书馆。机场为堪培拉机场,火车站为堪培拉金斯顿火车站。

堪培拉气候温和,为亚热带季风性湿润气候,四季分明,全年降雨量平均,四季都有阳光普照的日子。一年中,12—2月是夏季,日间阳光充沛,平均气温约为 26 ℃;9—11月是春季,天气晴朗,到处充满生机;3—5月是秋季,是郊游的最佳时候;6—8月是冬季,是滑雪的最佳季节。

堪培拉的城市设计十分新颖,环形及放射状道路将行政区、商业区、住宅区分开。城市中心的格里芬湖喷泉,水柱可高达 140 米,极为壮观。全城树木苍翠,鲜花四季,每年9月,堪培拉都举办花节,以数十万株花迎接春天的到来,被誉为"大洋洲的花园城市"。总的说来,堪培拉既是世界重要的首都,又与附近的自然环境和谐融合。

堪培拉机场位于城区以东7公里,从机场到市内可乘坐机场区间车,很方便。从澳大利亚各大城市发出的所有长途巴士,均可到达堪培拉线终点。全国各大城市也有火车直通堪培拉。堪培拉市内主要以公交车为主。

游客在堪培拉可以品尝到世界各地的菜肴,如当地土著菜肴、阿拉伯菜、英式菜、意大利菜和中国菜等。堪培拉有很多中国餐馆。当然,就像其他澳大利亚大城市一样,堪培拉的大街上也有很多西式快餐店,如麦当劳、肯德基等。

堪培拉著名的旅游景点有堪培拉国会大厦。它位于澳大利亚首都堪培拉的中心,是世界上著名的建筑之一,建于国会山顶上。堪培拉是世界上唯一一个向公众开放国会大厦的首都。其他著名景点还有堪培拉格里芬湖、堪培拉澳大利亚图书馆、堪培拉战争纪念馆、堪培拉澳洲国立美术馆、堪培拉国立科技馆、堪培拉戏院等。

(四)悉尼(Sydney)

悉尼是澳大利亚第一大城市及新南威尔士州的首府,别称"雪梨",澳大利亚经济、金融、航运和旅游中心,世界著名的国际大都市。悉尼地处南半球,位于澳大利亚的东南沿海,悉尼的中心有三分一是位于上游小湾的南岸。悉尼拥有全球最大的天然海港——杰克森港,以及拥有 70 多个海港和海滩,包括著名的邦迪海滩。悉尼占据了2个地理区域——坎伯兰峡谷和康士比高原。悉尼市环绕杰克逊港(包括雪梨港)而建,20世纪以来成为世界著名的海港城市。

悉尼属于副热带湿润气候,全年降雨。悉尼的天气是由邻近的海洋所调节,因此内陆的西部城区大陆性稍强。最暖的月份是1月,沿海地区的平均气温是 18.6 ℃~25.8 ℃。最冷的月份是7月,平均气温是 8 ℃~16.2 ℃。夏天和冬天的雨量相当平均,由于东风调节,上半年的雨量稍微高一点。悉尼容易遭受罕见的雹暴和暴风的侵袭。

悉尼著名景点有悉尼歌剧院、中央海岸、霍克伯里河、骏域谷、爬虫动物公园、塘鹅生态保护区、澳洲博物馆、达令港、奥林匹克公园、皇家国家公园、玫瑰湾、悉尼海港大桥、岩石区、邦迪海滩、曼丽海滩、新南威尔士艺术馆、麦克里起尔夫人的椅子、中央海岸、蓝山、史蒂芬港、维多利亚女王大厦、海德公园、皇家植物园与领地区、卧龙岗南天寺等。悉尼拥有许多博物馆,最大的要数澳大利亚博物馆,主要为自然史与人类学。悉尼市区内也有许多自然空间,位于市中心的有中国友谊花园、海德公园与皇家植物园。大悉尼区还有数个国家公园,其中包括全球第二个成立的国家公园——皇家国家公园。

悉尼土特产有蛋白石及其他宝石,羊毛,纯棉及羊皮制品,土著人及当代澳大利亚艺术品,澳大利亚时装,猎人葡萄酒区生产的葡萄酒等。

在悉尼不论是哪国人,几乎都可以找到自己喜欢的口味,希腊、意大利、法国等欧洲国家的风味,到泰国、中国、日本、越南、韩国、印尼等亚洲国家的菜品,比比皆是。这里的蔬菜水果品种繁多,而且新鲜、价廉,牛肉、羊肉、海鲜也是新鲜美味,到悉尼大可以一饱口福。悉尼最好的风味美食集中在中国城、岩石区、莱卡特、达令赫斯特、新城、英皇十字区。

悉尼是国际大都市,城市基础设施高度发达,交通便利快捷。悉尼机场是澳大利亚主要航空港之一。悉尼不仅有铁路通往全国各地,在城区内还有地铁和轻轨火车以及摆渡船,既可缓解交通压力,也可进行城市观光。公共交通工具不是很贵,但悉尼的出租车价格较高。太平洋高速公路是澳大利亚的主要公路。京斯福特·史密斯机场位于麻萨考特域区,是悉尼的主要机场,也是全球历史悠久的仍在运作的商用机场。渡轮是游览悉尼的最好方式之一,所有轮渡均自圆环码头出发,航线覆盖几乎整个悉尼内港。

(五)墨尔本(Melbourne)

墨尔本(见图5-2)位于澳大利亚的东南部,是个港口城市。墨尔本是澳大利亚维多利亚州的首府、澳大利亚联邦第二大城市,澳洲文化、工业中心,别称"新金山"、"猫本"。墨尔本城市环境非常优雅,曾荣获联合国人居奖,并连续多年被联合国人居署评为"全球最适合人类居住的城市"。墨尔本有"澳大利亚文化之都"的美誉,也是国际闻名的时尚之都。

墨尔本是移民聚居的城市,不同族群的人们聚居成区,在生活习惯、节庆、餐饮上各成不同风格,为墨尔本带来多元文化的丰富情趣。由于墨尔本曾经是澳大利亚的首都,所以墨尔本有很多有意思的历史建筑,如昔日的国会大厦、昔日的最高法院等,是喜欢游览历史建筑的游客的好去处。

墨尔本地处平原,有少量的低山地,墨尔本也是一个海边城市,面对太平洋。雅拉河是流经墨尔本的大河流,墨尔本整个城市最初就是沿着雅拉河两岸建设的,雅拉河上跨越两岸的桥梁多达25座。

墨尔本地处大分水岭以东,常年受南太平洋暖流影响,属温带海洋性气候,全年气温变化较为和缓,降水分布均匀,下半年降水量略多。由于同时受到印度洋冷风的影响,墨尔本日夜温差大的天气状况比较常见。墨尔本的气温有"一天四季"的说法,一天之间从短袖到棉袄这样的状况也经常出现。最冷月为7月,平均气温9.8℃左右;最热月为1月,平均气温20.1℃左右,终年多雨。墨尔本冬天并不下雪,但墨尔本的周围有许多山,冬天的时候寒冷的高山上有积雪,所以每逢冬季,墨尔本附近的高山又是滑雪的好地方。

墨尔本是一座充满活力和欢乐的城市,具备深厚的文化底蕴,被称为"澳大利亚的文化首都"。墨尔本拥有全澳大利亚唯一的被列入联合国"世界文化遗产"的古建筑,有辉煌的人文历史,也是多个著名国际体育盛事的常年举办城市。从文化艺术层面的多元性,到大自然

图 5-2　墨尔本

风光之美,墨尔本应有尽有,在满足感官娱乐方面,墨尔本更可以说是澳大利亚之冠,无论是艺术、文化、娱乐、美食、购物和商业样样都有自己的特色,成功地融合人文与自然。

澳大利亚第一大城市悉尼是一个商业城市,经济、金融强大,有"南半球纽约"之称。墨尔本却是一个历史悠久的文化名城,文化、艺术等人文气息浓厚,所以有"南半球伦敦"之称。墨尔本名胜古迹众多,旅游资源丰富。墨尔本皇家植物园建造于1845年,位于墨尔本市中心以南约5公里的地方。其他区旅游景点还有墨尔本皇家展览馆、库克船长的小屋、唐人街、旧国会大厦、哥摩大宅、金融街——哥林斯大街、墨尔本旧监狱、大洋路、企鹅岛等。墨尔本也是澳大利亚的文化、艺术重镇,来到这里的游客,绝对不能错过各式各样的表演。世界级的歌剧演出、最新的百老汇演出、芭蕾舞、戏剧或音乐会,维多利亚艺术中心提供多种选择,应有尽有。墨尔本也有许多夜总会、现场音乐表演和喜剧表演。

墨尔本美食名吃非常丰富。维多利亚州是澳大利亚奶酪(芝士)、酒、肉类、鱼类、水果和野味的重要产地,由于物产富饶并拥有悠久的饮食文化,墨尔本理所当然地成为美食天堂,最佳的品尝地点包括:卡顿区(著名的意大利美食区)的莱庚街、费兹罗区及宾士域街(时兴的咖啡文化重地)。电车餐厅是墨尔本电车公司提供的一个服务,电车被改装成餐厅,乘客边吃边看,电车行走的路线经过精心设计,在晚上的时候刚好走过墨尔本多个有漂亮夜景的地点,乘客在享用美食及美酒的同时,可欣赏墨尔本的夜景。

墨尔本是交通发达的城市,公共交通很方便,有火车、有轨电车和公共汽车。墨尔本的主要公共交通工具是市内火车,与地铁不同的是它多数是行走在地面以上的,只是在市中心区域内在地下行驶。墨尔本最主要的交通工具是私人汽车。墨尔本国际机场为大型的综合国际机场,机场货物吞吐量为澳大利亚最大,客运量第二大,仅次于悉尼国际机场。墨尔本港是澳大利亚全国最大的现代化港口,开通于1889年。

(六) 佩斯(Perth)

佩斯别名柏斯,是西澳大利亚州的首府,是充满活力的美丽港口城市,位于西澳大利亚

州的西南方。佩斯坐落在澳大利亚西南角的斯旺河畔,斯旺河也称天鹅河,是澳大利亚第四大城市。佩斯是西澳大利亚州的政治、经济、商业中心,也是天然良港。佩斯也是黑天鹅聚集的地方,有"黑天鹅城"之称,西澳旅游局的标志上就有黑天鹅。佩斯有四通八达的水路系统,良好的天气和悠闲轻松的生活方式下,平均每四个家庭就有一个拥有游艇。佩斯东眺内陆的达令山脉,西望风光明媚的印度洋,背山面海,拥有绝佳的地理环境。

佩斯四季分明,属地中海式气候,冬天潮湿,夏天漫长而炎热。这里终年阳光普照,每天平均有 8 小时阳光。夏天炎热的原因是由东部沙漠风吹来的热浪造成的,不过热不了几个小时,便会从西南方吹来凉爽的海风,由于上午刮热风,下午又吹凉风,使佩斯成为澳大利亚刮风最多的一个城市。佩斯夏天平均温度为 30 ℃,最高可达 40 ℃;冬天则约为 18 ℃。

在佩斯市中心,大型商业区聚集了形形色色的咖啡馆、餐馆、高档时装店、百货店、澳大利亚特色店,以及免税店可供选择。出了市区,郊区也有很好的购物去处,特别是周末的露天市场。佩斯当地人喜爱外出就餐,所以露天咖啡店和餐馆非常流行。大量泰国、越南、中国、意大利餐厅和带有浓烈亚洲和地中海特色的澳大利亚餐馆反映出该城市文化的多样性。

佩斯建有完善的公共交通系统。环线巴士途经莫道克大学,穿梭于佩斯的各个地区。有 6 条火车线路可以到达佩斯各个地方。从佩斯乘机到悉尼和墨尔本不到 4 个小时。佩斯是离东南亚最近的澳大利亚城市,也是探索澳大利亚邻国的最佳起点,到达巴厘岛的飞行时间仅为 3 个小时,到曼谷、雅加达、香港、吉隆坡和新加坡等亚洲主要城市的飞行时间也仅为 5~7 个小时。

佩斯是旅游度假胜地,在澳大利亚其他地方居民的眼中,佩斯的居民具有澳式纯朴、幽默和别具一格的想法。主要旅游景点有布莱克斯建筑、国王花园、议会大厦、圣乔治大教堂、伦敦大街、蒙吉尔湖、佩斯铸币工场、天鹅河、西澳博物馆、西澳美术馆、索伦多码头、童年博物馆、卡胡努树熊公园等。

(七)布里斯班(Brisbane)

布里斯班又称布里斯本,是澳大利亚昆士兰州首府,位于澳大利亚本土的东北部,北缘阳光海岸,南邻国际观光胜地黄金海岸市,是澳大利亚人口第三大都会,仅次于悉尼与墨尔本。布里斯班是一个高速发展的城市,其中布里斯班的技术四角区尤为著名,在国际上有很大影响力。布里斯班靠近太平洋,东面濒临塔斯曼海,是一个从海岸线、河川和港口往西部内陆发展的都市。其市中心位于布里斯班河畔,该州即以此为政治和交通主轴再向南北伸展开发。布里斯班国内外机场和国际海港坐落于布里斯班河口两旁。

布里斯班东部沿海是甘蔗、菠萝等热带作物产地,为城市农畜产品加工和对外贸易的发展提供了良好的资源条件。气候为亚热带湿润气候,四季温暖,降水适中,年平均气温 20.5 ℃。最热月(2 月)平均气温 24.7 ℃,最冷月(7 月)平均气温 15 ℃;年平均降水量 1153 毫米,大部分集中在 12 月至次年 3 月,雨后常引起河流泛滥。

布里斯班是一座崭新的现代化城市。市内有大小公园近 170 处,其中以艾伯特公园、鲍恩公园、斯劳特瀑布公园、罗马街公园、皇后公园等较为有名。市区东北广场上有为纪念战争中死难者而立的纪念亭,用 18 根石柱围成的阵亡将士纪念亭中央,燃烧着长明灯。市政大厅是1930年用昆士兰棕黄色砂石建成的,是澳大利亚的大型市政大楼之一。大厅前露天广场由草坪、灌木、花丛和当地树木装点得非常美观,展览会、音乐会和各种庆典活动经常在这里举行,大厅的底楼还有博物馆和艺术馆。市东南河畔是植物园,有许多热带雨林,内有全国最大的天文台。附近有森林公园,园内银瀑飞溅,有孤松保护区和树龄达3000年的南极毛榉,以及上万株玫瑰和兰花、九重葛、赤素馨等名花异草,还是树熊、大袋鼠和鸸鹋栖息的地方。布里斯班市文化活动都集中在河南岸市中心附近的昆士兰文化中心,这里设有新昆士兰美术馆、大会堂、餐厅、联合演出剧场、昆士兰博物馆和州立图书馆。

布里斯班被称为"阳光之城",拥有美丽的自然风景和四季如春的气候。布里斯班有许多植物园和公园,如女王花园、维多利亚公园、考拉动物园等,是休憩和观光的好去处。布里斯班是个旅游城市,风光奇特的黄金海岸和大堡礁每年吸引着世界各地成千上万的游客。黄金海岸是布里斯班的重要旅游景点,距布里斯班市区96公里,因绵延几十公里的金色海滩而得名,这里是太平洋暖流冲击地带,终年有日照,气候宜人,因此享有"主题公园之都"的美誉。大堡礁是世界上最大的珊瑚礁区,也是昆士兰州最大的观光招牌、澳大利亚人最引以为荣的天然景观,并且是世界七大自然景观之一。

布里斯班国际机场位于市区东北13公里处,乘机场巴士或出租车前往市区,约需25分钟。布里斯班的火车非常现代化,昆士兰州的大多数铁路都是电气化的,主要火车站为中央火车站和罗马街火车站,可通往各州首府和州内主要旅游点。有高速公路通往各州首府。可乘坐观光巴士游览市区。

布里斯班是美食天堂,可以品尝昆士兰州最著名的户外庭园餐及丰富海鲜餐。布里斯班除了有高级的欧洲餐厅以外,还呈现出多元饮食文化特色,在此随处可以品尝到极为地道的各国料理。著名美食有澳大利亚小龙虾和布里斯班葡萄美酒。

(八)达尔文(Darwin)

达尔文是澳大利亚北部地区首府和主要港口,位于帝汶海达尔文港东北入口处的北部顶端,有北方门户之称。达尔文也是著名的旅游城市,因英国生物学家查尔斯·罗伯特·达尔文于1839年曾到此考察,故该市以他的名字而命名。达尔文是澳大利亚北部矿物输出港及贸易中心,出口牲畜、稻米和铀矿石等。达尔文是重要海军、空军基地,澳洲、亚洲、欧洲间航空站。有采捕珍珠贝、海参及牛肉加工、水果罐头等工业。

达尔文属于热带草原气候,一年之中只分为雨季和旱季,旱季为5月至9月,6月和7月是最凉的月份,气温为15℃~35℃。雨季时常有热带风暴,降水最多的时候是12月至次年3月,这段时间湿度超过70%,常发生雷暴。

达尔文是澳大利亚土著居民最集中的城市,还有很大一部分居民是从东南亚和东亚移居的移民,所以达尔文被称为"澳大利亚多元文化的首府",由于它距离亚洲最近,所以是重要的出口港口,主要出口活牲畜(牛、羊)和矿物。

市区的中心设在达尔文港口北边的狭长岛上,市郊沿港口扩展,主要大道史密斯街长约20公里,街道两旁棕榈树、橘红色蝴蝶花树和白色素馨花树蔽日成荫,景色秀丽。郊区的范尼湾,原为流放囚犯之地,建有监狱,后成为居民区和消暑休憩之处。市区东、西、北面有海滨环绕,碧波金沙,为钓鱼和游泳者的乐园。市内植物园内有许多当地特有的热带奇花异草。在北距市中心 21 公里的亚罗奥加公园里有鳄鱼、野牛和澳洲特有的野狗等动物。在市东南有霍华德温泉和自然奇观白蚁冢,冢高 3 米,似小山屹立,冢顶状似匕首林立,坐南朝北,以便日光照射,故称磁性蚁冢。从达尔文慢慢向外探索,北领地所逐步显示出的原野热带景色,更是美不胜收。

达尔文是"通往亚洲的大门",是多元文化的典型,全市人口包括有 70 多个民族,四分之一人口是本地居民。这里每年都会举办"达尔文节",包括戏剧、音乐、电影等;每年 8 月举办"啤酒罐船比赛",用啤酒罐做的船进行划船比赛;达尔文杯赛马也在 8 月举行。

(九)霍巴特(Hobart)

霍巴特是澳大利亚塔斯马尼亚州的首府和港口,位于塔斯马尼亚岛东南部德温特河河口。霍巴特始建于 1803 年,是澳大利亚仅次于悉尼的第二个古老的城市。

霍巴特的南、西、北三面为惠灵顿山环绕,只有东面朝海。惠灵顿山海拔超过 1000 米,有路通向山顶,站在山巅的观景山,通过望远镜不仅可以看到整个塔岛,而且连南太平洋岛国新西兰也隐约可见。这里冬季峰峦银装素裹,白雪皑皑,是滑雪的好场所,夏天山中林海茫茫,瀑布飞泻,是登山活动的胜地。

霍巴特属温带海洋性气候,四季分明,各有特色。一年中,12—2 月是夏天,平均气温约为 22 ℃,6—8 月是冬天,气温约为 12 ℃。春季和秋季较为温暖,但傍晚较凉。这里的仲夏,日间有超过 15 小时都是阳光普照的。霍巴特年平均降水量约为 628 毫米,秋冬时会看见惠灵顿山山顶下雪,夏季也时有山顶积雪及冰雹。

由于霍巴特位于特文河上,优越的地理条件使它成为一个受极好保护的深水港。由于德文特河口是全澳较好的深水港之一,世界第二深的天然港(仅次于巴西里约热内卢),亦是南大洋的鲸鱼和海豹贸易中心,因此它迅速地发展成一个主要港口,并有相关的工业,比如造船业。

霍巴特完整地保留了许多殖民时代的建筑,市中心有 19 世纪 30 年代用砂石建成的货栈、古老的议会大厦和澳大利亚最早的皇家剧院。霍巴特市著名的建筑,一是位于德文特河畔的霍巴特摔跤赌场酒店,二是古老的霍巴特大桥。塔斯马尼亚博物馆和艺术馆内保存有英国流放犯人及殖民地时期的文物。市区"大炮角"是第一个人口聚居处,当年居屋的大小与屋主的社会地位成正比,至今房子的款式形状各种各样。

在霍巴特郊区,有多处古老的炮台,其中最有名的是位于市郊王子公园内的炮台岬,这里有全州最古老的建筑。霍巴特和其他城市一样,也有良好的运动设施,德温特河是进行各种水上运动的理想场所。

霍巴特著名景点有塔斯玛尼亚恶魔公园、霍巴特塔鲁那、费尔德山国家公园、霍巴特里奇蒙、霍巴特亚瑟港等。

霍巴特美食丰富。从手工制作的比利时风味巧克力到烟熏鲑鱼、奶酪、蜂蜜冰淇淋、新鲜莓果、甘甜海鲜、美酒醇酿等。安维诗巧克力屋坐落在德文港南部的拉托贝,以手工制作的比利时风格巧克力著称。

霍巴特有通往市郊区的巴士,以及到各地的长途巴士。霍巴特机场则位于市区东北部,距离市中心约半小时车程,是一座小型的机场,每天该机场有好几班次班机往返霍巴特与墨尔本。

(十)阿德莱德(Adelaide)

阿德莱德是一个位于澳大利亚大陆南缘上的美丽城市,同时也是南澳大利亚州的首府,更是澳大利亚东部各州前往澳大利亚中西部的交通中心。阿德莱德位居海岸平原,西靠圣文生湾,东倚阿得莱德丘。整座城市坐落于托罗斯河岸上,背后是风景优美的诺夫第山岭,市区街道整齐宽敞,由高空俯视整个市区宛如倾斜的8字形。市区以一条东西横贯的北台街将阿德莱德划分为南、北二区。

阿德莱德拥有地中海式气候,冬天温暖多雨,夏天比较干燥。春天和秋天日夜天气都相当暖和,夏天平均最高温度约为28 ℃,冬天温度则降至约15 ℃。阿德莱德全年气候温和宜人:12—2月炎热而干燥,25 ℃~40 ℃;3—5月温和,20 ℃~25 ℃;6—8月凉爽且多雨,10 ℃~15 ℃;9—11月温和,20 ℃~25 ℃。不少小溪和河流流经阿德莱德,其中最大的是托伦斯河。阿德莱德的用水来自周边的许多水源保护区。

阿德莱德有英国圣公会大教堂和罗马天主教大教堂等古迹。设有阿德莱德大学和自然历史博物馆。阿德莱德以其优越的治安、基础建设、医疗水平、文化与环境及教育条件,连续多年位列全球最宜居城市榜单前十位。

阿德莱德是澳大利亚东西向和南北向交通的重要交叉口。阿德莱德的市内交通系统比较有限,包括使用专用车道的公共汽车、捷运和有轨电车。阿德莱德的交通主要以巴士与火车为主,公共巴士和火车来往市内及各市郊,阿德莱德会展中心与海边的格来涅之间由有轨电车联系。阿得莱德国际机场位于市区西方,是澳大利亚最新启用和最先进的机场。阿德莱德拥有世界上少数使用专用车道的公共汽车。阿德莱德与澳大利亚其他州府城市有长途汽车连接。阿德莱德港口位于南澳大利亚州东南海岸的圣文森特湾的东侧,是南澳大利亚州的矿石及农产品出口港。

阿德莱德是一个旅游胜地,城市的规划及架构很集中,观光客可徒步游览。另外,市区内有许多保存完善的老建筑物,整个市中心都被公园绿地包围,是个非常吸引人的城市。环绕在阿德莱德四周的,是无数个著名的葡萄酿酒场,出产澳大利亚最著名的葡萄酒,这里还是著名的葡萄酒之乡,澳大利亚多数出口外销的葡萄酒都产自于阿德莱德近郊。

位于阿德莱德附近的阿德莱德群山,是纵观阿德莱德最佳的眺望台,此区也有一些极具历史价值的城镇,包括德国小镇。在离阿德莱德不远之处,有一个袋鼠岛以蕴藏丰富的澳洲本土动、植物而盛名,岛上有幽静的海滩、崎岖的海岸线、野生动物和自然路径。另外,近海处有许多沉没的船只,潜水家们还可下水探险。

市区重要景点有中央市场、维多利亚广场、近代南澳大利亚政府大楼、建设阿德莱德之初修建的圣弗兰西斯·沙维尔大教堂,以及最高法院、南澳大利亚博物馆、高巴柏迪、赌场、庆典中心、南澳博物馆、文化中心、历史与文化时光步道等。

阿德莱德有许多条著名的美食街。游客可以去欧·康奈街和辜泽街,还有诺活大道和蓝道东街。当地的必尝美味如桉树熏袋鼠肉、金枪鱼、鲑鱼、牙鳕鱼、新西兰真鲷鱼、鲨鱼、长嘴硬鳞鱼、岩石龙虾、鲍鱼、生蚝和小龙虾等。

第三节 夏威夷邮轮旅游地区

一、夏威夷邮轮旅游地区概况

夏威夷州（Hawaii State）是美国唯一的群岛州，由太平洋中部的130多个岛屿组成。首府位于瓦胡岛上的檀香山（又称火奴鲁鲁），全州约80%的人口聚集在瓦胡岛（又称欧胡岛）上，下辖夏威夷、檀香山市及县等地区。政府驻地为檀香山，全州陆地面积约1.67万平方公里，方言为英语和夏威夷语，城市人口占86.5%。

夏威夷属于热带季风气候，终年有季风调节，全年平均温度在26℃～31℃，气候终年温和宜人，降水量受地形影响较大，各地差异悬殊。夏威夷州位居太平洋的"十字路口"，是亚洲、美洲和大洋洲之间海上、航空运输枢纽，具有重要的战略地位。其中，檀香山是太平洋航线的中继线和重要港口。瓦胡岛是工农业生产集中区，檀香山位于该岛东南岸，是全州最大的政治、经济、文化中心，设有夏威夷大学等。

夏威夷州主要产业包括旅游业、国防工业和农业。欧胡岛南岸的珍珠港是美国在太平洋内最大军港；州府檀香山是夏威夷州工商业中心。农业为当地经济的支柱，产甘蔗、菠萝、咖啡、香蕉等，其中菠萝产量居世界首位。由于宜人的气候和旖旎的风光，旅游业很发达，年均游客量达700多万人次，瓦胡岛是旅游业集中地区。旅游收入占当地生产总值的60%，使夏威夷的经济增长率始终高于美国经济的平均增长水平。由于旅游业在夏威夷的经济中占有举足轻重的地位，因此，夏威夷州政府十分重视保护环境，保护旅游资源，注意发展清洁产业，如海洋科学、水产养殖、热带农业、金融服务、商业中心等，以此来促进旅游业的发展，进而推动经济发展。

夏威夷空中交通占极重要地位，岛屿间的航线主要由两家航空公司运营：夏威夷航空和阿罗哈航空。檀香山国际机场为本州最重要的航空枢纽，美国本土来回夏威夷的航线大部分均以此为终点，飞往其他岛屿则由此转机。这里亦有航线飞往世界各地的大城市，例如，东京、大阪、名古屋、首尔、台北、悉尼、奥克兰等。

州府檀香山为旅游胜地，最吸引人的地方是威基基海滩，全年风和日丽，水蓝天青，适宜游泳、冲浪，可以荡舟，也可以捕鱼，每年进出檀香山的船舶约两千艘，每天进出檀香山国际机场的旅客多至40万人。主要景点有帕利沙滩、卡皮奥拉妮公园、威基基海滩、夏威夷热带植物园、亚利桑那号纪念馆、波伊基度假村、都乐水果种植园、蕨类植物洞、奥埃奥急流峡谷、科基州立公园、纳帕利海岸州公园、阿洛哈塔、卡怀亚哈奥教堂、卡劳拉瞭望台、夏威夷议会大厦、华盛顿广场、伊奥拉尼王宫、卡美哈美哈国王铜像、波利尼西亚文化中心、卡帕鲁亚湾、捕鲸人村、哈雷阿卡拉火山国家公园、孙中山先生铜像、夏威夷岛、夏威夷火山博物馆、瑟尔斯顿熔岩通道、夏威夷兰花园、可爱岛等。

二、夏威夷邮轮旅游地区主要邮轮旅游目的地

(一) 希洛(Hilo)

希洛市是美国夏威夷州的一个无建制城市,位于夏威夷岛东北岸,是夏威夷县县治并受县的管辖。希洛是夏威夷州一个富人聚集的城市,因此这里的房价很高,一直以来也深受富人和房地产投资者的青睐。

希洛市是通往夏威夷火山公园的门径,因植物苍翠茂盛,景观广阔,可欣赏茂纳凯亚火山全景,被誉为全美最适宜居住的环境之一。除风光之美,这里还有各种文化活动,尤其是每周三和周六的农贸市场,汇集当地上百个农民和工匠出售自家生产的农产品、工艺品和各式花卉。其颇有复古种植园风格的感觉可以让游客从清晨逛到太阳落山,去市中心少见的尚存的夏威夷种植园城镇也可深刻了解当地的农业历史。主要景点有榕树大道、女皇纪念公园、希洛海湾黑沙滩、希洛旧市中心、彩虹瀑布、大岛饼干朱古力场、赤冢兰花园、夏威夷火山国家公园—访客中心、莫纳罗亚夏威夷果农工厂等。

(二) 檀香山(Honolulu)

檀香山(见图5-3)又称火奴鲁鲁,是美国夏威夷州首府和港口城市,檀香山位于北太平洋夏威夷群岛中瓦胡岛的东南角,延伸于滨河平原上。檀香山气候温和,年平均气温24 ℃左右。早期为波利尼西亚人小村,19世纪初因檀香木贸易和作为捕鲸基地而兴起。方言为夏威夷语、英语。高等院校有夏威夷大学、太平洋大学。

图5-3 檀香山

檀香山主城商业区是夏威夷的经济、商业与政治中心。在海岸地区有过去多年来皆为夏威夷最高建筑物的阿啰哈塔。市议会位于主城区的东侧,则是夏威夷现在和历史上的州

政府中心,有夏威夷州政府、伊奥拉尼皇宫、檀香山市政府、州立图书馆,以及卡美哈梅哈一世国王的雕像,还有许多的政府机构建筑在此。

卡卡阿寇原本是位于主城区和威基基之间的轻工业区,后来经过大幅的都市计划改造,已经有主要的两个购物区,华德商场和华德中心。威基基是位于阿拉威运河和太平洋之间的知名旅游景点。世界知名的威基基海滩每年吸引超过百万名游客前来。威基基的西侧则是世界最大的开放式购物中心——阿拉莫纳中心。瓦胡岛上大多数的饭店皆坐落于威基基。

檀香山地处太平洋中心,是太平洋海、空交通的枢纽和重要港口,被喻作"太平洋的十字路口"。此处是从美国西岸去澳大利亚和从巴拿马运河到远东的船舶航线和航空线的必经之地,穿越太平洋的海底电缆也在此经过。战略地位重要,西郊10公里处的珍珠港是美主要海、空军基地之一,统率亚太地区美国驻军的美军太平洋司令部就驻在这里,是美军在太平洋地区活动的中心。

檀香山港口年吞吐量达800万吨以上,为深水良港,是夏威夷重要门户,也是跨太平洋海运贸易的重要据点之一。为横渡太平洋海轮的停靠站,全州所需粮食、燃料和各种工业品多经该港输入。

位于檀香山西南方的檀香山国际机场是夏威夷主要的空中交通门户。此外,也有许多飞往日本、韩国、中国台湾、南太平洋的塞班岛、美国本土和夏威夷州内各城市的航班。如同大部分的美国主要城市,檀香山的市中心地区在高峰时间的交通状况十分混乱,尤其是阿伊亚、珍珠城、瓦伊帕胡和米里拉尼西侧的郊外地区。

檀香山的著名植物园有:福斯特植物园、丽丽乌库拉妮植物园。博物馆、水族馆、动物园和文化中心有:主教博物馆、威基基水族馆、檀香山动物园、夏威夷州立美术馆、夏威夷海上中心、波利尼西亚文化中心、东西方技术和文化交流中心。

檀香山主要旅游景点有:亚利桑那纪念馆、火奴鲁鲁艺术学术博物馆、威基基海滩、钻石头山径道、窦氏果园罐头厂、太平洋国家纪念公墓、丽昂植物园、依拉奥尼皇宫。

华人为檀香山的开发和繁荣建立了不朽的功绩。18世纪,华人最先到这里开发资源,种植甘蔗、香蕉、菠萝和采伐檀香木。檀香山也在中国近代史上扮演重要的角色。伟大的中国革命先行者孙中山先生1879年随母亲到檀香山的约拉尼学校就读,后来开始在檀香山从事革命活动,1894年曾在这里组织了中国最早的资产阶级民主革命团体兴中会。在檀香山国际机场的中国花园,一座孙中山的石像端坐在花园的中央,以永远纪念这位举世闻名的伟人。

(三)卡胡卢伊(Kahului)

卡胡卢伊位于美国夏威夷州毛伊岛毛伊县,是政府普查规定的居民点,卡胡卢伊管辖区内有毛伊岛机场、深水港、轻工业区和商业购物中心。卡胡卢伊是毛伊岛的商品零售中心,包括多个购物中心和大型商场,卡阿胡马努女王中心百货公司就是其中之一。其他主要的商场如拉海纳购物中心、怀卢库欢乐谷都位于卡胡卢伊。卡胡卢伊辖区内的景点包括亚历山大与鲍尔温糖业博物馆、Kanaha池塘国家野生动物保护区、Kanaha海滩公园和毛伊艺术文化中心。在卡胡卢伊的西茂宜岛,游客可参观伊奥针尖山州立公园、茂宜岛热带植物园、滨海公路的海景、拉海纳旧捕鲸镇、卡帕鲁亚湾别墅区、卡阿纳帕利度假村、鲸鱼村博物馆等景点。在卡胡卢伊的东茂宜岛,游客可参观高达 3000 多米的哈雷阿卡拉火山国家公园、库拉旧中国城、孙中山先生纪念公园等。

(四)怀帕胡(Waipahu)

怀帕胡以前是甘蔗种植大镇,现在是美国夏威夷州人口普查规定的居民点。怀帕胡位于中湖和珍珠港西海湾北岸。州际公路和夏威夷公路从东至西横穿整个怀帕胡。邻近的地区将怀帕胡作为它们的邮政城市,也常常被认为是怀帕胡的一部分。

(五)利胡埃(Lihue)

利胡埃位于美国夏威夷州可爱岛东部,是可爱县的县治所在地,面积约为 18.4 平方公里。根据美国人口调查局 2000 年统计,共有人口 5600 多人,其中亚裔美国人占 49.24%。放松和原始的可爱岛是夏威夷群岛中商业最不发达的岛屿。瀑布、风景和超过 60 个海滩装点了这个岛屿。一些泳滩提供浮潜,另外一些提供适合于儿童的潮汐池,有些则适合各种水上运动。旱地运动包括纳帕里海岸卡拉拉乌登山步道,或者威美亚峡谷一日游,在格罗夫农场博物馆体验糖类种植园的生活。

可爱岛是夏威夷第四大岛,亦称为"花园之岛",是夏威夷群岛中最古老和最北端的小岛。这里是一个梦幻般的岛屿,有温暖的海洋、柔和的热带海风。游客可畅划独木舟、骑自行车、航行或游泳,还可以在月光下的海滩旁边享受浪漫的晚餐。这座美丽的热带伊甸园,常常作为好莱坞电影中的场景而出现在众多电影当中。

第六章

亚洲邮轮旅游区域

第一节 印尼、菲律宾、马来西亚、文莱邮轮旅游地区

一、印尼、菲律宾、马来西亚、文莱邮轮旅游地区概况

（一）印尼概况

印尼（Indonesia）全称为印度尼西亚共和国，是东南亚国家，首都为雅加达。印尼与巴布亚新几内亚、东帝汶和马来西亚等国家相接。主要城市有泗水、万隆、勿加泗等，官方语言为印度尼西亚语，人口数量仅次于中国、印度、美国，居世界第四位。印尼是由太平洋和印度洋之间约17508个大小岛屿组成，是马来群岛的一部分，也是世界最大的群岛国家，疆域横跨亚洲及大洋洲，别称"千岛之国"，也是多火山、多地震的国家。

印尼面积较大的岛屿有加里曼丹岛、苏门答腊岛、伊里安岛、苏拉威西岛和爪哇岛。北部的加里曼丹岛与马来西亚隔海相望，新几内亚岛与巴布亚新几内亚相连。东北部临菲律宾，东南部是印度洋，西南与澳大利亚相望，海岸线总长超过5万公里。

印尼是典型的热带雨林气候，年平均温度25 ℃～27 ℃，无四季分别。北部受北半球季风影响，7—9月降水量丰富，南部受南半球季风影响，12—2月降水量丰富，年降水量1600～2200毫米。

印度尼西亚各岛内部多崎岖山地和丘陵，仅沿海有狭窄平原，并有浅海和珊瑚环绕。加里曼丹岛，山地从中部向西面伸展，沿海平原广阔，南部多沼泽。苏门答腊岛，山脉自西北向东南斜贯，山脉东北侧为丘陵和较宽的沿海冲积平原，平原东部多沼泽。苏拉威西岛，大多为山地，仅沿海有狭窄平原。爪哇岛，北部是平原，南部是熔岩高原和山地，山间多宽广的盆地。伊里安岛，西部高山横亘，有印尼最高峰和世界最高的岛屿山峰查亚峰，海拔5030米，南部平原较宽广。印尼河流众多，水量丰沛，但都比较小。较大的河流有爪哇岛的梭罗河；较大的湖泊有多巴湖、马宁焦湖等。

旅游业是印尼非油气行业中仅次于电子产品出口的第二大创汇行业,政府长期重视开发旅游景点,兴建饭店,培训人员和简化入境手续。印度尼西亚主要世界遗产有:桑吉兰早期人类化石遗址、苏门答腊热带雨林、乌戎库隆国家公园、婆罗浮屠寺庙群、巴兰班南、科莫多国家公园、洛伦茨国家公园等。

印尼是群岛国家,与邻国直接接壤较少,外界互联互通主要通过海路、航空等方式。陆路运输比较发达的地区是爪哇、苏门答腊、苏拉威西、巴厘岛等。印尼铁路所有权为国家所有,由印尼国有资产管理公司经营,大规模运输任务都由铁路承担。爪哇岛和苏门答腊岛铁路运输比较发达。全国约有180个航空港,开有国际航班、国内航班、朝觐航班、先锋航班等。航空公司主要有Garuda航空公司、Merpati航空公司等。印尼水路运输较发达,水运系统包括岛际运输、传统运输、远洋运输、特别船运。印尼有各类港口约670个,其中主要港口25个。雅加达丹绒不碌港是全国最大的国际港,泗水的丹戎佩拉港为第二大港。

印尼地处热带、不产小麦,所以居民的主食是大米、玉米或薯类,尤其是大米更为普遍。大米除煮熟外,印尼人喜欢用香蕉叶或棕榈叶把大米或糯米,包成菱形蒸熟而吃,称为"克杜巴"。印尼是一个盛产香料的国家,印尼制作菜肴喜欢放各种香料,以及辣椒、葱、姜、蒜等。因此,印尼食物的特点,一般是辛辣味香。印尼盛产鱼虾,吃鱼虾也很讲究。除了煎、炸之外,有的鱼开膛后,在鱼肚里涂上香料和辣酱,然后烤熟吃。印尼风味小吃种类很多,主要有煎香蕉、糯米团、鱼肉丸、炒米饭及各种烤制糕点。印尼人还喜欢吃凉拌什锦菜和什锦黄饭。印尼人视黄色为吉祥的象征,故黄米饭成为礼饭,在婚礼和祭祀上必不可少。

(二)菲律宾概况

菲律宾共和国简称菲律宾,菲律宾位于西太平洋和亚洲东南部,北隔巴士海峡与中国台湾遥遥相对,南和西南隔苏拉威西海、巴拉巴克海峡与印度尼西亚、马来西亚相望,西濒南中国海,东临太平洋。菲律宾总面积为29.97万平方公里,共有大小岛屿7000多个,其中吕宋岛、棉兰老岛、萨马岛等11个主要岛屿占菲律宾总面积的96%。菲律宾是东南亚的一个群岛国家,也是一个多民族国家。菲律宾首都是马尼拉,主要城市有宿务、达沃、奎松等,官方语言为菲律宾语、英语。

菲律宾属季风型热带雨林气候,高温、多雨、湿度大、台风多。年平均气温约27℃,年平均降水量大部分地区在2000~3000毫米。一年当中,群岛西部有旱季(11—4月)和雨季(5—10月)之分;东部海岸终年有雨,并以冬雨最多;南部地区也终年多雨,无明显旱、雨季之分。东部的太平洋面是台风发源地,每年6—11月多台风。

菲律宾群岛地形多以山地为主,有200多座火山,其中活火山21座。除少数岛屿有较宽广的内陆平原外,大多数岛屿仅沿海有零星分布的狭窄平原。吕宋岛东南的马荣火山是最大的活火山,棉兰老岛东南部的阿波火山为境内最高峰。各岛之间为浅海,多珊瑚礁。菲律宾群岛两侧为深海,萨马岛和棉兰老岛以东的菲律宾海沟,是世界海洋较深的地区之一。菲律宾境内河流均较短小,吕宋岛最大河流卡加延河,棉兰老岛以棉兰老河和阿古桑河较大。

菲律宾交通以公路和海运为主,铁路不发达。航空运输主要由国家航空公司经营,各主要岛屿间都有航班。水运总共有大小港口数百个,主要港口为马尼拉、宿务、怡朗、三宝颜

等;空运方面,有机场288个,国内航线遍及40多个城市,与30多个国家签订了国际航运协定,主要机场有首都马尼拉的尼诺·阿基诺国际机场、宿务市的马克丹国际机场和达沃机场等。

菲律宾人的主食是大米、玉米。城市中上层人士大多吃西餐。菲律宾穆斯林人的主食是大米,有时也吃玉米和薯粉,佐以蔬菜和水果等。按照伊斯兰教教规,他们不吃猪肉,不喝烈性酒。和其他马来人一样喜欢吃鱼,不喝牛奶,喜欢使用刺激性的调味品。菲律宾的主要景区景点有图巴塔哈群礁海洋公园、巴洛克教堂、科迪勒拉水稻梯田、普林塞萨地下河国家公园、维甘历史古城等。

(三)马来西亚概况

马来西亚(Malaysia)全称马来西亚联邦,简称大马。马来西亚位于太平洋和印度洋之间,首都为吉隆坡,主要城市有怡保、马六甲、新山、槟城。马来西亚国花为木槿,又称大红花、扶桑。

马来西亚因位于赤道附近,属于热带雨林气候和热带季风气候,无明显的四季之分,一年之中的温差变化极小,平均温度在26 ℃~30 ℃之间、全年雨量充沛,3—6月及10—2月是雨季。内地山区年平均气温为22 ℃~28 ℃,沿海平原年平均气温为25 ℃~30 ℃。

马来西亚是一个多民族、多元文化的国家。宪法规定伊斯兰教为国教,保护宗教信仰自由。其政治体制是沿袭自英国的西敏寺制度,国家元首是国王,被称为最高元首,政府首脑是总理。马来西亚分为13个州,另有三个联邦直辖区:首都吉隆坡、纳闽和布城。旅游业是马来西亚第三大经济支柱,第二大外汇收入来源。

马来人忌食猪肉、忌饮酒。马来菜和其他东南亚国家的菜肴类似,口味较重,多以胡椒和咖喱调味。其中较出名的食物有椰浆饭、香喷喷的沙嗲(鸡肉、牛肉及羊肉串)、马来糕点、竹筒饭、沙律啰惹、咖喱鸡、飞天薄饼、黄姜饭等。马来西亚可以说是一个美食天堂,多元文化的种族的天然优势下,造就了马来西亚拥有许多特殊美食。

马来西亚最长的高速公路是南北大道,全长800公里,介于泰国边界与新加坡之间。相较于西马,沙巴与砂拉越的公路系统较不发达,品质也较差。铁路系统为国营,铁路主要贯穿马来半岛。亚细安铁路快车联结吉隆坡与曼谷。马来西亚正在大力发展远洋运输和港口建设,主要航运公司为马来西亚国际船务公司,主要港口有巴生、槟城、关丹、新山、古晋和纳闽等。马来西亚民航主要由马来西亚航空公司经营,开辟有航线100多条,其中80条为国际航线,有5个国际机场。

马来西亚是东南亚扼守马六甲海峡的花园国度。纯净的海滩、奇特的海岛、原始的雨林,以及现代化的都市组合成了马来文化的发源地。马来西亚的旅游资源十分丰富,阳光充足,气候宜人,拥有很多高质量的海滩、奇特的海岛、原始热带丛林、珍贵的动植物、洞穴、古老的民俗民风、历史文化遗迹以及现代化的都市。

(四)文莱概况

文莱(Brunei)的全称是文莱达鲁萨兰国,在马来语中是和平之邦的意思,也称文莱伊斯兰教君主国。文莱位于加里曼丹岛北部,亚洲的东南方,北临南中国海。东、南、西三面与马来西亚接壤。文莱东部地势较高,西部多沼泽地,属热带雨林气候,炎热多雨,年均气温28 ℃,无季节之分。由于文莱有丰富的资源,因此经济安定,国民也不必缴税甚至连医疗及教育也免费。文莱是世界上最富有的国家之一,2011年人均GDP位居世界第六。

文莱整个国土被马来西亚所分割、环绕。文莱是个以原油和天然气为主要支柱的国家,总产值几乎占整个国家国内生产总值50%。在东南亚,石油储量和产量仅次于印尼,居第2位。建筑业是文莱除油气产业外第二大产业。

文莱面积为5765平方公里,文莱的人口中,马来人占67%,华人占15%。文莱的官方语言为马来语,通用英语。斯里巴加湾市从17世纪起即成为文莱首都,为主要海港和旅游胜地。

文莱王朝从1363年开始传到现在已经有六百余年,而且文莱王朝君主制直到现在还没有结束的迹象。文莱目前仍为英联邦成员国。文莱分区、乡和村三级行政区划。全国划分为4个区:文莱—穆阿拉、马来奕、都东、淡布隆。文莱 穆阿拉区由文莱首都斯里巴加湾市和穆阿拉区组成。该区是文莱人口最多的行政区,也是文莱政治、文化和商业中心。都东区主要集中在都东镇,该区是文莱土著的聚居区。马来奕区位于文莱的最南部,主要由诗里亚镇和瓜拉马来奕镇组成。该区是文莱的经济中心,文莱的石油和天然气开采和生产都集中在此区内。淡布隆区独立于其他三个区,被马来西亚林梦地区分隔,主要出产木材和建筑用的沙石。

航空是文莱主要的对外交通方式。文莱国际机场在距离首都斯里巴加湾市中心约12公里的地方,有飞往欧亚各大城市的航班。文莱皇家航空公司已开通至伦敦、法兰克福、苏黎世、新加坡、雅加达、巴厘岛、迪拜等地的航班,与中国香港和上海开通了直航。文莱的公路四通八达,路况优良。文莱的国民富裕,大部分家庭都有汽车,所以该国的公共运输不是很发达。外国游客在文莱出行最好是租用汽车。

文莱的食品与马来西亚口味十分相似,主食是以米饭和面食为主,小吃比较有名的有沙爹、整只的烤鸡、烤鱼等,当地还有很多热带水果,杧果、榴梿等也是比较出名的。

文莱的年平均气温在24 ℃～31 ℃之间,全年都比较适合旅游。文莱没有明显的干湿季,只有雨季和旱季,几乎一年到头都会下雨,前往文莱旅游,雨具是必备用品。一年中,雨量最多的在11—2月,而3—10月气候比较炎热、少雨。文莱主要旅游名胜有:瓦努阿图、维拉港、埃法特岛、埃皮岛、也苏火山、水晶公园、苏丹纪念馆、水村、博而基亚清真寺、斯里巴加湾、丘吉尔纪念馆、皇家典礼厅、努鲁尔伊曼宫、独具民族特色的水村、文莱博物馆、赛福鼎清真寺和蔗鲁东公园等。

二、印尼、菲律宾、马来西亚、文莱邮轮旅游地区主要邮轮旅游目的地

(一) 雅加达(Jakarta)

雅加达又名椰城或称大雅加达特区,是印度尼西亚最大的城市和首都,位于爪哇岛的西

北海岸,东南亚第一大城市。如今的雅加达已是一个国际化大都市,世界著名的海港。雅加达面积740多平方公里,是全国政治、经济、文化中心和海陆空交通枢纽,亚洲南部与大洋洲之间的航运中心。居民多数为爪哇人,少数为华人、华侨、荷兰人,官方语言为印度尼西亚语。

雅加达主要工业有造船、纺织、汽车、装配、建材、轮船等。爪哇岛上有6条公路和铁路在此汇合,是交通枢纽。雅加达外港丹戎不碌为全国最大港口;建有珍卡兰机场,是欧洲和大洋洲之间国际海空航线的重要中转站;设有100多所高校,其中印度尼西亚大学最著名。雅加达还设有许多科研机构、体育场、水族馆、动物园、兰圃、表演中心、海滨游览区。雅加达有全国最大也是东南亚最大的中央博物馆,名胜古迹有旧葡萄牙教堂、国家档案馆、总统府、伊斯蒂克拉尔清真寺、旧市政厅、伊里安国家纪念碑、碧娜丽雅海滩的大型娱乐场寻梦园、雅加达缩影公园、拉姑兰动物园、芝板那士避暑胜地、芝保达士植物园等。雅加达城市布局颇具英国风格。

(二)泗水(Surabaya)

泗水是印度尼西亚东爪哇省首府,位于印度尼西亚爪哇岛东北沿海的泗水海峡西南侧,隔峡与马都拉岛相望,是印度尼西亚的第二大海港。泗水是仅次于雅加达的全国第二大城市,海军主要基地,是印度尼西亚重要的制造业、农产品加工业、贸易中心之一,以及爪哇岛的海、空交通枢纽。泗水是一个现代化的工业城市,又是爪哇岛东部和马都拉岛农产品的集散地,主要工业有造船、石油提炼、机械制造等。因在独立斗争时期英勇抗英而被誉为"英雄城"。

泗水港属热带雨林气候,盛行偏东风,年平均气温为23 ℃~31 ℃,全年平均降雨量约1600毫米。泗水市是东爪哇的交通要冲,堪称印尼的工业城、商业城、大学城、海港城。这里治安形势稳定,商店、娱乐场所、高级酒店林立,而城郊的家庭俱乐部既可食宿,又可打高尔夫。

泗水居住着近百万华裔,尤以原籍闽南人最多。在城中,华人建有郑和清真寺,这是世界上第一个以郑和命名的清真寺。六百年前,郑和下西洋时,曾到过中爪哇的三宝垄及东爪哇的泗水市。泗水最为奇特、壮美的自然景观,当数婆罗默火山,这是一个活火山,距离城东有三个小时车程。泗水无论在面积、人口和商业上都是仅次于雅加达的印度尼西亚第二大城。东爪哇也是印度尼西亚工业化程度最深的省份,其经济以农业、渔业、石油工业、稻米、咖啡、杧果和苹果为主。特别是它的稻米生产,产量接近全国的三分之一,是印度尼西亚的米仓。

(三)棉兰(Medan)

棉兰是北苏门答腊省首府,苏门答腊岛第一大城市,位于苏门答腊岛东北部日里河畔,城市面积约342平方公里,是印尼第三大城市,仅次于雅加达、泗水。棉兰濒临马六甲海峡,是印尼对外贸易的西大门和国内外游客的主要出入境口岸之一。棉兰市由爪哇人、马来人、华人等组成,城市位于海拔25米的低地,气候宜人。棉兰外港勿老湾是现代化港口,是石油装运港,也是国内橡胶、烟草、剑麻和棕油的最大出口港。棉兰进出口船舶吨位居印尼第四,仅次于雅加达、巨港和泗水,是北苏门答腊铁路、公路枢纽,有国际机场通马来西亚、泰国等。棉兰市内主要历史建筑是日里苏丹宫。此外,还有清真寺、博物馆、烟草研究所、北苏门答腊大学和北苏门答腊伊斯兰大学等。

印度尼西亚、马来西亚和泰国经济成长三角区的成立加强了棉兰作为苏北省和印度尼西亚北部地区发展中心的地位,推动了该市食品加工、纺织业、皮革制品、化工、建材、金属和运输工具等小工业的迅速发展。境内有苏门答腊岛最大的清真寺、张亚菲故居、苏丹王宫、多巴湖等旅游景点。

(四) 万隆(Bandung)

万隆是印度尼西亚第四大城,西爪哇省首府,巽他族文化中心,位于爪哇岛西部火山群峰环抱的高原盆地中,风景秀丽,气候宜人,清静幽雅,有着"爪哇的巴黎"之称,被誉为印尼最美丽的城市。万隆年平均气温22.5 ℃,年降水量1988毫米,气候温和宜人,为理想的疗养地。万隆大致分南、北两部分,南城为商业区,北城是住宅区,有国宾馆、大旅馆等现代化建筑,郊区有许多设计新颖的别墅。万隆有独立宫和1955年亚非国家举行万隆会议的会址独立厅。万隆郊区有大片茶园和金鸡纳园,还种植稻米、蔬菜和花卉等。

万隆是爪哇岛重要的文化与工业中心之一,流传有西爪哇巽他族的文学、舞蹈、音乐和戏剧。万隆有50余家高等院校和科研机构,有著名的万隆工学院、国立巴查查兰大学、火山地质博物馆、鲍斯天文台和原子核研究中心等。万隆是西爪哇铁路、公路和航空枢纽。万隆古称"勃良安",意为"仙之国",现名意为"山连山"。早在17世纪,万隆就已成为著名的旅游和避暑胜地,附近有复舟山、芝亚德温泉、小西湖、达哥瀑布、动物园等旅游胜地。复舟山为活火山,游人可走到火山口观看火山活动。

(五) 日惹(Jogyakarta)

日惹(见图6-1)位于中爪哇,北邻中爪哇省,为全国三个省级特区之一,直属中央政府管辖。日惹是印度尼西亚爪哇中南部特区,南临印度洋。西半部为沿海平原,土壤由熔岩、火山灰形成。东部是肯当高原的延伸部分,呈东西走向,直抵海岸附近。主要河流奥佐河和普罗戈河向南流入印度洋,沿海低地居民主要从事农业和渔业,出产水稻、橡胶、椰仁乾和食糖。"日惹"是安详和平之城的意思,与世无争、祥和宁静也是这座城市的特征。

日惹风光美丽,城市风格具有浓郁的民族情调,是印尼重要的文化、教育中心,是展示爪哇传统文化的窗口,也是著名的旅游胜地。在独立战争时期,日惹是印尼共和国的第一个首都。日惹有世界闻名的巨大艺术建筑——婆罗浮屠;有精美的印度教古庙普兰巴南神庙;有被称为"大城"的古城遗址。默拉皮火山也是日惹的著名旅游胜地。

现在这个城市仍然保留着爪哇人精湛的艺术和手工技术的见证,还保留着传统的歌颂印度教保护神拉玛亚特故事的歌舞剧。木偶艺人、爪哇古老舞蹈的演绎者、木雕工匠,日惹人使几世纪前的传统技艺传承至今。古老的小镇有许多爪哇式的、用作蜡染作坊的小屋。

图 6-1　日惹

(六) 马尼拉(Manila)

马尼拉是菲律宾的首都和最大的港口,位于菲律宾最大的岛屿——吕宋岛马尼拉湾的东岸,也称"小吕宋",濒临天然的优良港湾——马尼拉湾。马尼拉建在巴石河两岸,河流把城市分成两大部分。马尼拉大都会,即国家首都大区是亚洲较大的都会区之一,被称为"亚洲的纽约"。官方语言为英语、西班牙语。

马尼拉属热带季风气候,全年平均气温 28 ℃左右,11—6 月炎热、潮湿,6—10 月为雨季。

马尼拉的交通非常方便,市民出门不论远近均习惯乘车,市内的交通工具主要有轻轨、公共汽车和"吉普尼"车等。"吉普尼"由于价格便宜,线路遍布城市的每个角落,是最为常用的交通工具。马尼拉国际机场位于马尼拉市南郊,距市中心约 10 公里。菲律宾航空公司和主要外国航空公司均提供菲律宾到世界主要国家、地区和城市的航线。马尼拉国际机场分国内、国际和菲律宾航空专用 3 个候机楼。以马尼拉为起点,菲律宾的铁路分南、北两条线路。马尼拉的北港和南港均有很多渡船驶往菲律宾的主要岛屿。

马尼拉港是一个天然良港,马尼拉港外建有很长的防波堤,防波堤里面是码头区,巴石河经此入海,把海港分成了南、北两港。北港停泊近海轮船,南港停泊远洋海轮。戴尔潘桥、琼斯桥、麦克阿瑟桥、奎松桥和阿亚拉桥跨越巴石河,连接两港的地面交通。马尼拉港港阔水深,现代化设施齐备,是菲律宾进出口的要地和贸易中心。

马尼拉是一座富有浓厚热带情调的城市,也是东南亚地区著名的旅游胜地,城内可供游览的名胜很多。位于马尼拉市中心的黎刹尔公园,占地近 60 公顷,它原名鲁纳达公园,后来为纪念菲律宾的民族英雄黎刹尔博士而改名为黎刹尔公园。其他著名景点有马尼拉椰子宫、马尼拉儿童城、马尼拉海滨大道、马尼拉商业中心、马尼拉国际会议中心、马尼拉大教堂、马尼拉玛拉干南官、马尼拉塔尔湖等。

马尼拉当地的餐饮最能反映其风情和历史。当地的菜,除了乡土名菜外,还深受中国菜和西班牙菜的影响。马尼拉乡土名菜的特征是：任何菜，甚至汤都用醋和大量的大蒜等辛辣调料烹饪。中西口味的巧妙融合创造出独特的风味。比较有代表性的菜肴有："勒琼"是马尼拉典型的年节佳肴，以猪肉为主原料烧烤而成；"阿多波"则是一道以鸡肉、猪肉腌渍熟煮的家常菜，由于腌渍的主要调味料为醋，故不易腐坏，且非常入味。有一些"阿多波"是以乌贼和牡蛎烹调而成的。除此之外，鲜鱼、蔬菜加上菲律宾特有的酸醋烹调而成的"派克苏皮纳加特"及以鱼或虾为主材料捣碎后烹调而成的"克尼拉尔"，是相当具有菲律宾风味的名菜。"伊尼哈"则是类似炭烤的一种吃法，"雷利埃诺"是以螃蟹为原料的一种菜肴，看起来十分豪华，但相当便宜。

（七）吉隆坡（Kuala Lumpur）

吉隆坡（见图 6-2）为马来西亚首都，繁华国际化大都市和马来西亚最大的城市，是马来西亚三个直辖区之一。吉隆坡坐落在马来西亚半岛海岸的中心地带，巴生河及支流鹅麦河汇流处，距海岸大约是 35 公里。吉隆坡的马来语意指"泥泞河口"，即巴生河和鹅麦河的交汇处。吉隆坡同时也是马来西亚政治、经济、金融、商业和文化中心，马来西亚最大工业中心。

图 6-2　吉隆坡

具有观光和通信两大功能的吉隆坡石油双峰塔高达 466 米，曾是世界上最高的建筑物，目前仍是亚洲的高塔之一，如两柄银色利剑直插云端。吉隆坡还是多民族、多宗教国家的缩影，市内清真寺以及佛教、印度教的寺庙随处可见，基督教的教堂也有 20 多座。

吉隆坡为一座新旧辉映，东方色彩与西方文明有机融合的新兴大都市。现在的吉隆坡被评为世界级城市。

（八）沙巴（Sabah）

沙巴是马来西亚的一个州，位于加里曼丹岛（旧称婆罗洲）东北部，沙巴州旧称北婆罗洲。沙巴享有"风下之地"或是"风下之乡"之称，原因是沙巴的位置在饱受台风肆虐的菲律宾之南，但台风不会经过这里。沙巴州主要有马来人、华人、卡达山人和巴瑶人，分别使用马来语、华语、英语、卡达山话,相比当地的分散族群,沙巴客家人主要集中在城市,在经济、教育和流行文化方面具有一定的优势,是目前为数不多的华语占主导的海外国家或地区。

沙巴是"东马"婆罗洲上的一座乐园,在这里可以登马来西亚第一高峰、漂流、丛林探险,当然少不了的就是在东南部的诗巴丹潜水。沙巴有很多闻名世界的观光区,如神山公园、东姑阿都拉曼公园、西比洛人猿保护中心、哥曼洞、西陵安海龟岛、西巴丹岛、沙巴州博物馆、美人鱼岛、迪加岛、环滩岛、龙尾湾、海岛公园、世界十大最佳日落观赏点丹绒亚路海滩。

哥打基纳巴鲁(Kota Kinabalu)是沙巴州政府所在地,东、西、南三面靠山,北面临海。所有的百货、金店、摊档都集中在几条主要街道上。其著名景点有克罗克山脉、阿杜拉曼国家公园。草坪广场上有几株三四人才能合围的大树,不远处的山上,也是郁郁葱葱的,与城市隔海相望处,有几个小的村落,木结构的房子,全靠几根深入海中的柱子支撑着,颇有江南水乡的味道。哥打基纳巴鲁也逐渐成为一个以工业为主的港口城市。

(九) 槟城(Penang)

槟城也称槟榔屿、槟州,是马来西亚13个联邦州之一,在马来西亚半岛西北侧。槟城一向有"东方之珠"的称号。槟城是东方城市中如诗如画、浪漫的城市之一,又被誉为"东方硅谷"。位于马六甲海峡的整个槟城被槟城海峡分成两部分:槟岛和威省。威省的东部和北部与吉打州为邻,南部与霹雳州为邻;槟岛西部隔马六甲海峡与印尼苏门答腊岛相对。槟城是马来西亚的重要港口,是继首都吉隆坡和南方贸易门户新山市之后的全国第三大城市。槟城不仅以多元文化和谐发展著称,而且以"电子制造业基地"享誉全球。槟城的经济是以贸易、工业、旅游业及农业相混合的经济体。

槟城于1786年时被英国殖民政府开发为远东最早的商业中心,今日的槟城,已经是一个反映东西方独特情怀的大都会。槟城是马来西亚主要的旅游胜地。

槟城州的首府乔治市,位于槟榔屿岛东北部,马六甲海峡北口,槟榔屿海峡西岸。年平均气温26.9℃,年降水量2434毫米。1786年辟为自由港,为印度—中国航线上的停泊港,后发展成海峡殖民区首府和商业中心。工业居西马来西亚北部地区首位,生产锡、大米、椰油、肥皂、藤竹器、电子仪器等。槟城港占全国各港总吞吐量的25%,出口橡胶、棕油、锡与木材,进口燃料、糖与肥料。岛内设有马来西亚理工大学和拉曼大学分校。

槟城以槟榔树而得名,并有"印度洋绿宝石"之称,既有美丽的海滩与原野风光,又有众多的名胜古迹。槟城也被称为美食天堂。槟城蝴蝶园,园内有50多种3000多只蝴蝶和青蛙、蝎子及其他昆虫,还有百合花池塘、瀑布、隧道、泥泡地、实验室等。

槟城的主要旅游景点有升旗山、槟城植物园、极乐寺、槟城蛇庙、邱公司龙山堂、张弼士别墅、桥生博物馆、康华利堡、浮罗山背等。除此之外,槟城尚有槟城飞禽公园、海岸景观、新关仔角、乔治市古迹区、大山脚圣安纳天主教堂、槟城国家公园、木蔻山。

(十) 砂拉越(Sarawak)

砂拉越被称为"犀鸟之乡",位于婆罗洲的北部。砂拉越南部和加里曼丹交界,北接文莱及沙巴。它一共分为9个区域,首府是古晋市。砂拉越错综缠结的河流及盛产的胡椒皆对游客有很强的吸引力,游客前往可欣赏丰富的热带雨林以及拥有多元生活方式的土著人民。砂拉越是马来西亚最大的州,分散着27种部落民族,是一个多文化的地域。砂拉越的三分之二土地是热带雨林区,砂拉越向来是以大自然生态及丰富文化而闻名世界。犀鸟,砂拉越受保护的一种鸟类,是砂拉越州的象征。在砂拉越,每公顷的树林种类比整个北美洲还多,一棵参天大树上有上千种昆虫。砂拉越地洞是世界上第二大的天然洞穴。

古晋(Kuching),是一座河岸边城市。它坐落在砂拉越河的河岸边,距离海岸大约有32公里。古晋拥有规划良好的公园、宏伟的殖民地建筑、多姿多彩的市场以及人山人海的海滨。这里也有基督教堂以及华人庙宇等。古晋有一间亚洲较好的博物馆之一,此馆珍藏了婆罗洲的人类学资料以及考古学方面的文物资料等。

(十一)马六甲(Malacca)

马六甲是马来西亚历史悠久的古城,马六甲州的首府。它位于马六甲海峡北岸,马六甲河穿城而过。数百年来,华人、印度人、阿拉伯人、暹罗人及爪哇人相继来到马六甲,经过长期的交流,语言、宗教、风俗习惯等汇成特有的文化风貌。这里有中国式的住宅、荷兰式的红色楼房和葡萄牙式的村落。市内古代修建的街道,至今依然保存较好,街道曲折狭窄,屋宇参差多样,很多住房的墙上镶着图案精美的瓷砖,木门上装着瑞狮门扣,窗上镶龙嵌凤,古色古香,处处显示出马六甲这个历史古都的独特风貌。主要旅游景点有中国山、荷兰红屋、葡萄牙城山等。

中国山又名三保山,是为纪念中国明朝三保太监郑和而命名的。中国山位于马六甲市郊。

荷兰红屋,建于17世纪,是东南亚地区现存的最古老的荷兰式建筑物。300多年来,它一直是政府机关所在地,直至1980年才改为马六甲博物馆。荷兰红屋有厚厚的红砖墙,笨重的硬木门,门前是宽阔的石级。馆内保留了马六甲各个时期的历史遗物,包括荷兰古代兵器,葡萄牙人16世纪以来的服装,马来人婚嫁服饰,金、银、珠宝、手工艺品以及在马六甲港口停泊的各类古代船只的图片等。馆内还收藏有稀有的古代钱币和邮票。

葡萄牙城山,在马六甲市西南,接近马六甲河口。葡萄牙城山是马六甲苏丹拜里米苏拉将中国明成祖赠送的金龙文笺勒石树碑之处,明成祖曾封此山为"镇国山",后名圣保罗山。葡萄牙城山的东南麓有一座"没有墙的城门",那是马来西亚的历史遗迹。

(十二)加里曼丹岛(Kalimantan Island)

加里曼丹岛也译作婆罗洲、婆罗乃,是世界第三大岛,位于东南亚马来群岛中部,西为苏门答腊岛,东为苏拉威西岛,南为爪哇海、爪哇岛,北为南海。加里曼丹岛四面环海,海岸线长达1440公里。加里曼丹岛的山脉从内地向四外伸展,东北部较高,有东南亚最高峰基纳巴卢山,海拔4102米。

加里曼丹岛地形起伏和缓,雨量丰沛,有很多流入大海的大河,森林覆达率达80%。农产品有稻米、橡胶、胡椒、西谷、椰子等。岛的中间是山地，四周为平原，南部地势很低，成为大片湿地。

印尼占了这个岛很大的面积，主要分布在南部地区。这个岛的北部为马来西亚的砂拉越和沙巴两个州，两州之间为文莱；南部为印度尼西亚的东、南、中、西加里曼丹四省。

（十三）巴生港（Port Kelang）

巴生港为东南亚马来西亚的最大港口，位于马六甲海峡的东北部。巴生港别名"瑞天咸港"。巴生港位于巴生河口，马六甲海峡之东北岸。巴生港是全国木材、棕油与橡胶的主要出口港，进口钢铁、化肥、砂糖、小麦、大米、石油及化工产品。巴生河口有群岛屏蔽，分南、北两港，两港相距4.8公里，北港对面深水锚地能同时停泊20艘海轮。南港码头前沿区大约宽15.2米，并有三条铁路路轨。南港主要满足马来西亚半岛、沙巴州与砂拉越之间的交通运输，以及巴生港的散装液体货物的运输。巴生港北港拥有集装箱装卸区、普通货物装卸区、干散货装卸区以及液体散货装卸区。该港属热带雨林气候，年平均气温29℃左右，多暴雨，全年平均雨量约3000毫米，以10—12月雨量最多；属半日潮港，平均潮差2.9米。

巴生港地理位置优越，位于马六甲海峡，是远东至欧洲贸易航线的理想停靠港，因此在航运市场中具有明显的竞争优势。巴生港毗邻设有自由贸易区，其腹地广阔，产业发达，已发展成为区域性的配发中心。新港的码头岸线总长2800米，包括集装箱码头、件杂货兼集装箱、散货码头、油码头、木材专用码头。巴生港腹地广阔，有铁路相连，主要工业有面粉、制糖、橡胶、炼锡及电子等，并拥有大型橡胶厂。

（十四）兰卡威（Langkawi）

兰卡威群岛位于马来西亚吉打州，由一百多个岛屿组成。其中较大的岛屿是与群岛同名的兰卡威岛，岛上的保护区野生动物聚居，因此，被列为联合国教科文组织世界地质公园。体验这些生态奇观的最佳方式是站在高处眺望，比如从横跨热带雨林上空的兰卡威天空之桥向下俯瞰。这些岛屿广泛流传着各种民间故事、神话和传说。

兰卡威岛是东南亚令人向往的风景胜地。兰卡威岛清澈碧绿的海水和绵长平缓的沙滩构成了天堂般的海滨度假胜地，葱郁繁茂的森林与神秘而壮观的岩洞是独具魅力的探险地。除了美丽的自然风光，兰卡威岛更有着悠久的历史和传统文化。当地有现代化的豪华酒店和设备齐全的度假胜地，为游客的旅程提供了舒适的餐饮和休闲享受。岛上还具有众多新奇特殊的自然景观，拥有美丽的沙滩和清澈见底的海水，是游客绝不容错过的自然旅游胜地。

兰卡威环岛游线路为珍南海滩—玛苏丽之墓—鳄鱼场—七仙井—黑沙海滩—丹绒鲁海滩—红树林。

（十五）斯里巴加湾市（Bandar Seri Begawan）

斯里巴加湾市是文莱的首都。在婆罗洲北部，文莱湾西南角滨海平原，文莱河畔。这里至今仍是世界上最大的水上村庄,所以斯里巴加湾市有"东方威尼斯"的美称。斯里巴加湾市原称文莱市,1970年改为现名斯里巴加湾,意为"和平的市镇"。斯里巴加湾市是全国的文化教育中心。随着文莱石油经济的飞速发展,该市现已建设成为一个现代化城市。

斯里巴加湾市是文莱的政治、经济、文化中心。原为沿河分布的几十座水上聚落,现为现代化城市,有豪华宫殿、体育馆、博物馆和巨大清真寺等。斯里巴加湾市的居民主要为马来人和华人。斯里巴加湾市的名胜古迹有博尔基亚苏丹陵墓、丘吉尔纪念馆、国家博物馆、努洛伊曼皇宫、赛福鼎清真寺等。斯里巴加湾市的历史古迹多,风景秀丽,为东南亚游览胜地。

斯里巴加湾市靠近赤道,属典型的热带海洋性气候。白天炎热,夜晚凉爽,没有旱季。每年10月至翌年3月最为潮湿,年均降水量3275毫米左右。1月份平均气温约为26.7 ℃,7月份平均气温约为27.8 ℃,年平均温度在24 ℃~31 ℃之间,一般白天比较炎热,到了晚上就比较凉爽了。因此,到斯里巴加湾市旅游不需要特别选择时间,全年时间都适合旅游,只要穿着轻便的衣服和带上雨具就行。

斯里巴加湾市的饮食体系还是很完整的,最多的是经营当地类似马来西亚口味菜式的餐厅和西餐厅,其中西餐厅一般在酒店里。另外,在这个城市里中餐厅也占有很大比例的,因为文莱有很多的华人,所以中国人到文莱旅游就饮食口味上来说是会感觉到亲切的。虽然斯里巴加湾西餐厅和中餐厅的数量差不多,但是本地人还是偏好中餐,尤其是带着辣味的菜式。斯里巴加湾也有属于自己国家的特色快餐。特别要提到的是,当地的马来人有一种独特的招待客人的食物,就是把佬叶和着蜂蜜以及食用石灰一起咀嚼,假如有幸找到并吃到这道"小食",也算一个小小的收获。

第二节 中国大陆及香港、台湾邮轮旅游地区

一、中国大陆及香港、台湾邮轮旅游地区概况

中华人民共和国(简称中国)位于亚洲东部,太平洋西岸,是世界上最大的社会主义国家。1949年10月1日成立,首都北京。中国是一个以汉族为主体民族,由56个民族构成的统一多民族国家,汉族占总人口的90%以上。中华人民共和国陆地面积960万平方公里,大陆海岸线1.8万多公里。海域分布有大小岛屿7600多个,其中台湾岛最大。陆地同14个国家接壤,与8个国家海上相邻。主要气候包括亚热带季风气候、热带季风气候等。

中国是四大文明古国之一,有着悠久的历史文化,是世界上国土面积第三大的国家,世界第一人口大国,与英、法、美、俄一起成为联合国安理会的五个常任理事国。中国是世界第二大经济体,世界第一贸易大国,世界第一大外汇储备国,世界第一大钢铁生产国和世界第一大农业国,世界第一大粮食总产量国以及世界上经济成长较快的国家之一。中国还是世

界许多国际组织的重要成员。

中华人民共和国拥有丰富的世界文化遗产和自然人文景点,是世界旅游大国之一。著名景点有长城、故宫、西湖、苏州园林等,主要城市有北京、上海、广州、香港、深圳、天津、武汉、重庆等。

新石器时代,中国香港已经有了人类活动。秦始皇统一中国后,秦朝派军平定百越,置南海郡,把香港一带纳入其领土,属番禺县管辖。1840年之前的香港还是一个小渔村;1842—1997年间,香港沦为英国殖民统治。1997年7月1日,中国对香港恢复行使主权,香港成为中华人民共和国的一个特别行政区。根据《中华人民共和国香港特别行政区基本法》,香港保留原有的经济模式和社会制度五十年不变,实行"一国两制",除防务和外交事务归中央政府管制外,香港特别行政区享有高度自治。

中国台湾(见图6-3)位于中国大陆东南沿海的大陆架上,东临太平洋,东北邻琉球群岛,南隔巴士海峡与菲律宾群岛相对,西隔台湾海峡与福建省相望,总面积约3.6万平方公里,包括台湾岛及兰屿、绿岛、钓鱼岛等附属岛屿和澎湖列岛等岛屿,是中国第一大岛。台湾七成面积为山地与丘陵,平原主要集中于西部沿海,地形海拔变化大。由于地处热带及亚热带气候之间,自然景观与生态资源丰富多元。台湾逾7成人口集中于西部5大都会区,其中以台北市为中心的台北都会区最大。

图6-3 台湾风光

台湾服务业主要有餐饮业、金融业、旅游业、文化创意产业等。祖国大陆是台湾旅游市场最大客源地。台湾文创产业融合中华传统文化和台湾本土特色文化,文创产品享誉中外。台湾广阔的海洋、雄伟的山岳、丰富多样的自然生态与独特的人文风情,构成了独一无二的美丽台湾。台湾境内的阿里山、日月潭、太鲁阁峡谷、玉山、垦丁、阳明山等都是著名的自然旅游景点。

二、中国大陆及香港、台湾邮轮旅游地区主要邮轮旅游目的地

(一)上海(Shanghai)

上海简称"沪"或"申",是中华人民共和国直辖市,国家中心城市,超大城市,中国的经

济、交通、科技、工业、金融、贸易、会展和航运中心,首批沿海开放城市。上海地处长江入海口,位于太平洋西岸,亚洲大陆东边,中国南北海岸中心点,长江和黄浦江入海汇合处,隔中国东海与日本九州岛相望。

上海属亚热带湿润季风气候,四季分明,日照充分,雨量充沛。上海气候温和湿润,春秋较短,冬夏较长,全年60%以上的雨量集中在5月至9月的汛期。2015年,上海GDP居中国城市第一位,亚洲城市第二位,仅次于日本东京。上海亦是全球著名的金融中心,世界人口规模和面积较大的都会区之一。上海与江苏、安徽、浙江构成的长三角城市群已成为全球六大世界级城市群之一。上海港货物吞吐量和集装箱吞吐量均居世界前列,是一个良好的滨江、滨海国际性港口。上海也是中国大陆首个自贸区中国(上海)自由贸易试验区所在地。

上海已形成由铁路、水路、公路、航空、轨道等5种运输方式组成的,具有超大规模的综合交通运输网络。上海港是中国较大的枢纽港之一。上海市已形成了由地面道路、高架道路、越江隧道和大桥,以及地铁、高架式轨道交通组成的立体型市内交通网络。上海三大火车站:上海站、上海虹桥站、上海南站。上海虹桥火车站是上海最大、最现代化的铁路客运站。上海拥有上海虹桥国际机场和上海浦东国际机场两座国际机场。上海空港是东方航空、中国国际货运航空、中国货运航空和中国著名的两家民营航空春秋和吉祥的主要基地。水路交通主要的海港有外高桥、吴淞码头和洋山深水港。

上海人称的本帮菜指的是上海本地风味的菜肴,特色可有用浓油赤酱(油多味浓、糖重、色艳)概括。常用的烹调方法以红烧、煨、糖为主,品味咸中带甜,油而不腻。本帮炒菜中,荤菜特色菜有响油鳝糊、油爆河虾、油酱毛蟹、锅烧河鳗、红烧圈子、佛手肚膛、黄焖栗子鸡等,真正体现本帮菜浓油赤酱的特点。上海蔬菜按季节不同有各种时令菜,马兰头、荠菜、鸡毛菜、上海小油菜等都非常清爽。

上海也是一个新兴的旅游目的地,由于它深厚的文化底蕴和众多的历史古迹,如上海的地标——浦西的外滩和新天地。位于浦东的东方明珠广播电视塔与金茂大厦却呈现出另一番繁华景象,它们与上海环球金融中心等建筑共同组成了全球十分壮丽的风景之一。此外,上海迪士尼乐园于2015年对游客开放。

昔日的上海烙印着"十里洋场"的繁华,讲述着旧上海滩的浮华旧梦;今日的上海则以浦东开发开放为代表,日新月异的都市面貌使上海成为展示中国经济发展和改革开放新成就的窗口,并于2010年成功举办了第41届世界博览会。

(二) 厦门(Xiamen)

厦门别称鹭岛、新城、禾岛、嘉禾里、嘉禾屿、厦门城、思明州,简称鹭,福建省省辖市,是国务院批复的中国经济特区,东南沿海重要的中心城市、港口及风景旅游城市。厦门位于福建省东南端,西接漳州台商投资区,北邻南安,东南与大小金门和大担岛隔海相望,通行闽南语,是闽南地区的主要城市,与漳州、泉州并称厦漳泉,闽南金三角经济区。1980年设立经济特区。

厦门由本岛厦门岛、离岛鼓浪屿、西岸海沧半岛、北岸集美半岛、东岸翔安半岛、大小嶝岛、内陆同安、九龙江等组成。厦门岛是福建省的第四大岛屿。相传远古时为白鹭栖息之地,故又称"鹭岛"。21世纪厦门逐渐成为现代化国际性港口风景旅游城市,拥有第一批国家5A级旅游景区——鼓浪屿。美国前总统尼克松曾赞美厦门为"东方夏威夷"。机场有厦门高崎国际机场、厦门翔安国际机场;火车站有厦门站、厦门北站、高崎站、杏林站、前场站、东孚站;市花、市树分别为三角梅,凤凰木;市鸟为白鹭。厦门市辖思明区、湖里区、集美区、海沧区、同安区和翔安区6个市辖区。

厦门属于亚热带季风气候,温和多雨,年平均气温在21 ℃左右,冬无严寒,夏无酷暑。年平均降雨量在1200毫米左右,每年5—8月份雨量最多,风力一般3~4级,常向主导风力为东北风。由于太平洋温差气流的关系,每年平均受4~5次台风的影响,且多集中在7—9月份。

以厦门菜为代表之一的闽菜位列中国八大菜系,兼带台湾、潮汕风味。厦门菜肴创出清、鲜、淡、脆、略带微辣的独特风味,尤以生猛海鲜、仿古药膳、普陀素菜、风味小吃著称。厦门全年盛产海鲜,种类繁多,有龙虾、鲍鱼、螃蟹,还有虾、螺、贝类等。特色小吃有:面线糊、沙茶面、土笋冻、海蛎煎、炸五香、花生汤、烧肉粽等。

厦门高崎国际机场,位于厦门半岛北端。2015年旅客吞吐量突破2181.4万人次,列世界百强机场前80位;旅客吞吐量列国内民航机场前11位。厦门翔安国际机场,规划占地面积约14平方公里,定位为中国重要的国际机场、区域性枢纽机场、国际货运口岸机场、两岸交流门户机场。厦门海域包括厦门港、外港区、马銮湾、同安湾、九龙江河口区和东侧水道。厦门港外有大金门、小金门、大担、二担等岛屿横列,内有厦门岛、鼓浪屿等岛屿屏障,是天然的避风良港。港区外岛屿星罗棋布,港区内群山四周环抱,港阔水深,终年不冻,是条件优越的海峡性天然良港,历史上就是中国东南沿海对外贸易的重要口岸。厦门港已跻身国内大型一类港、世界集装箱大港16强之列。

旅游业是厦门市的支柱产业。厦门是中国十大热点旅游城市和接待国际邮轮最多的口岸之一。厦门主要文化设施有鼓浪屿钢琴博物馆、厦门奥林匹克博物馆、华侨博物院。此外,厦门还有郑成功纪念馆、厦门市博物馆、厦门大学人类学博物馆等。厦门风景名胜有鼓浪屿、南普陀寺、厦门大学、环岛路、厦门同安影视城、厦门北辰山、梵天寺、厦门金光湖原始森林、胡里山炮台、天竺山森林公园、厦门五缘湾湿地公园、野山谷生态乐园、观音山海滨、厦门园博苑、厦门方特梦幻王国、曾厝垵、厦门海沧野生动物园、厦门台湾民俗村等。

(三) 三亚(Sanya)

三亚别名崖州、崖县、鹿城,位于海南岛的最南端,具有热带海滨风景特色的国际旅游城市,中国海滨城市,是中国空气质量最好的城市、全国最长寿地区。三亚市别称鹿城,又被称为"东方夏威夷"。

三亚市陆地总面积1919.58平方公里,海域总面积6000平方公里,其中规划市区面积约37平方公里。三亚是海南省南部的中心城市和交通通信枢纽,也是中国东南沿海对外开放黄金海岸线上最南端的对外贸易重要口岸之一。2016年6月14日,中科院对外发布《中国宜居城市研究报告》显示,三亚宜居指数在全国40个城市中位居前三名。

三亚市地处海南岛最南端,北靠高山,南临大海,地势自北向南逐渐倾斜,形成一个狭长状的多角形。三亚主要港口有三亚港、榆林港、南山港、铁炉港、六道港等,主要海湾有三亚湾、海棠湾、亚龙湾、崖州湾、大东海湾、月亮湾等。三亚市区坐落在一种幽美的以山、海、河为特点的自然环境之中,"山—海—河—城"巧妙组合,浑然一体。

三亚地处低纬度,属热带海洋性季风气候区,年平均气温25.7 ℃左右,气温最高月份为6月,平均气温28.7 ℃左右;气温最低月份为1月,平均气温21.4 ℃左右,全年日照时间2534小时,年平均降水量1347.5毫米,素有"天然温室"之称。降水量西部比东部少,径流分布自内地向沿海递减。

海南岛的公路从早期的海榆东、中、西三线发展到东、西两条高速公路,将海南岛的主要县市紧密地联系了起来,在铁路运输不发达的岛上,高速公路成了交通首选,在东、西二线通车之后一直担任着重要作用,是岛上的交通大动脉。三亚凤凰国际机场是中国国内的运输大机场之一,承担着三亚通往国内乃至世界的重任。三亚是海滨城市,当地人自古靠渔业和航运为生,港口自然是三亚的一大窗口,榆林港、三亚港、凤凰港都见证着三亚的航运发展。

三亚涌现出一批旅游景点创造和打破了世界纪录协会的多项世界纪录,获得多项世界之最。三亚荣获"2012中国特色魅力城市"称号。三亚的主要旅游景点有亚龙湾、天涯海角风景区、大东海旅游风景区、西岛海上游乐世界、西沙群岛、三亚湾、南山佛教文化苑、黎村苗寨、海底世界探秘、天涯热带海洋动物园、亚龙湾海底世界、大东海环球潜水基地、西海岸铁路、崖城孔庙、三亚珊瑚礁自然保护区、千年曙光全球直播点、西沙海战烈士陵园、三亚河鸟类自然保护区、小鱼温泉等。

三亚的主要美食有红烧梅花参、红糖年糕、甜酸粉、苗家三色饭、米花糖、姜糖汤圆等。

(四)天津(Tianjin)

天津简称津,别名津沽、津门,中华人民共和国直辖市、国家中心城市、环渤海地区经济中心、首批沿海开放城市。天津是全国先进制造研发基地、北方国际航运核心区、金融创新运营示范区、改革开放先行区。天津位于华北平原海河五大支流汇流处,东临渤海,北依燕山,海河在城中蜿蜒而过,海河是天津的母亲河。天津滨海新区被誉为"中国经济第三增长极"。天津气候条件为暖温带半湿润大陆季风型气候;机场为天津滨海国际机场;火车站有天津站、天津西站、天津南站、天津北站、滨海站、于家堡站等。

天津地处北温带,位于中纬度亚欧大陆东岸,主要受季风环流的支配,是东亚季风盛行的地区,属暖温带半湿润季风性气候。天津临近渤海湾,海洋气候对天津的影响比较明显,主要气候特征是:四季分明,春季多风,干旱少雨;夏季炎热,雨水集中;秋季气爽,冷暖适中;冬季寒冷,干燥少雪。因此,春末夏初和秋天是到天津旅游的最佳季节。

天津市由铁路、公路、水路、航空和管道五种运输方式和具有先进的电信通信网及便利的邮政网构成了四通八达的交通运输网络。天津公路网是以国道和部分市级干线为骨架,以放射状公路为主的网络系统,以外环线沟通各条放射公路的联系。天津不仅处于京沪铁路、津山铁路两大传统铁路干线的交会处,还是京沪高速铁路、京津城际铁路、津秦客运专线、津保客运专线等高速铁路的交会处,是北京通往东北和上海方向的重要铁路枢纽。天津滨海国际机场位于东丽区,是国内干线机场、国际定期航班机场、国家一类航空口岸,中国主要的航空货运中心之一。天津港是世界等级较高、中国最大的人工深水港。天津港的吞吐量居世界前列,是一个综合性港口,位于天津滨海新区。

天津旅游资源丰富,市区依河而建,景色优美。1989年评选出的"津门十景"分别是"天塔旋云"、"蓟北雄关"、"三盘暮雨"、"古刹晨钟"、"海门古塞"、"沽水流霞"、"故里寻踪"、"双城醉月"、"龙潭浮翠"、"中环彩练",这些景观既有名胜古迹又有旧景新颜,是新时代天津旅游景观的代表。天津主要旅游景点有南开区天津古文化街旅游区(津门故里)、蓟县盘山风景名胜区、天津黄崖关长城风景游览区、天津蓟县独乐寺、天津天塔湖风景区、天津水上公园、天津热带植物观光园、天津宝成博物苑、天津杨柳青博物馆(石家大院)、天津滨海航母主题公园等。

天津的小吃与特产数目众多,尤其以"天津三绝"著名。1997年猫不闻饺子被定为津门四绝之一。具有天津地方特色、知名度较高的还有:曹记驴肉、冠生园八珍羊腿、陆记烫面炸糕、白记水饺、芝兰斋糕干、大福来锅巴菜、石头门坎素包。比较有名的小吃:什大酥烧饼、明顺斋什锦烧饼、上岗子面茶、王记麻花(又称徽子麻花)、豆香斋牛肉香圈、豆皮卷圈、白记水饺、水爆肚、煎焖子、北塘海鲜等。天津三绝历来有两种说法:其一是被称为天津风味小吃"三绝"的狗不理包子、十八街麻花和耳朵眼炸糕;其二是被称为天津民间工艺"三绝"的泥人张彩塑、杨柳青年画和风筝魏风筝。津菜历经几百年发展,逐步完善成一个涵盖汉民菜、清真菜、素菜、家乡地方特色菜和民间风味小吃的完整体系。

(五)青岛(Qingdao)

青岛市简称青,旧称"胶澳",别称"琴岛"、"岛城",又被誉为"东方瑞士"。青岛是国务院批复确定的国家沿海重要的中心城市和滨海度假旅游城市,国际性港口城市、国家历史文化名城。青岛地处山东半岛东南部沿海,胶东半岛东部,东、南濒临黄海,隔海与朝鲜半岛相望,地处中日韩自贸区的前沿地带。东北与烟台毗邻,西与潍坊相连,西南与日照接壤。青岛遂因"一港一路"而兴,拥有国际性海港和区域性枢纽空港,是实施海上丝绸之路、履行国家"一带一路"战略重要的枢纽型城市。青岛的机场有青岛流亭国际机场、青岛胶东国际机场;火车站有红岛站、青岛北站、青岛西站、青岛站;市树为雪松;市花为耐冬、月季。

青岛是全国首批沿海开放城市、中国海滨城市、国家历史文化名城、全国文明城市、国家卫生城市、国家园林城市、国家森林城市,也是中国较具幸福感的城市之一。青岛作为世界啤酒之城、世界帆船之都,是国务院批准的山东半岛蓝色经济区规划核心区域龙头城市。

青岛有包括道教名山崂山、栈桥、五四广场、八大关、奥帆中心、金银沙滩等著名景点,每年还会举办国际啤酒节、国际海洋节、国际钢琴与小提琴大赛等活动。青岛是一座历史文化名城,一大批历史名人包括老舍、闻一多、洪深、沈从文等人曾在青岛讲学。

青岛地处北温带季风区域,属温带季风气候。市区由于海洋环境的直接调节,受来自洋面上的东南季风及海流、水团的影响,故又具有显著的海洋性气候特点。空气湿润,雨量充沛,温度适中,四季分明。

青岛是中国东部沿海重要的经济中心城市和港口城市,是沿黄流域和环太平洋西岸重要的国际贸易口岸和海上运输枢纽,与世界130多个国家和地区的450多个港口有贸易往来,港口吞吐量跻身全球前十位。青岛港客运站是旅客水路进入青岛的主要通道之一,通航国内多个港口城市,开通了青岛至韩国仁川、韩国群山、日本下关三条国际定期航线。

青岛的航空港也是山东省内乃至全国较繁忙的航空港口之一,已开通东京、法兰克福、新加坡、曼谷、洛杉矶、仁川、釜山、旧金山、大阪、福冈、名古屋、普吉岛、长滩岛等多条国际（地区）客货航线，以及台北、香港、台中等客货航线，与国内近50个大中城市通航。机场有青岛流亭国际机场、青岛胶东国际机场。火车站主要有青岛站、青岛北站、胶州站、胶州北站、胶南站等。青岛公路发达，全市公路通车里程超过16000公里，主要交通要道有胶州湾海底隧道、胶州湾跨海大桥、胶州湾轮渡。

青岛是国家历史文化名城、重点历史风貌保护城市、首批中国优秀旅游城市。国家重点文物保护单位34处。国家级风景名胜区有崂山风景名胜区、青岛海滨风景区。山东省近300处优秀历史建筑中，青岛占130多处。青岛历史风貌保护区内有重点名人故居85处，已列入保护目录26处。国家级自然保护区1处，即墨马山石林。

（六）香港（Hong Kong）

香港简称港，全称为中华人民共和国香港特别行政区。香港地处中国华南地区，珠江三角洲东南部、珠江口以东，南海沿岸，北接广东省深圳市，与澳门特别行政区、广东省珠海市及中山市隔着珠江口相望。香港是全球高度繁荣的国际大都会之一，香港由香港岛、九龙半岛、新界三大区域组成，人口密度居全世界前三位。香港著名高等院校有香港大学、香港中文大学等，常用语言为粤语、英语。香港是继纽约、伦敦后的世界第三大金融中心，它们并称为"纽伦港"，在世界享有极高声誉。香港是国际和亚太地区重要的航运枢纽和极具竞争力的城市之一，曾经连续多年经济自由度指数位居世界首位。香港素以优良治安、自由经济和健全的法律制度等而闻名于世，素有"东方之珠"、"美食天堂"和"购物天堂"等美誉，也是全球较富裕、经济较发达和生活水准较高的地区之一。

香港属亚热带季风气候，全年气温较高，年平均温度约为22.8 ℃。夏天炎热且潮湿，温度在27 ℃～33 ℃之间；冬天凉爽而干燥，但很少会降至5 ℃以下。5—9月间多雨，有时雨势颇大。夏秋之间，时有台风吹袭，7—9月是香港的台风较多的季节，5—11月间都有可能受不同强度的热带气旋吹袭。香港全年平均雨量约2214.3毫米，雨量最多月份是8月，雨量最少月份是1月。

香港市区交通非常便利。港铁为香港市区内最主要的公共交通工具，每天清晨6时左右开始运营直至午夜，每隔数分钟即有一班。巴士（公共汽车，多家公司经营）、新巴，行走部分港岛路线；九巴，行走全九龙及新界；城巴，行走部分港岛路线；大屿山巴士，则只行走该岛仅有的十多条路线以及往来深圳湾口岸的两条线路；龙运，为九巴下属公司，经营新界与机场之间的巴士服务。渡轮有天星小轮、新世界第一渡轮、油麻地小轮公司、港九小轮公司等。全长55公里的港珠澳大桥是世界最长的跨海大桥，该桥主体工程包括桥、岛和总长5664米的海底沉管隧道。香港国际机场已于1998年取代了旧的启德国际机场，启德国际机场改建为启德邮轮码头。香港铁路有始发于红磡站的京九铁路，始发于西九龙总站的广深港高铁。九龙及香港岛之间的维多利亚港，则因港阔水深、四面抱拥，有利于船只航行，是世界天然良港之一。

香港汇聚了世界各地的美食，香港旺角、铜锣湾、尖沙咀东部和九龙城等地都是香港的美食中心，充满亚洲风味的餐馆遍布香港，有辛辣的泰国汤、香浓的印度咖喱、韩国烧烤、越南沙律卷、日本寿司等特色美食。香港的中国菜餐馆，提供中国各地的特色佳肴，广东菜餐馆尤其多,其他地道菜包括潮州菜、湖南菜、四川菜、北京菜、上海菜等,还有讲究清淡的素菜。香港传统本地菜以广州菜为主,盆菜则是新界原居民在节日时的传统菜肴。由于香港濒临海洋,因此海鲜也是常见的菜肴,亦发展出如避风塘炒蟹的避风塘菜肴。

香港旅游业非常发达,旅游景点众多,中国大陆地区依然是香港最大的旅游客源地,中国台湾、韩国分列二三位。香港著名景点有维多利亚港、香港迪士尼乐园、海洋公园、香港杜莎夫人蜡像馆、香港湿地公园等。香港还有传统的祖先宗祠、新界氏族围村,以及坐落闹市的庙宇。游客可以参加由香港旅游发展局主办的"古今建筑漫游"。

(七) 台北(Taipei)

台北简称"北",又称北市,位于中国台湾岛北部的台北盆地,被新北市环绕,西界淡水河及其支流新店溪,东至南港附近,南至木栅以南丘陵区,北包大屯山东南麓。台北是中国台湾地区的政治、经济、文化、旅游、工商业与传播中心,是仅次于新北市的第二大城市。台北方言为闽南语;机场有台北松山机场、台北桃园机场;火车站有台北车站;高等学府有台湾大学、交通大学、政治大学等;市树市花分别为榕树、杜鹃花;市鸟为台湾蓝鹊。

台北市地处东亚大陆与太平洋之间,受干冷的蒙古高压与暖湿的太平洋高压交互影响,形成了亚热带季风气候。由于海洋的调节,其气温比同纬度大陆地区高 2 ℃~5 ℃,尤其在秋冬季节,此特点尤为突出。从纬度来看,台北位于北回归线以北,属于亚热带季风气候。但从各月平均气温来看,却酷似热带季风气候,长夏无冬,只有热季与凉季之分;通常每年4—11月为热季、12—3月为凉季。由于台北位于东亚季风带内,因此,气候也受东北季风影响。

台北市是台湾北部的游览中心,除阳明山、北投风景区外,还有岛内建成最早的台北公园和规模最大的木栅动物园。此外,由私人经营的荣星花园规模也相当可观。剑潭、北安、福寿、双溪等公园,也都是游览的好地方。台北市名胜古迹颇多,其中台北城门、龙山寺、保安宫、孔庙、指南宫、圆山文化遗址等处,均为风景优美,适宜游览的好地方。

台北市也拥有为数可观的博物馆、美术馆、纪念馆、庙宇、古迹等。外双溪的故宫博物院是岛内外首屈一指的艺术宝库,圆山周边的台北市立美术馆、儿童育乐中心、大龙峒保安宫、台北孔庙、行天宫,刻画着浓厚的人文活动轨迹。大稻埕和艋舺是汇聚台北移民血汗的历史街区,其中迪化街、霞海城隍庙、龙山寺、华西街,是想要了解老台北不可不到之处。台北市主要景点有台北故宫博物院、龙山寺、阳明山国家公园、士林官邸、忠烈祠、中正纪念堂、自由广场、101大楼等。

台北的夜市中,集合了各种潮流玩具、生活用品、衣服饰品、新奇发明、神算占卜、传统游戏(如套圈、打弹珠、捞鱼、射气球等),而夜市中的主力——各种小吃更可说是台北饮食文化具体而微的展现。台北著名的7大夜市是:士林夜市、宁夏圆环夜市、辽宁街夜市、饶河街夜市、延平北路夜市、通化街夜市、龙山华西街夜市。

(八) 基隆(Keelung)

基隆市是中国台湾省的省辖市,别名"鸡笼",位于台湾岛东北角,三面环山,一面临海,曾是台湾万商云集的重要港口。基隆市为台湾北部重要的国际商港;方言为闽南语;气候为亚热带海洋性季风气候;著名景点有泰安瀑布、情人湖等;机场有附近的台湾桃园国际机场、台北松山国际机场;火车站为基隆站。

基隆市由于冬季受东北季风经过海洋及因背山面海的原因造成潮湿多雨,夏季受西南季风要越过山岭才能到达之因,虽位居台湾之最北端,但相当炎热。基隆市别称"雨港",主要原因为基隆市时常多雨阴湿的气候所造成。进入冬季时,基隆市正好处于东北季风从中国大陆北方南下至台湾的迎风面地带,加上多山的地形干扰季风进入内陆,导致基隆在每年12月进入冬季后,便笼罩在阴湿多雨的气候当中,但下的雨多为绵绵细雨;特别是在冬季和春季交替之时,基隆港区及市中心时常发生大雾,严重时甚至使基隆港的港务运作被迫完全停摆。

基隆市拥有台湾第二大港——基隆港。基隆港位于台湾岛北端,是台湾北部海上门户,重要的海洋渔业基地,地处台湾省北部的基隆市。基隆港是世界十大集装箱运输港之一。基隆港为台湾北部重要的天然良港,也是海运转运中心辅助港——高价值货物进出口港。基隆港还是环岛航运之主要枢纽港,也是结合旅游观光的亲水性港口。中山高速公路等高速公路皆以基隆为起点,并有多条省道通往全台各地。基隆同时是台湾铁路的重要据点,纵贯铁路的北端位于基隆,台铁东部干线的北端也是从市区近郊的八堵开始。

基隆市的主要街道以八德之"忠"、"孝"、"仁"、"爱"、"信"、"义"为路名之首,并依序加以数字命名。基隆的名胜古迹众多。基隆市最著名的景点莫过于庙口夜市,该夜市为台湾著名的夜市之一。由于基隆的海产本就丰盛,加上身为国际港埠,从各地来来往往的人资流通将各种物产带来基隆,因此造就出多元富有特色的小吃市集。

基隆的山海风景很多,清代就有基隆八景,即奎山聚雨(基隆山)、毯岭匝云(狮球岭)、魴顶瀑布、鲨鱼凝烟(鲨公屿、鲨母屿,现已不存)、仙洞听涛(仙洞岩)、社寮晓日(和平岛)、海门澄清(八尺门)、杙峰耸翠(基隆屿)。基隆自然景点有沿海风景(基隆屿、北方三岛、和平岛)、基隆港港埠景观(八斗子海滨公园、望幽谷、长潭里潮境公园、仙洞岩、外木山海岸)、陆上景观(狮球岭、红淡山、情人湖、暖暖基隆河壶穴景观、暖东峡谷、泰安瀑布、姜子寮山、玛陵、友蚋溪谷)等。

基隆小吃特产非常丰富。庙口小吃可以说是基隆的代表作,民间都说,"到基隆不吃庙口小吃,等于没到过基隆"。"天妇罗"、"鼎边锉"、"一口吃香肠"等都是庙口小吃的极品,还有豆签羹、八宝冬粉、营养三明治、泡泡冰、三兄弟豆花、天妇罗等。

李鹄饼店:创立于清光绪年间,以凤梨酥、绿豆凸等糕点最负盛名。

连珍糕饼:以传统糕饼闻名。

鼎边锉:有邢家、吴家两家,皆位于奠济宫庙埕旁。

泡泡冰:有庙口的沈记、陈记,以及也在庙口附近的远东泡泡冰。

卞家牛肉面:位于仙洞,因为店开在防空洞内,又有"山洞牛肉面"之别称。

虾冰蟹酱:总店位于碧砂渔港,以将冰品及海产做结合而闻名。

(九)高雄(Kaohsiung)

高雄(见图6-4)别名高市、港都,位于台湾本岛西南部,是台湾南部的海路大门。其辖域东北至中央山脉以及玉山主峰,西南至南海上之南沙太平岛、中洲岛,以及东沙群岛。高雄市下辖苓雅、三民等 38 个区,方言为闽南语、客家话。

图 6-4　高雄

高雄市气候为热带季风气候,气温以 2 月平均气温 18.6 ℃ 最低,6 月平均气温 28.7 ℃ 最高;相对湿度以 3 月平均 60% 最低,8 月平均 81% 最高。日照时数全年平均 2139 小时,以 2 月平均日照 138.1 小时最少,其中 6 月平均日照 227.4 小时最高。唯秋冬少雨,雨量季节变化和年变率均大,全年平均降雨量 1784.9 毫米,其中以 12 月平均降雨 11.5 毫米最少,8 月平均降雨 426.3 毫米最高。5 月至 9 月为高雄的雨季,降雨占高雄全年约 9 成的雨量。冬季是高雄的旱季,平均每个月只有 3 天有降雨。体感上一年四季气温变化不显著,除 12 月至次年 2 月早晚偏凉,其余月份气候都较炎热。高雄的最冷月为 1 月,平均气温约 20 ℃,一年中日高温低于 20 ℃ 的日子一般不会超过 10 天。

高雄国际机场是台湾南部地理位置最重要、规模最大、设备最齐全、运输生产最繁忙的大型国内、国际航线综合航空港,同时也是台湾第二大国际机场。高雄港是世界级的国际港口、台湾最大的深水港、货运吞吐量居世界前列的综合性港口。高雄港也是中国南方较大的港口之一,属大型综合性港口,有铁路、高速公路作为货物集运与疏运手段。得力于优越的地理位置,高雄港成为东南亚、印度洋与东北亚间海上航运的重要转运中心。除了海运以外,尚有连接高雄港区周围沿岸的渡轮,由高雄市轮船公司经营,其中以"旗津—鼓山"航线班次最为频繁,且为十分著名的观光航线。高雄是台湾第二个建有捷运系统的都会区,服务范围涵盖以市区内为主。

高雄风景名胜众多,主要有小琉球岛、垦丁公园、旗津半岛、澄清湖、鹅銮鼻公园、高雄港渔人码头、武德殿、高雄 85 大楼、藤枝森林游乐区等。

高雄的特色小吃非常丰富。鳝鱼意面是台湾夜市及台菜馆、台菜餐厅普遍常见料理,鳝鱼香脆,烩面汤汁浓郁酸甜,鳝鱼有蛋白质、铁质,亦被视为补身菜品。筒仔米糕是一种常见于台湾各地的糯米小吃,与油饭类似,但却是在瓷瓶、竹筒或铁罐中炊熟而成,口味浓郁。

第三节 日本、韩国邮轮旅游地区

一、日本、韩国邮轮旅游地区概况

（一）日本概况

日本（Japan）全称日本国，位于亚洲东部、太平洋西北部。国名意为"日出之国"，领土由北海道、本州、四国、九州四大岛及7200多个小岛组成，因此也被称为"千岛之国"。日本东部和南部为一望无际的太平洋，西临日本海、东海，北接鄂霍次克海，隔海分别和朝鲜、韩国、中国、俄罗斯、菲律宾等国相望。日本北海道有世界著名渔场之一的北海道渔场，其成因是千岛寒流与日本暖流交汇。

日本的首都为东京，日本素有"樱花之国"之称，主要城市有大阪、横滨、名古屋、京都、神户、札幌、福冈、千叶等。地理最高点是富士山，著名企业有丰田、本田、索尼、三菱、东芝等。日本国鸟为绿雉，国石为水晶，国花为樱花（民间）、菊花（皇室）。

日本（见图6-5）以温带和亚热带季风气候为主，夏季炎热多雨，冬季寒冷干燥，四季分明，南北气温差异十分显著。日本是世界上降水量较多的地区之一，年平均降水量700～3500毫米，最高达4000毫米以上。

图6-5 日本

日本的都、道、府、县是平行的一级行政区，直属中央政府，但各都、道、府、县都拥有自治权。日本为君主立宪国，日本是世界上唯一一个宪法没有赋予君主任何权力的君主制国家。日本政治体制三权分立：立法权归两院制国会；司法权归裁判所，即法院；行政权归内阁、地方公共团体及中央省厅。宪法规定国家最高权力机构为日本国会。日本国会分为众参两院。选民为20岁以上的国民。

日本交通运输业发达,已形成以海运为主,海、陆、空密切结合的现代化交通运输体系。国际航运中,货运以海运为主;客运以航空为主。国内客运以铁路和公路为主;货运以公路和海运为主。日本拥有庞大的海洋船队,与世界各地都有航线相通,著名的海港有东京、横滨、名古屋、大阪、神户等。首都的羽田机场和成田机场是日本的空中大动脉,函馆、福冈、大阪、关西、北九州、那霸的机场都是日本的空中交通枢纽。日本航空、全日空、北海道国际航空、天马航空是日本四大航空公司,是日本空中交通的重要标志。日本的陆路交通大部分依赖地铁、轻轨、铁路等轨道交通。新干线是日本的高速铁路客运专线系统,以"子弹列车"闻名,是轨道交通的现代化标志。

在日本有著名的"三道",即日本民间的茶道、花道、书道。茶道也作茶汤,又称品茗会,自古以来就作为一种美感仪式受到上流阶层的无比喜爱。花道作为一种在茶室内再现野外盛开的鲜花的技法而诞生。书道,即书法,相信不少人会认为它是中国独有的一门艺术。

相扑来源于日本神道的宗教仪式,起源于中国。和服是日本传统民族服装的称呼,柔道在全世界有广泛声誉。柔道是中国拳术的发展。剑道是指从武士重要武艺剑术中派生而出的日本击剑运动。空手道是由距今五百年前的古老格斗术和由中国传入日本的拳法糅合而成的。合气道是日本一种以巧制胜的武术,是一种根源于日本大东流合气柔术的近代武术。

日本的主菜是鱼。"生鱼片"、"寿司"则是由中国唐代时传入日本,经过日本人改良,在日本很受欢迎的一种食物,生食也是非常健康的食用方式,比烹煮方式更能减少鱼肉中营养物质的流失。日本人烹煮鱼类的方法多为低温煮熟、清蒸等,并且选用的鱼类都是健康的海鱼。日本的冷面是放在竹制盘上,用筷子夹起一口的分量放在冷汤里进食。有些餐馆没有附上汤匙,日本人习惯拿起来喝汤。日本人喜欢喝啤酒,无论是生啤酒还是瓶装的都受欢迎。日本清酒可以热喝或冷喝,无论哪一种清酒,都是日本菜肴的最佳搭配。

日本名胜众多,主要风景名胜有:富士山、东京铁塔、金阁寺、银阁寺、唐招提寺、大阪城天守阁、台场或称御台场、浅草寺、白山历史乡村。另外,还有阿苏火山,东大寺、严岛神社、平安神宫、那智瀑布、清水寺、东寻坊、樱岛、姬路城等著名景点。

(二)韩国概况

韩国(Korea)全称大韩民国,位于东亚朝鲜半岛南部。韩国首都为首尔,旧称汉城。韩国其他主要城市有釜山、仁川、大邱、光州、大田、蔚山、济州市等,官方语言为韩国语(韩国标准语),政治体制为总统制共和制。韩国大型企业有三星、LG、现代、起亚、大宇等。韩国高等学府有首尔大学、浦项工科大学、延世大学、高丽大学等。

韩国的气候属于温带季风气候和亚热带季风气候,地理最高点为汉拿山。木槿花是韩国的国花。

韩国三面环海,西濒临黄海,与胶东半岛隔海相望,东南是朝鲜海峡,东边是日本海,北面与朝鲜相邻。

韩国北部属温带季风气候,南部属亚热带气候,海洋性特征显著。韩国四季分明,冬季漫长寒冷,夏季炎热潮湿。冬季最低气温达-12 ℃,夏季最高气温可达37 ℃,年平均降水量1500毫米左右,降水量由南向北逐步减少,其中6—8月雨量较大,降雨量为全年的70%。韩国各地区之间温差较大,在全年最热的8月份,平均温度为19℃～27℃,而在全年最冷的1月份,平均温度则在-7℃～8℃之间。雨季时大部分河流洪水为患,河水几乎全部流入大海,其他时间河水较少,各种供水难以保证。

韩国实行一院制。国会是国家立法机构,任期4年,国会议长任期2年。宪法赋予国会的职能除制定法律外,还包括批准国家预算、外交政策等国家事务,以及弹劾总统的权力。大法官由总统任命,国会批准。

韩国以泡菜文化为特色,一日三餐都离不开泡菜,韩国传统名菜烧肉、泡菜、冷面已经成了世界名菜。韩国有各种饮食,由于其过去处于农耕社会,因此从古代开始主食就以米为主。韩国饮食由各种蔬菜、肉类、鱼类共同组成。泡菜(发酵的辣白菜)、海鲜酱(盐渍海产品)、豆酱(发酵的黄豆)等各种发酵保存食品,以营养价值和特别的味道而闻名。

韩国铁路在城市间的客、货运中起着举足轻重的作用。首尔地铁是世界前五大地铁系统之一。大韩航空公司和亚洲航空公司同世界各地的70多个城市开通了航线,年货运量和客运量均列世界前茅。韩国政府对改善其机场设施投入了大量资金,现有金浦机场、仁川、金海、忠州和济州国际机场和金浦机场等。韩国的集装箱船只行驶在通向南美、北美、欧洲、澳大利亚、中东和非洲的许多港口的航线上。外国的远洋航船、游船,以及客货轮船也常停泊在韩国港口。

韩国主要旅游点有首尔景福宫、德寿宫、昌庆宫、昌德宫、国立博物馆、国立国乐院、世宗文化会馆、湖岩美术馆、南山塔、国立现代美术馆、江华岛、民俗村、板门店、庆州、济州岛、雪岳山等。韩国第一大岛济州岛是著名的旅游胜地,岛上有瀑布、海滩、浴场、绿树红花等自然风光。

二、日本、韩国邮轮旅游地区主要邮轮旅游目的地

(一)横滨(Yokahama)

横滨是仅次于东京的日本第二大城市。横滨位于日本关东地区南部、东临东京湾,南与横须贺等城市毗连,北接川崎市。横滨是神奈川县东部的国际港口都市,也是神奈川县的县厅(行政中枢)所在地,下辖西区、中区、神奈川区等。该市拥有日本国内仅次于东京都区部的人口数,也是人口最多的市级行政区。市内有位于东京湾西岸的横滨港,经常被视为是东京的外港,沿岸设有大量的港埠设施与伴生的工业与仓储产业。横滨是日本东西方交流的重要城市,方言为关东语,市树为银杏、榉树、茶梅、珊瑚树,市花为蔷薇。

横滨市属于副热带湿润气候。横滨的天气一年四季温差较大,但是位于沿海地方,面向太平洋,每天的平均温差较小。雨量集中在春季及秋季。冬天大多数时间放晴,不易看见积雪。横滨市年平均气温15.5℃左右,8月平均气温26.4℃左右,1月最低,平均气温只有5.6℃左右。

横滨市内没有机场。横滨市主要航空进出门户的机场是位于东京都大田区的东京国际机场(羽田机场)以及千叶县成田市的成田国际机场。可通过铁路通往羽田机场站以及使用

成田特急通往成田机场站。横滨市内的中央车站是横滨站,新干线停车站是新横滨站,而离神奈川县厅最近的车站,则是关内站。

横滨港是日本的大型海港之一,也是亚洲较大的港口之一。新港、高岛等码头,共计90多个泊位,水深多在12米以内,通常停靠2.5万吨级以上的货轮。此外有专用码头,水深达17米,可泊15万吨级的大型散货船。横滨港每年有8万~9万艘船泊入港,1991年吞吐量就达1.22亿吨,港内有仓库面积11万平方米。虽然横滨港货物吞吐量低于神户港和千叶港,但是港口贸易额却居全国首位,成为日本最大的国际贸易港。

每年有大量的国内外游客前往横滨市观光旅游。横滨有各种各样的观光景点,主要有山下公园、三溪园、横滨海洋塔、帆船日本丸和横滨港口博物馆、面包超人博物馆、新横滨拉面博物馆、八景岛海岛乐园、总持寺、弘明寺、伊势山皇大神宫、观港公园、镰仓、箱根等。美丽的海滨港口大城市里,还有许多风格各异的西洋建筑。

(二)鹿儿岛(Kagoshima)

鹿儿岛县是日本九州南端的县,西南以奄美群岛与冲绳县相对,拥有以世界自然遗产屋久岛为首的各种特色岛屿和樱岛等火山、茂密的森林、丰富的温泉等,具有多姿多彩的大自然风景和个性化的历史文化等得天独厚的观光资源,是日本为数不多的观光县之一,是日本古代文化发源地之一。此外,鹿儿岛还是日本国内唯一拥有宇宙火箭发射设施的县。鹿儿岛气候温暖,年平均气温在18.8 ℃左右。

鹿儿岛方言为九州方言,气候属于亚热带海洋性季风气候;著名景点有樱岛、雾岛屋久国家公园等;机场为鹿儿岛机场等。鹿儿岛县花为雾岛杜鹃,县树为海红豆、樟树,县鸟为琉球松鸦。鹿儿岛具有多姿多彩的大自然风景,每年都会迎来4600万的国内外游客。

鹿儿岛机场开通了鹿儿岛至东京、静冈、名古屋、大阪、神户、冈山、广岛西、高松、松山、福冈、长崎、种子岛、屋久岛、奄美、喜界、德之岛、冲绳县、首尔、上海等地航班。鹿儿岛公路发达,有九州纵贯高速公路、东九州高速公路、南九州西侧高速公路、指宿观光道路等。鹿儿岛铁路有九州新干线鹿儿岛路线、肥萨橘子铁道等。鹿儿岛海上交通也很便利。

鹿儿岛风景名胜众多,主要有雾岛屋久国立公园、樱岛、维新故乡馆、鹿儿岛水族馆、古里温泉、沙蒸温泉、开闻岳、池田湖、鹿儿岛鲜花公园、善德寺、雾岛神宫、知览武士宅邸、知览茶田、出水之鹤、鹤田水库、种子岛、屋久岛、宇宙开发中心、奄美群岛等。

(三)长崎(Nagasaki)

长崎是日本九州岛西岸著名港市,长崎县首府。长崎市位于日本的西端,与我国上海相隔不远,自古以来就是沟通中国与日本的桥梁。长崎市是日本锁国时代少数对外开放的港口之一,是一个交通枢纽城市,英国、葡萄牙、荷兰都是通过它与日本有了密切的往来。长崎与朝鲜半岛也有很深的渊源。长崎也是继广岛之后世界上第二个被原子弹毁灭的城市。长崎市树为乌桕,市花为绣球花。

我国明朝僧人在长崎修建了崇福寺、兴福寺、圣福寺和福济寺等长崎四大唐寺,数百年来一直香火不断。后来华人又建了唐人馆、孔子庙和新地中华食街等。西方传教士也在这里修建了大浦天主教堂和格巴格公园等西式建筑。同时,医学、天文学等西洋文化也经由此地传入日本。长崎1571年开港,是一座充满异国情趣的港口城市,著名景点有大浦天主教堂、浦上天主教堂、崇福寺、长崎和平公园以及长崎原子弹中心陈列馆等。

由于长崎县是地域宽广三面绕海的地形,壹歧和对马、五岛、云仙周边和其他山地分别具有三种不同气候。除了山岳地带以外,长崎整体上是温暖多雨的海洋性气候,气温受到暖流的影响,年温差较小,年平均温度约17.2 ℃,年均降水量1857.7毫米,是日本雨量较多的地区之一。

长崎的独特文化创造出了独特的料理。在品尝面食的独特风味的同时还可以吃到海鲜和各种蔬菜。炒咖喱饭、炸猪排、番茄意大利面、土耳其饭也有长崎的风味特点。土特产有长崎蛋糕、乌鱼子和用长崎产的枇杷做的枇杷果冻。

长崎有丰富的自然景观。长崎有日本三大中华街之一的新地中华街,约40家餐馆、杂货店鳞次栉比。长崎新地中华街的石板路是长崎市的友好城市中国福州市协助修成的。长崎又是著名温泉胜地,这里的温泉水质是乳白色的硫磺泉,对寒虚体质、皮肤病等都有很好功效。

长崎交通便利。长崎机场位于长崎市中心东北方大约30公里。长崎市内有5条有轨线路,由长崎电气轨道运营,有轨线路可以到达长崎市大部分的主要景点。长崎还拥有城市巴士网络,由长崎巴士和长崎县营巴士运营。

(四) 冲绳(Okinawa)

冲绳县处于日本九州岛和中国台湾之间,是日本最南也是最西的县,毗邻鹿儿岛县,一级行政区,是受美国托管行政权的日本自治海岛县,土地面积占日本总面积的0.6%左右,在47个都道府县中位于第44位,冲绳县的县厅所在地是那霸市。冲绳县有独特的自然环境,除了具有东南亚、中国、日本的民俗风情建筑外,较日本本土更具有独特的美式风情,有"日本的夏威夷"之称,是空手道的故乡。

冲绳县中文原名琉球,方言为琉球语;县花为刺桐,县树为琉球松,县鸟为野口啄木鸟。

冲绳东临太平洋,西濒东海,主要分为冲绳本岛附近的琉球群岛、宫古岛附近的宫古列岛和石垣岛附近的八重山列岛三个岛屿群,由琉球诸岛、宫古列岛、八重山列岛、大东诸岛等60多个岛屿组成,共有150多个岛屿,岛屿从东北面日本九州以南向西南方向分布,直至靠近中国台湾岛,是一条岛屿链。冲绳县经济以旅游业最为发达,游客多以其热带风情和阳光与海滩为主题的休闲式旅游为前往冲绳旅游的主要目的。另外,冲绳文化的独特和神秘,亦吸引游客前往冲绳探访古文化。由于冲绳在太平洋的大陆架上,其附近水域鱼类丰富,故此渔业也为冲绳人多从事的行业。

冲绳县位于亚热带,夏季高温多雨,冬温暖少雨,属于亚热带气候,由于位处西太平洋,亦受海洋性气候所影响。冲绳县全年气温平均23 ℃左右,冬天也有20 ℃左右,雨季在4—6月,7—9月通常受西太平洋副高压脊影响而晴朗炎热,8—10月则常受到在西北太平洋形成的热带气旋侵袭,台风会横过冲绳向西北或北趋向中国大陆或朝鲜及韩国,或向东北转向去日本。

冲绳县风景名胜众多,主要有首里城、守礼门、今归仁城遗址、石垣岛、西表岛、宫古岛、竹富岛、渡嘉敷岛、多良间岛、万座毛、冲绳美之海水族馆、姬百合公园等。

航空交通成为冲绳县对外界和对县内的往来最主要的方式,其中对外最重要的是那霸国际机场,该机场位于那霸市。

那霸港是日本冲绳县那霸市的一个港口,位于国场川的入海口。最初那霸港仅指那霸市的那霸埠头,后来,那霸港成为那霸埠头、泊埠头(原泊港)、新港埠头(原安谢港)的总称。该港口由冲绳县、那霸市、浦添市联合组成的特别地方公共团体管理。

冲绳县特色工艺品丰富,主要有芭蕉布、宫古上布、首里织、壶屋烧(陶器)、漆器、玻璃制品等。冲绳县有一个由汽水啤酒瓶工场改造的琉球玻璃村,游客们在这里可以亲手制作一个玻璃杯,自用或赠人。三线类似于中国的三弦,是代表琉球文化的乐器。

冲绳县的特色食品有苦瓜,青色苦瓜是冲绳的特产,和豆腐一起炒更是一道名菜。冲绳汤面是冲绳县的一种大众食品,与普通的荞麦面不一样,冲绳汤面是100%使用面粉制作的,游客随时随地都可以吃到。作为配料,会在面条中添上鱼糕、五花肉和葱。泡盛是使用泰国米和岛上天然硬质矿泉水酿制的烧酒,甘冽醇香。

(五)福冈(Fukuoka)

福冈县位于日本列岛西部、九州北部,是九州岛上最大的县,也是九州政治、经济、文化的中心。福冈县东与山口县相对,西界佐贺县,南邻大分县和熊本县,北面与朝鲜半岛相对,交通发达。福冈县因靠近朝鲜半岛和亚洲大陆而被称为"亚洲的大门",自然环境优美。机场为福冈国际机场,火车站为博多站;县树为杜鹃,县花为梅花,县鸟为黄莺。知名人物有松本清张、高仓健等。福冈县渔业发达,渔产丰富,捕鱼量在日本全国居前列,水产品种类繁多,有着"食在福冈"之美名;印染、纺织机械、食品、水泥、酿造、木材等工业也很发达;农业以大米、小麦为主,小麦产量在日本名列前茅。

福冈县分为福冈、北九州、筑后及筑丰等四个地区,其中福冈和北九州是人口百万以上的两个政令都市。福冈县坐落在福冈平原的中央,距东京约880公里,距离朝鲜半岛和中国大陆非常近,是连接九州岛与本州岛的交通要冲,又是日本通往朝鲜半岛与中国大陆的交通要地,在日本对外交往史上占有重要的地位,被称为"九州门户"。

福冈县属亚热带气候,温暖怡人,有适当的降水量,一年四季生活舒适,年平均气温18℃左右,年均降水量1950毫米左右,最高气温37.2℃左右,最低气温−1.3℃左右。冬季下雪,但积雪主要在山区,城市里基本上没有积雪。

福冈县名优特产很多。特色工艺品有小石原陶瓷器、上野陶瓷器、柳川吊饰、博多织品、博多偶人等。特色食品有辣味明太子、福冈名牌糕点、八女茶、拉面、鸡肉火锅、牛杂火锅及各种各样的新鲜鱼做成的日式、西式鱼料理。

福冈县风景名胜众多,主要有福冈塔、福冈巨蛋、博多运河城、天神、福冈市美术馆等。福冈市内散布着许多寺庙和神社,主要有圣福寺、东长寺、枥田神社、箱崎宫等。福冈县旅游景点还有柳川河泛舟、秋月、宗像大社(宗像市)等。

福冈有西铁、昭和、JR三家主要巴士公司,其中西铁巴士的路线覆盖了福冈市的大部分地区。长途巴士连接福冈与九州的各个城市以及其他日本大城市。巴士中心是各路线、城市间巴士的主要起点和终点站。福冈地铁有3条线,各个地铁车站都设有几个出口。福冈有JR和西铁两家铁路公司。其中JR还与日本其他地区的路线相连。JR的中心车站是博多站,西铁是福冈站(天神)。福冈县的航运发达,有长途渡轮连接博多港和日本各地港口,有三家公司的国际邮轮来往于福冈和韩国的釜山间。福冈机场每天都有国内航班、国际航班客机起降。福冈基本上没有直航飞往亚洲以外的国家。

（六）首尔(Seoul)

首尔全称首尔特别市,旧称汉城、汉阳。首尔是韩国首都,是朝鲜半岛最大的城市,亚洲主要金融城市之一,也是韩国的政治、经济、科技、教育、文化中心。首尔位于韩国西北部的汉江流域,朝鲜半岛的中部。首尔是世界上人口密度较高城市之一。虽然首尔仅占韩国面积的0.6%,但其GDP却占全国GDP的21%。首尔是世界十大金融中心之一,世界重要的经济中心,消费者物价指数居世界前茅,同时也是高度数字化的城市。首尔也是一座年轻的城市,拥有朝气蓬勃的人群、繁华喧闹的城市、迷人的自然景观、悠久的历史文化。首尔市区内古老的宫殿、庙宇等同直入云霄的现代建筑群交相辉映,显示了首尔既古老又现代的历史和时代风貌。

首尔属于温带季风气候,年平均气温为11.8 ℃左右,四季分明。春、秋季雨水少,气候温暖,适宜旅游。夏季(6—9月)的平均气温为20 ℃~27 ℃,连续高温多雨。冬季(12—2月)比同纬度的其他城市气温略低,月平均气温为-5 ℃~0 ℃。

在韩国,首尔同釜山、仁川等主要城市也有高速公路相通,首尔—仁川线是韩国第一条现代化高速公路。首尔地铁是世界前五大载客量的铁路系统,其服务范围为首尔特别市和周边的仁川、京畿道等首都圈地区,一天载客量超过800万人次,年运送乘客数为22亿名,居全球第3位。首尔地铁以首尔的九条地下铁路为主,并辅以韩国铁道公社的盆唐线、中央线及仁川地铁等线路,共19条路线。现时整个铁路系统里,仅仅是首尔地下铁路中首尔地铁、首尔特别市都市铁道公社和首尔市地铁9号线株式会社的营运路段,其总长度已达975.4公里,居世界第一位。

首尔特色美食非常丰富,主要有"韩定食"(韩国式客饭)、"九折坂"、"神仙炉"、"冷面"、"石碗拌饭"、泡菜等。泡菜中以包裹式泡菜最为美味:将栗子、梨、大枣、章鱼、鲍鱼、虾、松仁等以大白菜包裹,具有一般泡菜所没有的"豪华"。有的泡菜除主要蔬菜外,亦加放葱、姜、蒜、水芹菜等,不仅口味醇美,而且丰富营养。

首尔风景名胜众多。首尔市内的建筑既有景福宫等朝鲜时代的古宫,也有最尖端的综合文化设施。首尔市内保留着许多名胜古迹,主要有景福宫、昌德宫、昌庆宫、德寿宫和秘苑(御花园)等。首尔是朝鲜王朝的都城,拥有众多古迹。朝鲜王朝时代的宫殿、宗庙和其他建筑有景福宫、昌德宫、秘苑、昌庆宫、庆熙宫、德寿宫、云岘宫、宗庙、社稷、成均馆、南大门、东大门、汉城城墙、南汉山城、北汉山城、贞陵、洪陵、宣靖陵、献仁陵、泰康陵等。首尔的其他古迹有梦村土城、风纳土城、嵯峨山城、奉恩寺、奉元寺、曹溪寺、独立门、明洞天主教堂等。

首尔的公园和旅游设施有西大门独立公园、奖忠坛公园、塔洞公园、乐天世界、孝昌公园、南山谷韩屋村、汝矣岛公园、南山公园、奥林匹克公园、社稷公园、龙山家庭公园等。

首尔的自然旅游景点有北汉山国立公园、国立森林园、洪陵树木园、水落山、仁王山、冠岳山、栗岛候鸟栖息地。

首尔的时尚购物中心为明洞、梨泰院、狎鸥亭洞。

首尔塔与63大厦是首尔著名地标,世界贸易中心与COEX商场则是首尔的人气热点。

(七) 釜山(Busan)

釜山全名釜山广域市,位于韩国东南端,是韩国的第一大港口和第二大城市,也是世界上十分繁忙的港口之一。历史上,釜山一直是东亚大陆和海洋文化交流的纽带和桥梁。釜山东南滨朝鲜海峡,与日本对马岛相望;西临洛东江,西北山地耸峙,南有群岛屏障,为半岛南部门户。

釜山属于海洋性气候,年平均气温15 ℃左右,年平均降水量2000多毫米。釜山的夏季凉爽宜人。釜山的春季开始于3月初直到6月末,昼夜温差大,有时会出现异常干燥、沙尘、霜冻等气候现象。釜山的夏季从6月末开始到9月初,且6月末到8月初是雨季,7月的平均气温是23.9 ℃左右。从7月下旬到8月中旬,日最高温度可达到32 ℃以上,可持续数周。釜山的秋季是从9月到11月末。进入9月以后,天气开始变得凉爽,从11月开始,因寒冷的西北风加强,气温开始急剧下降。釜山的冬季是从11月末开始直至第二年的2月末。受西伯利亚气团而产生的寒冷西北季风影响,开始出现凛冽的寒风,气温也常常降至零下。釜山冬季平均气温是3.8 ℃左右,是韩国境内仅次于济州岛的地区。

由于釜山特殊的地理位置,其交通形式多样。釜山金海机场有通往世界各主要城市的直飞航班,釜山港也有往返于诸多著名港口的客轮和邮轮。其国内交通线路主要包括飞机、轮船、火车以及汽车。在釜山金海国际机场有首尔与釜山之间的航班。釜山的城市铁路连接主要政府机关、文化财团、购物中心、客车站等场所,并且可以同时用韩语、英语、汉语、日语等提供向导服务。釜山海岸轮渡站有通往巨济岛和济州岛的轮渡。釜山港有通往日本对马岛、福冈市和大阪的国际邮轮。

釜山港位于韩国东南沿海,东南濒朝鲜海峡,西临洛东江,与日本对马岛相望。釜山港是韩国最大的港口,也是世界第五大集装箱港。釜山港始建于1876年,在20世纪初由于京釜铁路的通车而迅速发展起来。釜山港是韩国海陆空交通的枢纽,又是金融和商业中心,在韩国的对外贸易中发挥重要作用。釜山港能承接各种船舶修理,最大干船坞可容纳15万载重吨的船舶。

釜山的美食丰富。烤牛排的起源地便是海云台,著名的餐厅有望月山丘的望月之家与富光花园。面粉加海鲜、葱煎成的海鲜葱煎饼,是东莱温泉的著名小吃;闲丽水道沿岸的海鲜烹饪、统营的寿司也很有名。釜山还有韩国传统代表饮食之一的烤五花肉。釜山以海鲜著名,吃生鱼片就要到釜山的鱼贝市场或釜山的日式餐厅,在海云台及广安里海边,也有许多海鲜店。

在釜山观光大致分为海岸观光和内陆观光两部分。海岸观光主要是指海水浴场、岛屿、海岸公园等。内陆观光则是指釜山市内、历史遗址、金井山城、梵鱼寺、东莱乡校、东三洞贝冢、釜山世界杯体育场、釜山亚运会主体育场、太宗台、蔚山岩、龙头山公园等。海水浴场有海云台海水浴场、广安里海水浴场、松亭海水浴场等。另外,游客还可以去釜山海洋自然史博物馆、福泉博物馆、釜山市立美术馆和福山博物馆等文化场所观光。

（八）济州岛(Jeju Island)

济州岛别名奎尔帕特岛，又称耽罗岛、蜜月之岛、浪漫之岛。它是韩国的第一大岛，属于济州特别自治道管辖，面积1845.5平方公里，岛上最大的城市是济州市。

济州岛位于韩国西南隅，黄海与东海的东端界限处，北面隔济州海峡与韩国本土相距82公里，东面隔朝鲜海峡与日本相望，西面隔黄海与中国相离，南向东海，地扼朝鲜海峡门户，地理位置十分重要。济州岛方言为济州方言，首府位于济州市。

济州岛是由120万年前火山活动而形成，是一座典型的火山岛。济州岛主要是由平原、丘陵、熔岩组成。济州岛的海岸线长256公里，岛上最高山峰为汉拿山。汉拿山也是韩国最高峰。济州火山岛和熔岩洞，2007年被联合国教科文组织定为世界自然遗产，亦是世界新七大自然奇观之一，其海岸拥有奇特的火山柱状节理海岸。

济州岛不仅具有独特的海岛风光，而且还传承了古耽罗王国独特的民俗文化，素有"韩国的夏威夷"之称。该岛的旅游业和水产业在韩国有着举足轻重的地位。

济州岛属于亚热带海洋性气候，冬季干燥多风，夏季潮湿多雨，年平均气温在16℃左右，夏季最高气温33.5℃左右，冬季最低气温1℃左右，年降水量1300～2000毫米，气候湿润，是韩国最温暖的地方。济州岛地处北纬33°附近，却具有南国气候的特征，是韩国平均气温最高、降水最多的地方。

济州岛古代建有名为"耽罗国"的独立王国，因此保有本岛独有的风俗习惯、方言与文化等。自古以来，济州岛一直以"三多三无三丽"而闻名。"三多"是指石多、风多、女人多，因此济州岛也被称为三多岛。"三无"是指无小偷、无大门、无乞丐，济州人自古就生活在这片贫瘠的土地上，艰苦的生存条件使他们养成了邻里互助的美德，因此没有人需要靠偷窃、乞讨为生，自然也就没有必要设置大门提防自己的邻居。"三丽"，也称"三宝"，是指济州岛美丽的自然、民俗和传统工艺，也指农作物、水产品和旅游三大资源，还指济州浓厚的人情味、美丽的自然和独特的土特产品。济州岛美丽的自然景观早已闻名于天下，尤其以汉拿山的四季景色争相竞艳而闻名，春季的杜鹃花、夏季的瀑布、秋季的枫叶、冬季的雪景，与西归浦沿岸中文旅游区的美景完美融合，令人神往。

济州岛的旅游景点有：山君不离、汉拿山、龙头岩、柱状节理带、小人国主题乐园、泰迪熊博物馆等。济州岛人文景观有：济州民俗博物馆、海女博物馆、爱之岛主题公园、城邑民俗村等。

济州岛国际机场是韩国5座国际机场之一，除了有至首尔、釜山、大邱、光州、晋州等地的国内航班之外，还有飞往中国北京、上海，以及日本东京、大阪、名古屋、福冈等地的国际航线。乘船去济州岛虽然会花比较多的时间，但可以享受船上的各种文艺节目，体验跨越大海的特别魅力。济州岛客运码头可到达飞扬岛、牛岛、加波岛、马罗岛。济州港的轮船连接仁川港、丽水港、木浦港等。

济州岛美食小吃非常丰富。济州岛饮食的主要材料为海鱼、蔬菜、海藻，并用大酱调味，用海鱼熬粥、熬汤。济州岛的海产品十分鲜美，在岛上可亲眼看见如何烹调海螺、鲍鱼等。在西归浦和济州岛的乡土餐厅中可以品尝到生鱼片、鲍鱼粥、海产火锅、烤方头鱼等。在大侑狩猎场和城邑民俗村的餐馆，可品尝清淡的雉鸡菜，还有济州民俗村的汉拿长寿酒。以炭火烤的排骨也是深受游客好评的美味佳肴。此外,济州岛还有糕饼、烤嘉吉鱼、五梅汽酒、山鸡荞麦面、盛蟹汤、荞麦刀削面,以及鳆鱼粥、清蒸小鲍鱼、韩式糯米糕、粘小米糕、糖水蜜橘等可供游客品尝。

(九) 仁川(Inchon)

仁川别名济物浦,为韩国西北部的一个广域市(直辖市),是一座面向黄海的港湾都市,为韩国第二大港口城市,离首都首尔约28公里,起着首尔门户的作用。仁川面积约1040.82平方公里,方言为首尔方言,气候属亚热带季风气候;著名景点有信岛、传灯寺、松岛国际城等;机场有仁川国际机场,火车站有仁川站、济物浦站。仁川与首尔之间有电气化铁路相连,每日有大量乘客往来仁川与首尔两地,由于此两地距离太过接近,已经共同形成一个大的经济圈。仁川唐人街是韩国最大的华侨居留地。

仁川的气候比较干燥,受季候风影响较大,冬季主要刮西北风,夏季刮西南风。年平均气温为11.4℃左右,1月份平均气温为−3.1℃左右,8月平均气温为24.9℃左右,年平均降雨量约为1152毫米,降雨天数为100天左右,与韩国中部和南部的其他地域相比降雨量较少。

仁川高速公路、铁路、环城公路、邮轮及地铁等主要交通设施与周边城市相连。2001年开航的仁川国际机场是韩国最大的民用机场,开通了能够飞往国内各城市和世界主要城市的航班。仁川国际机场坐落在韩国著名的海滨度假城市仁川西部的永宗岛上,距离首尔市50多公里,离仁川海岸10多公里,自然条件优越,亦被誉为"绿色机场"。仁川地铁与市中心和世界杯运动场——仁川文鹤运动场相连,成为便利的交通工具。仁川港是韩国第二大港,是韩国西海岸的最大港口,也是韩国首都首尔的外港,相距不到40公里,为韩国政府经营,港口附近设有出口加工区。仁川港铁路和公路交通网络发达,通往韩国各地。

第四节 越南、泰国、新加坡邮轮旅游地区

一、越南、泰国、新加坡邮轮旅游地区概况

(一) 越南概况

越南(Vietnam)全称为越南社会主义共和国,是亚洲的一个社会主义国家。越南位于东南亚中南半岛东部,北与中国广西、云南接壤,西与老挝、柬埔寨交界,东面和南面临南海,国土狭长,面积约33万平方公里,紧邻南海,海岸线长3260多公里,是以京族为主体的多民族国家。越南首都为河内,主要城市有胡志明市、海防、岘港等,官方语言为越南语,政治体制为人民代表大会制度。2016年,越南人口约9270万。越南古称交趾、安南、大越、大南、南国。越南民间把莲花作为国花,以它作为力量、吉祥、平安、光明的象征,还把英雄和神佛比

喻为莲花。总之,一切美好的理想皆以莲花表示。

越南地形狭长,地势西高东低,境内四分之三为山地和高原。北部和西北部为高山和高原。黄连山主峰番西邦峰海拔3142米,为越南最高峰;西部为长山山脉,长1000多公里,纵贯南北,有一些低平的山口,西坡较缓,在嘉莱-昆嵩、多乐等省形成西原高原。东部沿海为平原,地势低平,河网密布,海拔3米左右。

越南地处北回归线以南,高温多雨,属热带季风气候,年平均气温24 ℃左右,年平均降雨量为1500~2000毫米。一年中,越南北方分春、夏、秋、冬四季,南方雨旱两季分明,大部分地区5—10月为雨季,11—4月为旱季。整年雨量大、湿度高,北部受中国陆地气候的影响,或多或少带有大陆性气候,因此越南不同地区有不同气候特点。与此同时,由于地形结构不同,越南还有其他不同小气候地区,有的地方呈温带气候,有的地方呈大陆性气候等。

交通运输仍为越南经济发展的薄弱环节。铁路网络总长约3220公里,公路总长13万多公里,水路总长1.1万公里,有较强的内河水运和海运能力,交通部直接管辖的8大港口为广宁、海防、炉门、归仁、义安、芽庄、岘港和西贡港。其中,重要的国际货运港口有海防市和胡志明市。全国共有大小机场约90个,国际机场有内排国际机场(河内市)、岘港国际机场(岘港市)和新山国际机场(胡志明市)、吉碑国际机场(海防市)等。

越南特产丰富,主要有越南波罗蜜干、越南芭蕉干、越南红薯条、椰汁花生、越南绿豆糕、越南咖啡、越南香水等。

越南旅游资源丰富,有5处风景名胜被联合国教科文组织列为世界文化和自然遗产,即下龙湾、丰芽-格邦国家公园、顺化古建筑群、会安古城、美山圣地。旅游业增长迅速,经济效益显著。其主要客源国和地区为中国大陆、韩国、日本、美国、中国台湾、澳大利亚、柬埔寨、泰国、马来西亚、法国。其主要旅游城市有河内市、胡志明市、广宁省的下龙湾、古都顺化、芽庄、藩切、头顿等。其中,越南美奈是大多数风筝冲浪者的旅游天堂。越南主要旅游景点有巴亭广场、下龙湾、还剑湖、圣母大教堂等。

(二) 泰国概况

泰国(Thailand)全称泰王国,是君主立宪制国家。泰国位于中南半岛中部,其西部与北部和缅甸、安达曼海接壤,东北边是老挝,东南是柬埔寨,东南临泰国湾,西南濒安达曼海,南边狭长的半岛与马来西亚相连,其狭窄部分居印度洋与太平洋之间。泰国首都为曼谷,主要城市有清迈、清莱、普吉、芭提雅等,官方语言为泰语,面积约为513120平方公里,2016年人口约6886万,全国共有30多个民族。泰族为主要民族,占人口总数的40%,其余为佬族、华族、马来族、高棉族,以及苗、瑶、桂等民族。

泰国全国分中部、南部、东部、北部和东北部五个地区,曼谷是唯一的府级直辖市。泰国从地形上划分为以下几个自然区域:北部山区丛林、中部平原的广阔稻田、东北部高原的半干旱农田,以及南部半岛的热带岛屿和较长的海岸线。泰国大部分为低缓的山地和高原。泰国的一般大众习惯将国家的疆域比作大象的头部,将北部视为"象冠",东北地方代表"象耳",暹罗湾代表"象口",而南方的狭长地带则代表了"象鼻"。

泰国气候属于热带季风气候,全年分为热、雨、旱三季,年均气温24 ℃~30 ℃,常年温

度不下 18 ℃,年平均降水量约 1000 毫米。11—2 月受较凉的东北季风影响比较干燥,3—5 月气温最高,为 40 ℃～42 ℃,7—9 月受西南季候风影响,是雨季。10—12 月有热带气旋经过中南半岛吹袭泰国东部,但在暹罗湾形成的热带气旋为数甚少。

交通运输以公路和航空运输为主。铁路为窄轨,总长约 4450 公里;全国公路里程约 16 万公里。湄公河和湄南河为泰国两大水路运输干线。全国共有近 50 个港口,廉差邦港是泰国最大的物流枢纽,集装箱运输量约占国内的 52%。泰国重要码头还包括曼谷港、清盛港、清孔港和拉农港等。海运线可达中、日、美和新加坡。曼谷素万那普国际机场投入使用后,取代原先的廊曼国际机场,成为东南亚地区重要的空中交通枢纽。

泰国美食国际知名。无论是口味辛辣的还是较为清淡的,和谐是每道菜所遵循的指导原则。泰式烹调实质上是将东方人的口味和西方人的口味有机地结合在一起,形成了独特的泰国饮食。泰国美食的特点是要根据厨师、就餐人、场合和烹饪地点情况而定,以满足所有人的胃口。泰国烹饪最初反映了水上生活方式的特点。水生动物、植物和草药是主要的配料。泰国人避免使用大块的动物肉,一般是将大块的肉切碎,再拌上草药和香料。泰国传统的烹饪方法是蒸煮、烘焙或烧烤。泰国受到中国影响,引入了煎、炒和炸的方法。自 17 世纪以来,其烹饪方法也受到葡萄牙、荷兰、法国和日本的影响。

泰国是佛教之邦。泰国以其多变的景致及丰富的文化内涵,成为许多旅游者度假计划中的独特选择。泰国在世界上素有"佛教之国"、"大象之国"、"微笑之国"等称誉。泰国是庙宇林立的千佛之国,信仰为上的微笑之国,拥有海岛、美食和独特的文化。泰国旅游资源丰富,有 500 多个景点,主要旅游点除曼谷、普吉、芭堤雅、清迈和帕塔亚外,清莱、华欣、苏梅岛等一批新的旅游点发展较快,吸引着众多外国游客。泰国主要旅游景点有泰国曼谷泰国大王宫、泰国玉佛寺、泰国普吉岛、泰国芭堤雅等,另外清迈也是一个值得去旅游的地方,古城安静舒适。截至 2008 年,泰国共有 5 处世界遗产,其中包括:素可泰及邻近历史文化城市、班清考古遗址、阿瑜陀耶历史公园 3 处文化遗产;考艾国家公园、通艾会卡肯野生动植物保护区 2 处自然遗产。

(三) 新加坡概况

新加坡(Singapore)全称为新加坡共和国,旧称新嘉坡、星洲或星岛,别称为狮城,是东南亚的一个岛国,政治体制实行议会制共和制。新加坡毗邻马六甲海峡南口,北隔狭窄的柔佛海峡与马来西亚紧邻,并在北部和西部边境建有新柔长堤和第二通道相通。南隔新加坡海峡与印度尼西亚的民丹岛和巴淡岛都有轮渡联系。海岸线总长 200 余公里,全国由新加坡岛、圣约翰岛、龟屿、圣淘沙、姐妹岛、炯岛等 60 余个岛屿组成,最大的 3 个外岛为裕廊岛、德光岛和乌敏岛。由于填海工程形成新的陆域,将增添额外 100 平方公里的土地。新加坡首都为新加坡市,主要城市为新加坡市,官方语言是英语、马来语、汉语、泰米尔语,2016 年人口约 560 万,主要由华人、马来人、印度人等组成,国土面积约 719 平方公里。新加坡国花为胡姬花,花朵清丽端庄、生命力特强,它象征新加坡人的气质和刻苦耐劳、果敢奋斗的精神。

新加坡整个国家也是一座城市,市区中心(金融区)位于新加坡岛的南岸,有"花园城市"的美誉,又是该国的经济、政治和文化中心。珊顿道是金融区里的主要道路,两旁都是摩天大楼,而毗邻的吉宝港口是世界上最繁忙的港口之一。新加坡河从市区穿过,河岸两侧是移民最先迁入的地方,是商业最先繁荣的地带,也是老新加坡的经济动脉。在河口上矗立着一座乳白石的"鱼尾狮"雕像,即是新加坡的精神象征和标志。

新加坡地处热带,长年受赤道低压带控制,为赤道多雨气候,气温年温差和日温差小。平均温度在23℃~34℃,年均降雨量在2400毫米左右,湿度介于65%~90%。每年11月至次年3月为雨季,受较潮湿的东北季候风影响天气不稳定,通常在下午会有雷阵雨,平均低温徘徊在24℃~25℃。6—9月吹西南风最为干燥。在季候风交替月,也就是4—5月,以及10—11月,地面的风弱多变,阳光酷热,岛内的最高温度可以达到35℃。

新加坡是一个城邦国家,故无省市之分,而是以符合都市规划的方式将全国划分为五个社区(行政区)。它们分别为中区社区、东北社区、西北社区、东南社区、西南社区,由相应的社区发展理事会(简称社理会)管理。

新加坡是世界重要的转口港及联系亚、欧、非、大洋洲的航空中心。新加坡总公路干线长度约3356公里,全岛已经构筑起一个高度发达的交通网络。此外公共交通同样发达,以地铁、巴士为主,以轻轨、的士为辅。新加坡为世界繁忙的港口和亚洲主要转口枢纽之一,(新加坡吉宝港口)是世界最大燃油供应港口,有200多条航线连接世界600多个港口。根据新加坡海事及港务管理局的数据,截至2014年年底,新加坡港集装箱吞吐量名列世界第二位。新加坡樟宜机场及实里达机场是国际民航机场,樟宜机场为飞往约80个国家和地区、300多个城市以及100多家国际航空公司提供服务。

新加坡的旅游业占GDP的比重超过3%,旅游业是新加坡外汇主要来源之一。游客主要来自东盟国家、中国、澳大利亚、印度和日本等地。其主要旅游景点如下:新加坡环球影城、圣陶沙(包括圣淘沙名胜世界、新加坡环球影城、蝴蝶馆、海豚世界、昆虫王国等)、克拉码头、新加坡金沙娱乐城、新加坡植物园、鱼尾狮公园、新加坡裕廊飞禽公园、新加坡动物园、新加坡佛牙寺、博物馆(包括新加坡国家博物馆、亚洲文明博物馆、新加坡美术馆)。

新加坡是一个美食天堂,多元的文化和丰富的历史使新加坡拥有了足以骄傲的美食。来自中国、印度、马来西亚等诸多国家的饮食文化在这个亚洲美食的大熔炉里的火热碰撞、各显所长。新加坡主要美食有鸡肉沙爹、海南鸡饭、咖喱鱼头、叻沙、椰浆饭等。

二、越南、泰国、新加坡邮轮旅游地区主要邮轮旅游目的地

(一) 胡志明(Hochiminh)

胡志明市旧称柴棍、西贡,是5个越南中央直辖市之一、越南的经济中心、全国最大的港口和交通枢纽。胡志明市在湄公河三角洲东北、同耐河支流西贡河右岸,从市中心到海边直线距离50多公里,有大约15公里海岸线。铁路可通往河内及其他大中城市,公路可通往全国各地,经公路或水路可通往柬埔寨和老挝。胡志明市面积2094平方公里,截至2014年,人口约1200万,这里商业发达,曾有"东方巴黎"之称。

胡志明市属于东南部和湄公河三角洲地区之间的过渡区,有三种类型的地形。胡志明市属热带季风气候,气候温和,分为雨季和旱季两季。每年5—11月为雨季,12—4月为旱

季,年均气温约27.5 ℃,1月份最低气温约为21 ℃,年降雨量2000毫米左右,平均湿度为75%~78%。

胡志明市铁路可达越南各地,为越南铁路枢纽之一;北郊约6公里处有新山国际机场,乘机可达世界各地。2015年,胡志明市完成151.2公里公路的新建,将道路密度提高到每平方公里1.85公里。胡志明市是越南南方的重要交通枢纽,有越南最大的内河港口和国际航空港,商业吞吐港西贡港,年吞吐量可达450万~550万吨;铁路可通往河内及其他大中城市;公路可通往全国各地,经公路或水路可通往柬埔寨和老挝。胡志明市有良好的国际航空港,可通往曼谷、吉隆坡、马尼拉。

胡志明市美食丰富,主要有越式春卷、越南胡志明市河粉、胡志明市炸象鱼、越式螃蟹等。"奥黛"是越南的国服,又称为越南"长衫",分为男版和女版,女性身着奥黛更为普遍。奥黛通常使用丝绸等软性布料,上衣是一件长衫,两侧开叉至腰部,下半身配上一条喇叭筒的长裤。当地人一般在婚嫁、重大节日、外交和会客等正式场合穿着奥黛。

胡志明市旅游景点众多,主要有西贡邮局、红教堂、范五老街、统一宫、古芝地道等。

(二) 岘港(Da Nang)

岘港位于越南中部,濒临南海,古都顺化的附近,属中南沿海地区,战略地位重要。岘港位列越南第四大城市,次于胡志明市、河内市和海防市。岘港于1997年单列为中央直辖市,面积约1285.4平方公里,是全国重要的工业城市和海港。港阔水深,形势险要,为天然良港。现为海军基地,可停靠万吨级军舰。岘港西南69多公里的美山有古代占婆塔群遗址,东南则有联合国世界文化遗产会安古城,从会安古邑码头搭乘摆渡船出发则可以游览秋盆河明珠之迦南岛,迦南岛主要以水椰林及原生态自然风光而闻名。机场为岘港国际机场。

岘港拥有众多历史文化遗迹,如占族博物馆、高台教寺庙。岘港位于越南三个世界文化遗产目录(即顺化故都,会安古邑与美山圣地)交叉中心,被称为越南的第三大门户。岘港市气候温暖,社会治安好。该城市是越南最佳的海滨场地之一,也是东南亚最佳避暑区旅游城市之一。

岘港属热带季风气候,年平均气温约25.6 ℃,平均湿度80%,年平均雨量约2045毫米。

岘港美食丰富。岘港海鲜均为野生,价格低廉,品种丰富,来岘港不可不尝。芝麻饼干是岘港广南一带的地道食物。芝麻饼干以米粉、糯米粉、白糖、鲜姜与芝麻为主料,多用于节日祀祭祖宗。其中,锦泪芝麻饼干是一流的。

岘港旅游景点众多,主要有占族博物馆、五行山、海云峰、山茶半岛、殿海古城、会安古城、迦南岛等。

(三) 河内(Hanoi)

河内别名东京、升龙、罗城、交州等,是越南的首都,中央直辖市,也是越南第二大城市。河内是越南历史上著名的城市,面积约为3325平方公里。河内坐落在红河右岸和红河与苏沥江(墩河)的汇流处,四周分别与太原省、北江省、北宁省、兴安省、河西省、永福省接壤,红河从市区旁边缓缓流过。

河内地处亚热带,临近北部湾,降雨丰富,花木繁茂,百花盛开,素有"百花春城"之称。河内市区几条宽广笔直的大街,以还剑湖为中心,向四周成辐射状延伸,街道两旁生长着四季常青的高大树木。

无论是从越南的南方到北方,还是从内地到沿海,河内均是必经之地。河内地理位置十分重要,拥有越南北方最大的河港,多条铁路在这里相联结,是北方公路的总枢纽,郊区有内排机场和嘉林机场,水、陆、空交通便利。河内主要交通工具有飞机、巴士、火车、小型巴士、计程车、三轮摩托车和人力三轮车。水路可由红河向东直通大海。

河内属于热带季风气候,然而四季明显:春季温暖,常有小雨,花草宜人;夏季高温多雨,午后到晚上常有凉风;秋季凉快干爽,瓜果飘香,时有台风、洪涝;冬季较冷,气温常在14 ℃~18 ℃,有时在10 ℃以下,也会刮寒冷的东北风。河内年平均降雨量约为1676毫米,6月份平均温度为28.8 ℃,1月份平均温度为16.5 ℃,湿度中等,有时低于80%。

河内旅游景点丰富,著名景点有巴亭广场、历史博物馆、西湖、还剑湖、胡志明故居、独柱寺等。河内的餐饮在越南不算有特色,但是作为大多数旅行者进入越南的第一站,河内是适应环境的第一步:越式米粉、法式面包,还有美味而廉价的咖啡和鲜榨果汁,这些将是游客在越南的"家常便饭"。河内的蔬菜多数味道浓烈,而且当地人习惯生吃。拿来当醋用的绿色小柠檬,挤一点在汤里,又增香又开胃。河内主要特色小吃有肉粽、牛肉粉、虾饼等。河内特色工艺品有越南画、漆器、巴茶瓷器、木偶等。

(四)曼谷(Bangkok)

曼谷别名泰京、军贴、共台甫,是泰国首都和最大城市,别名"天使之城",位于湄南河三角洲,为泰国政治、经济、贸易、交通、文化、科技、教育、宗教与各方面中心。曼谷南距暹罗湾40公里,离入海口15公里,面积1568.737平方公里,方言为泰语。曼谷是国际活动中心之一,每年有多达200~300起的各种国际会议在此举行。市内设有联合国亚太经社委员会总部、世界银行、世界卫生组织、国际劳工组织,以及20多个国际机构的区域办事处。曼谷被誉为"佛教之都",是"世界佛教联谊会"总部及亚洲理工学院所在地。

曼谷属热带季风气候,终年炎热,年平均气温约27.5 ℃,6月份为全年最高气温,最高气温约为35 ℃。曼谷最舒适的月份是11月至次年1月,年平均气温为17 ℃~24 ℃,最低气温约为11 ℃,年降水量约1500毫米。

曼谷有6个主要工商业区,其中挽叻区十分繁荣,王家田广场是泰国人集会和休闲的场所,施乐姆街最为"洋气",中国城的华人街市场十分庞大、繁华。湄南河沿岸地区,是泰国的政治中心,也是旅游景点密集区,达思特地区则是泰国新的政治中心。

曼谷旅游业亦是十分受欢迎,是泰国重要的经济支柱,市内有大量的高级酒店,设施齐全,一年接待近1500万的旅客,以马来西亚、日本、中国等国家最多。2013年,万事达国际组织宣布,曼谷超越英国伦敦成为全球最受游客欢迎旅游目的地。

曼谷集体运输系统公众公司开通了两条约55公里的独立路线,乘客可以在暹罗车站进行两线互相换乘。曼谷的主要火车站是华喃峰火车站,由此可乘车至泰国各主要城市,以及马来西亚、老挝、柬埔寨。

曼谷港是泰国第一大商港,也是世界二十大集装箱港口之一,位于泰国中部湄南河下游,濒临曼谷湾的北侧。

曼谷廊曼国际机场曾是东南亚较繁忙的机场之一。素万那普国际机场是泰国新的国际航空港。

曼谷是世界上佛寺最多的地方,有大小400多个佛教寺院。曼谷众多的寺院中,玉佛寺、卧佛寺、金佛寺最为著名,被称为泰国三大国宝。曼谷著名景点众多,主要有曼谷杜莎夫人蜡像馆、鳄鱼潭、黎明寺、大皇宫、安帕瓦水上市场、暹罗广场、拳击馆、泰国国家大剧院等。

曼谷美食异常丰富,是泰国菜的发源地之一。曼谷菜的主料多来自当地菜园,来自暹罗湾的海鲜当然也必不可少。烹调方法上以煎炸见长,口味既辣又酸且甜,不仅用到大量的辣椒、葱、姜、蒜,还要加入咖喱、鱼露、虾酱、椰奶、柠檬汁等滋味独特的佐料及薄荷叶等天然香料。大量餐馆供应各式备受食客好评的全球各地风味美食,有法国的甜点烤布蕾、意大利的奶油培根面和拉丁风味海鲜沙拉等。泰国特色的美食冬荫功很辛辣。曼谷的路边小吃也很美味,烤鱿鱼、炸香蕉等随处可见。

(五) 芭提雅(Pattaya)

芭提雅位于泰国东海岸,是中南半岛南端的泰国一处著名海景度假胜地。芭提雅属于春武里府,距离曼谷东南方150多公里。芭提雅是东南亚近年来热度极高的海滩度假、房产投资、旅游、养老圣地,享有"东方夏威夷"之誉,芭提雅已成为"海滩度假天堂"的代名词。素以阳光、沙滩、海鲜名扬世界,美丽的海景、新奇的乐园,还有久负盛名的人妖表演,缤纷的夜文化,吸引着全世界的游客。

芭提雅面积约203平方公里,每年接待全世界游客1200多万人次,方言为泰语,气候属热带海洋气候;机场有乌塔堡国际机场。

芭提雅是一个小渔村,越战期间美国士兵为了休闲娱乐,在此修建了度假中心,从而成就了今天的芭提雅。芭提雅海滩阳光明媚,离芭提雅海岸约10公里有个美丽的珊瑚岛,岛上沿沙滩建有餐馆和有民族特色的旅游商店。芭提雅海滩蓝天碧水,沙白如银,椰林茅亭,小楼别墅掩映在绿叶红瓦之间,一派东方热带独特风光,令人心旷神怡,是良好的海滨游泳场。香蕉船、海上滑水、海底漫步、冲浪、滑降落伞等水上娱乐活动新奇刺激。入夜有五彩缤纷的烟火装点着芭提雅的夜空。

芭提雅是著名的海滨度假区,被誉为"亚洲度假区之后"。旅游者到此不仅可以在美丽的海滩上开展水上运动,在餐厅中品味生猛味美的海鲜,在芭提雅市区购买物美价廉的物品,还可到东芭文化村观赏泰国的传统表演。此外,珊瑚岛、老虎乐园、海味市场、信不信由你博物馆也是旅游者常去之地。

芭提雅地处海滨,气候宜人、风光旖旎,终年温差不大,大部分季节几乎"恒温",平均气温20℃左右。一年中最舒适的月份是12月,月平均气温16℃左右,4月至5月是最难以忍受的"酷夏"季节,月平均气温高达30℃左右。由于受热带季风影响,芭提雅全年可明显分为三季:3—5月气温最高,平均30℃左右,称为"热季",空气干燥;6月雨量增多,直至10月下旬,经常大雨滂沱,气温略有下降,此为"雨季",空气潮湿,全年有85%的雨量集中在雨季,月平均气温维持在22 ℃左右;雨季过后,芭提雅迎来一年之中最佳的季节——"凉季",即11—2月,干旱少雨,平均气温仅为15 ℃~18 ℃。虽称"凉季",温度并不低,各种花卉依然绚丽多姿。此时,芭提雅景色独特,魅力倍增。

芭提雅主要景点有芭提雅珊瑚岛、芭提雅七珍佛山、芭提雅博物馆、芭提雅东芭文化村、芭提雅老虎园、芭提雅水上市场、芭提雅万佛岁、芭提雅金沙岛、芭提雅云石公园等。泰国的芭提雅在全世界都有名,之所以有那么大的名气,就是因为那边的色情业是世界同行的鼻祖。泰国政府的政策是"禁赌不禁黄",色情业是公开的,从而带动当地的旅游收入。

（六）苏梅岛（Koh Samuni）

苏梅岛别名阁沙梅岛、苏美岛,又被称为"椰子岛",位于泰国南方的泰国湾西南,与首都相隔约560公里。苏梅岛是泰国第三大岛,面积约247平方公里,周围有80个大小岛屿,但多无人居住。苏梅岛上干净、狭长的白沙滩是每个人梦想中的热带岛屿仙境。它属于真正的岛屿族群,也是80多个热带岛屿群中最大的一个,其中只有四个岛屿有人居住。

20世纪80年代以前,苏梅岛还是一片基本与世隔绝的世外桃源,没有游人来打搅这里茂密的椰树林和安静的小渔村。直到几个西方游客搭乘从曼谷来此运椰子的木船,苏梅岛拥有美丽海滩的消息才不胫而走。这里的著名景点有涛岛、查汶海滩、安通国家海洋公园、波菩海滩、帕雅寺、大佛寺等。优美迷人的亚热带风光、广博的佛教文化、独有的民间风俗,使苏梅岛蜚声海外,吸引着世界各地的游客前来观光。与旅游业发展已较成熟的普吉岛相比,苏梅岛保留了更多自然淳朴的气息,给人感觉依然保存着一份独立于都市之外的原始风味。尽管每天有十几个航班与曼谷、普吉和新加坡等地相连,也有大型的客轮穿梭往来,但苏梅岛依然保存着一份独立于都市之外的原始风味。

苏梅岛主要为热带季风气候,每年的2—8月是夏季,雨季与泰国其他地区一样为5—8月,期间时有骤雨。10月开始受季候风影响,苏梅岛会进入第二个雨季,一直持续至12月中旬,这段时间的雨势较大而且持续。苏梅岛地处靠近赤道的热带地区,夏天的时候气温会异常高,冬天则较温暖,所以如果是夏天去苏梅岛旅游的话,可能会晒伤皮肤。

苏梅机场位于岛的东北方,由曼谷航空兴建并管理。在泰国国际航空进驻之前,曼谷航空是唯一服务苏梅的航空公司。经空路到苏梅岛,可于曼谷素万那普机场搭乘曼谷航空直达苏梅,或由曼谷飞往素叻府后,转搭渡轮前往苏梅岛。从班东和当萨码头可搭乘渡海小轮、快艇和客轮前往苏梅岛,亦有公共巴士来往苏梅岛和泰国大陆。岛上交通以由小型货运卡车改装而成的出租车为主,随叫随停。另外,在主要道路上也有定时往来的小型巴士,也可以自己租赁摩托车或汽车代步。

苏梅岛特色饮食众多。在苏梅岛有这么一种说法,只有您吃不遍的各种酒楼,没有您吃不到的世界菜式。岛上的食物物美价廉,除了新鲜美味的海产外,丰富多样的热带水果更是诱人垂涎。此外,游客还一定要尝试一下一种独特的炸椰子丸和枣椰丸。但是,真正泰餐里最好吃的是粉丝沙拉配鸡肉（也可以是海鲜、猪肉）、青杜果沙拉,属于价格便宜但极为好吃的东西。还有当地购物中心食街的猪肘饭也是一绝。苏梅岛上有着椰子树,岛上厂家对此得天独厚的特产予以利用,生产加工成具有泰国风味的苏梅椰子片,远销海内外。

(七）普吉岛（Phuket Island）

普吉岛别名泰国的珍珠，面积约 543 平方公里，是泰国最大的岛，也是泰国最小的府。普吉岛位于泰国西南，安达曼海东南部海面之上，是一座南北较长、东西稍窄的狭长状岛屿，北以巴帕海峡与泰国本土的攀牙府相邻，东侧则是隔着攀牙湾与对岸的甲米府呼应，西岸及南岸则都濒临安达曼海。普吉岛由于面临安达曼海，气候受海洋季风影响，上半年炎热，下半年多雨。普吉岛以其迷人的热带风光和丰富的旅游资源被称为"安达曼海上的一颗明珠"，而且自然资源十分丰富，所以，普吉岛又有"珍宝岛"、"金银岛"的美称。普吉岛主要矿产是锡，还盛产橡胶、海产和各种水果，岛上工商业、旅游业都较发达。普吉岛方言为南部泰语。

普吉岛是泰国境内唯一受封为省级地位的岛屿。普吉岛周围有近 40 个小岛，都归属普吉市行政管理。普吉岛有 70% 为山区，除市区外，岛上到处都是绿树成荫的小山岗，其余的平地主要位于中部和南部。

普吉岛地处热带，属潮湿的热带气候，常夏无冬。每年的 4 月至 9 月，即太阳直射赤道时，是普吉的雨季，尤其是 5 月份，几乎天天降雨，而在这个时候，还会举行素食节。10 月份，仍会是短暂的潮湿天气，等到 11 月中旬，普吉岛的天气将会稍稍冷一些，降雨减少，直到第二年的 3 月。11 月至次年 4 月，普吉岛及其周围地区的旅游旺季，这一时间段，海水平静，天气良好，降水少。5 月至 10 月，为普吉岛旅游淡季，多台风、降水。

普吉岛的旅游观光业从 1970 年开始逐渐兴起，是东南亚具有代表性的旅游度假胜地。普吉岛景点众多，主要有皮皮岛、珊瑚岛、攀牙湾、通赛瀑布、皇帝岛、幻多奇乐园、芭东海滩、安达曼公主岛、卡塔海滩等。普吉岛娱乐活动也非常丰富，主要有游泳、浮潜、海底漫步等活动。

普吉岛美食丰富。泰国菜以其味道鲜美和原料新鲜而闻名于世，普吉菜更以口味奇特的海鲜产品而独具当地特色，地道的普吉菜在普吉岛的一些经典老店都可吃到。普吉岛的主要就餐场所集中在芭东海滩和普吉镇上。普吉岛特色美食有泰式炒河粉、普吉岛海鲜、青木瓜沙拉、泰式菠萝炒饭、热带水果等。

普吉岛的机场每天都有从中国、新加坡、马来西亚、日本和欧洲等地抵达的航班。除此之外，在宋卡、苏梅岛、清迈等地也都有定期的班机飞往普吉岛。普吉岛的机场位于该岛的北部，从机场可以乘出租车和小客车到海滩。

（八）甲米（Krabi）

甲米岛在泰国的南部，是一个犹如天堂的热带半岛，拥有 30 多个离岛，如珍珠般点缀着这片海域，是安达曼海岸边最美丽的地方。甲米岛位于马来半岛北部甲米河口，西临安达曼海，面积约 4707 平方公里。甲米岛附近产椰子、橡胶、锡等。公路北通攀牙，南至董里，并可连接泰南铁路支线的会尧，沿海轮船通普吉岛、攀牙、董里等地。甲米岛北临素叻他尼府，南接董里府和安达曼海，东濒那空是贪玛叻府和董里府，西界攀牙府和普吉湾。甲米镇隔着攀牙湾,向西遥对普吉岛,两地相距不远,船程或是车程都只是两个小时。虽然两地都有多处旅游景点,但普吉岛像一个穿金戴玉的贵妇,而甲米岛则像脂粉不施、清秀脱俗的村姑,而且周围的景点丰富又集中,交通便利,是旅游度假的好去处。

甲米岛有温暖而干净的沙滩,有远离世俗的慢节奏生活,无处不美景,无处不浪漫。这里的沙滩各具风情,虽然每一片沙滩面积都不大,但是不会互相干扰,它们安静地分享同一片海景。甲米岛与泰国其他岛屿那种水清沙幼、海天一色的很大不同在于,这里有巨大的喀斯特岩石从翠绿色的海水中陡然升起,这也令甲米岛成为世界上很美的攀岩胜地之一,喜欢攀岩的游客可以在这里一展身手。

甲米岛拥有许多风光旖旎的岛屿和浓厚的本土文化,它丰富的植被和动物种群也闻名遐迩。甲米岛的海并不是一望无际的,时常可以看到近前的大大小小的岛屿,小岛附近的海水呈绿色,然后依次是浅蓝色、水蓝色、深蓝色,逐渐递进。

泰国甲米岛主要景点有攀岩场地、奥南湾等,最佳旅游季节为每年11月至次年4月。

甲米岛码头边有个花园广场,到晚上则为热闹的夜市,各种小吃和海鲜,十分诱人。甲米岛最好的海滩就是最早开发的奥南海滩,在这里,有很多可以吃新鲜海鲜的大排档。另外,酒店里也有餐厅,味道和价格也都是不错的。在甲米岛,尤其要提到的是烤鸡腿和水果飞饼,路边小摊子上就有卖的,味道都不错。甲米岛上的餐厅比起奥南海滩更本地化和大众化些,地道的小炒、烧烤、海鲜和泰国的甜食为主,其中不少餐厅老板还是华人后裔。

甲米岛交通便利。泰国航空和曼谷航空每天都有班机往返于曼谷和甲米岛之间。从泰国的曼谷、合艾,新加坡的新加坡市,以及马来西亚的吉隆坡等地,都有航班直飞甲米岛。从甲米岛的机场到海边的度假区只要30分钟的车程。甲米岛至曼谷无铁路通行,在甲米机场等地点有好几家租车公司可提供汽车及摩托车。甲米由于西临安达曼海,水路交通方便,有渡船连接甲米府城、兰塔岛等。有时渡轮也会因为风浪太大而停航,请游客留意当地的天气预报及海港的海浪预报。

第五节　印度、斯里兰卡、马尔代夫邮轮旅游地区

一、印度、斯里兰卡、马尔代夫邮轮旅游地区概况

（一）印度概况

印度(India)全称为印度共和国,东北部同中国、尼泊尔、不丹、孟加拉国接壤,东部与缅甸为邻,东南部与斯里兰卡隔海相望,西北部与巴基斯坦交界。印度首都为新德里,主要城市有孟买、班加罗尔、加尔各答、海得拉巴、昌迪加尔等,官方语言为印地语、英语,2016年人口约13.24亿,国土面积为298万平方公里。印度主要民族有印度斯坦族、泰卢固族、马拉

地族、泰米尔族、孟加拉族等。印度的政体是议会制共和制,总统是国家元首。

印度全境炎热,大部分属于热带季风气候,印度西部的塔尔沙漠则是热带沙漠气候。印度夏天有较明显的季风,冬天则无明显的季风,冬天受喜马拉雅山脉屏障影响,一般没有寒流或冷高压南下影响印度。

德里位于印度恒河支流亚穆纳河畔,为中央直辖区,包括新、老德里和郊区乡村在内,是全印度的政治、经济、文化中心和铁路、航空枢纽。

铁路运输是印度的主要运输手段。水运方面,主要港口包括孟买、加尔各答、钦奈(原名马德拉斯)、科钦、果阿等,承担四分之三货运量。孟买为最大的港口,五分之一海运和二分之一集装箱运输经此港。空运方面,包括印度国际航空公司、印度航空公司等。航线通达各大洲主要城市,国际机场5个,分别位于德里、孟买、加尔各答、钦奈和特里凡特琅。

印度是世界四大文明古国之一,也是世界第二大人口大国,具有丰富的文化遗产和旅游资源。印度的旅游业和服务业也比较发达,在国民经济中占有相当的比例。旅游业是印度政府重点发展产业。随着入境旅游人数逐年递增,旅游收入也不断增加。印度的主要旅游点有阿旃陀石窟、德里、斋浦尔、昌迪加尔、那烂陀、迈索尔、果阿、泰姬陵、海德拉巴、特里凡特琅、埃罗拉石窟、阿格拉古堡、盖奥拉德奥国家公园等。

阿旃陀石窟是古印度佛教艺术遗址,位于马哈拉斯特拉邦境内,背负文底耶山,面临果瓦拉河。始凿于公元前2世纪,现存30窟(包括一未完成窟)。从东到西长550多米,全部开凿在离地面10～30米不等的崖面上。除5窟为供信徒礼拜的支提窟外,余皆为僧房。中国高僧玄奘曾在7世纪初朝圣阿旃陀。后来,这里门庭冷落,逐渐被人忘却。直到19世纪初才被重新发现,引起世人瞩目。

泰姬陵是印度莫卧儿王朝第五代君主沙杰罕为宠姬泰姬·玛哈尔修筑的陵墓,全部用白色大理石建成,主建筑四边各长5687米,穹顶高74米。这座伊斯兰风格的建筑外形端庄宏伟,无懈可击,寝宫门窗及围屏都用白色大理石镂雕成菱形带花边的小格,墙上用翡翠、水晶、玛瑙、红绿宝石镶嵌着色彩艳丽的藤蔓花朵。

(二)斯里兰卡概况

斯里兰卡(Sri Lanka)全称斯里兰卡民主社会主义共和国,旧称锡兰,是印度洋上的热带岛国,英联邦成员国之一,在南亚次大陆南端,西北隔保克海峡与印度半岛相望,国土面积约为65610平方公里。中国古代曾经称其为狮子国、师子国、僧伽罗。斯里兰卡官方语言为僧伽罗语、泰米尔语,政治体制为总统制共和制。斯里兰卡在僧伽罗语中意为"乐土"或"光明富庶的土地",有"宝石王国"、"印度洋上的明珠"的美称,被马可·波罗认为是最美丽的岛屿。

斯里兰卡属热带季风气候,终年如夏,年平均气温28 ℃,各地年平均降水量1283～3321毫米。沿海地区平均最高气温31.3 ℃左右,平均最低气温23.8 ℃左右;山区平均最高气温26.1 ℃左右,平均最低气温16.5 ℃左右。斯里兰卡无四季之分,只有雨季和旱季的差别。

斯里兰卡是一个大多数人口都信仰佛教的国家,许多的习俗都与佛教有关。在斯里兰卡,佛教僧侣是备受尊敬的,斯里兰卡居民和佛教僧侣对话时,不论是站着,还是坐着,都设法略低于僧侣的头部,更不能用左手拿东西递给佛教僧侣和信徒。在参观佛教寺院时,不能对佛像做踩、跨、骑等无礼的动作,而且进入寺院,要赤脚,不可穿鞋和袜子,也不可带帽子。

斯里兰卡人大多以大米、椰肉、玉米、木薯等为主要食物。他们尤其偏爱椰汁和红辣椒,这两样是几乎所有菜肴中都离不开的调料。他们有嚼酱叶的嗜好,习惯在酱叶上抹些石灰,再加上几片槟榔,然后把它们卷在一起嚼。据说这样可以提神、助消化。他们饮用红茶时,一般喜欢放糖、牛奶。斯里兰卡主要风味菜肴有咖喱鸡、咖喱牛肉、干烧鳜鱼、茴香牛肉、辣鸡丁、烧茄子、家常豆腐、炸番茄、子姜鸡、茄子泥、扒羊肉条、番茄蛋花汤等。

斯里兰卡的首都科伦坡有国际机场,航班可达世界各地,机场到市中心约36公里。截至2013年,斯里兰卡有铁路1944公里,科伦坡有放射式的铁路可以通往国内其他各城市。斯里兰卡计程车相当多,不但车资低廉,且呼之即来,十分方便。市区交通以公共汽车和计程车为主,公共汽车有双层式,路线四通八达。

斯里兰卡旅游业是斯经济的重要组成部分。游客主要来自欧洲、印度、东南亚等国家和地区。斯里兰卡拥有丰富的自然文化遗产和独特迷人的文化氛围,被誉为"印度洋上的珍珠"。首都科伦坡是斯里兰卡古老的城市之一,国树铁木树和睡莲在街道上随处可见,椰子树高耸直入云霄,郁郁葱葱之中,各种宗教寺院和基督教堂交相辉映,整座城市散发着迷人的气质。斯里兰卡的主要旅游景点有:班达拉奈克国际会议大厦、大象孤儿院、德希韦拉动物园、要塞区、亚当峰、斯里兰卡国家博物馆、波隆纳鲁瓦古城、狮子岩、锡吉里亚古城等。斯里兰卡主要世界遗产有:阿努拉德普勒圣城、锡吉里耶古城、丹布勒金寺、康提圣城、波隆纳鲁沃古城、辛哈拉贾森林保护区、加勒古城。

(三)马尔代夫(Maldives)

马尔代夫全称马尔代夫共和国,原名马尔代夫群岛,位于南亚,是印度洋上的一个岛国,也是世界上最大的珊瑚岛国。马尔代夫总面积约9万平方公里(含领海面积),由26组自然环礁、1192个珊瑚岛组成,构成20个环礁,分布在9万平方公里的海域内,其中有人定居岛屿有200座。从空中鸟瞰就像一串珍珠撒在印度洋上。马尔代夫首都是马累,政治体制为总统制共和制,2016年人口约42万,主要民族为马尔代夫人,国树是椰子树,国花粉玫瑰。马尔代夫南部的赤道海峡和一度半海峡为海上交通要道。

马尔代夫位于赤道附近,具有明显的热带雨林气候特征,大部分地区属热带季风气候,南部为热带雨林气候,终年炎热、潮湿、多雨,无四季之分。没有飓风、龙卷风,偶尔有暴风。年降水量1900毫米,年平均气温28℃,每年3月至4月气温最高可达32℃。

旅游业、船运业和渔业是马尔代夫经济的三大支柱。马尔代夫的旅游业已超过渔业,成为马尔代夫第一大经济支柱。旅游收入对GDP贡献率多年保持在30%左右。

马尔代夫基于环境因素,境内无法建设铁路,民航事业不发达,设有易卜拉欣纳西尔国际机场。马尔代夫有多条国际航线和包机航线通往马累。斯里兰卡、印度、新加坡、阿联酋、南非及一些欧洲国家,有定期航班飞往马累。马尔代夫的主要交通工具为船舶。陆上交通仅限于首都马累,汽车、自行车为主要陆上交通工具。海运业主要经营香港到波斯湾和红海地区及国内诸岛间的运输业务。

马尔代夫以伊斯兰教为国教,岛上居民不食猪肉、不饮酒,妇女出行必须穿遮体长裙,男士不能穿短裤。外国游客在度假酒店内不用遵守此规定,但到了马累等当地居民岛,就必须入乡随俗了。马尔代夫居民讲礼貌、重礼节、淳朴好客,每天会进行多次祷告。星期五的伊斯兰教主麻日则是他们每周的星期假日,商店、学校和公共场所都会在这一天关门歇业。传统上,当地居民以鱼、椰子和木薯为主食,但随着经济发展,大米、面粉等进口食品已成为主食。

马尔代夫主要旅游景点有天堂岛、太阳岛、双鱼岛、拉古娜岛、卡尼岛、玛娜法鲁岛、白金岛、阿雅达岛、哈库拉岛、丽莉岛等。

二、印度、斯里兰卡、马尔代夫邮轮旅游地区主要邮轮旅游目的地

(一) 孟买(Mumbai)

孟买(见图6-6)是印度最大的海港和重要交通枢纽,也是印度马哈拉施特拉邦的首府,面积约603.4平方公里。2014年发布的《世界城市化前景报告》统计,孟买人口约2100万,是印度人口第二多的城市(仅次于印度首都德里)。孟买素有印度"西部门户"之称。在孟买岛上,距海岸16公里,有桥梁与堤道相连。孟买位于马哈拉施特拉邦西海岸外的撒尔塞特岛,面临阿拉伯海,是一个天然深水良港,承担印度超过一半的客运量,货物吞吐量相当大。孟买是印度的商业和娱乐业之都,拥有重要的金融机构和许多印度公司的总部。孟买是印度印地语影视业(称为宝莱坞)的大本营。由于其广阔的商业机会和相对较高的生活水准,孟买吸引了来自印度各地的移民,使得该市成为各种社会群体和文化的大杂烩。孟买拥有贾特拉帕蒂·希瓦吉终点站和象岛石窟等数项世界文化遗产,还是非常罕见的在市界以内拥有国家公园(桑贾伊·甘地国家公园)的城市。孟买方言为马拉地语和印地语。"孟买"一词来源于葡萄牙文"博姆·巴伊阿",意为"美丽的海湾"。

图6-6 孟买

孟买大部分地区属于热带季风气候,受到季风的影响,因而有明显的雨旱季之分。孟买

北面有高大的喜马拉雅山脉作屏障,阻挡了来自北方的冷空气,使得这里的气温比同纬度地区要高一些。孟买全年气温都高于 20 ℃,6 月到 9 月为雨季,10 月到次年 5 月为旱季。孟买夏季多雨,潮湿闷热,气温最高达 44 ℃,冬季气温一般也高达 25 ℃～30 ℃。

孟买机场既是印度南部最大的国际机场也拥有最繁忙的国内航班线路。孟买国内的航线可以到班加罗尔、钦奈、德里、果阿、斋浦尔和加尔各答。机场内有免费的巴士往返于国际和国内航站楼。孟买的中央火车站的火车主要开往东部、南部以及小部分的火车会开往北部;西部火车站主要开往北部,包括拉贾斯坦邦和德里。很多私营汽车公司都经营往来孟买的长途班车,这些车普遍比较舒适。出租车是游览孟买最方便快捷的办法。

孟买是印度的美食中心,各种菜式和特色的餐厅都能在此找到。从五星级酒店附设的高级餐厅,到著名的夜市,随处都能享受到这种美味。孟买的主要美食有清真烤肉、咖喱饭、印度飞饼。孟买主要特产有金银线刺绣软皮皮包、木雕等。

孟买背依青山、面临大海,广阔的海滨沙滩和幽静的街头花园,使市容典雅秀丽。孟买不仅有印度教的庙宇,还有许多清真寺和基督教、天主教的教堂,这使得这座城市充满了浓郁的宗教气息。孟买的地标性建筑为印度门,是印度的门面和标志性建筑,外形酷似法国的凯旋门,目前用于接待重要的宾客,也成为印度重要旅游景点之一。除此之外,阿旃陀石窟群、海滨大道、国立现代美术馆、杰汉吉尔艺术画廊等也是必游之地。孟买的主要景点有印度门、阿旃陀石窟群、象岛、威尔斯王子博物馆、海滨大道等。

孟买港位于印度西海岸外的孟买岛上(该岛已与大陆联结),西濒阿拉伯海,是印度最大的港口。孟买是世界上最大的纺织品出口港,有"棉花港"之称。孟买港分那瓦舍瓦(新港)和孟买老港两港区。那瓦舍瓦是孟买新港新建集装箱码头,现为印度最大的集装箱港。那瓦舍瓦仅供集装箱船停靠,只有孟买老港可停靠散杂货船。

(二) 科伦坡(Colombo)

科伦坡是斯里兰卡的首都,也是斯里兰卡的最大城市,全国政治、经济、文化和交通中心;印度洋重要港口,世界著名的人工海港。科伦坡面积 37 平方公里,位于锡兰岛西南岸、濒临印度洋,北面以凯勒尼河为界,是进入斯里兰卡的门户,素有"东方十字路口"之称。斯里兰卡实际的首都斯里贾亚瓦德纳普拉科特位于其郊区,但因距离过近,许多国际的官方资料仍记载科伦坡为斯里兰卡的首都。科伦坡的名称来自僧伽罗语的 Kola-amba-thota,意为"杧果港",其后葡萄牙人将其拼写成 Colombo 以纪念哥伦布。科伦坡的语言为僧伽罗语和英语。

科伦坡虽属热带气候,但由于海风的作用,气候宜人,高温而无酷暑,年平均气温在 27 ℃左右,年降水量约 2300 毫米。科伦坡全年大部分时间气候温和而潮湿,雨水充足,科伦坡市内树木苍翠,风景怡人,林荫道两旁的棕榈树茂盛挺拔,郊区椰林郁郁葱葱,一望无际。这里还是乌鸦(斯里兰卡人称为"神鸟")的天堂,在市内空中盘旋,遮天蔽日,叫声震耳欲聋。

科伦坡的传统经济主要为港口业和服务业。城中名胜众多,费南多大街上的科伦坡博物馆是斯里兰卡最古老的博物馆,珍藏有国家各个时期的历史文物。维哈拉马哈德公园和德希瓦拉热带动物园是著名的植物、动物观赏地;国际会议大厦是一座洁白的八角形建筑物,独具特色。科伦坡郊外 11 公里处,有拉维尼亚山,山麓紧接海滨,海滩上多形状奇异的岩石,椰影婆娑,波平沙软,为有名的海滨避暑胜地。离科伦坡 60 多公里处,有海滨疗养地,在狭长的半岛上有多座美丽的观光疗养饭店,每年 11 月到次年 3 月,有大批外国游客来此休养。另外,世界上第一所大象孤儿院、保存佛牙舍利的古城康提及众多国家森林公园、南方海岸也是到科伦坡游览不可错过的景点。科伦坡主要旅游景点有锡吉里亚古宫、斯里兰卡国家博物馆、都波罗摩塔、德希韦拉动物园、波隆纳鲁瓦古城、阿努拉达普拉古城。

科伦坡港是印度洋上的交通枢纽,成为欧洲、远东、澳洲航线的转口港,港宽水深,是世界大型人工港之一。科伦坡港水域面积为 260 多公顷,可同时停靠载重 4 万~5 万吨轮船 40 多艘,年吞吐量为 450 万吨,承担着斯里兰卡 90%以上的货物进出口任务和印度洋航运的中转站。

斯里兰卡与印度隔海相望,自古以来,受印度影响较大,饮食也不例外,咖喱拌饭就颇有印度风味。斯里兰卡的民族众多,在科伦坡旅居的外国人也不少,所以科伦坡经营外国菜的餐馆也颇多。当地人好吃辛辣、香脆的东西,印度口味的咖喱食品。

斯里兰卡特产不少,最有名的当属宝石和锡兰红茶。锡兰红茶的色泽澄澈,香味浓郁。斯里兰卡的宝石与茶叶一样有名。科伦坡和康提都有许多经过政府和旅游部门核准的珠宝店,这些商店会提供验证宝石品质的法定文件即"品质保证书"。

(三) 马累(Male)

马累(见图 6-7)是马尔代夫的首都,也是世界上小型的首都之一。马尔代夫的飞机场建在邻近的瑚湖尔岛。马累面积大约只有 1.5 平方公里。炫目的白色珊瑚礁和多半漆成蓝色、绿色的门窗形成强烈的色差,房子通常筑得又高又窄,据说是为了避免恶魔入侵。由于曾受英国管辖,因此也有部分建筑带着浓厚英式气息。在这个袖珍国都中,有大约 600 辆的出租车穿行不息,当地人除了摩托车最常选用的交通工具就是出租车。马累平均海拔 1.2 米,气候属热带季风气候,年平均气温约 28 ℃。

马累为马尔代夫的贸易中心,有航空线和海上航线与斯里兰卡、印度相通。马累是马尔代夫全国经济、政治及文化中心,以及国营及私营团体的集中点。马累岛是马尔代夫群岛的缩影。马累的街道上没有柏油路,放眼望去尽是荷兰砖铺的路面,皇宫和政府机关等多是两层式平房,非常整洁,屋外花园长满了各种草、木,有木瓜、椰子、杧果等,迎风飘来发出阵阵的清香。

马累最宽的一条马路就是沿江路,两辆车可以并排通行。岛上的小巷子更是窄窄的,人们最主要的交通工具是汽车和摩托车,几乎家家门口都停着几辆。马累最美丽的地方就是海边,洁白的珊瑚砂形成的沙滩,水中的珊瑚礁五颜六色,成群结队的热带鱼,成人小臂长的海参真美。海水是透明的,远远望去蓝得发黑,下面的沙子都能看得清清楚楚。东边海边上,有篮球场、排球场、足球场,虽然竞技项目水平不高,但马尔代夫政府提倡全民健身。

马累经济以渔业为主,主要特产为椰子、面包果、鲣鱼及棕榈纤维编席。城市北部为港口和码头区。码头区是全市商业中心,附近的海滨地带是政府各部和议会所在地。马累是群岛上的一个总商业区,群岛上的岛民都来这里进行商业活动,这里的商品绝大部分都是进口货。

图 6-7　马累

　　马尔代夫群岛上也有不少的历史古迹和具有历史价值的教堂。有着金黄色屋顶的新伊斯兰教中心是马累岛上最显眼的建筑物。马尔代夫的人民英雄穆哈末德的陵墓也建在此岛上。穆哈末德于 1573 年带领人民起义,使马尔代夫脱离葡萄牙的统治。

　　马累著名景点有古清真寺、马尔代夫博物馆、卡曼都岛等。

　　马累的最佳旅游时间为每年的 12 月到翌年的 4 月,但游客应避开圣诞节高峰,这时游人如织,订房困难且房价高。在马累,绝对找不到酒吧和夜间娱乐场所。不过,下午的玛吉地玛古要道上,逛街的人及街头的音乐使马累显得生意盎然。

　　马累吃饭的好去处很多。餐馆每天都供应小食、蔬菜和咖喱鱼,还有位于缠达尼玛古与玛及迪玛古两条路交叉点的麻狄其拉部餐馆。除了地道的佳肴,这里也有几家欧洲风味佳肴的餐馆。"ThaiWok"餐馆位于玻都塔古路筏安玛古,提供泰式风味食物;位于欧池玛古的双峰餐馆则以比萨闻名。

　　马累可以说是马尔代夫的购物中心,所有的商店几乎都聚集在此,鱼市场则是全国各岛屿捕获渔产的拍卖集散地,每天近黄昏时此起彼落的叫卖吆喝声,建构出岛国活力的一面。岛上有着各式各样的工艺品店,售卖各式贝壳等纪念品。此外,马尔代夫的邮票十分漂亮,喜爱集邮的游客,不妨选购几款以作留念。

第七章

非洲邮轮旅游区域

第一节 北非邮轮旅游地区

一、北非邮轮旅游地区概况

（一）突尼斯概况

突尼斯（Tunisia）全称突尼斯共和国，位于非洲大陆最北端，北部和东部面临地中海，隔突尼斯海峡与意大利的西西里岛相望，扼地中海航运的要冲，东南与利比亚为邻，西与阿尔及利亚接壤。突尼斯是中东石油运到西欧、美国的必经之路，地理位置非常重要。突尼斯是世界上少数几个集中了海滩、沙漠、山林和古文明的国家之一，是悠久文明和多元文化的融和之地。突尼斯地处地中海地区的中央，拥有长达 1300 公里的海岸线。

突尼斯首都为突尼斯市，主要城市有苏斯省、比塞大等，官方语言为阿拉伯语，政治体制为共和制，人口约 1073 万，主要民族是阿拉伯人、柏柏尔人，有 90％ 以上是阿拉伯人，其余为柏柏尔人。突尼斯主要宗教为伊斯兰教-逊尼派，国土面积 163610 平方公里，国花为茉莉花。

突尼斯地形复杂。北部多山，中西部为低地和台地；东北部为沿海平原，南部为沙漠。最高峰舍阿奈比山，海拔 1544 米。突尼斯北部属亚热带地中海型气候，中部属热带草原气候，南部属热带大陆性沙漠气候；8 月为最热月，日平均气温 21 ℃～33 ℃；1 月为最冷月，日平均气温 6 ℃～14 ℃。

旅游业在国民经济中居重要地位，是突尼斯第一大外汇来源。旅游设施主要分布在东部沿海地带，有五大旅游中心，苏斯"康达维"中心是全国最大的旅游基地。突尼斯市、苏斯、莫纳斯提尔、崩角和杰尔巴岛是著名的旅游区。突尼斯主要旅游活动有斗羊比赛、撒哈拉联欢节等。

突尼斯交通运输比较发达。铁路总长 2190 多公里，公路总长 2 万多公里。突尼斯有 30

多个港口,其中8个为大型商业港口,一个为石油转运港。其主要港口是突尼斯-古莱特、比塞大、布尔基巴、斯法克斯、加贝斯、苏斯、扎尔西斯、拉迪斯及斯基拉港等。突尼斯有7个国际机场。

突尼斯主食为面食,面包、大饼和米饭很受欢迎。当地人口味清淡,若家中有客人来访时一般以烤全羊待客。烤全羊以整只羊掏空后填入米饭、杏仁、松子、葡萄干、橄榄、肉丁等在炭火上烤制而成,独具异域特色。此外,当地还有诸多特色美食,如古斯古斯、鱼杂烩、牛油火腿蛋糕、瓦罐羊肉、油炸蛋三角等都是难得一品的好滋味。突尼斯特色食品主要有砖形鸡蛋、燕麦粉、酒(如马贡酒、加州葡萄酒、梅根酒和SidiSaad、黑珍珠、柯蒂亚克)、"考斯考斯"(COUSCOUS)、橄榄、椰枣、布利克。

突尼斯主要旅游胜地有突尼斯市和凯鲁万等。突尼斯主要世界遗产有艾什凯勒遗址、迦太基遗址、麦地那(突尼斯)老城区、杜加古城遗址、喀尔冠阿内布匿城遗址、苏塞麦地那老城区、凯鲁万、杰姆古罗马竞技场,以上均为文化遗产。

(二)摩洛哥概况

摩洛哥(Morocco)是非洲西北部的一个沿海阿拉伯国家,全称摩洛哥王国,东部以及东南部与阿尔及利亚接壤,南部为撒哈拉沙漠,西濒浩瀚的大西洋,北隔直布罗陀海峡与西班牙、葡萄牙相望,扼地中海入大西洋的门户。摩洛哥首都为拉巴特,主要城市有达尔贝达(卡萨布兰卡)、阿加迪尔、马拉喀什等,卡萨布兰卡是摩洛哥的第一大城市,被誉为摩洛哥的经济首都。其官方语言为阿拉伯语,政治体制是君主立宪政体,国土面积45.9万平方公里(不包括西撒哈拉26.6万平方公里),海岸线1700多公里,人口约3349万,主要民族有阿拉伯人、柏柏尔人,主要宗教为伊斯兰教,摩洛哥国花为康乃馨,意为神圣之花。

摩洛哥气候多样,北部为地中海气候,夏季炎热干燥,冬季温和湿润,1月平均气温12 ℃,7月平均气温22 ℃~24 ℃,降水量为300~800毫米。中部属副热带山地气候,温和湿润,气温随海拔高度而变化,山麓地区年平均气温约20 ℃,年降水量从300到1400毫米不等。东部、南部为热带沙漠气候,年平均气温约20 ℃,年降水量在250毫米以下。由于斜贯全境的阿特拉斯山阻挡了南部撒哈拉沙漠热浪的侵袭,摩洛哥常年气候宜人,花木繁茂,赢得了"烈日下的清凉国土"的美誉。摩洛哥是个风景如画的国家,还享有"北非花园"的美称。

摩洛哥地形复杂,中部和北部为峻峭的阿特拉斯山脉,东部和南部是上高原和前撒哈拉高原,仅西北沿海一带为狭长低暖的平原。最高峰图卜加勒山脉海拔4165米;乌姆赖比阿河是第一大河,长556公里;德拉河是最大的间歇河,长1150公里。摩洛哥主要河流还有木卢亚河、塞布河等。

摩洛哥旅游业发达,主要旅游城市有拉巴特、马拉喀什、卡萨布兰卡、非斯、阿加迪尔、丹吉尔等。

摩洛哥陆路交通较发达。在国内运输业中占主导地位,90%的客运和75%的货运通过陆路交通完成。截至2014年,摩洛哥铁路总长2958公里,50%线路实现电气化。摩洛哥公路总长68550公里,高速公路约1804公里。摩洛哥主要港口有卡萨布兰卡、穆罕默迪耶、萨非、丹吉尔、阿加迪尔等,其中卡萨布兰卡港口最大。摩洛哥有卡萨布兰卡穆罕默德五世机场、拉巴特－萨累机场、阿加迪尔机场、丹吉尔机场等。

摩洛哥是世界著名的旅游胜地。首都拉巴特景色迷人，古都非斯是摩洛哥第一个王朝的开国之都，以精湛的伊斯兰建筑艺术闻名于世。此外，北非古城马拉喀什、"白色城堡"卡萨布兰卡、美丽的海滨城市阿加迪尔和北部港口丹吉尔等都是令游客向往的旅游胜地。摩洛哥共有8处世界遗产，即得土安老城、沃吕比利斯考古遗址、梅克内斯历史名城、非斯老城、索维拉老城、马拉喀什老城、葡萄牙城、阿伊特本哈杜筑垒村。摩洛哥主要特产有三宝，即阿甘、椰枣和仙人掌。

（三）加那利群岛概况

加纳利群岛（Canary Islands）一般指加那利群岛，属于西班牙的海外领土，是西班牙的17个自治区之一，也是欧盟最外延的特别领域之一，位于非洲西北部的大西洋上，非洲大陆西北岸外火山群岛。距摩洛哥西南部海岸100～120公里，分东、西两个岛群。东部岛群包括兰萨罗特岛、富埃特文图拉岛及6个小岛屿；西部岛群包括特内里费岛、大加那利岛、帕尔马岛、戈梅拉岛和费罗岛（又称耶罗岛）。加那利群岛面积7493平方公里，人口约210万，气候属亚热带气候，著名景点有塔武连特山国家公园等。

因为该群岛有着冬暖夏凉的亚热带气候，又有马斯帕洛马斯和泰德峰等风景优美的去处，因而成了旅游胜地。干净的空气和合适的地理位置，使得其也成为罗奎克·德·罗斯·穆察克斯天文台和泰德天文台的所在地。

加那利群岛自治区有两个首府，即圣克鲁斯-德特内里费和拉斯帕尔马斯，这两个城市同时也分别是西班牙圣克鲁斯-德特内里费省和拉斯帕尔马斯省的省会。自1768年以来，除去1910年的一点短暂时期外，拉斯帕尔马斯都是该群岛的最大城市，第二大城市就是圣克鲁斯-德特内里费。该群岛的第三大城市拉古纳的圣克里斯托瓦尔是联合国教科文组织评定的世界遗产。

该群岛属亚热带气候，天气温暖，四季变化不大。拉斯帕尔马斯8月的平均气温为26 ℃，1月平均气温为21 ℃；降雨集中在11月、12月，雨量小，各地鲜有超过2500毫米，只有东北面面风方向部分可达到7500毫米。

20世纪50年代后，群岛的旅游业发展迅速，随之饭店和政府经营的旅馆大量增加。在旅游高峰季节，拉斯帕尔马斯和圣克鲁斯-德特内里费是邮轮的主要停泊港，12月到3月为淡季。加那利群岛供应新鲜的海鲜，大多数的做法是烧烤，配以番茄、洋葱、橄榄油等沙拉，带有地中海的风味，更能吃出海鲜的鲜味。由于有大量的西班牙人居住在岛上，所以一般城镇能找到不少供应西班牙菜的餐馆，比如tapas、海鲜饭等。有几道具有加那利特色的菜肴不可错过，比如咸烤土豆等，当地人也喜欢用一种名为mojo的佐料配菜吃，有各种不同的口味。

（四）马德拉群岛概况

马德拉群岛（Madeira Islands）亦称丰沙尔群岛，有"大西洋明珠"美誉，它隶属葡萄牙，位于非洲西海岸外，属亚热带气候，由含火山的群岛组成。这个群岛位于里斯本西南约1000

公里,离摩洛哥的海岸线约600公里。马德拉群岛面积794平方公里,主要宗教为天主教,官方语言为葡萄牙语,人口30万,居民多为摩尔人和葡萄牙人,多信奉天主教。其主要城市为丰沙尔,其他比较大的城市有马希库等。

马德拉岛是其中最大的岛屿,面积占群岛总面积93%,长55公里,最宽处22公里,海岸线约144公里。中部的鲁伊武德桑塔纳峰高1862米,海拔900米以上的内陆部分荒无人烟。岛内人烟稀少,马德拉岛的首府,是工商业中心丰沙尔。马德拉群岛不但风景秀丽、气候温和,更是酿制当地名产——马德拉葡萄酒的地点。

马德拉群岛的气候温和,年均温差小,夏季平均气温22 ℃,冬季平均气温16 ℃,并且湿度也保持在一个适度水平,体现出这些海岛特别的亚热带特点。海水温度也很温和,由于温暖海湾的影响,夏季海水呈现的平均温度是22 ℃和冬天呈现的是18 ℃,冬暖夏凉,非常适合于旅游度假。马德拉岛上各个地区有多种不同的气候,岛的北部多雨,南部则属亚热带,气候温暖。夏季岛受东北季风影响,冬季则受西风带影响。日平均气温12月和1月在19 ℃左右,7月和8月在25 ℃左右。通过一个非常完整的、开放的水道系统马德拉人将岛北的雨水引到岛南来灌溉庄园和花园。

马德拉所处地位重要,是欧洲、非洲、美洲和亚洲之间海上交通的重要枢纽,拥有优良的港口。这里有北大西洋公约组织的海军反潜基地。

马德拉群岛是欧洲的一个比较高级的旅游目的地和邮轮港口。出于传统许多英国人到马德拉旅游,他们主要聚集在丰沙尔。马德拉尤其是一个徒步旅行的好地方,沿着水道有用来修理和维护这些水道的道路,今天许多旅游者使用这些道路来徒步旅行。马德拉岛上几乎没有可以游泳和休息的沙滩,但在桑塔岛上有近九公里长的沙滩。马德拉的飞机场也非常著名,它紧贴山和海筑成。

马德拉群岛特产主要有带鱼、肉串和马德拉酒。在马德拉,带鱼与香蕉一起烧。在欧洲,马德拉是唯一产带鱼的地方。马德拉的特产肉串长一米,是用月桂树枝串起来的。马德拉酒是马德拉岛特产的葡萄酒,属加强葡萄酒一类。品质比较高的被用作开胃酒或饭后酒,品质比较低的也用在烹调中。马德拉酒的酒精度在18%～21%。Poncha是马德拉的特产调味酒,由甘蔗酒、蜂蜜、橘汁和柠檬汁混合成。马德拉岛蛋糕是一个普遍的老英国传统食品,像长方形的大面包。19世纪时,蛋糕制成后,传统上会一同奉上马德拉酒,但现在则用茶。马德拉酒也许在蛋糕烘烤期间时加入,使得蛋糕散发酒香。

二、北非邮轮旅游地区主要邮轮旅游目的地

（一）突尼斯市(Tunis City)

突尼斯市是突尼斯的首都,市郊面积达1500平方公里,人口约225万,是全国政治、经济、文化中心和交通枢纽。1979年以来,阿拉伯联盟总部迁来这里。1997年联合国教科文组织选定为1997年的"世界文化之都"。突尼斯市位于非洲北部,地中海南岸,地处海上航道和撒哈拉沙漠运输线之间的地带,被称为"拉·冈里特"的边远港口,使突尼斯直通突尼斯海湾。

12—16世纪,处于阿尔摩哈维斯和哈夫斯王朝的统治之下,当时突尼斯被看作是伊斯兰世界最伟大和最富有的城市之一。700多个纪念性建筑,包括宫殿、清真寺、陵墓和喷泉,这些都展示着它昔日的辉煌。布尔吉巴大街被誉为突尼斯的"香榭丽舍大道",道路中间是人行道,树木四季常青,银行、商店坐落其中,很值得一游。

突尼斯港位于突尼斯东北沿海突尼斯湖口,在突尼斯湾的西南岸,濒临突尼斯海峡的西侧,是突尼斯的最大港口,从海上到突尼斯市必须先进入拉古莱特外港,然后经过突尼斯运河抵达突尼斯市。该港是突尼斯的首都和全国政治、经济、文化及交通的中心。交通运输发达,不仅公路可与国内联网,而且铁路西可通阿尔及利亚境内,南可达加贝斯港。该港风景秀丽,气候宜人,果树成行,品种繁多,特别是橄榄最为著名,故被誉为橄榄之都,且靠近欧洲,经常成为国际会议的地点。港口的迦太基国际机场有定期航班飞往世界各地。拉古莱特外港也是突尼斯重要的国际邮轮停靠港。

(二) 拉巴特(Rabat)

摩洛哥首都拉巴特是历史名城,位于国境西北部,临大西洋。拉巴特终年气候温和宜人,沙滩细软。拉巴特旧城具有中世纪阿拉伯式风貌,四周城墙,市场和清真寺比比皆是。拉巴特市内多文物古迹,城东南有著名的哈桑清真寺,寺内保存有哈桑宣礼塔;北部有卡斯巴乌达亚城堡。拉巴特有拉巴特王宫,是一座典型的阿拉伯宫殿建筑,还有古物博物馆、摩洛哥艺术博物馆、考古博物馆等。

(三) 得土安(Tétouan)

摩洛哥历史名城得土安,位于摩洛哥西北部。公元前9世纪有阿拉伯人居住。14世纪由马里尼德王朝设防并建要塞,后被西班牙人摧毁。1860年和1913年两度被西班牙占领,1956年归还摩洛哥。现存古城址上,有3面城墙、7座城门、36座清真寺和礼拜堂。得土安市内多园林、喷泉和清真寺。

(四) 梅克内斯(Meknes)

梅克内斯是摩洛哥四大皇城之一,伊斯兰教圣地。梅克内斯建于10世纪,11世纪为穆拉比王朝的要塞,1673年成为摩洛哥首都,1911年为法国占领。梅克内斯市内多古罗马时代的文物古迹和中世纪清真寺、伊斯兰教学院等。

(五) 马拉喀什(Marrakech)

马拉喀什是摩洛哥四大皇城之一,著名旅游胜地。马拉喀什位于摩洛哥西南,素有"南方明珠"之称,历史上是穿越撒哈拉沙漠的商队贸易路线起点,交通位置重要。马拉喀什著名古迹有库图比亚清真寺、古陵墓、古王宫和阿拉伯广场,以及非洲最大的传统市场。阿克达尔橄榄园具有700多年历史,还有16世纪萨阿迪王朝时代的间顶陵墓,19世纪的巴西亚王宫及达西赛义德博物馆。东郊阿特拉斯山的雪景和瀑布壮丽动人,还有伊夫·圣·洛朗的私家花园马若尔花园。

（六）丹吉尔（Tangier）

摩洛哥古城丹吉尔是旅游休养胜地，位于摩洛哥北端从大西洋进入地中海的入口处，扼地中海—大西洋国际航线要冲，战略地位重要。丹吉尔市区分布于海滨山坡上，海滩绵延10多公里，风景秀丽，气候温和宜人。丹吉尔旧城多阿拉伯建筑，有大索科广场、卡斯巴城堡、苏丹故宫等。

（七）阿加迪尔（Agadir）

摩洛哥西南部沿海城市阿加迪尔，国际旅游胜地，16世纪曾被葡萄牙占领。阿加迪尔1913年被法军占领；1914年修为港口；1960年遭强烈地震破坏，后经20多年重建成为既具有民族风格又集各国建筑艺术之长的崭新城市。阿加迪尔城市布局合理，环境优美，街道宽阔，气候宜人，是天然游泳场。

（八）非斯（Fès）

非斯是摩洛哥四大皇城之一，伊斯兰教圣地，位于摩洛哥北部，是摩洛哥最早建立的阿拉伯城市。非斯旧城区也称麦地那，始建于790年，城区内具有伊斯兰特色的古城堡、宫殿等文物古迹比比皆是，还有北非最古老的卡拉维因清真寺和伊德里斯二世陵墓。非斯市区的伊斯兰建筑艺术精湛，花木繁盛，还有被称为"圣水"的清泉。

（九）卡萨布兰卡（Casa Blanca）

卡萨布兰卡是摩洛哥的第一大城市，东北距首都拉巴特88公里，濒临大西洋，树木常青，气候宜人。从海上眺望这座城市，上下是碧蓝无垠的天空和海水，中间夹着一条高高低低的白色轮廓线。有时候大西洋上海浪滔天，港内却水波不兴。南北绵延几十公里的细沙海滩，是最好的天然游泳场。沿岸的旅馆、饭店和各种娱乐设施掩映在一排排整齐而高大的棕榈树和橘子树下，有它绮丽独特的引人之处。早在摩洛哥作为法国保护国的时期，法国便将其建设成为一个庞大的现代化大都市。现存的摩洛哥传统元素，包括现代宗教建筑奇迹——巨大的哈桑二世清真寺，毫无疑问仍在提醒着世人辉煌的往昔。

摩洛哥独立后卡萨布兰卡改称达尔贝达。至今仍有很多人习惯称之为卡萨布兰卡。卡萨布兰卡是个西班牙语名称，意为"白房子"。卡萨布兰卡是摩洛哥的最大城市和主要港口，也是摩洛哥的商业金融中心地。卡萨布兰卡全年气候温和，1月平均气温12 ℃，8月平均气温23 ℃，年平均降水量400毫米。有时候，大西洋上海浪滔天，卡萨布兰卡港内却水波不兴。卡萨布拉卡大部分居民信仰伊斯兰教。

（十）拉斯帕尔马斯（Las Palmas）

拉斯帕尔马斯（见图7-1）位于大西洋中加那利群岛的大加那利岛，距离非洲海岸有210公里，是西班牙拉斯帕尔马斯省的省会以及加那利群岛自治区首府。拉斯帕尔马斯人口约

38万,是加那利群岛最大的城市,主要语言是西班牙语。

图7-1　拉斯帕马尔斯

拉斯帕尔马斯是一个国际化城市。这里有广受欢迎的海滩和繁忙的港口,是20世纪70—90年代初世界较繁忙的港口之一。因此,许多人从世界各地来到拉斯帕尔马斯生活、工作。来自非洲、中国、俄罗斯和中东的商人,融入了港口附近的每一条街道。韩国和印度社群是岛上较大的外国人社群,尽管多数人多年前已经成为西班牙公民。拉斯帕尔马斯的主要产业是旅游业。

拉斯帕尔马斯的狂欢节是该市最经典和著名的节日,在全世界也很出名。拉斯帕尔马斯的名胜有哥伦布House、Canarian博物馆、CAAM现代艺术画廊、科技博物馆、Nestor博物馆等。

该市有3条高速公路:GC1通往南部,GC2通往西部,GC3通往中部。最近的机场是大加那利国际机场或拉斯帕尔马斯-Gando国际机场。

(十一) 丰沙尔(Funchal)

丰沙尔位于马德拉群岛的马德拉岛南部沿海,地处大西洋东侧的洋面上,是马德拉群岛的最大海港。1420年,马德拉群岛就成为葡萄牙殖民地,1976年改为"自治区",经济受葡萄牙的控制。丰沙尔是马德拉群岛的首府,是工商业的中心同时也是葡萄牙的一个繁华的城市。丰沙尔官方语言为葡萄牙语,人口约12.8万,主要宗教为天主教。

丰沙尔港距机场约20公里,有定期航班飞往里斯本。丰沙尔属热带地中海式气候,盛行西北风,年平均气温约28 ℃,全年平均降雨量约700毫米,平均潮差约2.5米。

丰沙尔工业以酿酒业及制糖业为主,农产品主要有葡萄、甘蔗、马铃薯及热带水果等。丰沙尔是欧洲、非洲、南美洲之间来往船只的燃料和淡水供应站。

丰沙尔港区主要码头泊位有3个,装卸设备有各种可移式吊、集装箱吊、浮吊及拖船等。港区最大可泊3.3万载重吨的船舶。丰沙尔主要出口货物为酒、水果、绣品、蔬菜及柳木制品等,进口货物主要有谷物、煤及杂货等。在节假日中,元旦、复活节、劳动节、葡萄牙日、耶稣受难日及圣诞节不工作。

丰沙尔也是马德拉群岛的工商业中心。这里不但风景秀丽、气候温和,更是酿制当地名产——马德拉葡萄酒的地点。这种酒的味道甘醇可口,酿制方法也很特别。葡萄发酵后,在烘房中加热,令酒味更醇,极受客人欢迎。丰沙尔有一个大型的农产品市场,市场里出售的食品应有尽有,包括吞拿鱼、安哥拉鱼及各式价廉物美的蔬菜。

第二节　非洲西海岸邮轮旅游地区

一、非洲西海岸邮轮旅游地区概况

(一) 塞内加尔概况

塞内加尔(Senegal)位于非洲西部凸出部位的最西端,首都达喀尔,全称塞内加尔共和国。北接毛里塔尼亚,东邻马里,南接几内亚和几内亚比绍,西临佛得角群岛。塞内加尔的国土面积为196722平方公里,海岸线长约700公里,人口约1510万,主要宗教是伊斯兰教。塞内加尔官方语言为法语,全国80%的人通用沃洛夫语。塞内加尔是一个农业国,森林占土地总面积的31%,花生是最重要的经济和出口作物,其他产业包括渔业、采矿、制造业和旅游业。

塞内加尔受信风带影响,属夏雨冬干型的热带草原气候。年平均气温29℃,最高气温可达45℃,9—10月气温最高,平均气温为24℃～32℃,年降雨量约600毫米,由北向南递增,雨季为6—10月。

塞内加尔国内运输主要有公路和铁路,有以达喀尔区为中心的联结全国各地的陆路交通干线网。达喀尔是非洲通往欧洲和美洲的海上交通要道,也是重要的国际航空枢纽。达喀尔港是非洲第九大港口,西非第三大港口。塞内加尔另有圣·路易港和济金朔尔港等二级港口。达喀尔列奥波尔德·塞达·桑戈尔机场为国际机场,年均客运量120万人次。

旅游业是塞内加尔经济的四大支柱之一,被塞内加尔政府列入促进经济快速增长战略中优先发展的产业。塞内加尔入境游客主要来自法国、意大利、比利时、西班牙等欧洲国家,以及美国和其他非洲国家。旅游点主要集中在达喀尔、捷斯、济金绍尔、圣路易地区。12月至次年2月为旅游旺季。

塞内加尔人一般是以玉米、大米、高粱等为主食,其副食以牛、羊肉为主,其中尤以羊肉居多。他们习惯吃大块的牛、羊肉,不爱吃以肉片、肉丁或肉丝烹制的菜肴。他们喜爱吃的菜有西红柿、萝卜、胡萝卜和各种豆类等。在口味上,喜吃香而辛辣的食物,不怕油腻,而且一般人的饭量也比较大。有的人爱吃法式西菜,早餐一般喜欢吃面包、黄油、浓咖啡;也有人爱好喝茶,尤其喜爱喝中国的绿茶。他们习惯在饭后,一边喝茶、一边聊天,以帮助消化。塞内加尔人一般都忌吃虾、鸡毛菜、菌类、鳝鱼、甲鱼、鱿鱼等,尤其忌食猪肉。

(二) 几内亚比绍概况

几内亚比绍(Guinea-Bissau)全称几内亚比绍共和国,是位于北大西洋沿岸的西非国家。

几内亚比绍北邻塞内加尔,东方、南方邻几内亚,西邻大西洋。几内亚比绍首都为比绍,主要城市有巴法塔、比翁博、比索,官方语言为葡萄牙语,政治体制为半总统共和制,人口约184万,主要民族有富拉尼族、巴兰特族、曼丁哥族,主要宗教为伊斯兰教。几内亚比绍国土面积36125平方公里,主要河流是科鲁巴尔河。

几内亚比绍属热带海洋性季风气候,通常炎热、潮湿。6—11月是季风型雨季,12—5月是旱季。

截至2014年,几内亚比绍无铁路,以公路和水运为主,内河和近海航运占有重要地位。内河和近海航运通航里程达1800多公里;主要港口为比绍港,全国最大的驳运港和渔港,对外贸易中心,年吞吐量约50万吨。首都附近有奥斯瓦尔多·维埃拉国际机场,可供中小型飞机起降;每周有定期航班往返葡萄牙、塞内加尔和佛得角。

几内亚比绍的主要旅游景点有香橙群岛国家公园、若昂拉德梅洛群岛国家海洋公园、Saltinho瀑布等。

(三)塞拉利昂概况

塞拉利昂(Sierra Leone)全称塞拉利昂共和国,位于西非大西洋岸,北部及东部被几内亚包围,东南与利比里亚接壤,首都弗里敦,海岸线长约485公里。塞拉利昂主要城市有博城、凯内马、马克尼等,政治体制为总统制共和制,人口约707万,主要民族有曼迪族、泰姆奈族、林姆巴族、克里奥尔人,国土面积71740平方公里。塞拉利昂官方语言为英语,民族语言主要有曼迪语、泰姆奈语、林姆巴语和克里奥尔语。塞拉利昂主要宗教有伊斯兰教、基督教。

塞拉利昂属热带季风气候,高温多雨。5—10月为雨季,11—4月为旱季。这里年平均气温约26 ℃,2—5月气温最高,室外最高温度可达40 ℃以上,8—9月气候最为凉爽,最低温度为15 ℃左右。塞拉利昂年平均降水量2000～5000毫米,是西非降雨量较多的国家之一。

塞拉利昂在20世纪60年代末有大约600公里铁路,从1974年开始已全部停止使用。塞拉利昂40%的等级公路路况较差;水运有33个大小不等的港口和码头,多由外国公司经营。其主要港口弗里敦为深水良港,可停泊万吨轮船,年吞吐量125万吨。佩佩尔、邦特、尼蒂为矿产品和农副产品出口港。隆吉机场是唯一的国际机场,另有国内机场12个,可停降小型飞机。

塞拉利昂是联合国公布的世界最不发达国家,人类发展指数已连续4年排名居世界末位。塞拉利昂经济以农业和矿业为主,农业人口占全国人口的65%,粮食不能自给。塞拉利昂矿藏丰富,主要有钻石、黄金、金红石等。

塞拉利昂海滨地区风光秀丽,十分适宜发展旅游业。但由于交通不便和缺乏资金,旅游资源一直得不到有效开发。其主要景点有未被污染的原始沙滩、宾图玛尼山脉和铁吉山脉等。

(四)多哥概况

多哥(Togo)全称多哥共和国,是西非国家之一,东面与贝宁相邻,北面与布基纳法索相邻，西面与加纳相邻，南面有一小段海岸线面向几内亚湾。多哥的首都为洛美，官方语言为法语，政治体制为总统制共和制，人口约730万，主要民族为埃维族，主要宗教是拜物教、基督教、伊斯兰教，国土面积56785平方公里，海岸线短而平直，长53公里，全境狭长。多哥全国分为滨海区、高原区、中部区、卡拉区和草原区五大经济区。经济区为地理经济概念，未设行政机构。

多哥南部属热带雨林气候，北部属热带草原气候，年雨量800~1800毫米，中部多，南北少。多哥南部年平均气温为27 ℃左右，北部年平均气温为30 ℃左右；南部地区（北纬6°~8°）11月中旬至次年3月为大旱季，3月至7月中旬为大雨季，8月至9月为小旱季，9月底至11月中旬为小雨季；中部地区（北纬8°~9°）只在4月至10月有一次雨季；北部地区（北纬9°~11°）5月至9月为短暂的雨季，10月至次年4月为旱季。

20世纪80年代以来，多哥旅游业发展较快。1989年旅游业达到最高峰，接待游客达12.355万人。后来由于社会动乱，旅游业十分不景气。1994年随着社会渐趋稳定，旅游业开始好转。为振兴旅游经济，多哥于2006年10月恢复旅游资质评选委员会工作，引进国际标准，提高服务水平。其主要旅游点有洛美、多哥湖、帕利梅风景区和卡拉市。

20世纪初修建海上锚地和通内地及邻国的铁路、公路，促进了经济和城市发展。交通系统以南北为主。首都洛美是全国最大港口和交通中心。截至2014年，全国公路总长12040公里，有4条公路干线，连接布基纳法索、加纳和贝宁等国，国际货运量33万吨。全国铁路总长575公里。由于设施陈旧，铁路运输能力较差，仅395公里铁路能投入营运。主要港口洛美港系西非唯一深水港，年吞吐能力为600万吨，能同时停泊4艘2.5万吨级的货轮。90%以上的进出口货物经洛美港运输。多哥全国有2个国际机场，6个小型机场。埃亚德马国际机场是主要航空港，可起降大型客机，跑道长3000米。2001年12月，多哥航空公司成立，每周两班直飞巴黎。另外，法航、非航、布基纳法索航空公司和科特迪瓦航空公司亦有航班经停多哥。

（五）贝宁概况

贝宁（Benin）全称贝宁共和国，是西非中南部的国家，旧名达荷美。贝宁位于西非中南部赤道和北回归线之间的热带地区，南濒几内亚湾，东邻尼日利亚，北与尼日尔接壤，西北与布基纳法索相连，西和多哥接壤，海岸线长125公里。贝宁全境南北狭长，南窄北宽。南部沿海为平原，中部为海拔200~400米波状起伏的高原，西北部的阿塔科拉山海拔641米，为全国最高点。韦梅河是全国最大河流，是源于贝宁西北部阿塔科拉山地的河流。

贝宁全境地处热带，终年高温。沿海平原为热带雨林气候，常年气温在20 ℃~34 ℃，最高可达42 ℃；中部和北部为热带草原气候，年平均温度26 ℃~27 ℃。

贝宁首都为波多诺伏，主要城市有科托努等，官方语言为法语，人口约1090万，主要民族有芳族、约鲁巴族、阿贾族，主要宗教有拜物教、基督教、伊斯兰教，国土面积112622平方公里。旅游业是贝宁新兴产业，是仅次于棉花的第二大创汇产业。

首都波多诺伏是国民议会所在地，是贝宁政治、文化和经济中心，同时也是这个国家较古老的城市之一。

贝宁的交通运输业包括铁路、公路、海运和空运，是贝宁的重要经济部门之一。贝宁铁路总长685公里,其中579公里为主干线;公路总长16200多公里。科托努港为地区性重要转运港口,水深11~14米,可停泊万吨巨轮。科托努国际机场是贝宁唯一的A1型国际机场,可起降波音747和空中客车等大型飞机,另一现代化大型机场——格洛基伯机场尚在建设中。此外,贝宁还有数个国内机场,但不具备夜航条件。

贝宁雕刻是世界艺术中的典范之一,可与希腊罗马的雕刻媲美。贝宁青铜装饰浮雕以其花纹图案背景而著称,这种花纹浮雕背景往往利用蔷薇花图案配置而成,前景上有大小不一的人物群像,有时人物多达9个,表现的内容主要是国王的丰功伟绩、战争、狩猎、出游、宫廷生活、外国人或动物等。

贝宁人民十分热情好客,且爱好和平、智慧勤劳,被认为是非洲极具人类文明的国家之一,是一个与众不同的旅游目的地。对于游客们来说贝宁拥有丰富而多样的宝藏。贝宁的主要旅游景点有西非古都阿波美,著名的阿波美王宫、国王陵寝与王妃墓至今仍保存完好。由王宫修葺改建而成的阿波美历史博物馆为西非地区文物史料保存最完整的历史博物馆。维达历史博物馆,该博物馆里陈列着很多古代物器和能够证明这一地区历史和文化的相关文书,包括许多揭露殖民主义者贩卖黑奴罪行的实物和照片,游客们到这里参观很容易就能了解这一地区的文化和历史。

(六)圣多美和普林西比概况

圣多美和普林西比(Sao Tome and Principe),全称圣多美和普林西比民主共和国,是位于非洲中西侧几内亚湾东南部的岛国,东距非洲大陆201公里,由圣多美和普林西比及附近的卡罗索、佩德拉斯、蒂尼奥萨什和罗拉斯等14个岛屿组成。圣多美、普林西比两岛均属火山岛,地势崎岖。圣多美和普林西比国土总面积1001平方公里,总人口约19.3万,圣多美和普林西比城市人口占比为60%以上,圣多美和普林西比国内90%为班图人,其余为混血种人。

圣多美和普林西比首都为圣多美,主要城市有圣多美、普林西比等,政治体制为总统制共和制,主要宗教为天主教。圣多美和普林西比官方语言为葡萄牙语。

圣多美和普林西比属热带雨林气候,终年湿热,两主岛平均气温27 ℃左右。1—5月为大雨季,6—9月为旱季,10—12月为小雨季,年均降雨量1000~2500毫米。两岛盛行温和湿润的南风和东南风,大风的时候极少。

圣多美和普林西比人以香蕉及面包果为传统主食,并有多种地方传统菜肴。圣多美和普林西比的蔬菜种类不多,以番茄、洋葱、马铃薯为主,肉类常见有猪肉、羊肉、鸡肉等。当地人喜爱辛辣口味,不习惯偏甜的菜色。当地餐厅多以烧烤类烹调方式为主。虽然圣多美和普林西比盛产优质咖啡,但当地人大多不喜欢咖啡,反而比较爱喝茶品。

截至2016年,圣多美和普林西比全国有公路380公里,其中250公里为沥青路,港口和机场各两个;有通往利伯维尔、罗安达、里斯本、安特卫普等港口的海上航线,主要由葡萄牙和荷兰船运公司经营。圣多美和普林西比国际机场可供大型客机起降。此外,葡萄牙、安哥拉、加蓬、南非和尼日利亚等国航空公司均有飞往圣多美和普林西比的航班。

圣多美和普林西比地理环境优越,旅游资源丰富,这里渐渐成为热带非洲的度假胜地。圣多美和普林西比主要景点有:圣多美岛,是个紧靠赤道线的小岛,海岸有热带风光;普林西比岛,地势崎岖多山,最高点海拔948米;圣多美市内的"国家博物馆",是葡萄牙殖民者建于15世纪的圣塞巴斯蒂安古堡遗址,里面存放许多葡萄牙殖民时代遗物、产自中国的青花瓷器,还有一个海龟标本室。

(七)安哥拉概况

安哥拉(Angola)全称安哥拉共和国,位于非洲大陆西海岸,非洲西南部,北面是刚果共和国,东与赞比亚接壤,南邻纳米比亚,东北部与刚果民主共和国毗连,西面濒临大西洋。安哥拉国土面积1246700平方公里,人口约2500万。国土面积世界排名第22位。

安哥拉主要城市有卡宾达、万博、本格拉等,主要民族为奥文本杜人、姆本杜人、巴刚果人。官方语言为葡萄牙语,主要民族语言有温本杜语、金本杜语和基孔戈语等。

安哥拉北部等大部分地区属热带草原气候,年平均气温22℃左右;南部属亚热带气候,高海拔地区则为温带气候。全年分旱、雨两季,5—9月为旱季,平均气温24℃左右,相对凉爽,潮湿无雨;9—5月为雨季,气候炎热,气温高,湿度大。降水量从东北向西南逐渐递减,东北高原地区年均降水量可达1500毫米,南部纳米贝沙漠地区年均降水量仅为50毫米。

近十年来,安哥拉旅游业得到了较快发展。安哥拉建立了国家公园和保护区,如罗安达省奎卡玛国家公园、莱多角旅游区,马兰热省卡兰杜拉旅游区,宽多库帮戈省奥卡万戈旅游区,莫西科省卡米亚国家公园等。安哥拉与赞比亚、津巴布韦、博茨瓦纳和纳米比亚建立了跨境自然环境保护区。大黑羚羊是安哥拉独有的动物,也是安哥拉国家的标志和象征。

安哥拉以公路运输为主,公路总里程7.5万公里。铁路有本格拉、纳米贝和罗安达-马兰热三条主干线。海运船队总吨位10万多吨,主要港口罗安达、洛比托、纳米贝、卡宾达等均可停靠万吨级货船,洛比托港是非洲西海岸较佳良港之一。安哥拉航空公司是国际民航组织成员,罗安达国际机场可起降大型客机,有通往葡萄牙、法国、英国、比利时、俄罗斯、巴西,以及刚果(金)、津巴布韦、南非、纳米比亚、圣多美和普林西比等地的定期航班。

姆苏鲁岛位于安哥拉首都罗安达以南,是安哥拉著名的旅游景点和国内外游客周末休闲度假的胜地。在该岛附近还有著名的月亮谷和奴隶博物馆等旅游项目。安哥拉其他主要旅游景点有:人类学博物馆,安哥拉人类学博物馆是安国内最著名的博物馆之一,每年参观者数以万计;军事博物馆,安哥拉军事博物馆是安哥拉著名的建筑之一,它是葡萄牙殖民者在罗安达湾与小岛交汇处构筑的一座城堡,也是罗安达市开埠建城的标志,安哥拉独立后改为军事博物馆。

二、非洲西海岸邮轮旅游地区主要邮轮旅游目的地

(一)达喀尔(Dakar)

达喀尔是塞内加尔共和国的首都和最大的城市,全国政治、经济、文化中心,位于佛得角半岛,大西洋东岸。它的地理位置重要,为大西洋航线要冲及西非重要门户,是欧洲至南美、南部非洲至北美间来往船舶的重要中途站。达喀尔是塞内加尔的政治、经济、文化、交通中

心,也是塞内加尔国民议会及总统官邸所在地。因此,达喀尔市对于泛大西洋和欧洲贸易是一个十分有利的启运点。达喀尔面积 547 平方公里,人口 103 万,方言为法语,机场为达喀尔国际机场。

达喀尔港口为西非第二大港,水深港阔,设备较好,可泊 10 万吨级船只,码头总长近 8000 米,可同时停靠 40 多艘海轮。新建集装箱码头在港口北部。达喀尔铁路北通圣路易,东达马里。毛里塔尼亚、马里等国部分进出口货物由此转口。

达喀尔气候为典型的热带草原气候,1 月气温最低,平均为 18 ℃～26 ℃。9—10 月气温最高,平均为 24 ℃～32 ℃。达喀尔主要旅游景点有达喀尔砂丽海滩、达喀尔玫瑰湖、达喀尔戈雷岛等,还有海滨浴场和宏伟的清真寺。

(二) 比绍(Bissau)

比绍是非洲国家几内亚比绍的首都和港口,濒大西洋,人口约 36 万,是全国经济、政治、交通和文化中心。扩建后的港口有冷冻设施,可泊万吨远洋巨轮,为全国最大港口。比绍出口花生、棕榈、棕榈油、木材、可可和椰子等,进口纺织品、石油产品及机械设备等;市内有大学和研究所;主要的机场是奥斯华·比艾罗机场。

比绍属热带海洋性季风气候,全年高温,年平均气温约 27 ℃。比绍市内热带森林葱茏茂密,河流纵横,湖泊棋布。街面整洁,两旁住宅小巧别致,宅墙色彩鲜艳,大门两边一般辟有两个小小的花坛,栽着凌霄花、美人蕉、夹竹桃之类的花木,使这个方圆不大的城市显得分外宁静和闲适。从热巴河入海口的比基吉迪港开始,有宽广的大街直通总统府。主要大街两旁,天主教堂、外国公司、银行、邮电局等建筑物林立。市郊多民族风格的圆顶茅草屋和低矮的清真寺,别有一番景色。比基吉迪港是全国最大的海港,可停泊万吨级海轮。离市区的 8 公里处,有大型的国际机场。

(三) 弗里敦(Freetown)

弗里敦是塞拉利昂的首都和最大城市,位于大西洋岸边的弗里敦半岛,濒临塞拉利昂河口,是西部非洲最优良的港口。弗里敦面积 357 平方公里,人口约 145 万,克里奥语为弗里敦的通用语,市内有清真寺和教堂。隆吉机场是塞拉里昂唯一的国际机场。弗里敦港为深水良港,是塞拉利昂的主要港口,可停泊万吨轮船。

到弗里敦旅游的人,都要去观赏市中心一棵巨大的木棉树,它矗立在市区中心的交叉口上,有 30 多米高,树龄有 500 多年,树干挺拔,枝叶繁茂,生机勃勃。木棉树是弗里敦的象征。在这棵大树的北侧,有一座"木棉树大楼",这是国家历史博物馆。总统府也在木棉树附近,是一座欧式建筑。

弗里敦属热带草原气候,气候温和,常年气温一般为 24 ℃～32 ℃,因此,这里终年绿树成荫、鲜花盛开,是一座非洲西部的花园山城。

多数弗里敦人过着传统的农耕生活。握手是他们通常的问候方式。他们喜欢在宾馆、饭店宴请朋友。多数宾馆饭店需要付 10%～15% 的小费。

(四)洛美(lome)

洛美是多哥首都及最大城市。洛美市地处多哥西南部,南濒大西洋几内亚湾,近加纳边界,全国政治、经济、文化中心,也是世界著名的城市之一和港口。整个城市南端被连绵十多公里的平坦沙滩所环绕。洛美总面积333平方公里,其中30平方公里为泻湖区,城市面积120平方公里,人口约157万。洛美属热带雨林气候,全年平均气温为27℃左右,7、8月份较凉爽,年平均降雨量为764毫米。洛美有纺织、炼油、水泥、化肥、金属加工、榨油(棕油)、食品及农产品加工工业,输出可可、棕油、棕仁、咖啡、干鱼等。铁路北通布利塔和帕利梅,东达阿内霍。

洛美市的旅游业近十多年来有很大的发展。充足的阳光、金色的沙滩、蔚蓝的海水、茂盛的热带植物、便利的交通使大批的外国游客蜂拥而至。多哥政府利用外资在洛美市修建了大批旅游设施。独立广场西侧的"二月二"酒店高达100米,是西非地区最高的建筑。此外,濒临大西洋的萨拉卡瓦酒店、热带旅馆等,也都是高级的国际酒店。近几年来,洛美市每年都要接待众多外国旅游者。

洛美也是多哥最重要商港。港口拥有十分便利的交通条件,贯穿加纳、多哥和贝宁的国际公路从港口前穿过,此外,还有一条多哥国内的铁路将港口与内陆连接在一起。

(五)波多诺伏(Porto-Novo)

波多诺伏是贝宁的首都,国民议会所在地,是贝宁的第二大城市。波多诺伏位于国境内东南部几内亚湾沿岸泻湖之滨,面积11000公顷,人口约30万。波多诺伏气候属热带雨林气候,宗教信仰为传统宗教、伊斯兰教、基督教。

波多诺伏历史悠久,是这个国家古老的城市之一,现在仍保留着十分浓厚的古非洲城市的风貌。它的外港科托努距离波多诺伏35公里,是贝宁中央政府机关的所在地。波多诺伏历史上曾是波多诺伏王国首邑,现与科托努同为全国政治、经济、文化中心。议会、总统府和外交部设在波多诺伏,其他政府机关设在科托努。

波多诺伏年平均气温26℃~27℃,该地区的年降水量在1000毫米左右,主要是热带海洋气团伴同西南季风带来的大量降雨。波多诺伏地区属热带雨林气候,终年高温,雨量充沛,全年雨季长达8个月,各种植物都可以终年生长。油棕是这个国家的重要财富,茂密的油棕林给波多诺伏带来了"油棕之城"的美称。

波多诺伏有公路通往全国各主要城镇,这些公路向西经科托努可通往多哥首都洛美,向东可通往尼日利亚首都拉各斯,向北可分别通往尼日尔和布基纳法索。波多诺伏与科托努之间不仅通公路,而且有一段铁路相连接。波多诺伏及其周围地区的物资出入一般都由首都外港科托努转运。

波多诺伏市内有古老的非洲宫殿、殖民地时期的建筑物和葡萄牙大教堂。离波多诺伏几十公里远的冈维椰水上村庄是享誉世界的旅游胜地。"冈维椰"一词在当地语中为"集体得救"的意思。17世纪初,贝宁境内分布着众多的小王国和酋长国,纷争不断。原住在诺古埃湖畔的部族为避强敌,便纷纷迁逃湖上栖身;天长日久,便渐成"水上人家",被世人誉为

"非洲的威尼斯城"。该"水城"是非洲最大的水上居民区。水上村庄充满了非洲水上风情,每年都有大批外国游人来此观光览胜,体验这里所特有的浓郁异域情趣。

在波多诺伏西北 105 公里还有一个闻名非洲的游览胜地——阿波美古城。公元 17 世纪至 19 世纪,这里曾是贝宁阿波美王国的首邑,著名的阿波美王宫、国王陵寝与王妃墓至今仍保存完好。由王宫修葺改建而成的阿波美历史博物馆为西非地区文物史料保存最完整的历史博物馆。贝宁民族英雄、阿波美王国第十一代国王贝汉津的陵墓也在阿波美。其陵墓建筑庄严肃穆;另在城内戈荷广场上,还建有一座纪念这位民族英雄的铜像。贝宁在西非地区一直是文化较为发达的国家,波多诺伏至今还保留着一些古老的建筑,如人种博物馆、民俗学博物馆、国立图书馆和国家档案馆等。现在的波多诺伏城随着建设的发展,新建了不少现代化建筑,城市布局以科科耶广场为中心,呈放射状向北和向东方向发展。

(六)科托努(Cotonou)

科托努位于波多诺伏西南的沿海,濒临几内亚湾,北面是诺奎大泻湖,为全国最大的港口和第一大城市,也是贝宁的政治、经济、交通和外贸中心。

科托努是全国公路和铁路交通的中心。公路除通往国内各主要城镇外,还可通往尼日利亚、多哥、尼日尔和布基纳法索。铁路通往帕拉库市,往西通往塞格博卢埃,往东经波多诺伏再往北至波贝。

19 世纪,科托努曾为法国殖民主义者入侵和掠夺的重要据点,后在港口贸易活动的基础上逐步发展起来。1965 年建成人工深水港。科托努港属热带雨林气候,盛行西南风,年平均气温为 22 ℃~34 ℃,全年平均降雨量约 1300 毫米。科托努是贝宁的主要贸易港,并在西非中南部地区的内陆国家,如尼日尔、布基纳法索、马里东部和尼日利亚的交通运输中承担着重要任务。这些国家每年都有大量的进出口物资在这里转口。科托努港的年贸易量占贝宁的 60%~65%。

科托努国际机场是非洲的重要航空站,跑道长 2400 米,可起降大型客货机。科托努的旅游资源比较丰富,具有发展旅游业的巨大潜力。

(七)圣多美(Sao Tome)

圣多美和普林西比首都圣多美位于圣多美岛东北部,面向秀丽的恰维斯湾,濒大西洋几内亚湾,为全国政治、经济、文化中心和主要港口。由于圣多美地处赤道,一年有半年下雨,气候湿润,终年青翠,为一美丽而幽静的花园城市。圣多美市内街道整洁,极少高楼大厦,最高的建筑是一座白色的七层楼房,其余都是带有庭院的平房或环海而筑、红顶白墙的二层小楼,掩映在片片椰林之中。市中心的独立广场是每年举行庆典的地方。圣母大教堂是城内有名的建筑,正面双塔耸立,整个教堂为纯白色,上覆红顶,四周绿草如茵。在圣多美街头和海滨设有不少公园。圣多美有公路通全岛。

(八)罗安达(Luanda)

罗安达其名称的原意为"低洼之地",是安哥拉首都和罗安达省首府,又称圣保罗罗安达。罗安达大部分地区为海拔 200 米以下的平原,东北部有低山丘陵。宽扎河、本戈河、丹德河等流经该市。

气候干旱,年降水量 400 毫米左右。罗安达地处热带地区,但由于地势较高,依山傍水,加之受本格拉寒流的影响,气候温和并不炎热,年平均气温 24 ℃,素有"热带春城"的美称。这里只有旱季和雨季之分,一般从 11 月至次年 4 月为雨季,气温较高,雨量较多,经常阴雨连绵;5 月至 10 月为旱季,气候凉爽宜人。

罗安达港是安哥拉最大的港口,也是非洲西海岸的天然良港。罗安达"二·四"国际机场具有一定规模,可起降包括波音 747 在内的大型客机。另有快速公路和少量铁路通往各地。罗安达以公路运输为主,但多年内战使交通设施遭到严重破坏。

罗安达名胜古迹有王宫、天主教堂、博物馆和圣·密格尔要塞等。城市地域功能分工明显,上城为行政区和居住区,下城为工商业区。罗安达自然风光秀丽迷人,是非洲著名的旅游胜地。市内多公园和花园,在宫殿广场上的纳萨·塞尼奥拉·多卡莫教堂和耶稣会教堂是 17 世纪的古建筑。著名的安哥拉博物馆内收藏着大量的动植物标本、艺术品和历史文物。城市南部有建于 1575 年的圣米格尔古堡,古堡耸立于山脊之上,四周筑成不规则的多边形长围墙,颇为雄伟。罗安达市内还有建于 16 世纪的那沙勒礼拜堂等古欧洲式建筑;市郊有良好的海滩,这里绿树繁花与金沙碧浪交相辉映。在城市附近,还有仅次于莫西瓦图尼亚瀑布(旧名维多利亚瀑布)的非洲第二大瀑布,是游人经常光顾的地方。

第三节 非洲东海岸邮轮旅游地区

一、非洲东海岸邮轮旅游地区概况

(一)肯尼亚概况

肯尼亚(Kenya)全称肯尼亚共和国,位于非洲东部,赤道横贯中部,东非大裂谷纵贯南北。肯尼亚东邻索马里,南接坦桑尼亚,西连乌干达,北与埃塞俄比亚、南苏丹交界,东南濒临印度洋,海岸线长 536 公里。肯尼亚国土面积的 18% 为可耕地,其余主要适于畜牧业。肯尼亚有一座著名的赤道雪山,就是肯尼亚山,山上生长着一种著名的兰花,这就是现代肯尼亚的国花——肯山兰。

肯尼亚人口约 4180 万,主要民族为基库尤族、卢希亚族、卡伦金族等。此外,还有少数印巴人、阿拉伯人和欧洲人。肯尼亚主要城市为蒙巴萨、纳库鲁,国土面积 582646 平方公里,政治体制为议会制共和制,最大城市为内罗毕。斯瓦希里语和英语同为肯尼亚官方语言。

肯尼亚位于热带季风区,大部分地区属热带草原气候,沿海地区湿热,高原气候温和。肯尼亚降水季节差异大,3—6 月、10—12 月为雨季,其余为旱季;年降雨量自西南向东北由 1500 毫米递减到 200 毫米。

旅游业是肯尼亚国民经济支柱产业,占国内生产总值的20%。主要旅游景点有内罗毕、察沃、安博塞利、纳库鲁、马赛马拉等地的国家公园、湖泊风景区及东非大裂谷、肯尼亚山和蒙巴萨海滨等。肯尼亚有9个自然动物园,参观的旅客并不携枪猎兽,而是搭上狩猎车,驰骋于草原,抓拍动物的照片。

肯尼亚美食丰富,大裂谷中肥沃的火山土壤出产众多的新鲜蔬菜,而沿海地区则有丰富的热带水果和新鲜的海鲜。肯尼亚曾长期是欧洲国家的殖民地,因此西式餐点相当普遍而且正宗。大量的亚洲裔居民又为这里带来了为数众多的印度、巴基斯坦和其他次大陆风味的饭店。肯尼亚沿海地区还是著名的斯瓦希里烹饪的发源地,这是一种中东及非洲烹饪的结合,又含有沿海地区的风味。肯尼亚人喜爱肉食。纳亚玛楚玛是肯尼亚最出名的菜肴之一,简单的字义就是"烤肉"。乌伽黎是在肯尼亚非常受欢迎的主食。肯尼亚主要特产有东非木雕、红茶、宝石等。

截至2014年9月,肯尼亚全国公路总长15万公里,全国铁路总长2765公里。蒙巴萨港是东中非最大的港口,可停泊2万吨级货轮。全国共有3个国际机场、4个国内机场和300多个小型或简易机场。肯尼亚航空公司开设16条国际航线,与30多个国家通航。

(二) 马达加斯加概况

马达加斯加(Madagascar)全称马达加斯加共和国,非洲岛国,位于南半球非洲大陆的东南部,印度洋西南面的马达加斯加岛上,为世界第四大岛,又称"大岛"。南回归线穿过该岛南部,全岛大部分地区位于南回归线以北的热带地区,隔莫桑比克海峡与非洲大陆相望,在莫桑比克海峡最窄处,该国与非洲相距只有400公里,全岛由火山岩构成。在马达加斯加周围,分布有科摩罗群岛和塞舌尔群岛、毛里求斯岛和留尼汪岛,以及属于本国领土的大小岛屿。

马达加斯加首都为塔那那利佛,官方语言为马达加斯加语、法语,政治体制为总统制共和制,人口约2357万,国土面积587041平方公里。马达加斯加的主要民族有梅里纳人、贝奇米萨拉人、萨卡拉瓦,主要宗教为基督新教、天主教、伊斯兰教,居民中的98%是马达加斯加人。民族语言为马达加斯加语,官方通用法语和英语。

马达加斯加地形独特,各地气候差异较大。东部属于热带雨林气候,终年湿热,年降水量达2000~3800毫米,年平均气温约24℃;中部高原属于热带高原气候,气候温和,年降水量为1000~2000毫米,年平均气温约18℃;西部处在背风一侧,降水较少,属于热带草原气候,年降水量为600~1000毫米,年平均气温约26.6℃;南部地区属于半干旱气候,年降水量低于600毫米,年平均气温约25.4℃。受季风的影响,全岛4—10月为旱季,11—3月为雨季。

马达加斯加主要城市有塔那那利佛、图阿马西纳、迭戈苏瓦雷斯、安塔拉哈、马南扎里、马纳卡拉等。

马达加斯加的绝大多数部族都以农业为生,大米是主要粮食。他们还喜欢吃白薯和木薯,爱喝酸奶。

马达加斯加水陆交通不发达。铁路为单轨铁路,总长732公里;公路总长49837公里;内河航道约3500公里,但航运仅利用400余公里。80%的海运集中在东部港口塔马塔夫,年吞吐量约140万吨。马达加斯加有定期航班飞往欧洲、非洲和西南印度洋诸岛国,首都伊瓦图国际机场、塔马塔夫和努西贝机场可停靠大型飞机。

马达加斯加旅游资源丰富,但服务设施不足。20世纪90年代以来,马达加斯加将旅游业列为重点发展行业,鼓励外商投资旅游业。1991年成立国家旅游开发委员会。1994年实行国内和地区航运自由化,允许留尼汪、毛里求斯和南非的航空公司进入马航运市场。1997年改革签证制度,允许游客申请落地签证,游客主要来自法国、美国、英国、瑞士、德国和意大利等。马达加斯加主要旅游胜地有诺西贝岛、圣玛丽岛、津巴扎扎植物园、东部海岸的玛丽岛屿、安达斯巴的热带雨林和琥珀山、安卡拉那神圣洞穴等。

(三)留尼汪岛概况

留尼汪(Reunion Island)为法国的一个海外省,是马斯克林群岛中的一个火山岛,西距马达加斯加650公里,东北距毛里求斯192公里。该岛呈椭圆形,长约65公里,宽约50公里,海岸线长207公里,面积2512平方公里,人口约85万。该岛居民主要为马达加斯加人、非洲人、欧洲人、印度人、华人、巴基斯坦人和克里奥尔人。其官方语言是法语,90%以上的居民信奉天主教,少数人信仰伊斯兰教、印度教、佛教。首府为圣但尼,货币为欧元。

留尼汪岛一年分冬、夏两季,5月至11月为冬季,12月至次年4月为夏季。沿海为热带雨林气候,终年湿热;内地属山地气候,温和凉爽。该岛最热月平均气温26℃,最冷月平均气温20℃。夏季一到,印度洋上潮湿的气流不断涌来,加之岛上有一座海拔3069米的活火山,潮湿气流遇上高高的山脉,气流的上升运动异常激烈,极易形成暴雨。

留尼汪岛公路发达,主要城市间都有公路相通,总长2784公里。加莱角港是岛上最大的海港,也是法国的第五大港。岛上运输的一半以上经过此港。该岛有2个机场,其中圣但尼-吉洛国际机场每周都有航班赴法国本土、肯尼亚和邻近岛国。

近年来,地方当局积极开发旅游业,注意对餐饮业、宾馆业人员的培训,岛上旅游业从业人数约5000人。自1994年以来,客房占有率每年以近10%的速度增长。游客主要来自法国本土、毛里求斯、马达加斯加等。近些年来,越来越多的中国人前往留尼旺旅游。留尼汪岛的居民对花卉钟爱有加,使用五颜六色的花卉精心装点每一座别墅,每一栋建筑,并为他们随处可见,种满珍花异草的花园而引以为豪。自然花园、国家植物园、异域花园、波旁花园,还有芳香园和香料园,选择真可谓举不胜举。此外,还有姜黄或香草之家,可供参观者了解这些香料的种植过程,学习新的烹饪菜谱,或者为亲朋好友选购纪念品。留尼汪岛著名景点有西拉奥斯冰斗、萨拉济冰斗、富尔奈斯火山等。

(四)塞舌尔概况

塞舌尔(Seychelles)全称塞舌尔共和国,是坐落在东部非洲印度洋上的一个群岛国家。塞舌尔地处西印度洋,由115个大小岛屿组成,西距肯尼亚蒙巴萨港1593公里,西南距马达加斯加925公里,南与毛里求斯隔海相望。塞舌尔陆地面积455.8平方公里,领海面积约40万平方公里,专属海洋经济区面积约140万平方公里。1976年,塞舌尔宣告独立,成立塞古尔共和国,属英联邦成员。塞舌尔全境半数地区为自然保护区,享有"旅游者天堂"的美誉。

塞舌尔首都为维多利亚,政治体制为总统制共和制,人口约9.1万,主要民族为班图人、克里奥尔人、印巴人后裔、华裔和法裔等。塞舌尔主要宗教为天主教,主要岛屿有马埃岛、普拉兰岛、拉迪格岛。塞舌尔山为最高峰,国花为凤尾兰。克里奥尔语为国语,通用英语和法语。

塞舌尔属于热带雨林气候,是典型的热带雨林气候特征,高温多雨,平均气温为24 ℃,旱季和雨季分明。塞舌尔的6—9月属于旱季,降雨量少,气候比较凉爽。

塞舌尔风景秀丽,全境50%以上地区被辟为自然保护区,享有"旅游者天堂"的美誉,1993年在世界十大旅游点评选中名列第三。旅游业为塞舌尔第一大经济支柱,直接或间接创造了约72%的国内生产总值。旅游者主要来自法国、意大利、德国、英国、南非、俄罗斯、阿联酋和中国等。南非和海湾多家公司在塞舌尔兴建星级酒店并陆续投入运营。

塞舌尔人环保意识极强,每砍一棵树都要报环境部审批。在海洋公园海域,为了保护热带鱼类,不但禁止捕鱼,当地人还通常会劝阻游客拾捡贝壳,"贝壳—浮游生物—虾米—小鱼—大鱼"已形成一条生物链。

塞舌尔的交通运输以空运和水运为主。首都维多利亚港是唯一天然深水良港,位于印度洋国际航道,是印度洋上重要的交通枢纽。该港口分为商业和渔业码头两部分,商业码头可进行集装箱装卸作业。塞舌尔有马埃岛机场、普拉兰岛机场和多个简易机场,经营国际和国内航班。

塞舌尔的克里奥餐和东南亚饮食很相似,既有原汁原味的清新,也有很强烈的辛辣味道。这里龙虾和石斑鱼很有名,价格也很便宜。悦榕庄是品尝各种美食的好去处,美味的克里奥尔美食融入了塞舌尔的咖喱、椰子类的菜肴和香料。在这还可以品尝到东南亚的美食。在塞舌尔你还可以尝到柠果汁生鲷鱼片。"玛丽安东耐特"餐馆是一座很老的大房子,有100年的历史,菜单也有25年没有换过了,在里面可以品尝到鹦鹉鱼糊、茄子咖喱鸡等美味。

塞舌尔主要的旅游胜地有马埃岛、普拉兰岛、拉迪格岛和伯德岛等,主要旅游景点有五月谷(世界上最小的自然遗产)、世界排名第三的沙滩——博瓦隆(Beau Vallon Bay)、拉齐奥海滩、小本钟、旅游商亭、植物园、海洋公园、凤凰岭、唐僧石、八戒石等,除了马埃和普拉兰以外,还有一些世界上独一无二的小岛,如拉迪格岛、朦胧岛、鸟岛、圣丹尼斯岛、达罗什岛、阿方索岛、北岛和弗莱格特岛等。

(五)毛里求斯概况

毛里求斯(Mauritius)为非洲东部一岛国,全称毛里求斯共和国,位于印度洋西南方。除本岛外还有一些属岛,总面积175平方公里,包括罗德里格岛、阿加莱加群岛、圣布兰登群岛、查戈斯群岛和特罗姆兰岛等。作为火山岛国,毛里求斯四周被珊瑚礁环绕,岛上地貌千姿百态,沿海是狭窄平原,中部是高原山地,有多座山脉和孤立的山峰。毛里求斯经历荷兰、法国和英国等国殖民统治后,于1968年脱离英国,获得独立,岛上亦有不少华人。

毛里求斯(见图7-2)首都为路易港,主要城市有苏亚克、巴姆布斯、罗斯希尔,官方语言为英语,法语亦普遍使用,政治体制为议会制共和制,人口约137万,主要民族为印裔毛里求斯人、克里奥尔人,克里奥尔语为当地人最普遍使用的语言。毛里求斯最大城市为路易港,国鸟为已经灭绝的渡渡鸟,国花为红心花。毛里求斯曾是世界上唯一住有渡渡鸟的地方。

图 7-2　毛里求斯

　　毛里求斯属于亚热带海洋性气候,平均气温 25 ℃,全年气候温和,高原湖泊为岛民提供了淡水资源。毛里求斯全年分夏、冬两季,每年的 11 月到次年的 4 月为夏季,此时,海水的温度较高,约为 27 ℃,沿海的气温 27 ℃,中部高原稍低,为 22 ℃。每年的 5 月到 10 月为冬季,沿海的平均气温要高一些,为 24 ℃,中部高原稍低,为 19 ℃,此时海水温度约 22 ℃。这里每年的 6 月至 11 月气候较为凉爽、少雨,是最佳的旅行时间;1 月至 3 月毛里求斯多雨,有时候还会有龙卷风,气候炎热潮湿。

　　1968 年,毛里求斯宣布独立,实行君主立宪制,奉英国女王为国家元首。1992 年 3 月改行共和制。毛里求斯独立以来,历届政府坚持维护民族团结与和睦,实行文化多元化政策,保持了政局的长期稳定。毛里求斯独立后一直实行多党制,轮流执政或联合执政。

　　毛里求斯岛由火山爆发形成,浅海为珊瑚礁环绕。该岛沿海为平原,中部为高原,平均高度约 600 米。

　　毛里求斯以公路运输为主,无铁路。毛里求斯公路交通较发达,公路总长达 2112 公里。全国 90% 以上的进出口物资依靠海运。路易港是毛里求斯唯一的国际商港,1993 年被宣布为自由港。该港口现代化程度高,集装箱吞吐量大,能停靠最现代的集装箱船,是撒哈拉以南非洲地区第二大集装箱港口(最大港为开普敦)。毛里求斯政府努力把路易港建设成地区海运中心之一,有 20 多条来往亚洲、欧洲、大洋洲和南非的国际班轮经停路易港。毛里求斯有两个机场,即位于普莱桑斯的拉姆古兰国际机场和罗德里格岛民用机场。毛里求斯航空公司由毛里求斯政府、罗杰斯航空公司、英国航空公司、法国航空公司和印度航空公司合资经营,与上海、伦敦、巴黎、法兰克福等 29 个城市有直航。

　　毛里求斯人的主食是大米,喜食印度饭。由于族裔混杂、文化多元,毛里求斯的饮食亦多受克里奥耳菜、中国菜、欧洲菜和印度菜等影响,所以一顿饭里常有混集不同地方菜肴的情况。

　　旅游业为毛里求斯第三大创汇产业。游客主要来自法、英、德等西欧国家,以及留尼汪、南非、马达加斯加等周边国家或地区,欧洲游客占游客总数的 66%。美国大文豪马克·吐温曾经赞美毛里求斯是天堂的原乡,因为天堂是仿照毛里求斯这个小岛而打造出来的。毛里

求斯景色优美,风光绮丽,美丽的海滩和明媚的阳光吸引着大批来自世界各地的旅游者。北部的潘普利莫塞斯花园内花木葱葱,百鸟啾啾。毛里求斯的卡纳俱乐部是南半球最古老的高尔夫俱乐部,也是世界上第四大古老的俱乐部。毛里求斯是世界五大婚礼及蜜月胜地之一,每年都吸引不少明星夫妇前去。

二、非洲东海岸邮轮旅游地区主要邮轮旅游目的地

(一) 蒙巴萨(Mombasa)

蒙巴萨是肯尼亚第二大城市,滨海省省会。它位于肯尼亚东南部沿海,东临印度洋,是进入肯尼亚内地的门户,距肯尼亚首都内罗毕480公里。蒙巴萨现为肯尼亚重要工商业中心,其港口为非洲东海岸最大海港,居民有班图族人、阿拉伯人和印度人等。

蒙巴萨是东非著名的古城之一,最早是由阿拉伯人所建。早在公元9世纪,就有来自阿曼的阿拉伯人在这一带定居。19世纪以前,每年12月到次年1月,大批来自阿拉伯、波斯、印度和欧洲的帆船队来此经商。它曾是东非苏丹王的管辖地,1902年后为英国东非保护地的首府,当时曾盛极一时。1405年,我国明代航海家郑和率领船队从西太平洋穿越印度洋,到达西亚和非洲东岸,其中就包括蒙巴萨。在《郑和航海图》里蒙巴萨被标作"慢八撒"。在蒙巴萨出土的大量中国瓷器和古钱币等文物也是这一历史事实的有力证据。

蒙巴萨热带风光秀丽,这里海风轻拂、阳光明媚、气候湿润、沙滩细软,椰子树、棕榈树等热带树木交织成荫,欧式大楼与阿拉伯建筑错落成趣。

蒙巴萨旧城位于东部,这里的房屋几乎全是古老的阿拉伯建筑,弯弯曲曲的狭窄街道,挂着大铁锁的木雕大门,铁条密布的神秘窗户,仿佛把人们带进"天方夜谭"里的神话世界。市周围地区多名胜古迹,如6人合抱的巨树、9世纪前建立的清真寺、阿拉伯古城盖地废墟,城内还有一处中国钱庄古迹。1593年所建的耶稣城堡(现为国家博物馆)每年接待大批海外游客。这一带出土的文物中有不少是中国瓷器和古钱。蒙巴萨的主要旅游景点有察沃国家公园、拉穆岛、耶稣堡等。

蒙巴萨港位于非洲东岸中部,而由此向北直到红海几乎再没有大港,向南直到南非只有德班港才能与其媲美,因此,它是非洲东岸最大的港口,海运通达世界各地。蒙巴萨港的条件在东非诸多港口中首屈一指。该港有各类万吨级以上泊位21个,港口吃水9.45米以上,24小时通航。蒙巴萨也是乌干达—肯尼亚铁路的终点,因此旅游者到蒙巴萨最常见的交通方式是搭乘列车。

(二) 诺西贝岛(Nosy Be)

诺西贝岛位于马达加斯加西北海岸线上,莫桑比克海峡东北端,属安齐拉纳纳省,是马达加斯加最大的海岸岛屿,也是马达加斯加最负盛名的旅游胜地。诺西贝岛属火山岛,土壤肥沃。诺西贝岛环岛200多公里的海岸有着世界上最美的沙滩,这里沙白细软,天蓝海平,是海水浴的理想场所,没有一般海滩度假胜地的喧哗和热闹,轻风的温柔亲抚和自然天成的

宁静纯朴,也没有过多的人工建筑或装饰。诺西贝岛气候湿热,平均气温 18 ℃~35 ℃,年降雨量 1975~3000 毫米。诺西贝岛为游览胜地,岛上有航空站。

诺西贝岛及其卫星村是现代运动捕鱼的最佳之地。在这里只要是海潮允许的话,可以同一天撒网,打捞收网。捕到的鱼当中最有意思的是黄色吞拿鱼、梭鱼、松鱼、太阳鱼、剑鱼。各地开设很多的捕鱼中心,还配有最现代的技术。宾馆也把钓鱼纳到他们的娱乐活动中。马达加斯加的海床也是世界上极漂亮的潜水地之一。无穷无尽的鱼类,多种颜色,以及奇怪的名字一起编织了阿拉伯式花纹的仙境。仙境里还有叫不出形状的贝类和珊瑚。这里还能见到小丑鱼、蝴蝶、狮子、麒麟、拿破仑或外科医生,还有外套鱼和世界上最大的鱼——鲸鲨。

(三) 迪耶果苏瓦累斯(Diego Suarez)

迪耶果苏瓦累斯又名"安齐拉纳纳",是马达加斯加北部港市,安齐拉纳纳省首府,也是天然良港。1885 年被法国占领后建为海军基地。迪耶果苏瓦累斯的港口输出花生、海盐、香精等;有大型船舶修造厂以及食品、肥皂等工业;公路通马任加和塔那那利佛;有航空站。

(四) 塔马塔夫(Tamatave)

塔马塔夫位于马达加斯加东部沿海黑斯特角和丹尼阿角之间的一个小湾内,又名图阿马西纳港,是马达加斯加的最大现代化港口,可停泊 2 万吨级海轮。塔马塔夫濒临印度洋,人口 10 余万,有铁路可通首都塔那那利佛,港口有国际机场可飞往欧洲及非洲等国家。

该港属热带雨林气候,上午盛行西及西南风,下午为南西风,年平均气温最高 1 月为 30 ℃,最低 7 月为 18 ℃。全年平均降雨量约 3200 毫米,11 月至次年 3 月为雨季。

港区主要码头泊位有 5 个,岸线长 1020 米,最大水深约 10 米。装卸设备有各种岸吊、电吊、可移式吊、装载机、皮带输送机及拖船等。港区有仓库面积约 2.7 万平方米,该港最大可靠 5 万载重吨的油轮,年货物吞吐能力约 500 万吨。

(五) 圣但尼(Saint. Denis)

圣但尼是印度洋西部法属留尼汪岛首府,是全岛政治、经济中心。圣但尼位于岛北岸圣但尼河口盆地,人口约 12 万,面积 236 平方公里。圣但尼北临印度洋,南为陡峻山地。圣但尼原是岛上主要港口,因受风与潮水影响,修建了人工港勒波尔。勒波尔-圣但尼间有风景秀丽的海岸公路,公路通往各主要城镇。圣但尼市郊有国际航空站,班机通往东非和马达加斯加主要城市;工业以制糖业为主,还有罐头、香草、卷烟、茶叶加工等工厂。圣但尼有图书馆、自然历史博物馆和师范学院等文化设施,还有 18 世纪建立的自然历史博物馆及植物园、留尼汪中央大学等。

圣但尼全年气候炎热;经济以农业、渔业、旅游业为主,其中又以甘蔗种植和蔗糖生产,以及香草、天竺葵等香料种植为主要支柱。

(六) 马埃岛(Mahe Island)

马埃岛是塞舌尔共和国塞席尔群岛中最大岛屿,宽 6 公里,长 26 公里,面积 148 平方公里,本岛及其属岛人口约 6 万。岛上集中了全国大部分人口,也是国际机场和首都的所在地,岛上密布着 65 处美丽的海滩。马埃岛上有洛奈港国家海洋公园和圣安妮国家海洋公园。全国大部分的居民居住岛上,全国唯一港口维多利亚也在该岛。耕地在沿海狭窄平原上。出口椰子、樟属植物、广藿香和香草,种植茶叶。维多利亚港及国际机场的建成促进对外交流和旅游事业的发展。

踏上马埃岛,眼前便呈现出奇峰幽谷、巍峨多姿这样一幅景色。云遮雾障的群峰之上,林木扶疏,葱茏碧透,千藤万蔓,铺天匝地,景色清幽而绚丽。还有遍布海滨、山坡、高地的一块块奇岸异石,有的似睡狮,有的如奔马,有的类仙鹤,完全是一个巧夺天工的天然雕塑场。

马埃岛还拥有天然浴场,海滩宽阔而平坦,水清沙白,是进行海水浴、日光浴、风浴和沙浴最理想的地方。如果游客有潜水本领的话,那是最好不过了。潜入美丽的海底,有五彩缤纷的珊瑚和五光十色的鱼类世界。

首都维多利亚是塞舌尔唯一的城市和港口。首都最引人入胜的是国家植物园,园中集中了全岛最名贵的植物。园中有高大的阔叶树木,罕见的兜树和兰花,奇异的瓶子草和极为稀有的海蜇草。在国家植物园内有着 500 多种植被,其中最珍贵的要数海椰子了。园内还有着已濒于灭绝的凤尾状兰花,被定为塞舌尔的国花。这里还有许多绝无仅有的生物,如巨龟、狐蝠等,都吸引着众多客人前来游玩。

(七)路易港(Port Louis)

路易港(见图 7-3)位于毛里求斯岛西北海岸,是毛里求斯的首都,它不仅是全国的政治、文化和经济中心,同时也是该国最大的城市和主要港口,总人口约 15 万,官方语言为英语,面积 42.7 平方公里。它位于毛里求斯岛西部的路易港区,面朝印度洋。路易港是一个海港、自由港。港湾东南有半圆形山丘环绕而成的天然屏障,港口航道经珊瑚礁缺口,可供吃水 10 米以下海轮进出。路易港三面环山,风景秀丽,是一个天然良港,地处南大西洋和印度洋之间的航道要冲。在苏伊士运河通航以前,这里是环绕好望角航行的必经之地。

图 7-3 路易港

路易港的空运由西沃萨古尔·拉姆古兰爵士国际机场承担。毛里求斯的国家航空公司毛里求斯航空在路易港市中心建有"毛航中心"。路易港有两大公交枢纽站。路易港还有许多小型的公交车站。此外,还有许多往来路易港市中心和路易港郊区的公交车。路易港是南印度洋重要的海底电缆站和国际航运的重要停泊站。全国大部分进、出口物资都必须经过这里,港口的码头、泊位可供远洋巨轮停泊。

毛里求斯经历法国人长时间的统治,路易港市内的街道路标、招牌、街名均沿用法文,而大部分居民亦会法语,令人有种置身于法国的感觉。这个多民族的小岛,住有印度人、巴基斯坦人、法国人、中国人及非洲人等,他们相处融洽,亦是毛里求斯独特之处。路易港有许多殖民地时期留存至今的历史建筑,其中之一是英国人建造的阿德莱德堡垒。路易港全城为莫卡山脉环绕,其中最著名的山峰是拇指山和彼得博斯山。路易港著名景点包括科当水门、路易港集市、唐人街和路易港老剧院。此外,还有军营和拉吉夫·甘地科学中心。路易港还有三个博物馆,即毛里求斯自然历史博物馆、蓝色便士博物馆和毛里求斯邮政博物馆。科当水门附近还有毛里求斯最大同时也是最古老的邮局。路易港最南部是世界著名的深水钓鱼区,每年在此都举行国际深水钓鱼比赛。阿普拉瓦西·加特地区建于1849年,至今已有150多年的历史,是位于毛里求斯首都路易港水边的建筑群,该地区被认为是现代契约式劳动和今天全球经济体系的发源地。

第四节 非洲南海岸邮轮旅游地区

一、非洲南海岸邮轮旅游地区概况

(一)南非概况

南非(South Africa)全称为"南非共和国",地处南半球,有"彩虹之国"之美誉,位于非洲大陆的最南端。南非陆地面积为1219090平方公里,其东、南、西三面被印度洋和大西洋环抱。南非北邻纳米比亚、博茨瓦纳、津巴布韦、莫桑比克和斯威士兰;中部环抱莱索托,使其成为最大的国中国;东面隔印度洋和澳大利亚相望;西面隔大西洋和巴西、阿根廷相望。其西南端的好望角航线,历来是世界上较繁忙的海上通道之一,有"西方海上生命线"之称。

南非首都为茨瓦内、开普敦、布隆方丹,主要城市有约翰内斯堡、伊丽莎白港、德班等,南非的官方语言有11种,主要官方语言为英语、南非荷兰语、祖鲁语。政治体制为总统制共和制。南非最大城市为约翰内斯堡。

南非全境大部分处副热带高压带,属热带草原气候。每年10月至次年2月是夏季,6月至8月为冬季。德拉肯斯堡山脉阻挡印度洋的潮湿气流,因此愈向西愈干燥,大陆性气候越为显著。秋冬雨水缺乏,草原一片枯黄。降水主要集中在夏季,全年降水由东向西从1000毫米降至60毫米。东部沿海年降水量1200毫米,夏季潮湿多雨,为亚热带季风气候。南部沿海及德拉肯斯山脉迎风坡能全年获得降水,湿度大,属海洋性气候。西南部厄加勒斯角一带,冬季吹西南风,带来400~600毫米的雨量,占全年降水的五分之四,为地中海式气候。全国年平均降水量为464毫米,远低于857毫米的世界平均水平,但海拔高低悬殊造成气温

的垂直变化。此外,流经西部海岸的本格拉寒流和流经东部海岸的莫桑比克暖流形成气温在经度上的差异。冬季内陆高原气温低,虽不经常下雪,但霜冻十分普遍。全国全年平均日照时数为 7.5~9.5 小时,故以"太阳之国"著称。

南非是世界最大的黄金生产国和出口国,但因国际市场黄金价格下跌,铂族金属已逐渐取代黄金成为最主要的出口矿产品。南非还是世界主要钻石生产国。南非的鸵鸟肉排是其特色风味,另外,还有草原特色菜以及可与意大利美食媲美的玉米食品。在沿海城市,品尝海鲜也是很惬意的事情。在印度移民聚居地,人们也可品尝到的具有异国情调的食品还有南非特色烤肉,很多小商店都出售可供游客品尝的烧烤肉类。南非的烹饪随着欧洲移民、马来族及印度人的到来,渐形成了多样融合的烹饪艺术,尤以芳香浓郁之咖喱料理、慢炖拼盘、传统非常佳肴及本土烧烤最为出名。

南非共和国铁路总长约 3.41 万公里,其中 1.82 万公里为电气化铁路。由比勒陀利亚驶往开普敦的豪华蓝色客车享有国际盛誉。南非的公路网四通八达,且设备完善,非常适合开车旅游,也有露营车出租。南非海洋运输业发达,约 98% 的出口要靠海运来完成,主要港口有开普敦、德班、东伦敦、伊丽莎白港、理查兹湾、萨尔达尼亚和莫瑟尔湾。德班是非洲最繁忙的港口及最大的集装箱集散地,年集装箱处理量达 120 万个。南非航空公司是非洲大陆最大的航空公司,也是世界较大的 50 家航空公司之一,主要国际机场有奥立佛·坦博国际机场(原约翰内斯堡国际机场)、开普敦国际机场和新运营的德班夏卡王国际机场等。

南非主要旅游景点有罗本岛、花园大道、海滩、人类摇篮、克鲁格国家公园、索维托等。

(二)莫桑比克概况

莫桑比克(Mozambique)全称莫桑比克共和国,是非洲南部国家,位于非洲东南部,南邻南非、斯威士兰,西界津巴布韦、赞比亚、马拉维,北接坦桑尼亚,东濒印度洋,隔莫桑比克海峡与马达加斯加相望。莫桑比克与马达加斯加之间的莫桑比克海峡是世界上最长的海峡,全长 1670 公里。莫桑比克以葡萄牙语作为官方语言,各大民族有自己的语言,绝大多数属班图语系。在主要的大城市中,英语作为商贸用语被广泛应用。1975 年脱离葡萄牙殖民地而独立。作为与英国并无宪制关系的国家,在 1995 年以特殊例子加入英联邦。莫桑比克的前身,就是葡属东非洲,它是被葡萄牙航海家达伽马所率领的船队发现。

莫桑比克首都为马普托,也是莫最大城市,其他主要城市有彭巴、太特、利欣加,政治体制为总统制共和制,人口约 2800 万,国土面积 79.94 万平方公里。莫桑比克是多民族、多部族国家,主要民族有马库阿人、聪加人、马拉维人。主要宗教有原始宗教、基督教、伊斯兰教。

莫桑比克的气候,北部属热带,南部是副热带,境内气候炎热潮湿,全年平均气温为 19.4 ℃。全年分干、湿两季,干季比较短,为每年 4 月至 8 月;湿季很长,为每年 9 月到次年 5 月,年降雨量 500~1000 毫米。中部三比西河下游沿岸雨量最多,年降雨量有 1000~1500 毫米。

莫桑比克铁路、港口主要为内陆邻国服务,国际货运曾是主要外汇来源之一。截至 2014 年,莫桑比克铁路总长 3372 公里,主要是由三条东西走向、互不连接的铁路系统组成。莫桑比克公路总长约 3.03 万公里。莫桑比克内河航线 1500 公里,海岸线 2600 多公里,有马普托、贝拉和纳卡拉等港口 15 个。其中马普托是莫最大港口,也是非洲著名的现代化港口之一。港内有铁路通向南非、津巴布韦和斯威士兰。截至2014年,莫桑比克航空公司拥有大小飞机近14架。首都与各省均有航线,国际航线通往葡萄牙、津巴布韦、南非、肯尼亚等国。

(三)纳米比亚概况

纳米比亚(Namibia)全称纳米比亚共和国,位于非洲西南部,北靠安哥拉和赞比亚,东连博茨瓦纳,南接南非。纳米比亚首都温得和克。主要城市有鲸湾港、斯瓦科普蒙德。纳米比亚官方语言为英语,通用阿非利卡语、德语和广雅语、纳马语及赫雷罗语。纳米比亚国土面积824269平方公里,人口约245.9万,主要民族有辛巴族、奥万博族、班图族,主要宗教为基督教,其全境处于南非高原西部,大部分海拔1000米以上。最大城市是温得和克,地理最高点布兰德山。纳米比亚矿产资源丰富,矿业、渔业、畜牧业为三大传统支柱产业,制造业不发达。

纳米比亚属亚热带干旱、半干旱气候,年均300天为晴天,是撒哈拉以南最干旱的国家之一。纳米比亚年均降雨量为270毫米,年降雨量地区差别比较大,从沿海的不足50毫米、中部地区的350毫米到东北部的700毫米不等,除最南部在冬季(6—9月)降雨外,全国70%的降雨集中在11月到次年的3月。因地势较高,气温略低于世界上同纬度的其他地区,终年温和,昼夜温差较大。一年分四季:9月初春,12月入夏,3月秋来,6月冬至。内地夏季白天平均气温20 ℃~34 ℃,偏远的北部和南部地区气温经常高于40 ℃。内地冬季白天平均气温18 ℃~25 ℃,夜间气温经常低于0 ℃,并常有地雾。沿海地区受本格拉寒流影响,气温常年保持在15 ℃~25 ℃,夜间常有浓雾。

纳米比亚旅游业较发达,产值占国内生产总值的10%左右。海滩、自然保护区等旅游景点集中在北部和南部地区,其中北部的艾淘沙公园闻名世界。随着旅游业的逐步发展,赴纳国际游客逐年递增。世界经济论坛发布的报告显示,2011年,纳米比亚在撒哈拉以南非洲地区国家旅游竞争指数中名列第三,仅位于毛里求斯和南非之后。报告还认为,纳米比亚发展旅游业条件优越,主要有地形地貌丰富多彩,生物多样性特点突出,注重生态保护以及交通基础设施相对完善等。

纳米比亚全国铁路总里程2600公里,设有22个主要车站,但设施较为陈旧,有待改造。全国公路总长约3.5万公里,多数路况良好。纳米比亚无内河运输,有沃湾港和吕德里茨两个港口。沃尔维斯湾是纳唯一深水港和西南非地区最大的贸易和渔港,年吞吐量约200万吨,约50万吨为集装箱货物。纳米比亚国内各主要城市均有机场,纳米比亚航空公司拥有多架不同类型的飞机,其国际和地区航线通往法兰克福、开普敦、约翰内斯堡、卢萨卡、哈拉雷和罗安达等城市,国内航线通往纳各主要城市及一些偏远城市。

纳米比亚旅游资源丰富,主要景点有:野生动物园埃托沙,埃托沙公园位于纳米比亚北部,面积约2.3万平方公里,是撒哈拉以南非洲最大、著名的野生动物园,纳米比亚政府已为该园申报世界自然与文化遗产;波帕瀑布景观,河水在进入博茨瓦纳和奥卡万戈三角洲的途中流经波帕瀑布,流速极快,水流冲刷地层使底层陷落而形成高仅2~4米,但宽却长达1.2公里的波帕瀑布,波帕瀑布还是Mahango国家动物园的一部分,因此,可以在此地观赏许多鸟类,如鹦鹉、雨燕、犀鸟、黑山雀、短趾画眉、猫头鹰等。

二、非洲南海岸邮轮旅游地区主要邮轮旅游目的地

(一) 开普敦(Cape Town)

开普敦为南非第二大城市,南非立法首都,西开普省省会,开普敦都会城区的组成部分,南非国会及很多政府部门亦坐落于该市。开普敦以其美丽的自然景观及码头而闻名于世。开普敦人口约 350 万,官方语言为英语、南非荷兰语,著名景点有好望角、桌山,机场为开普敦国际机场。开普敦陆地面积为 2499 平方公里,人口密度较小。多种族和多元文化的社会结构使当地宗教信仰呈多元特性,世界主要宗教在当地均有影响。

开普半岛拥有地中海气候,四季分明。冬季即每年 5 月至 8 月,冷锋连同大量的雨水自大西洋到来,平均最低温度只有 7 ℃左右。整个城市降雨量最高为冬季,平均降水为 321 毫米,约占年平均降水量的 60%,年平均降水量约为 515 毫米,另因为地势问题,不同地区的降雨量可能会有较大的差别。夏季为每年 11 月至次年 2 月,气候温暖而干燥,平均最高气温为 26 ℃,平均降水量仅为 63 毫米。开普半岛因为地理环境关系,从东南方经常会有清新的强风吹至,而当地人都将这股强风称为"开普医生"。这股风形成于开普敦西面的南大西洋高压脊,而这股风则将清新的空气带到当地,并把空气中的污染物吹走。

开普敦背山面海迤逦展开,西郊濒大西洋,南郊插入印度洋,居两洋之会。市内多殖民时代的古老建筑,位于大广场附近的开普敦城堡是市内最古老的建筑。当年其建筑材料多来自荷兰,后用作总督官邸和政府办公处。大教堂坐落在阿德利大街,其钟楼至今仍保存完好。有 8 位荷兰驻开普敦的总督先后葬于此教堂内。在政府街公共公园的对面是国会大厦和美术馆。西面是收藏达 30 万册书的公共图书馆,城中还有国家历史博物馆。

城西的特布尔山,因山顶平整如桌而得名,英文"特布尔"意为桌,故又名"桌山",山峰绵延平展,气象巍然。其余脉有狮子头、信号山、魔鬼峰诸峰。国家植物园位于特布尔山的斜坡上。它的上方是建于 1825 年的最古老的博物馆,山脚下是开普敦大学。海滩附近,设有娱乐和休养设施,是南非主要的旅游地,尤宜于冬季休养。开普敦也是南非金融和工商业的重要中心,交通发达,从欧洲沿非洲西海岸通往远东、太平洋的航线都经过这里。特布尔湾为天然良港,可同时停泊深水海轮 40 多艘。

开普敦国际机场是南非重要的大型机场,到约翰内斯堡、比勒陀利亚等城市的航班密集。开普敦是南非铁路系统的西南端,可乘火车前往金伯利、约翰内斯堡、比勒陀利亚等中部和北部城市,一路风光壮丽。有三条高速公路以开普敦为起始点,分别是连接开普敦和布隆方丹、约翰内斯堡、比勒陀利亚和津巴布韦的 N1 公路、连接伊丽莎白港、东伦敦和德班的 N2 公路以及连接北开普省和纳米比亚的 N7 公路。开普敦亦有一套连接城市不同部分的公路系统。开普敦的公共汽车有两种,即走规定路线的大巴和招手即停的中巴。开普敦有两种出租车,分别是咪表计程车和小巴型计程车。

开普敦的特色美食有将杏作成片状的马来风味的点心,干燥的、沾砂糖的水果、烤马哈鱼和鲑鱼、炸玉米、烙饼、欧味馅饼、巧克力、奶糖、咖啡、红茶、奶酪等。开普敦的主要特产有鸵鸟蛋工艺品和牙雕木刻等。

(二) 莫塞尔湾(Mossel Bay)

莫塞尔湾在南非的西开普省,是欧洲人进入南非的第一站。在南非旅游除了人们熟知的野性激情一面,同时还有那柔情万种的另一面。从这一角度看南非,没有野生动物和极限运动的驰骋张扬,有的是风情万种的欧洲小镇、旖旎的自然风光。虽然这些小镇的兴起都与一段心酸的殖民历史有关,但今天看来,它们的魅力是混血儿般的独特,初看惊艳,细细品味还能品出悠长的人文意味,位于花园大道上的莫塞尔湾便是它们中别具特色的一员。

号称"南非夏威夷"的莫塞尔湾之所以有名,并不是因为它是花园大道的通路,而是因为西班牙人"好望角之父"迪亚士。1488年当迪亚士向东方航行,绕道好望角遇上特大风暴,当他在惊涛骇浪中几乎沉没,侥幸漂泊逃离,尔后他靠岸的无名岬岛就是在这里。当迪亚士从这里踏上南非的土地,并被迫返航,才有了今天的好望角,才有了今天的开普敦,莫塞尔湾是欧洲人进入南非的第一站,它和好望角一样是欧洲人驶向东方的一个重要的历史里程碑。

(三) 理查兹湾(Richards Bay)

理查兹湾是南非的港口城镇,位于该国东北部,由夸祖鲁－纳塔尔省负责管辖。理查兹湾面积97.41平方公里,处于海拔水平面;人口约5万。

(四) 德班(Durban)

德班是南非夸祖卢－纳塔尔省的一个城市,是一个美丽的海滨城市,地处祖鲁民族的故乡,祖鲁语称为eThekwini,意思是"在海港"。德班拥有370万人,面积2292平方公里,被称作"非洲最佳管理城市",也是著名的国际会议之都。德班方言为英语、南非荷兰语、祖鲁语。德班气候属热带草原气候,著名景点有纳塔耳鲨鱼船、德班大球场等,机场有夏卡王国际机场。

德班拥有怡人的亚热带气候,一年四季阳光普照,这里有众多美丽的公园和秀美的自然景观,包括伯利亚山脚下的植物园、景色优美的米切尔公园、乌姆吉尼河南岸的乌姆吉尼鸟类公园,还有野生公园。其中,斯坦岸、乌姆琅加、海岸红树森林和科兰特克洛夫自然保护区,不仅可以游览还可以进行野餐,各类运动项目应有尽有。高尔夫乐园——德班乡村俱乐部紧邻其会员俱乐部。悬挂式滑翔等刺激的空中运动在乌姆琅加北部的拜利特地区十分盛行。纳塔耳鲨鱼船全周向游客开放,游客可乘船去看鲨鱼,周末还可以去看海豚和鲸鱼。著名的沙丁鱼群是这里的一大景观,吸引了大批渔民和游客来海边观看这一壮观景象。总之,这里的人文景观和自然景观数之不尽。

生气勃勃的维多利亚街的印度市场是游客最喜爱的景点,这里有供购物的格雷街、宏伟的以马利天主大教堂和南半球最大的清真寺——伽玛清真寺。这两个相互对立的宗教建筑相邻而建并和谐地存在。在这个充溢着行人、交通和商人的喧闹与嘈杂地方,以马利天主大教堂和伽玛清真寺代表了和平与安宁,象征着宽容和容忍。

南美海滩是最有名的国内旅游景点,被豪华的度假公寓和高层酒店环绕,还有布置讲究的阳光海岸休闲娱乐场、菲茨西蒙蛇公园和迷你城(德班市的缩影)。度假城的游客可以乘

坐祖鲁人拉的彩色黄包车,或者目睹壮观的沙丁鱼群,成千上万的沙丁鱼游上海岸,后面跟着成群的鲨鱼、海豚和鲸鱼,景象煞是壮观。

文化之旅,如伊南达遗址,带游客参观德班及其周围的镇区,品味不同的生活方式。探险,如费祖鲁和夸西姆巴,提供祖鲁乡村传统的娱乐活动。此外,还有该省著名的战场和其他旅游景点。德班是南非唯一一个拥有两处世界性遗产遗址的省份,拥有非洲最古老的植物园。该植物园里经常举办户外音乐会和亲朋好友野餐聚会。

金色的沙滩、葱郁的棕榈树、温暖的亚热带气候和印度洋湛蓝的海水使德班成为国际旅游胜地。这里每年平均有 320 天阳光灿烂的日子,海水平均温度在 17 ℃以上,是非洲东海岸第一海滩城市。最有吸引力的是"金色里程街",两侧是豪华的宾馆和公寓,与周围的质朴色调形成鲜明对比,这也正体现了德班文化的多样性。最受欢迎的景点包括水世界、趣味世界(有碰碰车、环形道)、泛舟池、迷你城和费兹蒙蛇公园,吸引了成千上万的游客。空中缆车可以使游客在空中一览海滨和阶梯公园的美景。在"金色里程街"的北端,阳光海岸娱乐休闲世界形成一大特色。它的建筑是装饰派艺术风格,为游客提供赌博、购物、休闲等一系列娱乐活动。

德班是南非的第二大城市,也是非洲最繁忙的港口。美丽的德班港迅速发展成经济巨人,市郊工业的迅速发带动了内地经济的复苏。杜贝贸易港口将提升德班港和理查德海湾作为"非洲大门"的地位。公路和铁路交通网在不断完善。

悠闲而又有节奏的德班市独具魅力,其独特的韵味和生活方式突显了其文化的多元性,这一特点在德班的美食中体现尤为明显。有传统的烤肉、印度美食(兔肉酱)和让人垂涎欲滴的祖鲁菜肴等南非特色食品。兔肉酱、面包和咖喱小吃是当地流行的待客食品。

(五) 东伦敦(East London)

东伦敦为南非开普省港市,在东南部布法罗河口,濒印度洋,人口约 16 万,东伦敦有船舶修理、机械、制革、纺织、卷烟、水果罐头等工业,也是重要的渔业基地。东伦敦主要输出羊毛、皮革、柑橘、肉乳制品等。

东伦敦位于水牛河入海处,东伦敦港口是南非唯一的河港,水牛河大桥是南非境内唯一的铁路和公路双层桥梁。东伦敦博物馆藏有史前四角鱼化石,海事博物馆中展示了东伦敦发展的历史。安·布莱恩画廊造型典雅,珍藏了多件艺术作品。东伦敦水族馆有 400 多种海洋和淡水类生物。那胡海滩是国际冲浪比赛场地,东方海滩是距市中心最近的海滩。

格拉翰敦大学城,又名"圣徒城",这是因为该城有 40 多座教堂,是一座文化城市。每年的国家艺术节在此地举行,城内有史前博物馆、先民纪念碑、英国文学博物馆和天文台博物馆。

东伦敦港,最大吃水为 10.67 米,潮差为 2 米,盛行东北风和西南风,强制商船领航。港口服务设施有修船、加燃料、干船坞、小汽艇、医疗、牵引、淡水、给养和遣返。港区驻扎有比利时、丹麦、法国、德国、意大利、荷兰、挪威、葡萄牙、瑞典和英国等国领事馆。

(六) 伊丽莎白港(Port Elizabeth)

伊丽莎白港是南非共和国南海岸的港口城市,在最南部,濒临印度洋的阿尔戈阿湾西岸,是南非主要海港之一。其港口性质为海湾港,是南非的最大羊毛交易市场,人口约65万。伊丽莎白港连同西北面的卫星城埃滕哈赫组成南非重要工业区之一,还经营津巴布韦的转口业务。伊丽莎白港交通运输发达,铁路及公路均与国内联网。港口距国际机场约4公里,有定期航班飞往世界各地。

该港属亚热带地中海式气候,盛行西风和东南风。伊丽莎白港年平均气温约20℃,全年平均降雨量约800毫米。伊丽莎白港主要出口货物为锰砂、铁砂、水果、羊毛等,进口货物主要有石油、汽车、木材、机械、纺织品及粮食等。

英国殖民者于1820年开始在这里安家落户,因而市内有多处历史性建筑,有该市最古老的街道邓肯街和建于1827年的坚固建筑。这里有建于1861年现改为军事博物馆的灯塔,还有鸵鸟毛展示中心的鸵鸟拍卖市场。其他古迹包括圣奥古斯汀大教堂、佛雷德瑞克堡等。从伊丽莎白港到洛瑞之间的窄轨铁路长达283公里,为世界上仅存的窄轨铁路线之一。该港为南非交通枢纽之一,机场、港口设施良好。这里风景秀丽,旅游业发达。

(七)好望角(Cape of Good Hope)

好望角意思是"美好希望的海角",是非洲西南端非常著名的岬角。好望角因多暴风雨,海浪汹涌,故最初称为"风暴角"。好望角官方语言为英语,气候属地中海气候,重要景点有迪亚士角、老灯塔、新灯塔。

1939年这里成为自然保护区,好望角东方2公里处设有一座灯塔。好望角是西方的探险家欲为通往富庶的东方航道,故改称好望角,苏伊士运河通航前,来往于亚欧之间的船舶都经过好望角。特大油轮无法进入苏伊士运河,仍需取此道航行。好望角常被误认为是非洲大陆最南端,然距离其东南偏东方向约150公里、隔佛尔斯湾而望的厄加勒斯角才是实至名归的非洲最南端。

好望角地处来自印度洋的温暖的莫桑比克厄加勒斯洋流和来自南极洲水域的寒冷的本格拉洋流的汇合处。强劲的西风急流掀起的惊涛骇浪长年不断,这里除风暴为害外,还常常有"杀人浪"出现。这种海浪前部犹如悬崖峭壁,后部则像缓缓的山坡,波高一般有15米至20米,在冬季频繁出现,还不时加上极地风引起的旋转浪,当这两种海浪叠加在一起时,海况就更加恶劣,而且这里还有一股很强的沿岸流,当浪与流相遇时,整个海面如同开锅似的翻滚,航行到这里的船舶往往遭难,因此,好望角成为世界上最危险的航海地段,把好望角的航线比作"鬼门关"。

好望角是一条细长的岩石岬角,像一把利剑直插入海底。在好望角的一侧,矗立着一个灯塔,颇具历史,这个白色灯塔不仅是一个方向坐标,同时在他的告示牌上还清楚地写着世界上十个著名城市距离灯塔的长度,如北京12933公里。好望角作为非洲的一个标志,是每一个非洲旅游爱好者必到的地方。俗话说,到南非不到开普敦,等于没来过南非;到开普敦不到好望角,等于没到开普敦。

好望角的主要景点有:好望角,最尖端的点称为Cape Point,有标明经纬度的标志牌供游客拍照留念。迪亚士角,在好望角东面,是拍摄好望角全貌的最佳角度。老灯塔,位于迪亚士角最高点,是好望角的标志性景观。新灯塔,由于老灯塔位置太高,海上的大雾经常导

致船只根本看不到老灯塔的灯光,于是在老灯塔前端山腰间又修建了一座小灯塔。只有在观景阶梯上才能找到它的位置。

自然保护区,位于半岛南部,是规模很大的自然保护区,好望角和开普角都在保护区内。自然保护区内,绽放着被称为芳百氏、普罗梯亚木的花卉等各种植物;生活着南非羚羊、鹿、斑马、猫鼬、鸵鸟、狒狒等动物。除此之外,在近海处还有海豚、海狗等在游弋,如果运气好的话,在8月至11月还能看到鲨鱼。

好望角又是一个植物宝库,这里几乎拥有全世界最古老、完全处于原生态的灌木层,有从来没有受过人类干扰的原始植物群,拥有研究植物进化不可多得的原始条件。

(八)维兰库洛(Vilankulo)

维兰库洛是莫桑比克面积较大的城镇,现在日益受到游客的欢迎,不仅因为它是进入巴扎鲁托·阿乞佩拉戈群岛的主要通道,还因为它美丽的海滩、丰富的夜生活以及环境优越却价格合理的度假小屋和旅馆。酒店大亨里奥阿尔维斯开的唐纳·安纳酒店以前在维兰库占主导地位。现在游客可以一边在它昔日的辉煌中感受怀旧之情,一边欣赏海港优美的景色。城里有好些卓越的酒店,有让人心情愉悦的波希米亚风味的咖啡馆,也有装饰精美石刻设备、具有浓郁摩尔情调的餐馆,为游客提供物美价廉的海鲜大餐。

(九)彭巴(Pemba)

彭巴旧名"阿梅利亚港"。彭巴是莫桑比克最北部的港口城市,德尔加杜角省首府,在莫桑比克海峡彭巴湾顶端。彭巴城始建于1904年,后发展为一个港口,因其保留有葡萄牙殖民建筑而闻名,有许多穆斯林及葡萄牙人的古迹。在彭巴城中心有一个露天剧场,在那里可以买到包括银器在内的各种手工艺品。彭巴海岸有大量珊瑚礁,因此彭巴的潜水和水上运动也很有名,其正在成为一个著名的旅游目的地。彭巴不仅是德尔加杜角省首府和农产品集散中心,也是重要的度假胜地。

(十)巴扎鲁托(Bazaruto)

巴扎鲁托岛是东非莫桑比克伊尼扬巴内省岛屿,位于印度洋莫桑比克海峡内,距海岸城镇伊尼亚索罗约24公里,在贝拉港西南209公里。近海水域渔业发达,生产鱼虾,大量出口。该群岛由6个岛屿组成,南北端相距55公里,巴扎鲁托国家公园在1971年成立,是热门的旅游地点。

(十一)马普托(Maputo)

马普托是莫桑比克的首都,也是该国最大的港口城市,旧名洛伦索-马贵斯。马普托位于该国南端,临印度洋马普托湾,面积53.7平方公里(包括郊区),人口约119万。现为莫桑比克政治、经济中心。

马普托湾旧称"德拉瓜湾",是非洲东海岸优良港湾,港阔水深,码头长3033米,全港有各种泊位 20 多个,年吞吐超过 1000 万吨,可同时停靠 21 艘海轮。铁路通南非和津巴布韦。公路通全国主要城镇。马普托有大学、自然历史博物馆、动物园和植物园等设施;为海滨疗养地,气候宜人,风光旖旎。马普托城西的马托拉是以炼油为主的卫星城。马普托属热带草原气候,上午盛行西南或南风,下午为东北或东南风;年平均最高气温为 30 ℃,最低气温为 14 ℃。

马普托人请客人喝过饮料,吃过水果,便要请客人品尝传统的饭菜。他们待客的主食有大米、玉米、木薯等,副食有牛肉、羊肉、鸡肉、海鱼、海虾、西红柿、豆角、土豆、青椒、洋葱等。当地人用大米饭招待客人有两种吃法:一种是白米饭煮成八成熟后往上面浇一层滚开的牛肉西红柿浓汁,另一种是米饭煮熟后加入肉丁、胡萝卜丁、盐等再焖到烂熟。这两种吃法都味道鲜美。

(十二) 温得和克(Windhoek)

温得和克为纳米比亚的首都,全国第一大城市,位于中部高原上;人口约 31.6 万,四分之一是欧洲人后裔;年最高气温 30 ℃,最低气温 7 ℃。温得和克地处干旱地区,周围丘陵阻挡旱风侵袭,气候凉爽,年均降水量为 370 毫米。霍屯督族和赫雷罗族最早定居此地。

温得和克市内有行政机关大楼、国家博物馆、中等学校和非洲奥古斯丁高等中学。温得和克附近的卡图拉和科马斯达尔是非洲人聚居的城镇。在温得和克,还可以看到德国殖民地时代遗留下来的各种形式的建筑物。这里欧韵浓厚,琳琅满目的商店、餐馆、咖啡馆、酒吧,遍布市里;尖顶圆拱的基督教堂,日耳曼风格的城堡,色彩鲜艳,错落有致的庭院别墅,再加熙来攘往的金发碧眼人,直让游人错把这里当作一处欧洲城镇。从温得和克市往北可到达伊多夏国家公园。该园中还有伊多夏盐池。特有的大洼地在该市北部工业区。有一座著名的专门批发零售中国商品的"中国城",90%的货物从这里转口安哥拉。

(十三) 鲸湾(Walvis Bay)

鲸湾港亦称沃尔维斯湾,是个深水港,纳米比亚主要港口城市、最大深水海港,具有重要的经济和战略地位。曾经是南非的飞地,位于该国西海岸,是重要的港口和旅游城市,濒大西洋鲸湾,面积 1124 平方公里。

鲸湾港有繁忙的货港,也有旖旎的海滨风光,还有生猛海鲜。游客既能观看到巨大的盐场,火烈鸟遍布的堰湖,还可乘游艇畅游海上风光,与海豚嬉戏,去探访令人难忘的海豹岛,更可乘滑翔机或骑沙滩车饱览沙漠风光,体验大自然的神奇。

鲸湾港约有人口 5 万,是一个非常繁华的城镇,大部分人都是在海港停泊处和急速发展的渔产行业工作,另外一个盛产的行业是海盐,海湾的盐场约有 3500 公顷,年产高质量盐 40 万吨。主要输出楚梅布的铅、锌、铜等精矿。鲸湾港是重要渔港,鱼类加工工业发达。海港还利用佩利肯角半岛作为屏障,可专供油轮停泊。经济以鱼类食品加工、罐头和炼油为主。城东有鲁伊科普机场,铁路通往内地楚布梅、温得和克及南非的主要城市。

第五节　尼罗河邮轮旅游地区

一、尼罗河邮轮旅游地区概况

(一) 埃及概况

埃及(Egypt)全称为阿拉伯埃及共和国。位于北非东部,领土还包括苏伊士运河以东、亚洲西南端的西奈半岛。埃及地处欧亚非三大洲的交通要冲,也是大西洋与印度洋之间海上航线的捷径,北部经地中海与欧洲相通,东部经阿里什直通巴勒斯坦,西连利比亚,南接苏丹,东临红海并与巴勒斯坦接壤,东南与约旦、沙特阿拉伯相望,海岸线长2700多公里。苏伊士运河沟通了大西洋与印度洋,战略位置和经济意义都十分重要。埃及是中东人口最多的国家,也是非洲人口第二大国,在经济、科技领域方面长期处于非洲领先态势,也是一个非洲的强国,是非洲大陆第三大经济体。

主要城市有开罗、亚历山大、苏伊士、吉萨、塞得港、阿斯旺、卢克索等,官方语言为阿拉伯语,由于历史的原因,英语、法语在埃及也被广泛使用。政治体制为总统制共和制,人口约9150万,主要民族为阿拉伯人、科普特人,主要宗教为伊斯兰教-逊尼派、科普特教会。埃及国土面积为100.145万平方公里,疆域横跨亚、非两洲,大部分位于非洲东北部,只有苏伊士运河以东的西奈半岛位于亚洲西南部。国土略呈不规则的四方形,地形平缓,没有大山,最高峰凯瑟琳山海拔2642米。著名高等学府是开罗大学,主要河流是尼罗河。

阿拉伯人则将"埃及"称作米斯尔,在阿拉伯语中意为"辽阔的国家"。埃及又称为金字塔之国,棉花之国。埃及首都为开罗,开罗面积约3085平方公里,人口约800万,是阿拉伯和非洲国家人口最多的城市。

埃及全国干燥少雨,气候干热。夏季平均气温最高34.2 ℃,最低20.8 ℃;冬季最高19.9 ℃,最低9.7 ℃。埃及南部属热带沙漠气候,夏季气温较高,昼夜温差较大。尼罗河三角洲和北部沿海地区,属亚热带地中海气候,气候相对温和,其余大部地区属热带沙漠气候。白尼罗河发源于南半球的热带草原气候区,青尼罗河发源于北半球的热带草原气候区,两河汛期不同。1月平均气温12 ℃,7月26 ℃;全境干燥少雨,年均降水量50～200毫米。其余大部分地区属热带沙漠气候,炎热干燥,气温可达40 ℃。每年4月至5月常有"五旬风",夹带沙石,损坏农作物。

埃及交通运输便利。铁路由28条线路组成,总长10008公里。截至2014年,开罗共有两条地铁线路,总长64公里;公路总长约49000公里;水运有7条国际海运航线,内河航线总长约3500公里;有亚历山大、塞得港、杜米亚特、苏伊士等62个港口,年吞吐总量为800万集装箱,海港贸易量为1.01亿吨。苏伊士运河是沟通亚、非、欧的主要国际航道。运河进行了大规模扩建,使过运河船只载重量达24万吨,可容纳第四代集装箱船通过。埃及全国共有机场30个,其中国际机场11个,开罗机场是重要国际航空站。

埃及人喜吃甜食,正式宴会或富有家庭正餐的最后一道菜都是上甜食。著名甜食有"库纳法"和"盖塔伊夫"。"锦葵汤"、"基食颗"是埃及人日常生活中的最佳食品。"盖麦尔丁"是埃及人在斋月里的必备食品。"蚕豆"是必不可少的一种食品。其制造方法多种多样,制成的食品也花样百出。埃及人通常以"耶素"为主食,进餐时与"富尔"(煮豆)、"克布奈"(白乳酪)、"摩酪赫亚"(汤类)一并食用。耶素即为不用酵母的平圆形埃及面包,他们喜食羊肉、鸡、鸭、鸡蛋以及豌豆、洋葱、南瓜、茄子、胡萝卜、土豆等。在口味上,一般要求清淡、甜、香、不油腻。串烤全羊是他们的待客佳肴。值得一提的是,很多埃及人还特别爱吃中国的川菜。

埃及是四大文明古国之一,历史悠久,名胜古迹很多,旅游资源非常丰富,具有发展旅游业的良好条件。政府非常重视发展旅游业。其主要旅游景点有国家博物馆、金字塔、胡夫金字塔、左塞尔陵墓、古城堡、汗·哈利里、夏宫、卡特巴城堡、尼罗河、法老村、"自由"号游艇、卢克索(卢克索神庙、卡尔纳克神庙、孟农巨像、孔姆地卡等)、苏伊士运河等。

(二)尼罗河概况

尼罗河是一条流经非洲东部与北部的河流,自南向北注入地中海。尼罗河与中非地区的刚果河以及西非地区的尼日尔河并列非洲最大的三个河流系统。尼罗河发源于埃塞俄比亚高原,流经布隆迪、卢旺达、坦桑尼亚、乌干达、肯尼亚、扎伊尔、苏丹和埃及九国,全长 6700 公里,是非洲第一大河,也是世界上最长的河流,可航行水道长约 3000 公里。尼罗河有两条上源河流,西源出自布隆迪群山,经非洲最大的湖——维多利亚湖(南半球)北流,被称为白尼罗河;东源出自埃塞俄比亚高原的塔纳湖,称为青尼罗河。青尼罗河(见图 7-4)是尼罗河下游大多数水和营养的来源,但是白尼罗河则是两条支流中最长的。青、白尼罗河在苏丹的喀土穆汇合,然后流入埃及。尼罗河谷及其三角洲是埃及文化的摇篮,也是世界文化的发祥地之一。尼罗河在埃及境内长度为 1530 公里,两岸形成 3~16 公里宽的河谷,到开罗后分成两条支流,注入地中海。这两条支流冲积形成尼罗河三角洲,面积 2.4 万平方公里,是埃及人口最稠密、最富饶的地区,人口占全国总数的 96%,可耕地占全国耕地面积的三分之二。尼罗河流域分为 7 个大区:东非湖区高原、山岳河流区、白尼罗河区、青尼罗河区、阿特巴拉河区、喀土穆以北尼罗河区和尼罗河三角洲。尼罗鳄居于此地。尼罗河在印第安人语言里叫月亮的眼泪,尼罗河流域气候为热带草原气候和热带沙漠气候,最佳游玩季节是春、秋、冬三季。

苏丹的尼穆莱以上为尼罗河上游河段,长 1730 公里,自上而下分别称为卡盖拉河、维多利亚尼罗河和艾伯特尼罗河。从尼穆莱至喀土穆为尼罗河中游,长 1930 公里,称为白尼罗河,其中马拉卡勒以上又称杰贝勒河,最大的支流青尼罗河在喀土穆下游汇入。白尼罗河和青尼罗河汇合后称为尼罗河,属下游河段,长约 3000 公里。尼罗河穿过撒哈拉沙漠,在开罗以北进入河口三角洲,在三角洲上分成东、西两支注入地中海。

尼罗河流域是世界文明发祥地之一,这一地区的人民创造了灿烂的文化,在科学发展的历史长河中做出了杰出的贡献,突出的代表就是古埃及。流经埃及境内的尼罗河河段虽只有 1350 公里,却是自然条件最好的一段,平均河宽 800~1000 米,深 10~12 米,且水流平缓。提到古埃及的文化遗产,人们首先会想到尼罗河畔耸立的金字塔、尼罗河盛产的纸草、行驶在尼罗河上的古船和神秘莫测的木乃伊。它们标志着古埃及科学技术的高度,同时记

图 7-4 青尼罗河

载并发扬着数千年文明发展的历程。

二、尼罗河邮轮旅游地区主要邮轮旅游目的地

(一) 阿斯旺(Aswan)

古埃及时期,阿斯旺被认为是埃及民族的发源地。它位于尼罗河第一瀑布以北,是埃及和努比亚之间的贸易重镇,其名据说即是古埃及语"贸易"一词的对音。阿斯旺是埃及文化古城,阿斯旺省首府,是埃及南方的一个重要城市。它位于首都开罗以南900公里的尼罗河东岸,是埃及的南大门,是黑非洲的门户和唯一一条由海上进入非洲腹地的通道。阿斯旺在上埃及尼罗河"第一急滩"下的东岸,人口15万左右。阿斯旺古代曾为驿站、兵营和与南方邻邦的贸易要站,现为对苏丹、埃塞俄比亚等国的贸易要地。阿斯旺附近的尼罗河上建有大型水坝和水电站,构成全国性电力基地,有纺织、制糖、化学、制革等工业,还开采铁矿石和建筑用石材。阿斯旺是埃及重要河港,有铁路直通开罗。阿斯旺还是冬季疗养和游览胜地,有古代耶勒城遗址和博物馆、植物园等名胜。

阿斯旺地处沙漠绿洲,属于热带沙漠气候,昼夜温差大,降水极少。最冷月(1月)平均气温15.3 ℃,平均最冷气温8.1 ℃,平均最热气温21.0 ℃。最热月(7月)平均气温33.6 ℃,平均最冷气温26.3 ℃,平均最热气温41.0 ℃。平均年降水量1毫米。

阿斯旺主要风景名胜有阿斯旺大坝、菲莱神庙、拉美西斯二世神庙、古采石场和方尖碑、哈索尔神庙、康翁波神庙(双神殿)。阿斯旺市区景观十分有趣。阿斯旺人普遍都很友好,若是游客一身埃及民族服饰上市场,阿斯旺人会不停地向游客打招呼,讲起价来也会更容易。阿斯旺最吸引之处就是与这座城市峭壁平行的市场。

阿斯旺的餐厅一般位于火车站前、市场上和尼罗河畔。特别是市场和火车站前有许多经济便宜的小餐厅。在市场内,有一家名为马斯里的较高级餐厅,那里的菜肴品种丰富,有烤肉、鸽子肉和甜点等各式埃及特色菜。位于尼罗河畔的阿斯旺之月餐厅是一家像尼罗河上游船一样面向观光客的水上餐厅。餐厅布置的极有情调，供应啤酒、葡萄酒。若想尝一尝中东的考夫特肉肠，不妨去光临一次位于火车站南侧的麦迪纳餐馆，那里有地道的考夫特烤肠，以及沙拉、煮素菜、米饭等，环境也不错。

（三）卢克索（Luxor）

卢克索是埃及古城和著名旅游城市，位于南部尼罗河东岸，南距阿斯旺约200公里，海拔78米。卢克索坐落在开罗以南670多公里处的上埃及尼罗河畔，位于古埃及中王国和新王国的都城底比斯南半部遗址上。因埃及古都底比斯遗址在此而著称，是古底比斯文物集中地。由于历经兵乱，多已破坏湮没。现在保存较完好的是著名的卢克索神庙，其中尤以卡尔纳克神庙最完整，规模最大。该建筑物修建于4000多年前，完成于新王朝的拉姆西斯二世和拉姆西斯三世。经过历代修缮扩建，占地达33公顷，建筑群有各种厅堂殿室。神庙之间有巨大的柱廊相连，每根柱高达21米，上有精美浮雕和彩绘。尼罗河西岸山坡上为历代法老及其后妃陵寝，保存有珍贵的古埃及艺术。卢克索还有4000年前建造的马哈利神庙，主要旅游中心和冬季休养地。有铁路通开罗，并设有飞机场。卢克索气候干热，年平均气温25.1 ℃，年降水量仅5毫米。

据考古学家估计，约有500座古墓散布在卢克索地区，仅尼罗河西岸著名的"帝王谷"就有64座帝王陵墓，现有17所对外开放。陵墓的形制基本相同，坡度很陡的阶梯通道直通陵墓走廊，走廊通墓前室，室内有数间墓穴，放木乃伊的花岗岩石棺停放在最后一间墓穴。因此，卢克索成了古埃及遗迹的宝库，是探访埃及古文明不可不到的地方。

如今的卢克索是世界上最大的露天博物馆，有着"宫殿之城"的美誉。尼罗河穿城而过，将其一分为二。由于古埃及人认为人的生命同太阳一样，自东方升起，西方落下，因而在河的东岸是壮丽的神庙和充满活力的居民区，河的西岸则是法老、王后和贵族的陵墓。"生者之城"与"死者之城"隔河相望，形成两个世界的永恒循环的圆圈。在现今卢克索的古建筑群中，保存最完整、规模最大的是卡纳克神庙，它的殿堂占地达5000平方米。卡纳克神庙和卢克索神庙相距不到1公里，有石路相通。

卢克索位于东西两大沙漠之间，虽然地理环境不是很好，但并不影响在卢克索寻找美味佳肴。位于旅游市场二楼的玛尔哈巴餐馆有中近东菜系，这里的烤鱼是用从尼罗河上捕到鱼做的，味道非常不错。餐馆有露天座位，可以一边用餐，一边欣赏附近卢克索神庙的夜景。位于礼品店密集区的阿蒙店有各国的料理，游客前去品尝就会知道它的确名不虚传。穆哈塔街上有一家"考谢利"专卖店，在那里，游客还可以根据自己的口味添加橄榄和扁豆等酱料。尝过它的"考谢利"，游客或许会对"考谢利"的印象大为改观。

卢克索旅游景点丰富，主要有卢克索阿蒙神庙、卢克索帝王谷、卢克索神庙、哈采普苏特陵庙、拉美西斯三世陵庙等。

第八章

全球主要邮轮港口和邮轮航线

第一节 主要国际邮轮港口和邮轮航线

一、主要国际邮轮港口

港口是位于海洋、江河、湖泊沿岸,具有一定设备和条件,为舰船停泊、避风、维修、补给和转换客货运输方式的场所。码头是供船舶停靠并装卸货物和上下旅客的建筑物,广义还包括与之配套的仓库、堆场、道路、铁路和其他设施。邮轮港口一般可分为邮轮母港、邮轮基本港(航线节点港)、邮轮一般停靠港三类。其中母港停靠时间最长,对其所在区域消费资金流、物流和信息流拉动作用巨大。

邮轮码头通常是跨境运输,所以有出入境海关设立。邮轮码头是物流中所说的客流的便利设施。邮轮码头应具备如下特点:
(1) 水深。
(2) 港阔。
(3) 附近旅游景点较丰富。
(4) 交通便利,例如有停车场、的士站、穿梭巴士、火车站、地铁等。

邮轮母港是邮轮出发和返程并进行后勤补充和维修的固定地点,也是邮轮游客的集散地,不仅拥有定期和不定期停泊大型邮轮的码头,还具备配套设施齐全、相关产业发达、旅游资源富集的城市和周边区域,是邮轮的基地,邮轮在此进行补给、废物处理、维护与修理,邮轮公司在母港所在地设立地区总部或公司总部。

邮轮母港码头是指具备多艘大型邮轮停靠及其进出所需的综合服务设施设备条件,能够为邮轮经济发展提供全程、综合的服务及其配套。作为邮轮母港,应有方便快捷的市内交通、腹地交通和国内外空中和海上航线。一艘大型邮轮的游客到达目的地游览需要几十辆乃至上百辆大型团队旅游客车,邮轮码头附近应该有足够的停车位置和通道;公共交通线路、轨道交通站和出租车待客区应该尽可能地贴近候船大楼,力争实现零换乘的交通;应该有通达腹地著名旅游区的高速公路或铁路系统;在对外交通方面,应该有通达主要旅游目的地和客源地的国内外空中和海上航班。邮轮与城市方便的海陆空立体交通体系和枢纽应相得益彰,共同为邮轮游客提供有利的集散环境。邮轮母港具有以下优势:

(1) 邮轮的抵达与离去,可以带来数以万计的乘客在这里休闲娱乐、餐饮购物消费。

(2) 一名邮轮旅客在邮轮停靠时消费能力为每小时30~40美元,以最低花费每小时30美元计算,1万名游客在母港区域停靠10小时,将会带来300万美元的收入。

(3) 邮轮在母港需要添加补给、油料、淡水与处置废品、接受港口服务、邮轮的维护与修理等,这些都能给邮轮母港所在区域带来新的产业、新商机。

(4) 邮轮公司一般都会在母港所在地设立总部或规模较大的代表处,招聘一定比例的船务人员,为所在区域直接提供一定的就业岗位。

"国际邮轮母港"的选择标准,国际上有诸多的"硬指标",如交通是否便利,经济是否发达,软硬件的设施是否充分,是否有丰富的旅游资源和对周围的辐射能力等。同时,邮轮的衍生产业链也相当重要,如船上供需品补给供应链、人力资源开发和培训等。一般来说,要成为邮轮母港必须具备以下条件:

(1) 港区接近城市中心,水深和航道条件良好,岸线较长。

(2) 全年停靠邮轮数量和游客流量较大。

(3) 周边配套的旅游资源丰富,著名景点较多。

(4) 陆空交通便利。

(5) 码头附近拥有高标准的大型购物、餐饮与宾馆设施。

(6) 具有符合国际法规和惯例的出入关和口岸管理程序。

(7) 拥有现代化的码头设施及可持续化发展的条件。

(8) 当地设有良好的邮轮维修基地。

邮轮母港对所在区域的经济具有很强的推动力,会产生良好的经济效益,邮轮母港的经济收益一般是停靠港的10~14倍。就拿享有"国际邮轮之都"美誉的迈阿密来讲,皇家加勒比邮轮总部设在这里,每年迈阿密接待的邮轮旅客超过300万人次,经济效益达百亿美元。新加坡在20世纪80年代初只是欧美邮轮的停靠港,收益较小。但修建邮轮母港后,到新加坡的国际邮轮和游客年增幅超过60%,旅游业收益成为新加坡国家财政的主要来源。

邮轮停靠带来的收益主要是两大部分:游客在当地的交通、就餐、住宿、观光和购物等消费;邮轮公司的补给、维修以及靠泊费用,而母港消费要远大于停靠港。研究表明,邮轮母港的经济收益是停靠港的10~14倍。同时,按照国际旅游组织的统计,每接待一位国际游客收入是740美元,而邮轮接待的游客收入高达1341美元,这里的邮轮接待指的是在母港接待的游客。现在的国际邮轮的游客数量动辄上千,一艘邮轮搭载2000名游客是很平常的。如果要继续计算下去,我们不难得到这样的结果:一艘搭载2000名游客的邮轮所带来的收入是268.2万美元,即使是一年有10个月,一个月只有1次的航行,一艘母港邮轮一年的收入就是2682万美元。据了解,仅南太平洋和地中海地区的邮轮之旅,实际上每艘邮轮每个月至少得跑两次航线。

邮轮基本港(航线节点港)是指有邮轮定期停靠,拥有邮轮专用的泊位和配套设施,但还并未形成邮轮规模效应的港口,一般为邮轮中途停靠的港口。邮轮一般停靠港是指能够停

泊邮轮但并未设专用泊位及相关码头设施的港口,通常只供邮轮临时或短时间停留。

(一)迈阿密邮轮港口

迈阿密(Miami)是美国佛罗里达州东南部著名的滨海旅游城市,是美国第四大都市圈的核心城市,迈阿密港实际为一个岛屿。迈阿密一直享有"世界邮轮之都"的美誉,是美国国内首屈一指的海港城市。迈阿密属亚热带气候,为美国本土冬季最温暖的城市。这里的海滩浴场长达20余公里,市区内外公园密布,交通和服务设施十分完善,是世界著名的旅游胜地。游客往往能充分利用登上邮轮前及下船后的活动安排,特意增加几天行程来游遍整个大迈阿密地区,其中包括佛罗里达大沼泽地、丛林岛、迈阿密儿童博物馆和迈阿密水族馆,而时尚的南海滩以及世界闻名的装饰艺术区更是每位游客都不可错过的景点。迈阿密设计保护联盟提供自助语音导览、导游或骑自行车游览等服务,让游客能更好地观赏800多个最令人赞叹的装饰艺术建筑。迈阿密南部的海滩向来是全世界游客的旅游胜地。

美国迈阿密邮轮港口是全球大型的邮轮港口之一。迈阿密的两座邮轮客运枢纽站拥有世界先进的管理设施系统,能够同时为8400名游客出行提供服务,还拥有许多相关设施,如舒适的休息大厅、多个商务会议大厅、全封闭并加装中央空调的游客上船通道,以及完善的订票系统、安全系统、登轮查验系统和行李管理操作系统等,拥有能够容纳700多辆汽车的车库,先进的信息化服务能够高效率指挥码头内部的交通,为游客出行提供近乎完美的服务。

此外,迈阿密邮轮母港处处体现顾客至上的服务理念。一是服务范围无微不至,如私人汽车看管、汽车出租、搬运车预约、公共汽车查询、自动银行和问询处等均有提供。二是服务力求便捷。邮轮游客只需买票、验票、候船、登船,行李则由码头的行李处理设备送到各自的座位。同样,行李处理系统也会在邮轮游客回到目的港以后将其行李送到指定的位置,甚至可以直接传到飞机上或酒店。三是服务形式多种多样。迈阿密邮轮母港拥有天然的海边浴场,舒适宜人,距邮轮出入口仅10分钟路程。

迈阿密拥有12个超级邮轮码头大厦,可同时停泊20艘邮轮。世界三大邮轮公司嘉年华公司、皇家加勒比邮轮公司、云顶香港有限公司等均在迈阿密设立总部或者分支机构,该市自20世纪90年代起,开放与邮轮公司合作建设新码头,设施十分贴近邮轮人流与物流的个性化需求。2000年,迈阿密从邮轮本身及游客各项消费上,获得了达80亿美元的经济收益,同时创造了34.5万人的就业机会。

(二)新加坡国际邮轮港口

新加坡政府是当地邮轮战略的制定者、优惠政策出台者和执行者,以及高效廉洁环境的监督者,新加坡政府重点投资兴建了新加坡国际邮轮港,极大地调动了邮轮发展的动力,提升了邮轮港口的接待能力和服务效率。

新加坡是亚洲邮轮产业发展很快、邮轮市场发展成熟的国家。20世纪80年代初,新加坡港只是欧美邮轮的停靠港,收益小。但是,1989年,新加坡旅游局成立了邮轮发展署。1991年投资5000万新币修建了邮轮码头,此后,到新加坡的国际邮轮和游客以平均每年超过60%的速度增长,游客数从1990年的6万多人增加到1998年的100多万人。后来,每年到港的邮轮游客超过150万人,目前,新加坡港是亚洲-南太平洋地区的大型邮轮港之一。

新加坡1994年开始着力发展邮轮业,1998年政府投资了2300万新加坡元重修码头。仅2001年就有1200多艘次国际邮轮到访,为新加坡贡献了30亿新元的经济效益,旅游业收益成为国家财政收入的主要来源,被世界邮轮组织誉为"全球最有效率的邮轮码头经营者"。

新加坡由于地域不大,所以交通特别便利,其购物、餐饮、宾馆业均为亚洲前列,旅游收益已成为国家主要的收益之一。邮轮产业带来的人流和消费对本土人口不多的新加坡的GDP增长效益十分可观。

新加坡有"亚洲海港"之称,是全球的大型海洋转口运输中心之一,拥有完整的港口及海事服务、全球范围的海港网络以及全面的物流服务方案,也是亚太地区的邮轮中心。迄今为止,至少有250家轮船公司,将新加坡与全世界123个国家和地区的600多个港口相连接。每天都有船只从新加坡港开往全世界各个主要港口。由于常年的出色工作,新加坡港务集团被世界公认为是全球首屈一指的综合性海港与物流服务公司,是"亚洲最佳集装箱码头经营者"大奖的获得者,先后13次获得亚洲货运业奖(AFIA)殊荣,新加坡港口也先后14次被选为"亚洲最佳海港"。

新加坡港口是新加坡的世界交通枢纽,是亚太地区最大的转运港,也是世界的大型集装箱港口之一。该港扼太平洋及印度洋之间的航运要道,战略地位十分重要。它自13世纪开始便是国际贸易港口,目前已发展成为国际著名的转运港。

随着亚洲经济的不断发展,邮轮旅游行业在亚洲将会有很大的发展空间。新加坡目前就十分看好这一行业的发展,准备将新加坡建成本地区的邮轮中心之一。邮轮载客量的增加以及亚洲邮轮产业不断增长的发展潜力,都使得新加坡下决心投资第二个邮轮码头——位于马里亚纳南岸的新加坡国际邮轮中心。

(三)加拿大温哥华国际邮轮港口

加拿大广场位于温哥华港边,专为加拿大1986年博览会设计。这栋复合式建筑就像小型舰艇所组成的航行船队一样,它现在是会议中心和邮轮码头。位于市中心的两大邮轮码头,即加拿大广场和巴兰坦邮轮码头均距离商店、旅游景点、酒店较近,配套设施完善,并且有非常方便地往返于温哥华机场的交通,这一切均使温哥华港有别于北美其他港口。温哥华港务局和温哥华机场的美国预先清关计划,对提高温哥华港在美国游客中的声誉有所帮助。该计划向来自美国的游客提供快速清关手续,而75%~80%在温市登船的游客为美国人。

总部位于伦敦的贝立兹旅游出版公司曾经评选温哥华港为北美最佳邮轮旅游港口。评选专家认为,温哥华港对邮轮乘客最友好,行李处理方式最适当。整洁的港口和友善的保安人员提升了温哥华的邮轮地位。与其他港口不同,温哥华港提供免费行李车,而其他的港口主要靠搬运工,常常向顾客索要小费。

（四）西班牙巴塞罗那国际邮轮港口

巴塞罗那国际邮轮港口自然条件优越，注重合理的配套建设。巴塞罗那扼地中海出入大西洋的咽喉，水资源十分丰富。巴塞罗那港是西班牙最大的港口，也是地中海沿岸十大集装箱吞吐港之一，客运码头可以容纳9艘邮轮同时停靠，是很多豪华邮轮欧洲线路的重要一站。巴塞罗那邮轮码头是世界邮轮游客和邮轮公司十分青睐的目的港口之一。根据皇家国际邮轮杂志的统计资料，巴塞罗那是欧洲邮轮主要目的地港口之一。巴塞罗那港口位于欧洲南部和地中海的西岸，地理位置优越；同时它也是世界著名的旅游城市，酒店众多，服务精良，机场有国际航班对接，港口有专门为邮轮而设的设施，这些因素都促使巴塞罗那成为邮轮公司的理想基地。巴塞罗那港邮轮码头的设备完善，每年接待大量的游客。这些邮轮码头地处市中心，游客乘坐公交车或出租车进出都十分方便。2001年就有540多艘邮轮到达，带入350万人次国际客流量，其宾馆、餐饮、交通的便利均在地中海各城市中领先，客流量长年不断。

巴塞罗那港口采取政府主导、市场运作的模式，规划完善，注重生态自然环境，与市区近在咫尺，黄金土地黄金海岸，城市寸土如金。然而，巴塞罗那却没有盲目出卖土地开发建设，还曾阻挡了来自世界各地房地产及形形色色的开发商投资者。

巴塞罗那把黄金土地让给了自然，大自然带着清纯的气息涌进城市，一片片草坪，一排排树木，一座座花园使古城焕发着生机。

近些年，巴塞罗那港口正在进行大规模扩建，以保证每5公里都有配套设施的集中区域。同时为了配合港口经济的发展，巴塞罗那还投入巨资发展内陆交通。码头建设合理，注重设施的实用性和便捷性。巴塞罗那的邮轮码头建设标准注重实用性和便捷性，而不是一味地追求规模和奢华，老码头通常沿用以前的轮渡码头或稍加改造。

巴塞罗那歌诗达邮轮码头的候船室和辅助设施均比较精致、紧凑。候船室与码头前沿紧密联系，重在突出码头在组织邮轮游客快速上下船的功能。码头不设一关三检区域，方便了游客通关便利。巴塞罗那歌诗达邮轮码头的候船区域除常规的安全检查设施外，看不到出入境设施、海关的检查通道，也没有类似国内三检机构的检查通道。邮轮码头会给相关机构留有办公室，但一般来说，海关通常不会在邮轮到港时参与检查，除非他们接到报告或者发现有特殊情况时，才会到现场办公；出入境检查一般在邮轮靠岸后立即进行，出入境官员上船检查护照和签证，船上有专门的工作人员负责所有游客护照和签证的管理，负责配合出入境官员的检查工作，检查只是针对证件并不核实对人，整个清关时间通常在10～20分钟，清关后游客即可以上下船。

巴塞罗那的邮轮码头早期由港务局投资建设，属于市政设施，政府不愿意利用纳税人的钱加大投资建设，因此希望吸引邮轮公司入股邮轮码头。比如，歌诗达在巴塞罗那的邮轮码头就是由歌诗达投资建设，港务局将码头租赁给歌诗达，租期25年，到期后所有设施归港务局所有，然后由港务局决定是否继续给歌诗达公司还是其他公司。

巴塞罗那旅游项目丰富，注重合理的商业开发。巴塞罗那邮轮码头宽阔整洁，大道两旁到处是棕榈树、草坪绿地、现代风格的路灯和雕塑装饰。在西班牙码头上还有皇家海上俱乐部和航海俱乐部，可以看到上百艘游艇停泊在港中的壮观景象。最具标志性的当属一座名为"海上兰布拉"的新建木制吊桥,桥身呈波浪起伏的"S"形,桥上立着一段段顶部带曲线的栏杆,远观好像一条条鱼穿行于海中,设计十分巧妙。取名为海上的兰布拉大街,自然显示出它在海港区的重要作用。"海上兰布拉"连接着老港的木材码头和西班牙码头。木材码头是老港最先被改造的区域之一,现已成为一条铺设着方石,并栽种着棕榈树的美丽大道,在道路的旁边建有一排排现代风格的餐厅和酒吧。

巴塞罗那整个城市依山傍海、地势雄伟,气候舒适宜人,市区内哥特式、文艺复兴式、巴洛克式建筑和现代化楼群相互辉映。由和平之门广场到加泰罗尼亚广场之间,以大教堂为中心,有无数值得参观的建筑物。

西班牙是欧洲传统的港口和航运大国,它有海上航运的历史和文化底蕴,政府注重邮轮产业的建设和发展,在政府邮轮产业主管机构的指导下,邮轮产业中游链建设与发展良好,已经形成了自己的邮轮产品特色和较为成熟的邮轮管理与运营体系。例如,巴塞罗那旅游局由巴塞罗那市政府、巴塞罗那工商航海总会和巴塞罗那推广基金会联合参与,致力发展邮轮产业。其中,巴塞罗那工商航海总会直接负责邮轮行业的管理工作,市政府和推广基金会的联合参与有利于邮轮产业发展的协调和资源配置。巴塞罗那旅游局的业务面向全球,涉及如会议、邮轮、度假、文化等行业,进行推广和传播信息等活动,积极参与市内旅游业的推广并协助有关单位提供服务或向国际市场推广其产品,延伸了邮轮产业价值链。

(五)意大利萨沃纳、帕拉莫国际邮轮港口

由于邮轮产品通常是"飞机+邮轮+飞机"的组合,因此临近机场就成为码头选址的必要条件;同时码头周边会聚集大量与邮轮相关的产业。歌诗达邮轮公司的母港萨沃纳就位于意大利的西北部,毗邻法国,距热那亚不到1小时车程,距米兰不到2小时车程。意大利帕拉莫的邮轮码头和城市中心地带紧紧联系在一起,游人步行即可抵达闹市区。邮轮码头的下船口附近有较大的开阔地以备旅游巴士的集散;码头周边有较大规模的停车场,以备驾车乘船的游客使用。这些都是为了便于邮轮游客利用公共交通工具实现快速集散。

意大利的萨沃纳港在接待靠泊上具有较高的专业性,作为专业接待和服务邮轮的港口,既可以满足邮轮在港口集散游客、加载燃油、补充各类物资和提供邮轮养护和维修服务等,又可以围绕港口实现邮轮产业在这一区域的集聚。萨沃纳港是意大利的主要游艇制造基地,同时也是歌诗达邮轮公司最主要的物资供给地。

意大利作为造船大国不仅积极发展邮轮产业链上游,而且拥有自己的品牌邮轮公司。意大利发展邮轮产业的主要做法是利用邮轮产业链上游造船业优势,垄断邮轮上游的邮轮制造市场,成立强有力的行业协会,指导上游造船业在与其他地区的竞争中取得胜利,并以此为突破口形成自己的邮轮旅游市场,构建独特的邮轮文化和邮轮品牌。

(六)澳大利亚悉尼国际邮轮港口

澳大利亚悉尼港的环形码头是渡船和游船的离岸中心地,人们可以选择各种档次和航程的渡船、游船,来欣赏悉尼这一世界最大自然海港的美丽景色。当然这里也成为澳大利亚最繁华的游客集散中心点。这里有停泊设施及潜在的扩展条件,有较好的轮船维护

基地。

澳大利亚悉尼港是一座商业港口和绿色港口相结合的港口,悉尼港务公司是悉尼港的所有者和管理者。该公司致力于保护环境和可持续的经营方式,以确保港口的长期繁荣稳定。悉尼港务公司致力于将可持续性融入业务决策和活动,并已经产生了可持续发展政策,对公司做出的所有决定进行评估,制定可持续发展的框架。悉尼港务公司将可持续发展作为企业根本的社会责任,最大限度地降低风险。作为领导者和倡导者,悉尼港务公司认为自己需要为子孙后代保护有限的环境和资源。

悉尼港口的行为政策建立在环保和商业活动上,其目标是不断地降低该公司所使用的资源量,包括水、能源和原料。

悉尼港务公司在其业务范围内,制定了环保许可证和法规的指导方针,并致力引导其租户及港口业在其指导方针下运作。澳大利亚政府于2007年发布了"国家温室能源报告2007年法案",旨在建立一个全国性的温室气体排放量报告,并致力于减少、清除不必要的能源消耗。该法案的目的是为了减少公司的能源消耗,它也被确立为未来全国碳污染减排计划的一个重要参考文件。该法案要求企业登记和报告其温室气体总排放量和能源的生产消耗情况,以确保他们没有超过政府给定的年度消耗值。目前的数据和分析表明,悉尼港务公司的温室气体排放量和能源消耗量控制在此年度消耗值下。

为了确保实现这些目标,该公司有一系列的环境管理政策和程序。该公司认识到业务决策的重要性,这也促使了企业可持续发展的政策发展,其环保政策包括以下几个部分:

(1) 确保遵守健康、安全和环保的法律,发现缺陷时需采取纠正措施。

(2) 优化效率,所有港口发展需由公司管理,同时最大限度地降低风险并发展港口和周边社区。

(3) 安全、高效地处理货物,并充分考虑到潜在的环境危险因素。

(4) 最大限度减少原料、有毒物质、能源、水和其他资源的使用,并鼓励其他港口用户采取类似政策。

(5) 所有港口员工都需训练有素,且每个岗位24小时都有员工上岗,高效应对各种突发事件。

(6) 为员工续制订培训计划和演习计划,以保持高水准环保意识、安全意识和应急准备。

(7) 与其他监管部门合作经营,以维护港口用户的职责。

(8) 制定各项策略和实施措施,以持续提高港口安全性和环保性。

支持悉尼港务公司发展的关键作用之一是保护环境和社会的利益。港口致力于将利益相关者和当地社区的港口业务的影响降至最低。港口制定了一系列举措以实现这一目标,包括建立咨询委员会和协商委员会,加强投资以升级当地的设施,科学管理,促进港口设施和服务进一步完善。

悉尼港务公司致力于提供安全的服务,工作人员、商业航运、港口邻居、港口环境、港口设施以及游客都至关重要。悉尼港除了维持用于商业航运港口的航行安全和危险品管理条例港区外,也有责任负责突发的海洋事故以及任何环境下发生的泄漏清理,以确保安全港口。

(七)新西兰奥克兰国际邮轮港口

新西兰奥克兰国际邮轮港口重视环保形成港口文化生态功能。奥克兰港是新西兰的最大港口,创建于 1985 年。奥克兰港的码头集中在市区海边,紧挨着繁华的商业中心奥克兰港十分重视环境保护,由于港口紧邻市区,为了降低噪声,专门从欧洲进口了降噪音的码头机械设备。

同时,奥克兰港口实施了一系列噪声控制措施,主要包括以下几个方面:
(1) 与运营商合作,安装额外设备以实现隔音和降噪功能。
(2) 消除或减少大部分重型机械的警笛。
(3) 消除铁路道口报警。
(4) 尽量减少铁路分流移动。
(5) 尽可能将发电机噪音对邻居的影响降到最低。
(6) 与航运公司协商,以进一步降低船舶发电机的噪音。
(7) 确保港口与相近的建筑物间有足够的隔音设施。

减少或消除各种噪声防止扰民是港口的义务,但为了保护工作人员的安全不受损害,警告报警是必不可少的。当人们遇到危险时,港口则根据法律规定选择一切必要手段,为港口员工确保一个安全的工作环境。

奥克兰港致力于经营可持续化,并在环境管理方面具有喜人的表现。港口不断致力于优化环境效益,并提供世界一流的环境管理。其实施项目包括:
(1) 运用实时监控系统,改善电力以及燃料的消耗,减少废物的产生。
(2) 回收纸张、易拉罐、塑料、玻璃,以及其他业务材料。
(3) 与奥克兰市议会紧密合作,识别并清理商业航运偶尔泄漏入海洋环境或舱底的柴油或其他液体。

奥克兰港口系统与新西兰生物安全局密切合作,以减少潜在的威胁,以确保对某些产品的进出口都遵守法规条例。新西兰生物安全局在港口设有办事处,官员与港务人员共同检查货物,紧密合作。其他活动还包括定期的生物安全业务人员培训,以及对码头去污和清洁设施进行例行检查。港口的清洁系统具有一个独立的过滤系统,对废水进行处理,将任何受污染的残留物带走并烧毁。

奥克兰港还提供免费的公共游船,让公众有机会在海上近距离接触港口的服务。港口游览计划长达一个小时,并且在每个工作区域都会有详尽的解说,为所有年龄的人群提供乘船游览的娱乐学习的机会。

奥克兰港口与两个奥克兰学校建立了合作关系,作为学校和商业计划中的一部分,该计划旨在通过加强学校的管治及管理,来减少在新西兰学校教育中的不平等。这也使得奥克兰港口与所在的社区形成良好的基层关系。

奥克兰港口是新西兰最重要的海港,也是国家占主导地位的邮轮港口、车辆进口与集装箱枢纽港口。处理全国 37% 的港口贸易。据相关数据分析,邮轮业在新西兰奥克兰港口据具有高度依赖性。2010 年市场经济估计,奥克兰地区港口(不包括机票和加油)在邮轮经济作用下每接待一位出入境游客可获益 50.3 美元,邮轮业使得奥克兰增加了 791 个就业岗位。

奥克兰港口专注于为广大客户提供最高效的服务，并在市场上拥有持续的生产力。其愿景是在澳洲乃至全世界，成为最好的港口公司。奥克兰港口承诺：

(1) 培训发展拥有卓越领导才能并高度敬业的工作人员。

(2) 为客户提供无与伦比的价值。

(3) 以有利可图的方式发展港口业务。

(4) 作为一个尊重和尊敬的公司，适当承认所有利益相关者的利益。作为新西兰最重要的港口，奥克兰港口的表现在确保和提高国际竞争力上显得至关重要。

(八) 美国罗德岱堡国际邮轮港口

加勒比海的罗德岱堡有着与生俱来的得天独厚的港口位置，位于美国佛罗里达州，北连棕榈滩，南接戴德县，面积约3100平方公里，西边更是有约307万亩的沼泽地，内有长约483公里的水路航道，并且港口充分利用地形，可以供十几艘大型邮轮同时靠港。该港也是美国著名的海空港，距离迈阿密也只有40分钟的行程。罗德岱堡港拥有世界上先进的管理设施系统，能同时供多艘十万吨级邮轮靠港，同时为大约9000名游客提供登船和下船服务，并且往来穿梭的巴士迅速帮助旅客出行。港口配有比较完善的医疗保障体系，以及完善的订票系统、安全系统、登船验证系统和行李托运系统等；先进的信息化服务能够高效率指挥码头内部的交通，为游客出行提供近乎完美的服务。

罗德岱堡港会帮助游客办理好登船的一切手续，包括船票房卡以及行李托运等。快捷方便的登船手续和行李托运帮助游客轻松快速的登船，减少游客在港口内滞留，并且港口在建设过程中都考虑到特殊人群的需要。罗德岱堡作为"美国威尼斯"自然会引来大批游客，港口可以帮助游客预订酒店、船只等，在港口外面的问讯处还可以为游客提供详尽的旅游指南。

罗德岱堡也是一个时尚之城。拉斯维加斯大道罗列着时尚的精品店和高档的零售店，可谓是大劳德代尔堡名副其实的"主街"。豪华的广场购物中心更是最近斥资1亿美元重新装潢后的盛果。完善了各种各样的配套设施，高档的酒店、丰富的活动、完美的景观应有尽有，让游客对这个城市有较为深刻的了解。

罗德岱堡有42000艘注册的游艇，因此有"游艇之都"的美称。并且作为每年秋天最大的国际游船展的举办地，世界上80%的游艇交易是在大罗德岱堡进行的，这也使它在顶级的游船目的地中榜上有名。从60多米长的超级游艇到快艇再到古典帆船，游艇把大罗德岱堡当作他们的归属地。这些奢侈的消费品不仅推动港口的基础建设并且提高了城市的消费水平。

罗德岱堡一年四季阳光明媚，风景迷人，年平均气温在25℃左右，是度假的理想胜地。港口几乎就是建在市中心，游客可以充分利用登船前后或者岸上游（访问港）来到河畔的Stranahan House——城市中最古老的宅邸，从那里可以了解到有关罗德岱堡20世纪初作为印第安人贸易站时的情形。在罗德岱堡须走水路，这里因其发达的运河和水道被称为"美国威尼斯"。在陆地上，在大片的公园和花园中体验大自然。Bonnet House博物馆和花园在市镇中心占地38公顷，里面有天鹅、猴子、兰花和其他异国植物。两座州立公园为罗德岱堡海滩体验增添了一份世外桃源般的乐趣。Hugh Taylor Birch 州立公园占地 72 万平方米,位于海洋和内陆水域之间,除海滩娱乐以外,还提供漂流和徒步旅行的机会。

因为罗德岱堡发达的经济和完善的港口以及西方消费者的消费观念,通常像"皇家加勒比"、"嘉年华"、"挪威邮轮"等公司旗下的最新、最好、最大的邮轮会把这作为母港或者首航或者作为频繁到访的访问港等。

（九）加勒比海牙买加法尔茅斯国际邮轮港口

2011 年,牙买加总理以及有关部长亲自参加了邮轮到港仪式,并且宣布会对邮轮展开一系列优惠措施,争取在未来 10 年内有 800 万游客乘坐邮轮到达法尔茅斯旅游。法尔茅斯作为有名的商都,政府自然会加大其投资力度。

法尔茅斯是牙买加的北岸港口,是世界上第三大自然海港深水港,可以供很多巨型邮轮停靠。同时从 2009 年开始牙买加政府耗资 2.22 亿美金对法尔茅斯港口进行改造,新港口共有三个邮轮码头可接待海外游客。法尔茅斯湾海水清澈、气候温和,是世界著名的帆船停泊港。

法尔茅斯湾小镇环港而建,其购物街滨水而立,又与开放的小街连接,游客在购物的同时还能瞥见美丽的水域,港口、商店和画廊近在咫尺。小镇上的咖啡馆和餐馆座无虚席,游客在这里能够尝遍当地的传统美食。从购物街走不了几步就是柔软的沙滩,游客们在这里尽情地游泳、潜水、冲浪,成了充满欢乐的水上运动乐园。港口把吃、购、娱、运输等功能集于一身,在港口周围就可以满足一部分人需求。

这里原是欧洲殖民者开垦的,居民都是当年黑奴的后裔。他们保留了黑人的那种豪放的热情。他们会带你来到种植园和原始森林的深处,参观各种各样的野果、神奇的草药、树枝上巨大的蚂蚁窝、当年种植园主的庄园等。

法尔茅斯由于是靠贸易以及旅游发展的城市,各种污染很少。港口也是依托有利情形建造,完全没有打破原来的自然风貌。邮轮港口的周围一切也都是那么的美好,几乎一切都是天然的点缀,这完全符合现代游客追求自然,重返自然的旅游原则。

法尔茅斯港位于加勒比海中间的位置,又是著名的帆船港,游客自然会想起加勒比海盗胡克船长的帆船。港口推出的海盗主题会吸引很多人的目光并且帆船会带你航游在法尔茅斯湾,让你体验一下"真正的海盗",欣赏令人大饱眼福的海盗秀。

法尔茅斯城内有法院楼和邮政楼等古建筑,还有世界级的康沃尔郡国家海洋博物馆,馆内收藏了许多小型船只,并以特殊的互动方式展示船只在人们生活中的地位,以及船只在他们的历史文化中的一种文化象征。

（十）迪拜国际邮轮港口

阿联酋的迪拜新邮轮码头的外观设计蕴含十足的当代阿拉伯风味,它集浓厚的海事传统和纯朴热情的好客之道于一体,向世人彰显了迪拜人既传统又现代的人文气息。设计师们在其内外部终端的设计上更是花足了心思,不仅规划巧妙,而且独具一格。传统的拱形建筑模式和尖端的雕刻艺术是构成新邮轮码头外观建设的主要建筑元素。

码头上将提供一系列为游客量身打造的基础服务项目,包括货币兑换、免费上网服务、无线网络、ATM 机、邮局、免税店、纪念品店、礼品店、有残障设施的厕所等。为方便游客得到快捷的服务,这里还设立了昼夜服务的人工信息咨询柜台,同时为游客提供免费地图和宣传迪拜的小册子。

随着迪拜邮轮行业的迅速发展,2009 年有超过 87 艘邮轮承载了大约 26 万名旅客到访阿联酋。到 2010 年,新邮轮码头全面启动后,迪拜接待了 120 余艘邮轮和超过 32 万名的乘客。

二、主要国际邮轮航线

目前,世界游轮航线分布比较集中,加勒比海、百慕大地区占 27%,地中海和欧洲占 21%,夏威夷、美国西海岸、加拿大占 18%,阿拉斯加占 12%,北欧航线占 7%,东南亚、大洋洲占 10%,其他航线占 5%。欧洲、北美集中了世界近一半的邮轮航线,是邮轮的主要市场。

(一)北美主要国际邮轮旅游航线

北美地区邮轮航线密布,由于美国尤其是迈阿密处在这一地区的缘故,北美航线成为全球最繁忙的航线。北美邮轮航线区域主要分为 5 部分:阿拉斯加地区、北美东北部地区、密西西比河及其支流地区、墨西哥太平洋海岸和加勒比海地区。北美地区多数航线由西雅图开往阿拉斯加,主要观光景点为阿拉斯加的冰河、冰川。常见的北美国际邮轮航线有以下几条。

1. 阿拉斯加航线

阿拉斯加是美国远离本土的两个州之一,与加拿大的西北部接壤,靠近北极,拥有众多未被开发的自然资源,其中冰川资源是最丰富和特别的。各家邮轮公司根据不同地段的冰川开发出了多条邮轮航线。阿拉斯加由于受天气限制,邮轮旅游受季节限制。在白令地区,每年 5 月中旬太阳升起后,在随后的 3 个月里将不再落下;每年 11 月中旬日落后,当地居民将有两个月看不到太阳。因此,每年 5 到 9 月是阿拉斯加地区最适合邮轮旅游的季节,也正是观看野生动物的大好时机。阿拉斯加地区最好的邮轮旅游季节是 7 月份,这时邮轮旅游价格也最贵。阿拉斯加邮轮旅行中,游客可以亲身体验冰川、巍峨峻岭、古代森林的壮丽景色以及观赏数不尽的野生动物。旅途中,邮轮航游于壮丽的哈伯冰川及梭亚冰川,穿越内航道并造访多个阿拉斯加历史港口,如史凯威、朱诺、锡特卡及科奇坎。

(1)阿拉斯加内湾航线。

内湾航线之所以得名是因为航线的航道坐落在一长串海岛之内,这一串海岛就像一串天然屏障将航道同波涛汹涌的北太平洋隔开。崎岖的海角、陡峭的悬崖和秀丽的峡湾遍布在整条海岸线上。船在这条航线中行驶,每时每刻都会让人看到不一样的景致。内湾航线的起点是加拿大的温哥华或者美国的西雅图,重点在史卡格威和哈伯冰河。邮轮的内湾航线巡游通常来回需要 7 天时间。冰河湾是最常去的观赏入海冰川的景点,但是阿拉斯加国家公园管理当局对每天进入冰河湾的船只数量有严格的限制,因此,有的邮轮公司选择了替代的景点，朱诺南面的崔西峡湾就是一个理想的选择，同样的还有亚库塔特湾。

维多利亚是不列颠哥伦比亚最南端的港口，鲁伯特王子港是内湾航道最北端的港口，在整个内湾航线里邮轮主要停靠的港口是阿拉斯加东南方的科奇坎、朱诺、史凯威和锡特卡。游客可以在这几个港口停留。

(2) 阿拉斯加海湾航线。

乘坐邮轮进一步深入阿拉斯加海湾，不仅仅能看到内湾航道常年翠绿的岛屿和迷人的峡湾风光，而且能沿着阿拉斯加海湾进一步探寻世界上最遥远最崎岖的海岸线。驶往哈伯冰河的船越过冰河湾经冰峡驶入阿拉斯加海湾。这是世界上最壮观的海岸线之一。在威廉王子湾能看到更多的冰河，其中学院冰河是整个阿拉斯加海湾邮轮航线中的精华。

2. 北美东北部地区航线

该地区的旅游季节从晚春开始至秋季结束，10月的秋季枫叶之旅最受欢迎。同时，该地区的历史也吸引了众多的国际邮轮游客。航线主要往返于纽约和蒙特利尔两座大城市之间，最常见的中途停靠点如下：纽波特港、波士顿、巴尔港、圣约翰市及哈利法克斯市、魁北克市。

美国和加拿大东部拥有世界最著名的秋景，越往北，秋色越迷人。因此，要看色彩缤纷且错落有致的秋天枫景，每年的9月底至10月初是最佳航游时间。这个时候，大部分邮轮常常会安排南上或北下的航线，邮轮所到之处，大多是美加东北部的枫叶胜地。此时乘邮轮航游，气候适宜，大部分区域的温度都让人感觉非常舒适，并且岸上景点的观光客没有七八月份旺季时那么多，风景更显清幽。此外，邮轮有时会在东北部与加勒比海地区之间更改航线，沿途经过的港口有：费城、宾夕法尼亚州、巴尔的摩、马里兰州、诺福克、弗吉尼亚州、查尔斯顿、南卡罗纳州、萨凡纳和佐治亚州等。

3. 墨西哥太平洋海岸航线

在墨西哥太平洋海岸的邮轮航线中，有四条线路最具有代表性。

(1) 第一条线路是从洛杉矶或圣地亚哥出发至墨西哥的恩瑟那达，途中有时会停在圣卡塔利纳。这条航线全年开放，是初次乘坐邮轮的首选邮轮旅游产品。

(2) 第二条线路为单程线路，在阿卡普尔科与洛杉矶和圣地亚哥之间航游。这条航线大多在冬季运营。途经的港口有阿卡普尔科、圣卢卡斯角、马萨特兰、巴亚尔塔港。

(3) 第三条航线是在前面两条航线的基础上适当更改，邮轮从洛杉矶出发，经由三个港口后回到洛杉矶。

(4) 第四条航线从阿卡普尔科出发，沿巴拿马运河航行，途经哥伦比亚、委内瑞拉以及加勒比海等地区。航程一般历时10～16天。

4. 加勒比海地区航线

该地区堪称世界首选邮轮旅游胜地，包括四条邮轮旅游航线：巴哈马群岛(Bahamas)、东加勒比海地区、南加勒比海地区以及西加勒比海地区。虽然冬季在该地区停泊的船舶多于夏季，但大部分邮轮旅游线路是全年运营的。

(1) 巴哈马群岛邮轮旅游航线。

由700多座海岛组成，其中30座岛屿上有居民生活。这些海岛散布在佛罗里达和古巴之间的大西洋沿岸。在该区域既有人声鼎沸的娱乐场所，也有远离尘嚣的静谧之处，丰富的

水下活动更给人们带来了无尽的乐趣。巴哈马群岛海水清澈美丽,能见度可达水下60多米。哈勃岛的粉色沙滩,曾被美国《新闻周刊》评选为世界上最性感的海滩。粉红海滩水清沙细,真正的粉色沙砾是它的最大特点。海滩沿岸有由25座色彩斑斓的小别墅组成的豪华度假地。

(2) 东加勒比海邮轮旅游航线。

东加勒比海邮轮旅游航线一般航行时间通常为7天以上,沿途经过的岛屿有美属维尔京群岛、英属维尔京群岛、圣马丁、安提瓜、瓜德罗普和马提尼克岛以及其他岛屿,如多米尼加、圣卢西亚、圣文森特、格林纳达和圣基茨等。

(3) 南加勒比海邮轮旅游航线。

与加勒比海其他地区相比,前往南加勒比海地区的邮轮旅客一般较少。此线路通常起始或折返于圣胡安或阿鲁巴岛,沿途游历的岛屿有ABC三岛、特立尼达岛、巴巴多斯岛等。此外,该线路有时还包括南美大陆的部分岛屿,如委内瑞拉的拉瓜伊尔和哥伦比亚的卡塔基纳等。

(4) 西加勒比海邮轮旅游航线。

邮轮经过巴哈马航线上的佛罗里达诸港口,可以快速便捷地进入西部加勒比海地区,偶尔也可以经过休斯敦、加尔维斯顿或者新奥尔良。在某些时间,西加勒比海邮轮旅游航线还包括墨西哥大陆的部分港口。值得注意的是,大多数加勒比海西部地区的邮轮航线都以巴哈马群岛的拿骚为终点,因而吸引了众多邮轮游客。

(二) 欧洲主要国际邮轮旅游航线

欧洲具有温和湿润的气候、领先世界的经济、博大精深的文化、安逸自在的生活,是世界上受欢迎的邮轮旅游目的地之一。除了少数几个地方(如瑞士)外,沿着海上航线或河流可以到达欧洲大陆的大部分城市。每年5月至9月均是游览欧洲的最佳季节。欧洲航线可供选择的较多,想感受清新的气象,可选乘北海航线;想享受热带小岛式风情,可选择亚欧线;想游览历史古迹,可选择波罗的海及俄罗斯航线。欧洲的夏天有许多精彩的邮轮航线,如:北欧波罗的海航线、北极圈航线、黑海航线等,但最受欢迎的航线仍然应是地中海希腊群岛和土耳其爱琴海岸的游程,桑托林岛和米科诺斯岛正是这条航线令人惊叹的高潮。

欧洲邮轮航线多为长期航线,邮轮的吨位也相对较大。线路设计大多以文化为主题,游客多以探索为目的,所停靠的目的地特点鲜明,并且在邮轮上会说中文的服务非常少,所以对游客的要求也相对较高,需要他们语言能力较强、对当地的风俗人情和习惯礼仪有一定的了解。

晚春时节和夏天,一些邮轮驶往位于波罗的海和北海的北欧港口和挪威峡湾。这条线路时间通常比地中海线要长(一般为10~14天),而且价格比较高。邮轮从南安普顿、多佛、蒂尔伯里、斯德哥尔摩、阿姆斯特丹、汉堡和哥本哈根出发可以前往挪威峡湾和极昼地区,可以环游英伦诸岛或者前往北欧的城市:阿姆斯特丹、奥斯陆、赫尔辛基、斯德哥尔摩、哥本哈根、汉堡、波兰的戈丁尼亚、爱沙尼亚的塔林、瑞典的维斯比和圣彼得堡。

南欧航线是指意大利南部和西班牙南部地区,有的还包括北非,通常这条航线同地中海航线交织在一起。每年春天,伴随着绝大多数邮轮公司加勒比海黄金季节的结束,邮轮纷纷拔锚驶往地中海。在转场过程中，一些邮轮在进入地中海以前，沿途停靠马德拉和加那利群岛、摩洛哥和里斯本。还有一些邮轮前往英格兰的南安普顿，南安普顿现在已成为地中海邮轮航线的一个主要出发港。地中海与亚、非、欧三大洲接壤，连接十几个国家，有着大量的邮轮目的地，邮轮停泊的港口从大都市到田园牧歌式的岛屿，邮轮旅游的行程从一周到两周都有。

欧洲地区的五条主要国际邮轮航线为：西地中海邮轮航线，东地中海邮轮航线，大西洋沿岸邮轮航线，爱尔兰、大不列颠和北海地区邮轮航线和波罗的海邮轮航线。其中，绝大部分航线的行程持续 7~14 天，运营时间大多在晚春、夏季和早秋。

1. 西地中海邮轮航线

西地中海邮轮航线最受欢迎的登船和登陆港口是西班牙的巴塞罗那、法国的勒阿弗尔和意大利的罗马、巴利阿里群岛、直布罗陀海峡、科西嘉群岛以及马耳他岛等，处于西班牙南部的非洲国家摩洛哥通常也被列入该邮轮航线中。另外，有些邮轮还会穿过直布罗陀海峡到达大西洋的加纳利群岛。该航线途经西班牙赛利维亚、意大利罗马、土耳其以弗所、法国巴黎、苏格兰爱丁堡、意大利佛罗伦萨、希腊雅典、英格兰伦敦及比利时布鲁塞尔等国际著名旅游目的地。

2. 东地中海邮轮航线

东地中海邮轮航线从威尼斯、雅典、伊斯坦布尔出发，希腊以及科孚群岛、米科诺斯岛、克里特岛、桑托林岛和罗得岛是十分受欢迎的邮轮旅游目的地。另外，位于非洲的埃及和中东的以色列也是该航线经常经过的地区。米科诺斯镇是基克拉迪建筑风格的代表。如今的米科诺斯岛被西方游客比作"最接近天堂的小岛"，那里有米科诺斯式的"天体海滩"。希腊的桑托林岛到处是白墙、蓝顶的教堂，而亚得里亚海的杜布罗夫尼克也值得一去，岛上保留着不少古堡和古城墙，别有一番景象。在历史上，桑托林岛曾多次爆发火山，其中最剧烈的一次爆发是在公元前 1500 年，造成岛屿中心大面积塌陷，形成了我们今天看到的月牙状。1956 年，火山又一次喷发，岛上的城镇再度崩溃。桑托林火山下的世界成了历史之谜，不少人认为这里就是希腊神话中"大西洋中的极乐世界"的所在地。

3. 大西洋沿岸邮轮航线

大西洋沿岸邮轮航线通常途经葡萄牙、法国、西班牙、爱尔兰和英国。其中，一条较长的航程起点是西班牙南部海岸马拉加，绕行至葡萄牙的里斯本，继续北行至法国的波尔多，最后结束于英国的伦敦。另一条较短线路则起始于里斯本，结束于巴黎北部的勒阿弗尔。

4. 爱尔兰、大不列颠和北海地区邮轮航线

爱尔兰、大不列颠和北海地区邮轮航线上的城市和文化闻名于世，风土人情别具风格，因此该航线也变化多样，有时航线环绕爱尔兰，有时则环绕大不列颠。常见的航线起始于英格兰，途经比利时、荷兰部分港口（如阿姆斯特丹）、德国的汉堡、挪威及其西部峡湾海岸、丹麦的歌本哈根等旅游目的地。

5. 波罗的海邮轮航线

波罗的海邮轮航线一条从汉堡或哥本哈根出发，行至瑞典的斯德哥尔摩，结束于俄罗斯的圣彼得堡。汉堡是德国的第二大城市，仅次于柏林，也是世界上著名"水上城市"之一，是

欧洲拥有桥梁最多的城市。

丹麦首都哥本哈根是旅游和娱乐的天堂，主要古迹集中在市区，公园、喷泉遍布城市各地，酒吧里的音乐通宵达旦。根本哈根共有20多个可供人们参观的博物馆和十多个大大小小的公园。

斯德哥尔摩位于波罗的海西岸，是瑞典首都与第一大城市、北欧第二大城市，濒临波罗的海，位于梅拉伦湖入海处，风景秀丽，是著名的旅游胜地。斯德哥尔摩市区分布在14座岛屿和一个半岛上，70余座桥梁将这些岛屿联为一体，因此享有"北方威尼斯"的美誉。

波罗的海邮轮航线另外一条则偏南航行，途经立陶宛、拉脱维亚和爱沙尼亚三个波罗的海国家。从俄罗斯进入波罗的海三国的第一站是立陶宛首都维尔纽斯。维尔纽斯是千年古城，建城始于公元10世纪，历史上曾属于不同的国家。维尔纽斯是一个相当适宜步行游览的城市，其旧城规模较大，是欧洲最大的旧城之一。这里有着古老石板路，弯弯曲曲的街道非常整洁，保留下来的哥特式、文艺复兴时期和巴洛克式的建筑已经维修翻新，色彩明丽而又和谐。维尔纽斯旧城内有将近1500座建筑物，最有价值的历史文化遗迹都集中于此，因而被列入世界文化遗产名录。

拉脱维亚是东北欧小国，首都里加。13世纪里加成为波罗的海东部的贸易中心，是汉萨同盟的主要城市之一。在城市得到很大的发展的同时，也成了各国争夺的焦点，先后被德国、波兰、瑞典和俄国占领，几百年来积累起丰富的历史遗产里加旧城也被列入世界文化遗产名录。除旧城的建筑外，游览里加不可错过市区西部的新艺术建筑。里加由于有相当数量新艺术建筑，因此被誉为欧洲"新艺术建筑之都"。

爱沙尼亚是东北欧小国，首都为塔林。从里加继续往北，便来到爱沙尼亚首都波罗的海海滨城市依山傍水的塔林，它是这三国中最美的城市，城市依山而建分为上城和下城。从山上或海上看塔林，无数教堂尖顶构成名副其实的塔之森林。

（三）中美洲和南美洲主要国际邮轮旅游航线

中美洲是指墨西哥以南、哥伦比亚以北的美洲大陆中部地区，是连接南美洲和北美洲的狭长陆地。中美洲包括危地马拉、伯利兹、萨尔瓦多、洪都拉斯、尼加拉瓜、哥斯达黎加和巴拿马7个国家。南美洲位于西半球的南部，东濒大西洋，西临太平洋，北濒加勒比海，南隔德雷克海峡与南极洲相望。一般以巴拿马运河为界同北美洲相分，包括哥伦比亚、委内瑞拉、圭亚那、苏里南、厄瓜多尔、秘鲁、巴西、玻利维亚、智利、巴拉圭、乌拉圭、阿根廷、法属圭亚那等13个国家和地区。

中美洲和南美洲区域地形多种多样，文化缤纷多彩，名胜古迹各不相同，有许多港口和景点可供游玩。中美洲是世界上最主要的生态旅游目的地之一，穿越巴拿马运河邮轮或西加勒比海邮轮旅游航线上的邮轮经常将中美洲作为重要的旅游目的地。南美洲大西洋沿岸的邮轮旅游业颇受世界各地游客欢迎，比较典型的航线是从波多黎各的圣胡安或巴西的里约热内卢起航，其间中途停靠点包括法属圭亚那海岸外的魔鬼岛以及贝伦、累西腓和萨尔瓦多等巴西部分城市。部分航线沿亚马孙河逆流而上，一路到达玛瑙斯。另外，该地区有时开通至南美太平洋海岸的邮轮旅游航线，甚至会为游客提供长达一个月的周游南美的旅程。该条航线途经巴西的里约热内卢、乌拉圭的蒙得维的亚、阿根廷的布宜诺斯艾利斯、马尔维纳斯群岛,穿过麦哲伦海峡到达南美洲的南端之前"绕行"至南极洲,这也是目前邮轮所能到达的最遥远的地方之一。

中美洲与南美洲最具代表性的三条航线是:

(1) 洛杉矶或圣地亚哥—圣卡塔利娜—墨西哥恩塞纳达邮轮航线。

该航线往返3~4天,全年开放,老少皆宜,尤其适合初次邮轮旅游者。

(2) 墨西哥阿卡普尔科—洛杉矶或圣地亚哥(两个方向中任意一个)邮轮航线。

该航线为单程航线,多为冬季运营,途经潜水最为闻名的阿卡普尔科、墨西哥加利福尼亚半岛最南端的圣卢卡斯角、墨西哥最大的港口马萨特以及未经开发的原始海滩巴亚尔塔港等。

(3) 墨西哥阿卡普尔科—巴拿马运河—洛杉矶邮轮航线。

该航线航程10~16天,墨西哥阿卡普尔科出发,途经巴拿马运河,途经圣地亚哥、委内瑞拉以及加勒比海地区,回到洛杉矶。

中、南美洲邮轮航线能领略中美洲5国的独特风情,探索被誉为世界七大工程奇迹的巴拿马运河。巴拿马连接中美洲和南美洲大陆,有"世界桥梁"、"宇宙心脏"之称。巴拿马运河从南至北沟通大西洋和太平洋,全长81.3千米,水深13~15米,河宽150~304米。整个运河的水位高出两大洋26米,设有6座船闸。船舶通过运河一般需要9个小时,可以通航9万吨级的轮船。邮轮可以由加勒比经过巴拿马船闸,通过世界上最大的人造湖泊进入运河。科隆是巴拿马运河加勒比海入口处的巴拿马港口城市,从太平洋进入运河的邮轮通常停泊在阿马多堡。游客可以在这两处参加岸上观光团队游览整个运河地区。运河航线停泊的港口可能还有:巴拿马加勒比海一侧的圣布拉斯岛,哥斯达黎加太平洋一侧卡尔德拉港、大西洋一侧的利蒙港,危地马拉的克萨尔港。该航线也可以领略到玛雅文化的奇妙。玛雅文化是世界重要的古文化之一,更是美洲非常重大的古典文化。玛雅文明孕育、兴起、发展于今墨西哥合众国的尤卡坦半岛。由于墨西哥北部同美国相连,邮轮通常把墨西哥分成东岸和西岸两部分分别设计航线,东岸同加勒比地区一起组成加勒比航线,西岸就是我们通常所说的墨西哥斯里维拉。所谓的墨西哥斯里维拉是指从北面的马萨特兰到南面的阿卡普尔科的一系列港口城市和度假胜地,是传统的邮轮目的地。它包括阿卡普尔科、卡波圣卢卡斯、伊斯塔帕、马萨特兰和巴亚尔塔港。南美洲阿根廷、巴西的里约热内卢、复活节岛、五月广场、里约大教堂、国会广场、伊瓜苏大瀑布也是中、南美洲邮轮航线邮轮不容错过的景点。

(四) 太平洋主要国际邮轮旅游航线

太平洋地区由于拥有成千上万个热带岛屿而成为全球游客的理想的旅游目的地。南太平洋地区的邮轮旅游航线主要经过塔西提和斐济以及巴布亚新几内亚、新喀里多尼亚、瓦努阿图、萨摩亚、拉罗汤加和库克群岛。另外,向南环绕新西兰和沿澳大利亚东海岸的邮轮旅游航线也很受欢迎。南太平洋地区的大部分邮轮旅游从11月到次年4月持续运营,因为这时南半球气候最为宜人。夏威夷是太平洋航线中最受游客欢迎的邮轮目的地。太平洋是位于亚洲、大洋洲、美洲和南极洲之间的世界上最大、最深、边缘海和岛屿最多的大洋,约占全球总面积的三分之一。从南极大陆海岸延伸至白令海峡,跨越纬度135°,南北最宽15500公里。因此,太平洋也是邮轮旅游活动最活跃的水域之一。与南大西洋比较,南太平洋并不是

一片汪洋大海,而是点缀着众多星罗棋布的小岛,而且许多是火山岛。太平洋航线中夏威夷、大溪地、澳大利亚、新西兰等都是热门的邮轮旅游目的地。

太平洋邮轮航线主要包括如下几条:

(1) 夏威夷、大溪地及南太平洋邮轮航线。

夏威夷群岛位于美国本土西南。环夏威夷岛屿间的邮轮航线提供夏威夷四个主要岛屿欧胡岛、茂宜岛、可爱岛和大岛间的巡游,在每个岛屿邮轮停泊的时间通常是一到两天。如果搭乘从火奴鲁鲁出发并且返回火奴鲁鲁的邮轮航线,游客可以在登船前或者离船后根据自己实际情况在火奴鲁鲁多游玩几天。

挪威邮轮公司(NCL)提供火奴鲁鲁往返的环夏威夷岛屿航线。根据美国法律规定只有悬挂美国国旗的船只才能在美国水域航行而不需要经停其他国家,挪威邮轮公司的美国之傲号邮轮是邮轮家族中为数不多的悬挂美国国旗的船只。环夏威夷岛屿邮轮航线一般分为7天、10天和11天三种。7天的行程包括在可爱岛和茂宜岛各过一个晚上,1天在大岛的希洛1天在大岛的柯纳;10天的行程包括在火奴鲁鲁过一晚,两整天在可爱岛,3天在茂宜岛(两天在卡胡卢伊,一天在拉海纳),以及在希洛和柯纳各一整天;11天的行程增加了范宁岛的行程,减少了夏威夷港口的停泊时间,增加了海上巡航的时间。一些邮轮公司提供了从美国本土到夏威夷的邮轮航线,这些航线的美国本土基地是洛杉矶和圣迭戈,来回航行大概需要两周时间。

(2) 大溪地—汤加—库克群岛—斐济—新西兰邮轮航线。

汤加有许多稀有珍奇的热带动植物,各种形状的环礁及泻湖,有火山湖和可以与日本富士山媲美的卡奥火山。库克群岛是一个位于南太平洋上,介于法属波利尼西亚与斐济之间,由15个岛屿组成的群岛。其整个群岛原则上分为南北两个组团。其中,南组团包括首都阿瓦鲁阿所在的最大岛拉罗汤加岛在内的九个岛屿,大部分都是火山活动造成的岛屿,土壤肥沃、热带植被非常丰富。斐济群岛共和国,首都为苏瓦,被誉为"全球十大蜜月度假地之一"。

普通的大海是蓝色的,但是斐济的大海却是彩色的。因为无数奇形怪状、色彩斑斓的海鱼在水里畅游,将大海装扮的五彩缤纷。斐济拥有300多个大小不一的岛屿,这些岛屿被环状的珊瑚礁包围,所以成了鱼儿的天堂。虽然岛屿众多,但是每个都很精致,最大的岛是美地来雾岛。

(3) 向南环绕新西兰和沿澳大利亚东海岸邮轮航线。

新西兰北岛东北海岸小海湾,湾岸长800公里,包括150多个小岛。想了解早期欧洲人在新西兰戏剧性的殖民历史,可以从美丽的岛屿湾开始。正如地名所示,这地方也是深海钓鱼、观赏海豚和进行其他水上活动的好去处。从派希亚乘渡船可以前往风景优美的拉塞尔,拉塞尔曾经是新西兰的首都。

(4) 悉尼—艾丽海滩(大堡礁—凯恩斯—约克角—威利斯岛)邮轮航线。

大堡礁位于澳大利亚东北部,它的大部分礁石隐没在水下,露出海面的成为珊瑚岛。这里阳光充足,空气清新,海水洁净,礁石嶙峋,是海洋动物的乐园。优美的环境成为人们旅游观光的好地方。凯恩斯四周遍布着茂密的热带雨林,海岸则是绵延的纯白沙滩,湛蓝的海洋与活跃的海洋动物,这些都构成了绝美的景色。它位于澳洲大陆东海岸最北端,是最接近世界七大奇景——大堡礁的观光城市。要到巴布亚新几内亚,或到以珍珠产地闻名的星期四岛、约克岬的卡宾塔利亚湾、大堡礁等著名度假胜地,都必须经过凯恩斯。靠近赤道的凯恩斯,被称为热带之都。它背倚壮丽高山,至今仍保持着大片原始状态的潮湿热带雨林,环绕赤道的潮湿热带雨林被称为"地球之肺",是调节全球气候的生命带。威利斯岛为珊瑚群岛中的一个岛屿,岛上茂密的热带丛林郁郁葱葱;周边银色的沙滩外碧蓝的海水下,可看到五颜六色的珊瑚礁平台。

(五)亚洲主要国际邮轮旅游航线

亚洲邮轮航线一般以短程为主,航行历时从 24 小时以内到 2~3 天不等。亚洲地区 7~14 天的邮轮长途航线一般是西方邮轮旅游航线之一,有的是环球海上旅程的其中一段,有的则是定期或跨区航线的邮轮旅程。由于中国香港和新加坡是亚洲的著名旅游目的地,因此两地成为这类邮轮旅游航线的主要中转港。亚洲是一个快速发展的新兴邮轮旅游市场,许多邮轮公司都迫切希望开拓这片区域。特别是随着中国和印度经济的快速发展和国民收入水平的大幅提高以及人口数量的增加,极具前景。近年来,越来越多的邮轮公司在开发新航线以满足那些想乘邮轮去远东游玩的游客,越来越多的邮轮公司正在试图开辟亚洲的新兴客源市场。亚洲三大主要区域邮轮枢纽港口分别是上海、中国香港和新加坡。亚洲还有其他母港在不断兴起,如天津、厦门、三亚、横滨、福冈和釜山,亚洲邮轮市场充满前所未有发展潜力和活力。

亚洲主要邮轮航线如下:
(1) 新加坡为母港的泰国、越南 8 天 7 晚邮轮航线。
(2) 日本—仁川—首尔—仁川—大连—长白山等邮轮航线。
(3) 香港为母港的印中探索 6 天 5 晚邮轮航线。
(4) 上海为母港的福冈、济州岛 5 天 4 晚邮轮航线。
(5) 以横滨为母港的俄罗斯、北海道 10 天 9 晚邮轮航线。
(6) 亚洲新加坡、中国香港、上海、横滨等各母港之间的邮轮航线。
(7) 新加坡—泰国—马来西亚—婆罗洲邮轮航线。
(8) 泰国—越南—新加坡—印度—斯里兰卡—马尔代夫邮轮航线。
(9) 中国香港—三亚—越南岘港—河内邮轮航线。
(10) 东京—仁川—首尔—仁川—天津—北京邮轮航线。
(11) 日本—釜山—济州岛—金刚山邮轮航线。
(12) 日本—济州岛—上海—苏杭等邮轮航线。

在东南亚地区,邮轮最常造访的地点是马来西亚、新加坡、泰国等国。邮轮在马来西亚的停泊地通常有槟城、巴生港和兰卡威。婆罗洲又称"加里曼丹岛",分属于马来西亚、文莱和印尼三国。邮轮在婆罗洲的停泊地有东马来西亚沙巴州政府所在地哥打基纳巴卢市和文莱首都斯里巴加湾市。菲律宾首都马尼拉是邮轮的停靠港之一。新加坡是邮轮在东南亚的主要停泊港。邮轮通常停靠泰国的曼谷、芭提雅、苏梅岛和普吉岛。邮轮在越南通常停靠胡志明市(又称"西贡")、岘港和河内。

东北亚地区又被称为远东地区,主要由中、日、韩三国构成。中国大陆的上海、三亚、天津、青岛等地是邮轮的停泊港口;中国香港作为邮轮航线的枢纽,是许多亚洲邮轮航线的中

途站。不论是中国大陆、韩国或日本的迷人风貌,还是印尼、泰国、马来西亚、新加坡和菲律宾的热带风情,这些目的地都和香港近在咫尺。邮轮经常访问的日本城市有横滨、鹿儿岛和长崎,最近又增加了冲绳、福冈等城市。邮轮在韩国主要停靠釜山、济州岛、仁川港口。

在东南亚邮轮航线中,游客可以游览印度尼西亚的三宝垄、巴厘岛,泰国的普吉岛,马来西亚的巴生港、槟城等著名旅游目的地。"三宝垄"的名字就起源于中国的航海英雄——郑和。巴厘岛有"天堂岛"等美称,这里自然风光引人入胜,是天然的度假胜地。岛上的沙努尔、努沙杜尔等处的海滩沙细滩阔、海水湛蓝清澈,是该岛景色最美的海滨浴场。普吉岛遍布海滩和海湾,有以清净著称的卡马拉海滩,有私密性风格的苏林海滩,有经常举行海上运动的珊瑚岛,还有夜生活较丰富的芭东海滩等。巴生港旧名"瑞天咸港",是马来西亚最大港口。槟城中各种移民的文化聚集一堂,形成独特的城市面貌和氛围;同时这里海陆空交通非常发达,是马来西亚的大港口之一,也是马来西亚唯一的自由港、马来西亚第二大城市,地位仅次于首都吉隆坡,是亚洲经济发展中的一颗明珠,这些都吸引了大批游客。

印度的旅游项目大致分为三大部分:

首先是古堡陵园,著名的有红堡、胡马雍陵、泰姬陵,代表了印度建筑艺术的最高水准;甘地陵是印度国父"圣雄"甘地的陵墓。

其次是印度古老的佛教圣地圣迹。印度是佛教的发源地,印度最著名的城市是加尔各答和孟买,二者都是独具风情的热带海滨城市。鹿野苑是释迦牟尼初传法轮之地;居师那迦是佛陀圆寂的地方。其他著名的还有王舍城、那兰陀寺等。

最后是参观印度的石窟神庙,那里有许多色彩斑斓、多姿多彩的佛教塑像、雕刻和绘画,是研究印度古代文化艺术的绝佳之地。斯里兰卡原名"锡兰",语意为"光明富饶的乐土"。

斯里兰卡拥有丰富的自然文化遗产和独特迷人的文化氛围,被誉为"印度洋上的珍珠"。斯里兰卡的上空满是浓郁的香料味道,这片乐土的魅力则凭借香气的弥漫,罩于古城神殿、寺庙森林之上。美丽的蝴蝶和鸟类以及充满生气的动物更使得这块土地充满异域风情,让人流连忘返。

马尔代夫由北向南经过赤道纵列,形成了一条长长的礁岛群岛地带。1000多个岛屿都是因为古代海底火山爆发而造成,有的中央突起成为沙丘,有的中央下陷成环状珊瑚礁圈,点缀在蔚蓝色的印度洋上,像一串串的宝石,海水清澄,煞是美丽。马尔代夫只有200多个岛屿有人居住,其余全是无人岛,很多游客喜欢租用小船前往这些无人荒岛寻幽探秘,体验一下自由奔放的原始风情。马尔代夫的最大特色,就是其周围的水域拥有超过700多种的鱼类,以珊瑚鱼居多,它们的颜色、形状千奇百怪,令潜水爱好者大饱眼福,乐而忘返。

越南著名的海上胜景下龙湾由于地势陡峭,大部分岛屿杳无人迹,因此得以保持其自然风光,联合国教科文组织已授予它"世界文化遗产的称号"。下龙湾,意为神龙入水的海湾。在这1500多万平方米的青绿海面上,聚集了3千个石灰岩岛屿,因此又有"海上桂林"的美誉。

台湾四周沧海环绕,境内山川秀丽,到处是绿色的森林和田野,加上日照充足,四季如春,所以自古以来就有"美丽宝岛"的美誉,早在清代就有"八景十二胜"之说。作为著名的世界旅游胜地,台湾岛上的风光,可概括为"山高、林密、瀑多、岸奇"等几个特征。

（六）非洲主要国际邮轮旅游航线

非洲航线又称好望角航线，苏伊士运河凿通之前，它是从欧洲到东南亚、东亚的唯一海上通道。目前，无法通过苏伊士运河的大型船舶仍要利用这一航线。非洲的东北端隔苏伊士运河与西亚相连，北部隔地中海与欧洲相对，东西两侧分别为印度洋与大西洋。在东非和印度洋上邮轮停泊的港口有：迪拜、马达加斯加、蒙巴萨、桑给巴尔、毛里求斯、留尼汪岛、塞舌尔群岛和马尔代夫群岛。

非洲地区的主要邮轮旅游航线如下：

(1) 突尼斯和摩洛哥等西北非邮轮航线。

这条航线有时包括加那利群岛和马德拉群岛，一般在5—10月之间运营。西北非邮轮航线上突尼斯的拉古来特，北非摩洛哥的卡萨布兰卡都是邮轮经常停靠的旅游目的地。拉古来特是突尼斯的阿拉伯人居住区（或称老城区），内藏有700余座纪念建筑，其中以三座清真寺最具代表性。这里的博物馆收藏了自史前时代到所有有关突尼斯的历史，当然也包括了迦太基城的历史。这里回荡着铁匠、制帽者、地毯商贩、虔诚祷告者的声音，令人流连忘返。卡萨布兰卡得名于西班牙语，意即为"白色的房子"。

卡萨布兰卡又称"达尔贝达"，是摩洛哥第一大城市。好莱坞电影《卡萨布兰卡》更是让这座白色之城闻名全球。卡萨布兰卡是摩洛哥最大港口城市，濒临大西洋。从海上眺望这座城市，是碧蓝无垠的天空和海水，中间夹着一条高高低低的白色轮廓线。有时候大西洋上海浪滔天，港内却水波不兴。南北绵延几十公里的细沙海滩，是世界上最好的天然游泳场之一。沿岸的旅馆饭店和各种娱乐设施掩映在一排排整齐而高大的棕榈树和橘子树下，景色迷人。

(2) 非洲东海岸邮轮航线。

该邮轮航线停靠的主要旅游目的地有肯尼亚的蒙巴萨或坦桑尼亚的达累斯萨拉姆以及桑给巴尔岛、马达加斯加岛、塞舌尔、科摩罗、留尼旺和毛里求斯等印度洋各岛屿。例如：哥诗达豪华邮轮毛里求斯—马达加斯加—塞舌尔—科摩罗群岛—印度洋14晚之旅的航线，就经过非洲的路易港（毛里求斯）、马埃岛（塞舌尔）、诺西贝岛（马达加斯加）、迪耶果苏瓦累斯（马达加斯加）、塔马塔夫（马达加斯加）、圣·德尼（留尼汪岛）。

(3) 非洲南海岸邮轮航线。

该邮轮航线一般沿非洲东海岸航行，不返回至蒙巴萨和坦桑尼亚，而是前往南非、莫桑比克纳米比亚等非洲南部国家。这条航线可欣赏美丽的葡萄牙岛屿、繁华的港口城市德班等。莫桑比克的巴扎鲁托、因哈贝姆、马普托、葡萄牙属岛屿，纳米比亚的鲸湾港，南非的开普敦、德班、莫塞尔贝、留尼旺岛的加莱角都是该航线邮轮可以停靠的港口。

德班是个独特的度假胜地，坐落在南非夸祖鲁省，是南非第二大城市。该市由英国殖民者在1835年建成，是以开普敦当时的总督班杰明·德班爵士命名。德班是南非数一数二的海滩度假胜地，一年四季有海滩气候和轻松的气氛。德班地处非洲的最南端，气氛超凡，因此被称为非洲"最繁忙和管理最佳的港口"。

(4) 非洲西海岸邮轮航线。

该邮轮航线一般于11月到翌年3月运营。这条航线上可以游览号称"非洲的瑞士，世

界的公园"的圣多美岛和普林西比岛。圣多美和普林西比是几内亚湾岛国,独特的地理位置、优美的自然景观为圣多美和普林西比提供了非常丰富的旅游资源,现在圣多美和普林西比已成为热带非洲著名的度假胜地之一。相传很久以前,一位富有的商人独自驾艇远航,航经附近海面无意中发现该岛,继而又发现与之毗邻的其他岛屿。因为当天恰巧是《圣经》中一个叫作"圣多美"的节日,为了纪念这个富有意义的发现,这位商人将岛屿命名为圣多美。圣多美因此而得名并沿用至今。由于地处赤道,这里一年有半年下雨,气候湿润,终年青翠,为一美丽而幽静的花园国家。

(5)往返于埃及的阿斯旺和卢克索之间的尼罗河邮轮航线。

该线路全年开放,并有专供邮轮旅游的租用内河游船,因为大型的邮轮旅游船舶无法沿尼罗河航行。例如:阿斯旺—科翁坡—埃德福—卢克索航线,可以欣赏到阿斯旺大坝、克莱神庙、古埃及人遗留下的尚未完成的尖方石碑、科翁坡神庙、埃德福神庙、帝王谷、孟农神像、卡尔奈克神庙群、卢克索神庙等名胜古迹。

(七)跨洲主要国际邮轮旅游航线

跨洲邮轮旅游通常开始于在一大邮轮旅游区域旅游旺季的末尾,连接到另一大邮轮旅游区域的另一旺季,目的是充分利用旅游淡季可能被闲置的邮轮,以使邮轮旅游业务得到持续性的经营。例如,可以将冬季闲置在阿拉斯加地区的邮轮转移到热带地区经营。近几年,邮轮环球旅游越来越收到世界各国邮轮游客的欢迎。100多年以前,人们环球旅行涉及的目的地其实非常有限,如伦敦—埃及—印度—中国香港—日本—旧金山—纽约—伦敦,但由于当时受到交通工具的限制,完成那样的旅行就像创造了一个奇迹。乘坐邮轮环游世界一般从冬季开始,航程固定,通常从伦敦和纽约出发,经过巴拿马运河进入南美、太平洋,经日本、中国、泰国、新加坡、澳洲,在经过印度、中东和地中海回到欧美。1922年,丘纳德轮船公司的拉哥尼亚号邮轮首次开始环游世界。次年3月30日,拉哥尼亚号邮轮经过130天的旅程抵达了纽约市,成为第一艘完成环球旅行的邮轮。随着加勒比海、地中海这类短途邮轮航线的日渐兴盛,已经很少有邮轮公司再去经营跨洲航线。但在每年的春秋季节当邮轮公司的邮轮进行转场航行时,邮轮公司也提供这类邮轮产品。

跨洲的邮轮旅游航线大都在9月、10月和11月运行,常见的跨洲邮轮航线有:

(1)从欧洲横跨大西洋至百慕大群岛、巴哈马群岛、加勒比海、巴拿马运河及南美洲的邮轮航线。

百慕大地区因其富有神秘色彩的地理资源已经发展成为全球邮轮游客跨区旅游的首选目的地,是许多季节性邮轮航线的终点站。百慕大群岛属英国海外自治领地,气候温和潮湿,年平均温度21℃。百慕大群岛的地表由海底火山锥上覆盖的石灰岩和珊瑚礁形成,土壤肥沃。天然以及人工植被繁茂,草木苍翠,花红似火,处处可见碧绿的海水、粉色的沙滩。这些自然景观与百慕大群岛特有的雪白色屋顶建筑相映成趣,妙不可言。百慕大群岛的哈密尔顿、国王码头、圣乔治镇都有适合邮轮停靠的港口。

(2)从地中海经由苏伊士运河至非洲东海岸及附近岛屿或亚洲地区的邮轮航线。

该邮轮航线的游客既可以饱览地中海地区的文明古迹,又可以欣赏东非以及亚洲各地的美景。

（3）从阿拉斯加沿美国西海岸顺流而下至墨西哥、巴拿马运河或加勒比海地区的邮轮航线。

该邮轮航线有时还会沿途转至夏威夷。这条邮轮航线把北美洲、中美洲、加勒比海地区都串联在了一起。如果转到夏威夷，就从遥远的北部阿拉斯加来到了热带的太平洋沿岸地区。

（4）从阿拉斯加横跨太平洋至夏威夷、亚洲或南太平洋地区的邮轮航线。

该条邮轮航线可以欣赏到形态各异的岛屿，斐济、新喀里多尼亚岛、所罗门群岛、瓦努阿图、汤加、库克群岛（新西兰属地）等各地美景将尽收眼底。

第二节　我国主要邮轮港口和邮轮航线

上海国际航运研究中心2015年发布的《2030年中国航运发展展望》预测，2030年，中国每年邮轮旅客量将达到800万～1000万人次，成为全球第一大邮轮旅游市场。邮轮旅游的迅速发展将促成中国四大邮轮港口集群，分别是环渤海邮轮港口集群，南海邮轮港口集群，长三角邮轮港口集群，东南沿海邮轮港口集群。基于四大邮轮港口群，将催生8家至10家本土邮轮公司。近年来，政府主管部门及沿海各地政府纷纷出台政策扶持邮轮产业的发展。2014年，交通运输部出台了《关于促进我国邮轮运输业持续健康发展的指导意见》，确定了天津、上海、福建、海南作为全国邮轮运输试点，预计2020年中国将成为亚太地区最具活力和最大的邮轮市场。2015年，交通部又出台了《全国沿海邮轮港口布局规划方案》，明确到2030年前我国沿海将形成2～3个邮轮母港，使我国成为全球三大邮轮运输市场之一。在港口布局方面，明确由北向南重点发展大连港、天津港、青岛港、烟台港、上海港、厦门港、深圳港、三亚港八大邮轮母港。

一、我国的主要邮轮港口

（一）上海邮轮港

上海北依长江，东濒东海，南临杭州湾，地处南北海岸线中心，长江三角洲东缘，长江由此入海，地理位置优越，经济发达，发展邮轮产业具有明显的区位优势，正因为如此，上海率先建设邮轮母航。以上海为中心，豪华邮轮可以在48个小时内，可直达韩国、日本、新加坡、中国香港、中国台湾等地。上海也是中国近海邮轮航线和亚洲邮轮航线的圆心所在。以上海为母港，夏季可以重点开发前往北部沿海乃至日本、韩国、俄罗斯的航线，冬季可以重点开发前往南部沿海乃至东南亚的航线，使淡季和旺季的周期达到最小，邮轮旅游的经济效应可达最大化。

目前，上海已建成上海港国际客运中心和上海吴淞口国际邮轮港。

1. 上海港国际客运中心

上海港国际客运中心地处北外滩，北靠东大名路，西邻虹口港，东接高阳路，南临黄浦

江,与浦东陆家嘴东方明珠隔江相望。上海港国际客运中心,是北外滩滨江地段上一个集客运、办公、休闲等功能于一体的综合建筑群。国际客运码头的设施适应国际客运发展的需要,按第四代邮轮母港的要求建设,景观环境优美,设施一流,既能满足出入境口岸管理要求,能为国际邮轮提供便捷、安全、舒适和人性化的服务;同时又充分考虑绿化和开放空间,可为游客提供亲水的观光、休闲场所。

上海港国际客运中心按照功能可分为客运和商业办公部分,客运部分主要由码头和客运综合楼组成。其中正式码头岸线长880米,可停靠3艘邮轮,另有一段300米左右的备用码头。整个客运中心基地面积13.63万平方米,总建筑面积40万平方米,其中地上16万平方米,地下24万平方米。码头24小时提供引航、拖轮和联检服务,每年可以吞吐百万人次游客。客运综合楼为钢结构球体建筑,建筑面积4000平方米,采用了水滴形的外观设计,配以透明的低反射玻璃幕墙,从远处眺望,犹如晶莹剔透的水珠悬浮于浦江之畔,因其外形如同水滴,故被称为"一滴水"。所以"一滴水"就成了上海港国际客运中心的代名词。地上商业办公部分主要由港务大楼、沿江6幢商业办公楼、北侧东大名路沿线3幢商业办公楼组成。

2008年,上海港国际客运中心投入试运营,意大利歌诗达邮轮公司旗下的"爱兰歌娜号"当日成为上海港国际客运中心的首艘到访的国际邮轮。随后,"经典号"、"新鉴真号"等豪华邮轮纷纷靠泊,吸引了越来越多的游客到上海参观游览。

2. 上海吴淞口国际邮轮港

上海吴淞口国际邮轮港位于上海吴淞口长江岸线的炮台湾水域,即长江、黄浦江交汇入海的地方,也是长三角城市群的水上交通枢纽。这里具有天然的水深优势,独特的自然和人文资源,完善的市政、服务等配套设施。该项目总建筑面积为5.5万平方米、港口前沿航道水深常年保持在9~13米,距离长江主航道1~2公里,岸线长度约为4.1公里,新建码头长1500米,宽30~40米,一期新建两个大型邮轮码头泊位,可同时停靠两艘10万吨级以上的国际邮轮,设计通关能力每年60.8万人次。吴淞口国际邮轮港由宝山区政府与上海长江轮船公司共同出资建设,总投资12.6亿元,港区总面积超过160万平方米,主要功能为邮轮码头、商务办公、物流配送、交通枢纽、市政道路和景观绿化。

整个吴淞口国际邮轮港口,包括引桥、水上平台、客运大楼和码头4部分。客运大楼的建筑外形犹如水中的绿色巨贝,又似一只巨大的眼睛,故有"东方之睛"的美名,寓意"滨江新区,放眼世界"。2011年,吴淞口国际邮轮港开港后靠泊的第一艘国际邮轮是11.6万吨、搭载2700多名各国游客的"钻石公主号"。"钻石公主号"从日本长崎出发,抵达上海吴淞口国际邮轮港码头,停留近12小时后,启程前往香港。

目前,上海港已形成"一港两码头"的国际邮轮组合母港。上海港国际客运中心与吴淞口国际邮轮港实现功能互补,虹口区定位于发展高端产业服务,完善商业配套服务,构建邮轮要素市场,拓展邮轮产业链,成为上海邮轮经济商务区。上海港国际客运中心主要用于接待吨位较小的邮轮;吴淞口定位于为大中型国际邮轮和沿江沿海游船以及游艇靠泊提供综合服务的长三角区域水上旅游集散中心,吴淞口国际邮轮码头主要停靠7万吨级以上的国际邮轮。两码头共同打造上海国际邮轮母港,组合形成上海接待各种类型国际邮轮的能力。

（二）香港国际邮轮港口

中国的香港在发展邮轮码头方面具有天然优势和良好基础。一方面，地处亚太中心区位的香港，作为邮轮航线的枢纽，是许多亚洲之旅的中途站，可提供多种邮轮行程选择，不论是中国内地、韩国或日本的迷人风貌，还是感受印尼、泰国、马来西亚、新加坡和菲律宾的热带风情，这些目的地和香港近在咫尺。另一方面，维多利亚港水深宽阔、无净空高度限制。再者，香港航空运输网络覆盖全球，卓越的航班运力能有效服务"飞航邮轮"换乘旅客。同时，旅游业发达的香港能为邮轮公司提供国际化的服务。

香港地区可以停靠邮轮的码头有四处，分别为：海运码头、招商局码头、货柜码头和启德邮轮码头。启德邮轮码头建成后，加上海运码头、招商局码头和货柜码头，香港的四个邮轮码头，可以停泊不同种类和大小的邮轮。海运码头位于九龙半岛的尖沙咀区，码头建筑高三层，是海港城商场的一部分。招商局码头位于香港岛西区，码头位置便利，距上环市中心仅10分钟车程。货柜码头位于新界葵青区。启德邮轮码头于2009年12月23日动工，大楼和首个泊位于2013年年中启用，首个泊位可停泊长360米、总吨位22万吨、排水量11万吨的邮轮。第二个泊位于2014年落成，可停泊同样规模的巨型邮轮。邮轮码头建成后将成为维多利亚港的又一重要地标。香港启德邮轮码头是在原启德机场旧址新修的邮轮码头，由特区政府出资设计和建造。启德码头有没有净空限制，可以停泊目前世界上最大的邮轮。为了形成强大的交通支撑，地铁线在新码头预留了站点，还做了配套穿梭巴士。政府将码头租予营运商，收取租金，但保留土地和码头业权。启德邮轮码头的建成将有助于实现特区政府致力将香港发展为"区内具有领导地位邮轮中心"的目标，加强香港作为亚太区邮轮中心的地位。

（三）宁波—舟山邮轮港口

吃水深度简称吃水，是指船舶在水中沉入水下的部分的最大高度，不同的船舶有不同的吃水深度。同一船舶也根据不同的载重量以及所处水域的盐度吃水深度而不同。大型船舰会因吃水太深不能进入水浅之海湾、港口或运河。邮轮停靠同样如此，港口水深决定了可进入的邮轮吨位数，而邮轮的吨位数又直接决定了邮轮的载客量。

宁波邮轮港口作为深水港，建设国际邮轮港口的优势十分明显。宁波港由北仑港区、镇海港区、宁波港区、大榭港区、穿山港区组成，是一个集内河港、河口港和海港于一体的多功能、综合性的现代化深水大港。

宁波—舟山港位于中国东南沿海、大陆海岸线的中部，中国东部沿海与长江"黄金水道"的交汇处，东濒太平洋，通过海运联系世界各国，内陆可通过长江水道及公路、铁路网向内地辐射，在中国经济中具有重要的战略地位。宁波—舟山港向外直接面向东亚及整个环太平洋地区，海上至香港、高雄、釜山、大阪、神户均在1000海里之内；向内不仅可连接沿海各港口，而且通过江海联运，可沟通长江、京杭大运河，直接覆盖整个华东地区及经济发达的长江流域，是中国沿海向美洲、大洋洲和南美洲等港口远洋运输辐射的理想集散地。宁波—舟山港水深流顺风浪小。进港航道水深在18.2米以上，25万吨30万吨船舶可候潮进出港。可

开发的深水岸线达 120 公里以上,具有广阔的开发建设前景。

舟山群岛国际邮轮码头于 2011 年 9 月 26 日在舟山朱家尖西岙开建。项目总投资约 5.6 亿元,将建设规模为 5 万吨(兼靠 10 万吨)级的邮轮泊位 1 座,在 300 亩陆域综合配套中,还将规划建设包含邮轮码头管理、港务口岸服务、出入境管理、餐饮宾馆等在内的兼具往返宁波、上海客运码头以及桃花、登步等普陀区南部岛屿旅游专线码头,环朱家尖海上游船码头等功能,是舟山对外三大交通枢纽之一。舟山群岛国际邮轮码头的建设,是舟山群岛新区建成"东部地区重要的海上开放门户"的一项重要工程,将对整个舟山市的旅游及朱家尖自在岛的建设,形成极大的带动促进作用。2011 年 1 月 30 日上午,随着法国邮轮"钻石"号靠泊宁波港,宁波港国际邮轮航线正式开通,标志着宁波作为沿海港口城市的旅游功能进一步推进,宁波从"货物运输港口城市"向"货物运输与旅游并举港口城市"发展的战略转型进一步加快。"钻石"号靠泊的宁波港北仑山多用途码头具有双重作用,首先它是一个滚装船码头,同时它也是兼靠邮轮的码头。也就是说法国"钻石号邮轮是真正的、第一次停靠在宁波港邮轮码头上"。

随着宁波港国际邮轮航线的开通,宁波港由货物运输向国际旅游港过渡。今后,宁波港将逐步建立较为稳定的旅游航线,并形成设计欧洲、美洲、南亚的海上旅游枢纽,进一步激活整个长三角的海上旅游资源。作为长三角南翼的重要港口城市,打造深水枢纽港、集装箱远洋干线港和国际旅游港是宁波在"十二五"期间发展海洋经济、以港兴市的重要规划。随着这几年宁波旅游产品的深度开发,宁波在国际上的知名度不断提升,美誉度也非常好,所以很多国家都把宁波港口作为旅游目的地。

(四)大连邮轮港口

作为中国第一个停靠国际邮轮的港口,大连港早在 1976 年便接待过日本邮轮"珊瑚公主"号。按照大连国际邮轮城的规划,大连港集团在 2003 年便做出了大港区建成国际旅游、国内集装箱及客运滚装基地,力争成为区域性国际邮轮母港的初步规划。2006 年,一艘白色豪华邮轮徐徐停靠大连港码头,来访的这艘游轮是英国半岛公主邮轮公司"蓝宝石公主"号豪华邮轮,共有 18 层楼高,它曾经在 2005 年到访大连市,是大连市开港以来迎来的最大邮轮。大连港正在成为世界豪华邮轮访华中的一个重要中间停靠站。有关方面安排了大连引以为豪的"海洋题材"和大连文化游等 5 条线路,游客参观游览了老虎滩极地海洋动物馆、滨海路、星海广场、俄罗斯风情街、现代博物馆,深入到昆明街道的普通街道的普通居民家中了解大连市民的家庭生活,还到西岗区站北街道观赏了居民演出的有地方特色的东北大秧歌和狮子舞等。

大连市位于中国辽东半岛最南端、我国海岸线的东北部,东濒黄海,西临渤海,处于东北亚经济圈和环渤海地区的重要区域,具有很好的区位优势。大连属具有海洋性特点的暖温带大陆性季风气候,冬无严寒,夏无酷暑,四季分明,港口终年不淤不冻。以大连为中心,邮轮可以在一两日内到达国内的青岛、上海、宁波、厦门、香港等地,以及韩国、日本等旅游目的地。大连作为中国北方最大的造修船舶基地,对满足大型豪华邮轮的需要有一定的优势。以大连造船重工和新船重工两大船厂为代表的造船业造修船实力雄厚,同时,大连目前拥有松辽、明珠、朝阳游艇等一批国内知名的游艇制造企业。

根据2009年2月批复的《大连国际邮轮中心控制性规划》，大港区将建成108万平方米的国际邮轮中心；包括4个泊位，可以停靠8万、13万吨的超大型豪华邮轮，建设国际化的客运中心，囊括20多万平方米的配套设施。大连市提出了建设大连国际邮轮中心的目标，制定了《大连游轮中心布局规划》，国际邮轮中心选址在大连东部港区，以建设国际邮轮中心为主线，规划港口服务、金融、商贸、文化娱乐、高标准住宅等7大功能区，建设4个国际邮轮客运泊位。大连国际邮轮中心建设的总体目标是，到2020年最终建成区域性重要的国际邮轮中心。东港区是大连现代服务业重点发展区域，拥有优越的地理位置、独特的自然资源、雄厚的经济基础和巨大的发展空间，东港区也是大连中央商务区的起步区，规划面积大，能够满足大型邮轮未来发展的通航需求，将被打造成最具发展潜力的城市"钻石港湾"。作为"钻石港湾"的核心一环，大连国际邮轮中心项目暨大连港多元都会发展区项目，占地23万平方米，规划建筑面积123万平方米。该项目建成为总部商务和旅游观光的集成体，包括区域总部、金融机构、高端现代商务服务、商贸服务、零售消费、文化娱乐等综合业态的临港产业集群。

（五）青岛邮轮港口

世界豪华邮轮与青岛结缘已经有30多年。1975年，世界豪华邮轮之一——英国"女王伊丽莎白二世"号抵达青岛，开启了青岛接待国际邮轮的先河。2009年，意大利歌诗达邮轮公司在青岛设立办事处，青岛也由此成为意大利歌诗达邮轮公司继北京、上海设立办事处之后，在中国设立的第三家办事处。此外，全球排名前三位的皇家加勒比邮轮公司和丽星邮轮公司也有意在青岛设立办事处。中国邮轮旅游热不断升温，邮轮旅游发展环境日臻完善，青岛具有了成为母港的条件。

青岛是中国东部重要的海滨城市，是经济发达的山东省的龙头城市。青岛位于山东半岛南端，地势西高东低，南北两侧隆起，中间低陷，三面环海。周边环有崂山山脉，市区有青岛山、伏龙山等，使得整座城市具有错落有致的立体感。青岛是温带季风气候，具有显著的海洋性特点，空气湿润，雨量充沛，温度适中，四季分明，夏无酷暑，冬无严寒。另外，青岛拥有"红瓦、绿树、碧海、蓝天"，还有"东方瑞士"的美称，是避暑、旅游胜地。

2009年，东亚经济交流推进机构旅游分会第五届年会在青岛召开，中、日、韩三国的天津、大连、青岛、烟台、釜山、仁川、蔚山、福冈、北九州、下关10个观光旅游城市共同签署了《青岛宣言》，进一步扩大这10个城市间的邮轮旅游规模，3个国家将互相开通邮轮航线，10个城市间将开通邮轮旅游航线，带动区域内外游客的互动，会员城市的任何一个城市游客都可乘坐邮轮对其他9座城市享受"无障碍"邮轮海上旅游，充分体验各个港口城市的魅力。

青岛港位于山东半岛南岸的胶州湾内，始建于1892年，是具有100多年历史的国家特大型港口，包括青岛老港区、黄岛油港区、前湾新港区三大港区，是太平洋西海岸重要的国际贸易口岸和海上运输枢纽。港内水域宽深，四季通航，港湾口小腹大，是我国著名的优良港口。中国第二个外贸亿吨吞吐大港，也是我国仅次于上海、深圳的第三大集装箱运输港口。

1. 老港区6号码头

为了适应新的经济形势发展需要，青岛港积极进行港口的转型升级，在原有的传统产业的基础上加大新型产业的投入和布局。在山东省、青岛市总体规划下,在老港区6号码头进行了建设改造,在码头建设、客运站、航道、周边配套整治等项目上投资约10亿人民币打造国际邮轮母港。

2. 青岛奥帆中心

青岛借助于2008年奥运帆船赛的契机,在浮山湾建设奥帆赛基地的同时,考虑到场馆的后期开发利用,利用搬迁后北海船厂现有的船坞、码头,按照国际标准邮轮码头的要求改造并完善设施,建成青岛奥帆中心国际邮轮停靠码头,成为中国连接世界的重要邮轮旅游港口,成为环太平洋重要的豪华邮轮码头和国际口岸。该邮轮码头长300米,宽50米。邮轮码头上面建设底层面积约1万平方米的候船大厅,可同时停泊2~3艘豪华邮轮。届时,浮山湾将形成帆船、邮轮、水上运动和休闲观光中心。

3. 小港湾国际邮轮码头

始建于1889年的老港口小港湾于2010年正式开始为期十年的规划建设,规划建设的小港湾蓝色经济产业基地,总面积8.25平方公里,海岸线约10公里。在规划建设中将以陆域1.5平方公里、海域1.1平方公里构建蓝色新经济综合区,形成特色海洋经济园区。这里将成为中国北部区域邮轮母港,成为海洋旅游业的全新热点。

小港湾蓝色经济产业基地还规划有一条集滨海旅游、休闲购物、文化娱乐于一体的滨海生态景观大道;还准备打造一条集金融商贸、特色旅游、饮食文化、休闲娱乐为一体的异域风情街,包括德国风情街在内,以现存历史优秀建筑为依托,突出德式建筑元素。除此之外,小港湾还将建设以"青岛新街里"为标志的旅游休闲度假区,同时小港湾规划范围内的海域、陆域部分将全面利用海水源空调、海风、潮汐能等海洋能源资源。建成后,这里将成为青岛市践行"低碳生活"的海洋新能源示范区。

未来青岛即将形成一个国际邮轮母港区、两三个停靠码头的相互补充、错位发展的邮轮港口大格局。邮轮码头的建成将进一步提升青岛旅游的地位和档次,并顺势推动山东旅游的发展,使青岛乃至山东跻身国际豪华旅游产业链。

随着青岛市经济和社会的不断发展,国外邮轮到访青岛港口的数量及频率逐渐增加,近些年岛城邮轮市场趋于活跃,岛城邮轮产业发展迎来前所未有的利好政策环境。邮轮经济发展总体规划的出台也将改善青岛邮轮基础设施和服务环境,使青岛港发展成为东北亚区域性邮轮母港。作为未来5年重点发展的旅游集群产业之一,山东省和青岛市目前已投资10亿元在青岛港建设中国北方最大的国际邮轮码头,进而发展成邮轮母港。目前,青岛港邮轮母港的建设已经启动,开设了发往韩国和日本的邮轮班线。建设完成的邮轮码头将修建双向40通道,计划填海11万平方米,并建设4个停靠码头。其中最长码头达520米,面积将可作为世界最大邮轮"海洋绿洲"的回旋区;最短码头有220米,相当于通过五六万吨的货船。在码头周边将配有70万平方米的配套工程,包括餐吧、酒吧、茶吧和五星级酒店等。届时,可以作为岛城市民和外地游客的游乐场所。在码头周边还将专门建设50万平方米,可供近100辆大客车的停放区和可同时满足100辆私家车的停车位。同时,对所有配套设施、"一关两检"以及海事港行都配备了相应的码头和办公地点。

（六）天津邮轮港口

天津港地处渤海湾西端，位于海河下游及其入海口处，是环渤海中与华北、西北等内陆地区距离最短的港口，有首都北京的"海上门户"之称，也是亚欧大陆桥最短的东端起点。由海路前往北京以至中国北方的外国游客大部分在天津港停靠上岸。天津港拥有规模较大、设备较为先进的海上客运站，基本形成国内沿海和国际两方面的定期和不定期邮轮航线。天津港所处的环渤海地区作为中国经济新的增长点，区域经济总量大、消费能力强。天津港正在逐步形成完善的国际邮轮母港，打造以邮轮休闲和航运服务为特色的休闲商务区。

天津国际邮轮母港位于天津港东疆港区南端，与我国目前大型保税港区之一的东疆保税港区毗邻，总体规划面积120万平方米，设立6个邮轮及相关功能泊位。

天津国际邮轮母港登船桥于开港日首次启用，这是目前国内最大的登船桥，采用的是液压系统，可以向左、向右移动大约30米，最高可以升到距离地面13米的高度，前后均可自由伸缩，最长能达到60米，可直接与邮轮甲板对接，既可以适应不同吨位的邮轮，也能够很好地适应潮位变化。邮轮母港所使用的登船桥是由A380机位登机桥改造升级的，旅客通过玻璃侧壁通透式连接廊道可一边欣赏美丽的岸线景观，一边步入二楼的候船大厅，不需要上下邮轮舷梯，也不会被日晒雨淋。

邮轮游客登船桥是港口用以连接邮轮和候船楼的一种封闭式通道。上下邮轮，不必登乘舷梯，可像登机一样享受封闭式"直通"服务。登船桥不仅可为旅客提供全天候、方便、快捷、舒适、安全的服务，也可实现游客流动和码头车辆流动的立体交叉，有效改善港口的管理秩序和提高服务效率。

天津国际邮轮母港2010年正式开港，意大利歌诗达"浪漫"号、美国皇家加勒比"海洋神话"号以天津作为母港首航。2015年，天津国际邮轮母港接待国际邮轮100艘次，邮轮旅客25万～30万人次。国际豪华邮轮的到来为天津国际邮轮母港带来了巨大的经济效益和商机。

邮轮的抵达与离去，可以带来数以万计的乘客在这里休闲娱乐、餐饮购物消费；而邮轮也将在母港添加补给、油料、淡水。处置废品，接受港口服务，进行邮轮的维护与修理，邮轮公司需要支付费用。同时邮轮公司也要在母港设置规模较大的代表处，招聘一定比例的船务人员，为新区直接提供了一定的就业岗位。在天津国际邮轮母港开港后，通关、特色餐饮、酒店、娱乐休闲、观光等多功能特色消费将逐步完善。其中通过实行保税港区货物免税与特殊消费政策，打造国际一流免税店，成为其中的一大亮点。按照规划，天津国际邮轮母港还将发展文化休闲项目，将为游客提供休闲旅游体验，如特色街区或主题公园，涵盖影视外景地、高新科技产品展区、创业企业展馆等多种业态。此外，由于受季节影响，邮轮码头淡季时也可作为会议展览用途，增加收入。其中主要包括办公、酒店、服务式公寓、会展中心等。天津港正在加强与各大邮轮公司联系，让已经在这里开辟母港航线的，如歌诗达、皇家加勒比邮轮公司，增加豪华邮轮的挂靠航次，将开辟的航线从日韩扩展到欧美地区；对于一些尚未在天津港开设邮轮航线的，争取在邮轮母港建成后，吸引他们在天津港开辟新的母港航线。

(七) 厦门邮轮港口

2011年,厦门邮轮产业翻开了新篇章,作为邮轮母港发出第一艘邮轮"海洋神话号",载着上千游客,直航台湾。在此之前,厦门人如果要搭乘邮轮,需要到中国香港、新加坡或者欧洲。从厦门母港发出的"海洋神话号"隶属皇家加勒比国际邮轮公司,排水量高达7万吨,共有11层甲板,可载客2000多人。"海洋神话号"厦门母港的首航,将使厦门成为皇家加勒比国际邮轮在中国的第四个邮轮始发城市。首航之后,发往台湾的线路常态化,厦门发往日韩、东南亚的线路将相继开通。发往东南亚以外的国际航线随着邮轮母港和邮轮城的建设而逐渐完善并趋于密集。"海洋神话号"进入厦门市场后,进一步提升了厦门在邮轮旅游市场的地位,促进了厦门邮轮经济的快速、健康发展。同时,厦门邮轮港口也被越来越多的国内外邮轮游客所熟知。

厦门港地处金门湾和九龙江出海口,介于我国上海与广州之间,东北距福州港200海里,南距广州389海里。港口面向东南,由青屿水道与台湾海峡相连,港外由金门、大担及浯屿等岛屿为屏障,周围多山丘,避风条件好,各种船舶进出港不受潮水限制,为我国对外贸易港口之一,亦是华侨进出中国大陆的主要门户。

1. 厦门海峡邮轮中心

2009年,"厦门国际邮轮中心"更名为"厦门海峡邮轮中心"。厦门海峡邮轮中心将主打"海峡"牌,定位是区域邮轮母港,同时也接待国际邮轮。厦门海峡邮轮中心包括客运码头和联检大楼两大部分,可停泊14万吨级邮轮,按照国际一级客运标准设计,年旅客吞吐量150万人次,同时满足高峰集中旅游到达量3000人的功能要求。总建筑面积8.2万平方米的客运联检大楼,各种设施一应俱全。在客运大楼中,还配备了休憩、购物、餐饮等一系列服务设施,直达机场、火车站、岛内外的陆运交通车辆可直达大楼专用平台,游客可轻松出行。

2. 厦门邮轮母港

厦门邮轮母港是一座位于繁华城市中心的新城。它东起疏港路,西至东港区码头,南起海湾公园北侧,北至海沧大桥南侧,占地约80万平方米。邮轮母港项目总投资约513亿元,规划建筑总面积约270万平方米,其中港口及配套设施面积约55万平方米,酒店面积约58万平方米,商业总面积约45万平方米,娱乐业面积约30万平方米,行政办公面积约22万平方米。

2012年,厦门邮轮母港航线进入常态化运营,全年开航21个航次,其中13个航次以厦门作为始发母港,主要航线从台湾地区延伸至日韩和东南亚,逐步奠定厦门邮轮母港的国际地位。根据规划,邮轮城采用国际最先进的母港建设理念,打造成为集休闲、购物商业、度假、观光、居住、办公于一体的新型综合体,是未来厦门最重要的休闲度假旅游胜地。这里将常年停靠4艘邮轮,每年邮轮航次经营将带来约500万人次旅游消费和本地休闲消费,并提供约6万个就业机会,这些将极大地促进厦门经济和社会发展。

(八) 深圳太子湾邮轮母港

太子湾邮轮母港(见图8-1),又名蛇口邮轮中心,2016年正式启用。它位于珠江三角洲中心位置,深圳市南山区南海大道最南处,在珠江入海口,连接香港和内地,与香港新界的元朗隔海相望。

图 8-1　太子湾邮轮港

太子湾片区占地约69万平方米,建筑面积约170万平方米,是前海蛇口自贸片区内由招商蛇口主导开发的巨作。太子湾以商业、娱乐、休闲、办公、高端居住为主体,形成邮轮中心、居住生活、商务商业、文创艺术等四大功能组团,将建成集产业、生态、城市于一体的滨海城市中心。

太子湾邮轮母港建设完成后将成为华南地区唯一的集"海、陆、空、铁"于一体的现代化国际邮轮母港。全球最大的邮轮可以在这里停靠,太子湾并将成为深圳通联香港、走向世界的"海上门户"。太子湾邮轮母港距离深圳机场30分钟车程,乘轮渡至香港机场30分钟。

太子湾片区项目,是蛇口工业区充分利用现有的海域、岸线和土地资源条件,强化港口功能,建立水上客运中心,发展国际邮轮母港,提升深圳现代化国际化滨海城市形象,完善城市功能的重要项目。项目片区规划总用地面积约72公顷(部分用地需填海),总建筑量170万平方米。全部建成后将形成客运枢纽、历史文化博览、文化艺术表演、会议展览、宾馆、酒店配套、商务办公、商务公寓、餐饮、商业、娱乐配套以及欢乐岛海上活动、庆典等为一体的现代化海滨休闲、游览及商务活动的综合国际社区。另外规划形成客运枢纽岸线总长度约1509米,共形成包括22万吨级大型国际邮轮泊位在内的各类泊位17个,设计通过能力为每年760万人次。整个项目分3期,预计10年全部建成。

太子湾片区将是内地游客经深圳至香港迪士尼及澳门的最佳通道之一,加上大型邮轮带来的游客流量,这部分人流每年预计会增加180万人次,而深圳相对香港较低的消费水平,可以使这部分游客形成在深圳住宿、迪士尼游玩的消费模式。不仅如此,西部港口群每年1000多万标准集装箱的吞吐量带来42万人次的国内外海员,这部分人是不可忽视的消费群体,邮轮母港未来将为这些海员提供综合服务。此外,蛇口片区已形成的独特城市空间、山海人文景观资源以及太子湾片区独特的港口与工业混合的景观,也将成为吸引深圳市民来此休闲的最佳卖点。随着深圳市15公里海岸休闲带的建成、地铁以及望海路的贯通,人流量也将会大大提高。

根据世界各国邮轮码头的实践经验,国际邮轮的经济链条包括邮轮制造、维护、补给、油料、淡水、废品处置、游客餐饮、酒店、购物、参观、游览等环节。业内人士预计,太子湾片区建

成后将新提供近3万人的就业岗位;同时,邮轮母港建成后,还将优化码头周边消费环境,构建"码头消费圈",推动"邮轮经济"和相关产业的发展,完善现代国际港口城市的内涵,使深圳成为世界先进邮轮的交通要冲及国内甚至国际著名的邮轮旅游中心。

(九)海南邮轮港口

1989年,巴拿马籍邮轮"海洋珍珠包"停靠三亚港,是国际邮轮造访海南的开始。三亚有地理位置优势,邮轮从三亚出发,可选择到中国香港及越南、新加坡等多条航线。三亚一旦成为邮轮母港,对当地旅游业乃至整个经济社会发展都会产生极大的带动作用。现在,每年在三亚停靠的外国邮轮达100多艘次,旅游服务业创造的财富成为三亚经济社会发展的重要支柱。三亚邮轮港口已经成为我国邮轮产业链上的非常重要的一环。

海南省位于中国最南端,北以琼州海峡与广东省划界,西临北部湾与越南相对,东濒南海与我国的台湾相望,东南和南面在南海中与菲律宾、文莱和马来西亚为邻。海南省的行政区域包括海南岛、西沙群岛、中沙群岛、南沙群岛的岛礁及其海域,是全国面积最大的省,发展邮轮业优势明显。

海南省三亚市作为全国唯一的一座热带滨海风景旅游城市,这里气候宜人,全年平均温度25.7 ℃。四季如春,全年天蓝云白,阳光灿烂,素有"天然温室"之称。三亚是中国自然生态环境保护最好的城市,更是中国首选旅游度假胜地。三亚具有与世界邮轮之都美国佛罗里达州迈阿密相同的地理纬度、气候条件和旅游资源条件。三亚对面是南中国海和泰国湾,一年四季都可以进行邮轮旅游,具有国内其他港口无法比拟的优越性。

1. 三亚凤凰岛国际客运港

三亚凤凰岛国际客运港是一家利用民间资本建设的港口,三亚国际客运港项目由凤凰人工岛和三亚港大桥两部分组成。凤凰岛位于三亚市中心"阳光海岸"核心地带,是大海礁盘之中填出来的人工岛,历时10余年,全长1250米,宽365米,占地面积约26.5万平方米,通过394米长的观光跨海大桥与三亚市中心相连。

凤凰岛地处三亚滨海路和光明路交汇处前方三亚湾的大海中,是由三亚市政府出资兴建的专门为人工岛配套的三亚湾大桥与陆地相连接。2006年邮轮码头建成试航,并配套了近万平方米、设有8个边检通道的现代化客运联检大楼,成为我国第一个邮轮专用码头,可一次性接待约3000名国际游客入境,年接待游客能力可达到60万人次以上。二期工程于2010年完工投入使用,建成1个5万吨级和1个25万吨级泊位码头,可停泊目前世界最大的邮轮,年接待游客能力可达60万~120万人次。

三亚凤凰岛(见图8-2)是一个民营企业投资建造的,凤凰岛规划建设有七大项目:200米高中国第一幢七星级酒店(海南省第一高楼),5幢100米高五星级全海景豪华酒店式公寓(可做五星级酒店运营),5万吨、10万吨、25万吨级大型国际邮轮母港,豪华海景商务会所(47套顶级海岛别墅),海上风情奢侈品购物天堂,东南亚最大的国际游艇会(300个游艇泊位),火凤凰大型奥运主题广场。凤凰岛的综合发展目标是成为三亚市、海南省乃至全中国首屈一指的豪华度假胜地,主题定位是"海上奇观,人间天堂"。民营企业投资建设的国际级别的邮轮码头的成功验收,也开创了一条邮轮经济在中国新的发展之路。凤凰岛国际邮轮客运码头的建设经验和试运营经验,不但为以后建设更大更长的邮轮码头提供了借鉴,也对国内同规模邮轮港口的建设起到了积极的示范作用。

图 8-2 三亚凤凰岛

凤凰岛国际邮轮港是三亚市唯一的国际邮轮港,是国际邮轮游客进入三亚的门户,结束了三亚不能停靠大型国际邮轮的历史,使三亚真正形成海陆空全方位的立体交通网络,对海南省旅游业发展起到重要的推动作用。

2. 海口秀英邮轮码头

2008年《海口秀英港片区控制性详细规划》通过评审。豪华邮轮母港区是海口秀英邮轮港远期规划最重要的功能主题区。该区位于二期扩建区的西部和南侧岸线,主要由3个3万吨级国际邮轮码头、2个1.5万吨级国内邮轮码头以及国际港联检大厅和国内港大厅组成。

(十) 台湾邮轮港口

访台邮轮多为不定期靠泊的外籍邮轮,包括各大邮轮公司每年春季的全球环球航线、东南亚和远东地区的中长期航线。在邮轮产业的发展方面,2009年前仅止于对少数外籍邮轮的接待业务和本土的船务代理邮轮公司,或者说邮轮产品销售代理旅行社。2009年来两岸"三通"直航迅速发展,使台湾邮轮旅游接待业也发展迅速。近年来,亚洲邮轮市场持续快速发展,加上台湾自然资源和人文资源丰富,台湾四个国际商港正全力改善旅游设施,持续强化港埠服务效能,期望能满足到台邮轮的需求,共同促进两岸邮轮经济繁荣发展。

中国台湾地处亚洲邮轮航线中部,是东南亚航区和东北亚航区的交会之地。因其优越的地理位置和丰富多彩的旅游资源,历来是各大邮轮公司亚洲航线的重要节点。台湾邮轮旅游资源属于"目的地型",主要以接待国外来访的邮轮为主,本地客源市场输出能力有限。

台湾地区共拥有四个国际商港,分别是位于台湾东北部的基隆港、中部的台中港、西南部的高雄港和东南部花莲港。四个港口的地理条件及人文风情各不相同,港埠设施亦各有差异,各有其独特的魅力。目前,台中港、高雄港和花莲港的国际邮轮以不定期航线为主,很少有定期航线。基隆港除了不定期航线外,丽星邮轮与1997年起进驻该港经营定期航线,提供基隆—石桓岛、基隆—石桓岛—那霸、基隆—屿那国岛等航线,每年3月至9月约有80

个航次。

1. 基隆港

基隆港位于台湾东北部,是台湾北部海上门户。港之东、西、南三面层峦环抱,港口向西北开敞,而向西南湾入内港,成一长约2000米,宽约400米之狭长水道,兼具军港、商港等多种功能,为台湾北部重要的天然良港。基隆港位于大台北都会区,自然及人文景观丰富,客运码头和旅客服务中心分置东西两座,为国际邮轮停靠台湾的重要节点。停靠基隆港的邮轮分定期和不定期两种类别。为吸引国际邮轮到基隆港驻点营运,基隆港港务局持续整合与改善邮轮服务质量。加之周边拥有台北101大楼、台北故宫博物院、中山纪念堂、龙山寺、野柳地质公园和基隆庙口夜市等众多景点,越来越多的邮轮到访基隆港,基隆港逐渐成为亚太地区重要的邮轮旅游节点。

2. 高雄港

高雄港是台湾港埠规模最大的国际商港,位于台湾西南海岸,坐落于台湾海峡与巴士海峡交汇之地,临海有狭长的沙洲,形成天然的防波堤,腹地广大且气候温和,为天然良港。高雄客运码头有3个,并且在1号码头旁建有国际旅运中心,提供邮轮旅客候船和通关使用。高雄港主要接待不定期邮轮航次。此外,还规划建设了11~15号码头的海洋流行文化中心,以及1~21号码头整体划设为特文区,高雄港国际旅运中心的建成,除可再造高雄市旧港区成为崭新水岸城市外,更可塑造高雄市国际化城市与高雄港海运门户形象,而将引进的国际邮轮市场与高雄市旅游特色资源(如安平古堡、赤崁楼、英国领事馆、邓丽君纪念馆、垦丁公园、爱河、西子湾、佛光山等)相结合后,可望大幅度增加其商业附加值。

3. 台中港

台中港是建于台湾西部平直沙岸上的人工港,位于台湾西海岸的中央,并与中国大陆东南沿海主要港口呈辐射状等距展开,地理位置适中,全年气候良好,是两岸直航的最佳港口。台中港旅客服务中心于2001年落成启用,单日最高提供5000人次旅客入境服务。台中港临近阿里山风景区、日月潭等大陆游客熟知的著名景点。

4. 花莲港

花莲港位于台湾东部,东临太平洋,西倚中央山脉,系由东、西防波堤合拢而成的人工港,为台湾东部主要的国际商港,发展定位为"观光游憩港"及"东部砂石与矿(砂)石及石材储运港"。近年来积极扶持观光休闲产业的发展。花莲港对国际邮轮的到港十分重视,在国际邮轮到港时会安排不同类别的迎宾活动,并优先安排靠泊和港埠服务。花莲港周边还拥有丰富的旅游资源,包括太鲁阁公园、玉山公园、花东纵谷风景区、东部海岸风景区、七星潭风景区、鲤鱼潭风景区等。

(十一)烟台邮轮港口

烟台市烟台港位于山东半岛北侧芝罘湾内,始建于1861年,港北由芝罘岛与市区相连,形成天然屏障,扼守渤海湾口,隔海与辽东半岛相望,与日本、韩国一衣带水,位于东北亚国际经济圈的核心地带,是中国沿海南北大通道(同江至三亚)的重要枢纽和贯通日韩至欧洲新欧亚大陆桥的重要节点。烟台港由芝罘湾港区、西港区、龙口港区、蓬莱港区四大港区组成。

烟台港腹地经济发达,尤其是外向型经济发展迅速,公路、铁路运输便利,港口疏运条件优越。烟台港对外已与世界100多个国家和地区的150多个港口直接通航。近年,烟台港集装箱运输业务发展迅速,现已开通10余条国际集装箱班轮航线,可承接、中转世界各地适箱货物,尤其是中韩国际旅客运量和集装箱运量增长迅速,已开辟内贸航线18条。烟台至大连旅客运输、汽车轮渡是国内沿海最繁忙的航线之一。近年又相继进行了新客运站、三里桥汽车轮渡码头建设,适应了国家南北大通道运输的需求。

客货滚装运输业务由烟台港客运总公司和烟台港集团蓬莱港有限公司经营。烟台港客运总公司是烟台港所属一级单位,是山东省规模最大的专业化水上客货滚装企业,主要运营烟台至大连等国内航线和烟台至韩国仁川等国际航线。烟台港集团蓬莱港有限公司主要运营蓬莱至大连航线。烟台港客货滚装业务共拥有客运站三座,码头泊位13个,码头岸线长1892米;港口客货滚装配套设施齐全,服务功能完善,年进出口旅客400多万人次,汽车滚装运输量达40多万辆。

烟台航务管理局将在芝罘湾老港区建造大型国际客运站。按照规划,这所大型国际客运站将兼顾邮轮和客滚船两方旅客的进站出行,配合壮大烟台邮轮始发港的地位。2014年,中国第一艘全资、自主经营、自主管理的豪华邮轮"中华泰山"号,从烟台起航,首航韩国首尔、济州岛,从而拉开烟台邮轮产业的大幕。该邮轮也经营上海—台湾航线。"中华泰山"邮轮的投入运营,标志着烟台正式成为国际邮轮港口,开启烟台特色邮轮旅游发展,也结束中国无自主经营、自主管理国际豪华邮轮的历史,翻开我国邮轮产业发展新篇章。

(十二) 广州邮轮港口

广州港是华南最大综合性枢纽港,中国第四大港口,吞吐量居世界第五位。广州曾经是海上丝绸之路的主港,唐宋时期成为中国第一大港,是世界著名的东方大港。明、清两代,广州成为中国唯一的对外贸易大港,是世界海上交通史上2000多年长盛不衰的大港,可以称为"历久不衰的海上丝绸之路东方发祥地"。

改革开放以来,社会经济飞速发展使广州港发展成为国家综合运输体系的重要枢纽和华南地区对外贸易的重要口岸。2015年,国务院发文支持广州形成国际航运中心、物流中心、贸易中心和金融服务体系融合发展格局。包括启动航运物流集聚区规划建设、建设南沙邮轮母港、南沙港铁路、试点"启运港"退税、推进跨境电子商务试点、建设国际大宗商品交易中心、试点汽车平行进口等23项工作。现已开通的客运航线主要是:广州至海南客滚船航线、广州至香港高速客轮航线,以及短途旅游、观光旅客运输。

南沙集良好的生态环境、依山环水的自然景观、国际化滨海城市特色与岭南水乡风情于一身,已成为著名的旅游胜地。南沙是鸦片战争著名的古战场,迄今仍留有大角山炮台和大虎山炮台等历史遗址,旅游资源十分丰富。如今拥有南沙湿地景区、天后宫、黄山鲁森林公园、百万葵园、南沙滨海公园、冼星海故居、滨海泳场、南沙游艇会、十九涌渔人码头、广州(南沙)邮轮母港、南沙高尔夫球会等旅游景点和设施。

广州已规划在南沙建邮轮港口,预计总投资170亿,第一期项目已经动工,将来南沙港功能会与黄埔、番禺港口的功能互为补充,成为新广州水上国际客运门户,成为发展邮轮旅游产业引擎。

南沙港自2016年初开通成为邮轮旅游始发母港,广州乃至珠三角市民都体验到更便捷的邮轮之旅,贵广、南广、武广等高铁沿线城市的市民,也可通过高铁接驳,抵达广州登船出行。2016年是广州邮轮母港发展的"元年",目前一些国际邮轮公司已开通了包括3天2晚的广州—香港—广州的邮轮航线,以及6天5晚的广州—那霸/冲绳—八重山群岛—广州的邮轮航线。自南沙港开通常态化航线之后就呈现井喷式增长,全年邮轮接待出入境旅客超过25万人次。随着南沙邮轮母港的进一步建设和发展,南沙母港未来将迎来越来越多的国际邮轮进驻,航线也将更加丰富。南沙邮轮母港将成为新广州水上国际客运门户,成为发展邮轮旅游产业引擎。

（十三）北海邮轮港口

北海邮轮港口是面向东盟国家的区域性国际邮轮母港,包括码头建设、陆上联检设施、接待服务设施在内,总投资预计超过20亿元。北海邮轮码头位于风景秀丽的北海市冠头岭国家森林公园西侧,码头总面积为2万多平方米,由北部湾国际港务集团公司投资兴建,整体工程于2012年竣工。码头规划设置有客运中心、邮轮给养中心、综合办公区、文化广场、会展中心、餐饮及购物区等主体结构为一个10万吨级泊位,包括1个5万吨级、1个2万吨级邮轮泊位,3个2000吨级客船泊位以及引桥、护岸和陆域配备的客运中心等建筑物及水电等配套设施,年通过能力为200万人次。其中的公共客运码头有3个2000吨级客船码头,旅客集散中心2.8万平方米,可满足客运吞吐量100万人次。

该项目的建设有力地推动了北海港区成为内外贸集装箱物资运输结合、商贸和旅游开发并重的多功能综合性港口,对于繁荣北海市旅游市场,增强北部湾经济区旅游竞争能力,推动泛北部湾经济合作将起到巨大的作用。北海铁山港、合浦至铁山港铁路线以及邮轮码头的建成,预示着北海将成为大西南和桂东南最便捷的出海通道。

二、我国的主要邮轮航线

（一）长江三角洲邮轮航线

2002年,世界豪华邮轮"皇冠"号在中国上海与韩国济州岛间首航;2004年,丽星邮轮集团在沪开通了"上海—香港"的邮轮定班航线;2006年,"处女星"号邮轮开通了从上海出发至新加坡的航线;2006年,意大利歌诗达邮轮集团旗下的"歌诗达"豪华邮轮开辟了上海—日本长崎—韩国济州岛邮轮定班航线。这些航线一经推出就立刻受到国内游客的追捧,参加邮轮旅游的游客不断增加,引起了很大的社会反响。

长江三角洲是指长江和钱塘江在入海处冲积成的三角洲,包括江苏省南部和上海市、浙江省东北部,是长江中下游平原的一部分,面积约5万平方公里。长江三角洲河川纵横,湖荡棋布,农业发达,人口稠密,城市众多。长江三角洲在全国经济中占有重要地位,这里是我国目前经济发展速度最快、经济总量规模最大、最具有发展潜力的经济板块。江、浙、沪三个省市地缘相近、血缘相亲、文脉相连,在旅游资源上具有很强的互补性,上海的都市风情、江苏的文化旅游与浙江的自然山水相互映衬,强强联手,相互促进。

长江三角洲港口群主要承担了长江经济带海运中转,形成了以上海港为中心,江、浙分别为南北两翼的发展格局。两翼有宁波港口和舟山港口两个比较优质的港口,北翼几乎每个城市都有自己的港口。从目前的状况看,长江三角洲地区形成了以上海港、宁波港、舟山港、南京港、镇江港、南通港等组成的中国最大的港口群。

上海和长江三角地区居民利用上海游轮母港登轮出境旅游人次持续上升,2010年达到13.7万人次,继续保持较高幅度增长。近年来以上海为母港和挂靠港的国际邮轮数量不断增加,上海正逐渐成为国际游轮旅游的目的地和集散地。嘉年华旗下的邮轮公司、皇家加勒比邮轮公司、丽星邮轮公司等世界著名邮轮公司纷纷在上海开辟航线,其中还有多条母港航线。2006年,美国嘉年华集团属下的歌诗达邮轮公司开出第一条上海母港的邮轮国际航线,标志着上海首次作为一个大型邮轮的母港。具体航线如下:

(1)"上海—日本福冈—韩国釜山—济州岛—上海"邮轮航线。
(2)"上海—仁川—青岛——济州—上海"邮轮航线。
(3)"上海—济州岛—上海"邮轮航线。
(4)"宁波、舟山—台湾—宁波、舟山"邮轮航线。
(5)"上海—台湾—上海"邮轮航线。
(6)"香港—上海—香港"邮轮航线。

以上海为中心,豪华游轮可以在48小时内通达韩国、日本、中国香港、中国台湾等地。以上海为母港,夏季可以重点开发前往北部沿海乃至日本、韩国、俄罗斯的航线,冬季可以重点开发前往南部沿海乃至东南亚的航线,使淡旺周期达到最小,邮轮经济效应可最大化。上海港出发的邮轮航线基本上是短途的,目的地是中国香港、日本、韩国。例如,2012年,上海出发的邮轮航线有皇家加勒比邮轮"海洋神话号"、"海洋航行者号",意大利诗歌达游轮的"经典号"、"浪漫号"等,提供3~8日的中国香港、日本、韩国航线。

(二)环渤海湾邮轮航线

环渤海湾地区具有发展邮轮旅游业得天独厚的地理区位和自然优势,港口主要有大连、天津、青岛港等。环渤海湾地区位于中国沿太平洋西岸的北部,是中国北部沿海的黄金海岸,在中国对外开放的沿海发展战略中,占重要地位。包括京、津、冀、辽、鲁三省两市,国土面积占全国的5.4%,人口占全国的17.5%。环渤海湾旅游资源丰富,城市景观、海岛风光、沙滩岸礁是这一地区极具特色的旅游资源。天津与北京、河北形成京津冀旅游区域,相互形成强烈的旅游资源互补优势,增强了对国内外游客的吸引力。目前,京津冀区域合作,依托京津冀的城市旅游资源特点,打造旅游整体品牌形象,将开展旅游线路对接、旅游信息共享等区域合作内容;相互开放市场,畅通旅游绿色通道等。环渤海区域合作方面,以邮轮经济和海洋休闲产业为切入点,开通跨省市旅游巴士运营专线,增加环渤海邮轮旅游线路。

天津港位于渤海湾上的海河入海口,处于京津城市带和环渤海经济圈的交会点上,是环渤海港口中与华北、西北等内陆地区距离最短的港口,是北京和天津市的海上门户,也是亚欧大陆桥东端的起点。2010年,天津东疆港邮轮母港建成运营,成为继上海、厦门、三亚三

个国际邮轮中心后,国内第四个国际邮轮母港中心,这也使得天津打造国际旅游目的地的条件更为成熟。天津港国际邮轮码头建成后可停靠目前世界上最大的豪华邮轮,设计年接待游客能力达50万人次。

青岛作为胶东半岛,乃至整个中国北方重要的港口城市和旅游城市之一,为邮轮经济的发展提供了得天独厚的条件。意大利知名邮轮公司歌诗达邮轮集团2011年在青岛开设一条中国至韩国航线。随着歌诗达邮轮的到来,青岛将结束单纯的"经停港"时代,正式迈入母港经济时代。

大连,雄踞东北亚经济圈的核心位置,也是理想的邮轮母港。

环渤海湾的主要邮轮航线有:

(1)"天津—日本福冈—天津"邮轮航线。
(2)"天津—日本福冈—别府—鹿儿岛—韩国釜山—天津"邮轮航线。
(3)"青岛—首尔—济州—上海—青岛"邮轮航线。
(4)"大连市—韩国平泽港—大连"邮轮航线。
(5)"天津—大连—首尔(仁川)—别府—京都(大阪)—东京(横滨)"邮轮航线。
(6)"青岛—首尔(仁川)—济州—上海"6天5晚邮轮航线。
(7)"烟台—首尔—烟台"邮轮航线。

环渤海湾邮轮航线大多是短途航线,目的地是日、韩两国。例如:2012年,天津港口出发的邮轮航线有皇家加勒比邮轮"海洋神话号"、"海洋航行者号"、意大利歌诗达邮轮的"浪漫号"提供7天左右的日本、韩国邮轮航线。2012年,天津港始发的邮轮航线将更为丰富,新增了日本神户、泰国曼谷及新加坡等地,邮轮始发高峰将集中于6月至10月。同时,以天津国际邮轮母港作为母港运营的皇家加勒比邮轮公司投入"海洋航行者号"和"海洋神话号"两艘豪华邮轮,共始发18个母港航线。邮轮行程也在传统5～7天的基础上,推出了5～14天的开放式航线,游客可自主选择上下船地点及时间。青岛以奥帆赛为契机,积极修建国际邮轮码头,进一步提升了青岛旅游的地位和档次,为青岛的邮轮旅游带来新的发展机遇。发展邮轮经济是建设大连国际航运中心的重要组成部分,将大连港最终建成邮轮母港是大连邮轮经济的一个重要发展目标。其基本思路是,在大连港目前已经成为国际邮轮挂靠港的基础上,到2020年建成国际邮轮母港。

(三)珠江三角洲邮轮航线

作为中国三大经济区域之一的珠江三角洲,具备开发邮轮旅游的丰富资源和基础条件。根据国际旅游业发展的成功经验,一个沿海地区要成为国际旅游的主要目的地和游客集散地,国际空港和邮轮母港是不可或缺的必要条件。广东省是直达太平洋的海洋大省,滨海旅游、海岛旅游、远洋旅游是广东省实施旅游强省的必由之路,邮轮旅游产业是珠江三角洲地区现代旅游业发展的战略重点。

珠江三角洲旧称粤江平原,简称珠三角,是构成珠江的西江、北江和东江入海时冲击沉淀而成的一个三角洲,面积大约1万平方公里。珠江三角洲位于广东省的东南部,珠江下游,毗邻港澳,与东南亚地区隔海相望,海陆交通便利,被称为中国的"南大门"。珠江三角洲上较大水道近百条,较小的港汊更多,河网密布。"珠三角"的概念最早起源于20世纪90年代初。人们通常所说的"大珠三角"是指广东、香港、澳门三地构成的区域。"泛珠三角"包括珠江流域地域相邻、经贸关系密切的福建、江西、广西、海南、湖南、四川、云南、贵州和广东9省区,以及香港、澳门2个特别行政区,简称"9＋2"。

珠江三角洲是热带性三角洲,因为它的地理位置是在北回归线以南,即绝大部分属于热带范围。珠江三角洲气候热带性表现在四季不明,冬无严寒,树木长青,田野常绿。当北方正是一片萧瑟之际,而珠三角却仍是绿意盎然。珠三角地区旅游资源丰富,在全国名列前茅。

粤、港、澳三地的历史和文化背景相近,但各具不同特色的旅游资源。广东省历史文化悠久,是全国经济发展最迅速的地区之一;香港是著名的国际大都会,汇集了中西文化精粹,充满现代化城市的活力和动感;澳门则将我国传统文化及葡萄牙文化兼收并蓄,具有独特的欧陆风情。与港澳相邻,以及泛珠江三角地区的形成,这些都为珠三角发展国际和国内邮轮旅游业提供了优越的条件,目前已基本形成香港、澳门、广州、深圳、珠海、汕头、湛江、北海等城市为中心的珠江三角洲海滨旅游带。

广东是中国海岸线最长的省份。"大珠三角"具有发展邮轮旅游得天独厚的优势,各地已建成、正在兴建或规划筹建国际邮轮港口。香港已建成国际邮轮母港,广州建造邮轮母港已进入规划实施阶段,在南沙港区规划建设大型邮轮码头,深圳已建成位于蛇口太子湾的国际邮轮母港。除此之外,珠海、湛江,甚至东莞均有相关邮轮港口的建设规划。"大珠三角"将形成以香港为国际邮轮航运中心,深圳港、广州港为枢纽港,其他港口为支线港和节点港的大珠江三角洲国际邮轮港口集群。澳门在历史上曾经是远东最繁华的商埠之一。澳门在氹仔机场附近兴建一个新的码头,即建设一个6～8个泊位的客运游轮码头。

珠江三角洲地处亚洲东部、太平洋西岸,距离亚洲两个最重要邮轮旅游市场——东南亚和日韩地区比较近,为发展邮轮旅游提供了广阔的空间。目前,珠江三角洲主要的邮轮航线如下:

(1) 香港母港出发的定期航班有每日出发的"南中国海2天1晚公港游"的邮轮航线。

(2) 香港母港不定期出发的"香港—厦门—香港6天5晚"的邮轮航线。

(3) 香港母港出发的香港到台湾的直航邮轮航线(如"香港—台南—台中—台北—香港6天5晚"邮轮航线)。

(4) "南海明珠"6天5晚的邮轮航线(香港—三亚—越南的岘港和下龙湾—香港)。

(5) 汕头—台湾的邮轮航线。

(6) "广州—香港—广州"3天2晚的邮轮航线。

(7) "广州—那霸/冲绳—八重山群岛—广州"6天5晚的邮轮航线。

广州和澳门两地有意"共同发展邮轮经济",欲将南沙打造成邮轮母港,以开拓包括广州、澳门、珠江西(江门、中山、珠海等地)在内的邮轮旅游路线,这也意味着今后有望从南沙乘邮轮前往澳门。

(四) 环北部湾邮轮航线

北部湾旧称东京湾,位于我国南海的西北部,是一个半封闭的大海湾,为中、越两国陆地与中国海南岛所环抱。北部湾东临我国的雷州半岛和海南岛,北临我国广西壮族自治区,南与南海相连,西侧及南面是一海相邻的东盟成员国越南、马来西亚、新加坡、印度尼西亚、菲律宾和文莱,有"一湾连七国,状如唇齿依"的美称。

北部湾经济区地处华南经济圈、西南经济圈和东盟经济圈的接合部,是我国西部大开发地区唯一的沿海区域,也是我国与东盟国家既有海上通道又有陆地接壤的区域,区位优势明显,战略地位突出。中国于2008年成立了由广西南宁、北海、钦州和防城港所组成的广西北部湾经济区。

北部湾地处热带和亚热带,冬季受大陆冷空气影响,多东北风,海面气温约为20℃;夏季,风从热带海洋上来,多西南风。环北部湾地区旅游资源得天独厚,海滨旅游资源富集。

环北部湾地区中,海南的旅游资源最丰富。作为中国第一个生态省,海南岛遍野皆绿,四季花开,全岛就是一个大景区、大花园,对国内外游客颇具吸引力。海南汇集了十大风景旅游资源:阳光、海水、沙滩、气候、森林、动物、温泉、田园、风情、岩洞,是中国乃至世界热带海洋旅游资源丰富、密集的地区之一。

防城港是我国西南的边陲,跨国旅游特色明显。

由于没有大型工矿企业,北部湾绝大部分近岸海域保持着一类水质,有"中国洁海"之称;北部湾生物多样性十分突出,风光秀丽的海滨景观和丰富美味的海鲜,成为吸引各地游客的主要元素。

北部城市群具有发展邮轮经济得天独厚的优势,是连接大西南和东南亚的枢纽。防城港、钦州市、北海市、湛江市、海口市、儋州市等,如明珠一般镶嵌在蔚蓝的大海边,成为我国南部地区经济发展的新亮点。我国环北部湾主要邮轮港口有北海、南宁、海口、三亚、洋浦港。三亚凤凰岛国际邮轮母港的建设基本完成。目前,环北部湾的邮轮航线如下:

(1)北海银滩—越南—北海银滩的邮轮航线。

该邮轮航线是1997年国家旅游局、外交部、公安部、海关总署以《关于同意北海市开办对越五日旅游项目的复函》正式批准的北海至越南海上旅游项目,连接了号称"天下第一滩"的北海银滩和越南有"海上桂林"之誉的下龙湾两个著名景点。从1997年开通以来,北海至越南海上旅游航线营运规模不断扩大,先后引进了"北部湾8号"、"新上海号"、"明辉公主号"等邮轮参与航线营运。中越海上旅游航线已经成为全国各省、市旅游行业隆重推介的一条深受游客欢迎的短途邮轮航线,已成为北海市旅游业的一个主要品牌和旅游经济增长点。

(2)香港—三亚—下龙湾—香港的邮轮航线。

(3)香港—东南亚四国—下龙湾—三亚的邮轮航线。

(4)三亚—下龙湾—三亚的邮轮航线(三亚—下龙湾—顺化—三亚的邮轮航线)。

(5)香港—海口—下龙湾——香港的邮轮航线。

(6)海口—下龙湾—海口的邮轮航线。

(7)北海—下龙湾—河内—北海的邮轮航线。

(五)台湾海峡两岸邮轮航线

随着海上直航政策的落实,2009年潜力巨大的海峡两岸邮轮旅游市场迎来了历史性的发展机遇,歌诗达邮轮公司、皇家加勒比邮轮公司等均表现出对海峡两岸邮轮旅游浓厚的兴趣。随着海峡两岸相关政策的明朗、政府的支持,海峡两岸邮轮业的发展将带动两岸其他产业发展,同时也将成为两岸和平友好的又一座桥梁,形成和谐、稳定、发展的海峡两岸经济带。两岸邮轮直航政策的进一步拓宽,给中国邮轮经济带来巨大的影响,这不仅为中国游客提供又一个充满魅力的旅游新选择,同时也将为上海、厦门等已建立邮轮设施的沿海港口城市的经济发展起到到巨大的推动作用。

台湾海峡是台湾岛与福建海岸之间的海峡,属东海海区,南通南海。其南界为台湾岛南端与福建、广东两省海岸交界处连线;北界为台湾岛北端与福建省海坛岛北端连线。呈北东-南西走向,长约 370 公里,总面积约 8 万平方公里。海峡为台湾与福建两省航运纽带,是东海及其北部邻海与南海、印度洋之间的交通要道,具有重要的战略地位。

海峡两岸旅游资源非常丰富,旅游业各具特色、优势互补,双方互为重要的客源市场,依存度高,合作发展前景广阔,潜力巨大。福建省地处祖国东南,素有"东南山区"之称,地理条件优越,是中国最早对外开放的窗口之一。福建境内群山连绵,林海广袤,森林面积居全国首位,武夷山、龙岩梅花山、三明格氏栲林和龙栖山、建鸥万木林等自然保护区都保存有连片的原始森林,动植物资源十分丰富。

福建省海域辽阔,海上大大小小的岛屿相得益彰,海岸线上分布着许多旅游景区,有以海上花园之称的厦门鼓浪屿,以老君岩闻名的泉州清源山、惠安县的石城以及东北海滨区宁德、霞浦等。此外,海蚀岩洞、摩崖石刻、古寺庙也是福建的一大特色景观。"山海一林,闽台同根,民俗奇异,宗教多元"是福建旅游的鲜明特色。迷人的武夷仙境、浪漫的鼓浪琴岛、神圣的妈祖朝觐、奇特的水上丹霞、动人的惠女风采、神奇的客家土楼、光辉的古田会址、悠久的昙山石文化、神秘的白水洋奇观、壮美的滨海火山构成了福建独具特色的十大旅游品牌。

作为著名的世界旅游胜地,台湾总是被人们冠上"美丽而有富饶的宝岛"。台湾是世界上少有的热带"高山之岛",除西岸一带为平原外,其余占全岛的三分之二地区都是高山峻岭。台东山脉、中央山脉、玉山山脉,号称"台湾屋脊",最高海拔 3997 米。最著名的是阿里山,是台湾秀丽俊美风光之象征。

地处亚热带海洋中的台湾,气候温和宜人,长夏无冬,适宜于各种植物的生长。因此,岛上大部分土地都覆盖翠绿的森林,有"海上翠微"之美誉。台湾山峻崖直,河短水丰,瀑布极多,且各种形态,应有尽有,十分壮观。除了瀑布,岛上更是温泉密布,疗养旅游资源丰富。

福建的厦门港、福州港、泉州港等都是优良的港口,厦门已建成国际邮轮母港。台湾主要有高雄港、基隆港、台中港、花莲港、苏澳港等 5 个国际港口。高雄位于台湾岛西南端,为台湾最大的商港,也是军港和渔港。基隆港、台中港、花莲港和苏澳港分别位于台湾的东北部、中部、西南部和东部,四港地理条件和人文风格各有不同,都有其独特魅力。目前,台湾海峡两岸的邮轮航线如下:

(1) 厦门—台湾的高雄、台中和基隆—厦门的邮轮航线。
(2) 舟山—台湾基隆—舟山的邮轮航线。
(3) 厦门—日本—韩国—厦门的邮轮航线。
(4) 厦门—东南亚国家—厦门的邮轮航线。
(5) "厦门—冲绳—香港—厦门"的邮轮航线。
(6) "厦门—冲绳—济州岛—上海—厦门"的邮轮航线。
(7) "厦门—鹿儿角—别府—上海"的邮轮航线。

(8) 台湾—香港—那霸—石垣岛—公海—花莲—马祖的邮轮航线。

目前,挂靠台中港、高雄港及花莲港的国际邮轮以不定期航线为主,基隆港除了不定期航线外,邮轮公司于1997年起进驻经营定期航线。花莲港至今始终维持商港形态,但近年来积极争取国际邮轮泊靠,全力朝观光休闲方向转型。中国作为世界旅游大国,发展邮轮旅游市场潜力巨大。海峡两岸及香港邮轮航线的开辟,不仅为民众出行新增一种可供选择的交通方式,为大规模、常态化往返两岸间的商务和旅游乘客搭建一座增进互动、加强交流、交往的海上桥梁。

References

[1] 唐由庆,尹小红,张杨莉.邮轮实务[M].北京:高等教育出版社,2012.

[2] 程丛喜.国际邮轮实务英语教程[M].北京:化学工业出版社,2016.

[3] Philip Gibson.邮轮经营管理[M].陈扬乐,赵善梅,译.天津:南开大学出版社,2010.

[4] 杨杰,刘艳.邮轮运营实务[M].北京:对外经济贸易大学出版社,2012.

[5] 程爵浩.国际邮轮旅游销售实务[M].北京:中国旅游出版社,2014.

[6] 王诺.邮轮经济[M].北京:化学工业出版社,2008.

[7] 程丛喜.游船实务与管理[M].武汉:武汉大学出版社,2009.

[8] 程丛喜.海上酒店基础知识[M].武汉:武汉出版社,2004.

[9] 林华英,程丛喜.国际邮轮基础知识[M].上海:上海交通大学出版社,2015.

[10] 程丛喜.发展水上酒店教育,开拓劳务外派新路[J].中国水运,2004(6).

[11] 程丛喜.发展我国海上酒店教育模式探析[J].商场现代化,2007(1).

[12] Cheng Congxi. The Application Actuality and Strategy Research of Tourism E-commerce in the Yangtze Cruise Industry — A case study of marketing the Yangtze Cruising Products. The Seventh Wuhan International Conference on E-Business, Vols Ⅰ-Ⅲ,2008(5).

[13] Congxi Cheng,Pengfei Geng. Research on the Existing Problems and Solutions in the Internet Marketing of the Yangtze Cruise Industry. Proceedings of 2010 International Conference on Information Technology and Industrial Engineering (ITIE 2010,Wuhan,China),2010(6).

[14] 程丛喜,邱战平,康梅林.促进长江游船业持续发展建议[J].中国水运,2004(6).

[15] 程丛喜.发展水上酒店教育,开拓劳务外派之路[J].长江航运研究,2004(2).

[16] 程丛喜,谢建刚.长江游船业旅游电子商务的分析及策略研究——以CCOTC(长江轮船海外旅游总公司)为例[J].武汉工业学院学报,2008(10).

[17] 魏日,程丛喜.基于海乘工作特点的教育培训体系的探究[J].中国管理信息化(全国中文核心期刊),2015(3).

教学支持说明

全国高等院校旅游管理类应用型人才培养"十三五"规划教材系华中科技大学出版社"十三五"规划重点教材。

为了改善教学效果,提高教材的使用效率,满足高校授课教师的教学需求,本套教材备有与纸质教材配套的教学课件(PPT电子教案)和拓展资源(案例库、习题库视频等)。

为保证本教学课件及相关教学资料仅为教材使用者所得,我们将向使用本套教材的高校授课教师免费赠送教学课件或者相关教学资料,烦请授课教师通过电话、邮件或加入旅游专家俱乐部QQ群等方式与我们联系,获取"教学课件资源申请表"文档并认真准确填写后发给我们,我们的联系方式如下:

地址:湖北省武汉市东湖新技术开发区华工科技园华工园六路

邮编:430223

电话:027-81321911

传真:027-81321917

E-mail:lyzjjlb@163.com

旅游专家俱乐部 QQ 群号:306110199

旅游专家俱乐部 QQ 群二维码:

群名称:旅游专家俱乐部
群　号:306110199

教学课件资源申请表

填表时间：_____ 年 ___ 月 ___ 日

1. 以下内容请教师按实际情况填写，★为必填项。
2. 学生根据个人情况如实填写，相关内容可以酌情调整提交。

★姓名		★性别	□男 □女	出生年月		★职务	
						★职称	□教授 □副教授 □讲师 □助教

★学校		★院/系	
★教研室		★专业	
★办公电话		家庭电话		★移动电话	
★E-mail（请填写清晰）		★QQ号/微信号	
★联系地址		★邮编	

★现在主授课程情况	学生人数	教材所属出版社	教材满意度
课程一			□满意 □一般 □不满意
课程二			□满意 □一般 □不满意
课程三			□满意 □一般 □不满意
其他			□满意 □一般 □不满意

教材出版信息			
方向一		□准备写 □写作中 □已成稿 □已出版待修订 □有讲义		
方向二		□准备写 □写作中 □已成稿 □已出版待修订 □有讲义		
方向三		□准备写 □写作中 □已成稿 □已出版待修订 □有讲义		

　　请教师认真填写表格下列内容，提供索取课件配套教材的相关信息，我社根据每位教师/学生填表信息的完整性、授课情况与索取课件的相关性，以及教材使用的情况赠送教材的配套课件及相关教学资源。

ISBN（书号）	书名	作者	索取课件简要说明	学生人数（如选作教材）
			□教学 □参考	
			□教学 □参考	

★您对与课件配套的纸质教材的意见和建议，希望提供哪些配套教学资源：